权威·前沿·原创

皮书系列为
"十二五""十三五""十四五"时期国家重点出版物出版专项规划项目

BLUE BOOK

智库成果出版与传播平台

钢铁产业蓝皮书

BLUE BOOK OF THE STEEL INDUSTRY

世界钢铁产业发展报告（2023）

WORLD STEEL INDUSTRY DEVELOPMENT REPORT (2023)

世界钢铁发展研究院

主　编／张建良　闫相斌　李毅仁

副主编／冯　梅　谷　炜

社会科学文献出版社

SOCIAL SCIENCES ACADEMIC PRESS (CHINA)

图书在版编目（CIP）数据

世界钢铁产业发展报告. 2023 / 张建良，闫相斌，
李毅仁主编；冯梅，谷炜副主编. --北京：社会科学
文献出版社，2023.11
　　（钢铁产业蓝皮书）
　　ISBN 978-7-5228-2540-3

Ⅰ.①世… Ⅱ.①张… ②闫… ③李… ④冯… ⑤谷
… Ⅲ.①钢铁工业-工业发展-研究报告-世界-2023
Ⅳ.①F416.31

中国国家版本馆 CIP 数据核字（2023）第 184365 号

钢铁产业蓝皮书
世界钢铁产业发展报告（2023）

主　　编／张建良　闫相斌　李毅仁
副 主 编／冯　梅　谷　炜

出 版 人／冀祥德
组稿编辑／高　雁
责任编辑／颜林柯
文稿编辑／张　爽　刘　燕　李惠惠
责任印制／王京美

出　　版／社会科学文献出版社·经济与管理分社（010）59367226
　　　　　　地址：北京市北三环中路甲 29 号院华龙大厦　邮编：100029
　　　　　　网址：www.ssap.com.cn
发　　行／社会科学文献出版社（010）59367028
印　　装／三河市东方印刷有限公司

规　　格／开　本：787mm×1092mm　1/16
　　　　　　印　张：23　字　数：344 千字
版　　次／2023 年 11 月第 1 版　2023 年 11 月第 1 次印刷
书　　号／ISBN 978-7-5228-2540-3
定　　价／168.00 元

读者服务电话：4008918866

主要编撰者简介

张建良　北京科技大学教授、博士生导师，冶金与生态工程学院党委书记、院长，中国金属学会炼铁分会主任委员，全国优秀科技工作者，享受国务院政府特殊津贴专家。长期从事炼铁过程优化、氢冶金与低碳冶金、非高炉炼铁和资源综合利用等方面的研究。近年来，主持200余项科研项目，荣获国家科学技术进步奖二等奖1项，省部级科技奖励特等奖1项、一等奖10项。在国内外发表文章300余篇，获得专利40余项，出版专著8部。

闫相斌　北京科技大学教授、博士生导师、副校长，国家杰出青年科学基金获得者。兼任教育部高等学校管理科学与工程类专业教学指导委员会委员、中国系统工程学会副理事长、中国信息经济学会副理事长、管理科学与工程学会常务理事。主要研究方向为电子商务与商务智能、在线社会网络、钢铁大数据分析等。近年来，主持和承担国家自然科学基金重点项目、国家"十二五"重大科技专项等科研项目20余项，在 *Information Systems Research*（*ISR*）、*Production and Operations Management Society*（*POMS*）、*Journal of Management Information Systems*（*JMIS*）、《管理科学学报》和《中国管理科学》等国内外主流期刊上发表论文100余篇，出版专著1部，获省部级科技奖励8项，作为副主编编写教育部"十一五"规划教材2本，其中1本被评为"国家精品教材"。

李毅仁　教授级高级工程师、教授级高级经济师，河钢集团有限公司副总经理、河钢研发中心主任、河钢战略研究院院长、世界钢铁发展研究院副院长。长期从事钢铁企业发展战略研究和企业管理工作，近年来，荣获企业管理现代化创新成果国家一等奖 1 项、二等奖 5 项，省部级一等奖 16 项。

冯 梅 北京科技大学教授、博士生导师，经济管理学院应用经济系主任。长期从事产业竞争力与产业政策、企业组织与竞争力分析、社会责任与企业战略等方面的研究。近年来，主持和承担国家社会科学基金项目、北京市哲学社会科学规划项目、北京市社会科学基金决策咨询重点项目、教育部人文社会科学项目、国家发改委项目以及多项企业委托项目，获得教育部课程思政教学名师称号。

谷 炜 北京科技大学教授、博士生导师、经济管理学院院长，国家重大人才工程入选者。主要学术兼职包括管理科学与工程学会理事、中国管理现代化研究会理事、中国信息经济学会理事、中国系统工程学会青年工作委员会委员等。主要研究方向为数据驱动的决策与优化、机器学习和因果推断、电子商务与商务智能等。先后主持了国家社会科学基金、国家自然科学基金、省部级科研项目及企业委托研究项目等 20 余项研究课题，在 *European Journal of Operational Research*（*EJOR*）、*International Journal of Production Economics*（*IJPE*）、*Transportation Research Part E：Logistics and Transportation Review*（*TRE*）、*Journal of Systems Science and Systems Engineering*（*JSSSE*）、《系统工程理论与实践》、《中国管理科学》等国际知名期刊发表论文 50 余篇，申请发明专利 4 项，软件著作权 6 项，出版专著、教材 3 部。获 INFORMS TIMES Runners-up for the Best Working Paper（2022）、POMS College of Operational Excellence Best Paper（2022）、中国青少年科技创新奖、省部级科技进步奖等奖励。

序

钢铁产业是实现工业化和现代化的关键性基础产业之一，是现代物质文明有机整体的重要组成部分，它涉及面广、产业关联度高、消费拉动力大，在经济社会发展和日益激烈的国际竞争中发挥着十分重要的作用。经过数十年的高速发展，我国钢铁产业在数量和质量上取得了巨大进步，实现了跨越式发展。总体来看，我国钢铁产业综合实力已位居世界前列。

当前，我国正处于实现中华民族伟大复兴的关键时期，党的二十大报告指出，高质量发展是全面建设社会主义现代化国家的首要任务。作为国民经济的重要支柱性产业，钢铁产业必须顺应时代，全面推进高质量发展，这是在强国建设、民族复兴新征程中贡献更大"钢铁力量"的题中之义。2023年8月，工业和信息化部等七部门联合印发《钢铁行业稳增长工作方案》，提出钢铁行业将实施"技术创新改造、钢材消费升级、供给能力提升、龙头企业培育"四大行动，为全面推进钢铁产业高质量发展提供了行动指南。深化供给侧结构性改革，进一步提高产品质量、降低产能、减少库存、绿色低碳等仍是钢铁产业发展过程中需要关注的重点问题；以创新发展为驱动、数字化发展为助推，提升我国钢铁产业生产效率与生产质量，推动我国钢铁产业走向现代化是钢铁产业高质量发展的主要方向。

创新是钢铁产业转型升级的主要驱动力，有助于钢铁产业原料结构、用能结构和流程结构的优化调整，也有利于产业技术的进一步升级改造，全方位提升钢铁产业的绿色发展水平，驱动产业高质量发展。其中，技术升级是节能、减污、降碳的主要手段，也是建成绿色、低碳、循环产业体系的突破口，实现钢铁产业的转型升级需在创新基础上实现技术的升级改造，在进一步巩固去产能、去库存、降成本的基础上实现钢铁产业的现代化。产品升级是我国钢铁产业保持国际市场竞争力需采取的必要举措，有助于提升产业自身价值和竞争力，推动产业持续发展。产业链升级是加快钢铁产业高质量发展步伐的重要途径，钢铁产业是规模经济的代表，其发展受上下游产业制约，产业链升级将极大地突破上下游产业约束，推动钢铁产业加快适应新发展格局。

随着互联网、智能化、信息化技术的推进，数字化成为我国钢铁产业发展的一大推手，同时成为钢铁产业转型升级的重要内容，是钢铁产业实现高质量发展的关键驱动器和重要手段。数字化技术的引入，将创新钢铁产业的生产模式，从根本上重构产业生态模式，推动钢铁产业全方位高质量发展。数字化转型也有利于突破钢铁产业管理和业务上的屏障，实现大规模企业的无边界、跨层次管理，助力产业链上下游企业互联互通，促进产业协同创新发展。

《世界钢铁产业发展报告（2023）》一书对世界钢铁产业竞争态势进行了总结，着重对钢铁产业的低碳发展、技术创新和数字化转型进行了介绍。本书的案例和数据分析内容，可使读者以更加清晰和准确的视角了解钢铁产业发展和转型升级情况。本书对钢铁产业的剖析和解读，秉承严谨、实事求是的原则，旨在为钢铁产业各界提供参考与借鉴，助力钢铁产业高质量发展。

面向未来，钢铁产业将以习近平新时代中国特色社会主义思想为指导，以深化供给侧结构性改革为主线，以改革创新为根本动力，科学制定发展战略，持续不断推进创新，适应好数字经济发展要求，协调好产业链间关系，优化资源配置，持续提升钢铁产业的竞争力，为全面建设社会主义现代化国家、全面推进中华民族伟大复兴做出新的更大的贡献。

北京科技大学党委书记　武贵龙

摘　要

　　自 1996 年粗钢产量破亿吨以来，中国粗钢产量已连续 27 年位居世界第一，强有力地支撑了国民经济的发展。进入新发展阶段后，中国钢铁产业坚持高质量发展导向，已在多个方面取得了明显进步，成为现代化强国建设的有力支撑。习近平总书记在给北京科技大学老教授的回信中强调，要促进钢铁产业创新发展、绿色低碳发展，这为钢铁产业的发展进一步指明了方向。《世界钢铁产业发展报告（2023）》是由北京科技大学编撰的关于钢铁产业发展的最新年度报告，分为总报告、发展指数篇、技术效率篇、低碳发展篇和数字发展篇 5 个部分。本书从多个角度总结了世界和中国钢铁产业的发展状况，解读了钢铁产业创新发展、绿色低碳发展和数字化发展的最新趋势，以期更好地贯彻落实习近平总书记回信精神，促进钢铁产业发展。

　　本书总报告部分对世界钢铁产业的高质量发展情况进行了梳理，分析了当前钢铁产业的最新发展态势，研究发现创新、绿色以及数字化是钢铁产业高质量发展的主要方向。在发展指数篇中，通过构建综合的指标体系发现中国钢铁产业发展基础稳定，在发展能力显著提升的背景下，整体产业发展态势良好。同时，在去产能和"双碳"战略目标下，以及复杂的国内外经济形势下，中国钢铁产业发展环境面临较大的不确定性和挑战。各家上市钢铁企业拥有各自的优劣势，尚无企业在所有指标上呈现压倒性优势。在技术效率篇中，首先综合分析了钢铁产业技术效率与能源消耗现状，研究发现主要国家（地区）在钢铁产量方面存在显著差异，突发事件和相关政策的推行会影响钢铁产量，中国各省份的粗钢产量在多重因素的综合作用下具有显著差异。在采用面板回归模型探究钢铁产业能源消耗对技术效率的影响后发现，能源消耗增加会阻碍技术效率的提升，两者具有非线性关系且存在异质性。在低碳发展篇中，首先在对全球和代表性国家钢铁进出口贸易现状和特点分析的基础上，得出了钢铁低碳发展会对全球钢铁贸易造成影响的结论，继而梳理了中国钢铁产业低碳发展的特点、政策措施以及未来发展趋势，之后制定中国钢铁工业碳配额分配方案，提出各省份应结合自身特点，合理利用碳配额分配自上而下进行宏观调整以实现节能减排目标的建议。在数字发展篇中，揭示了钢铁产业与数字经济的融合发展情况，从宏观、中观和微观视角分析了钢铁企业数字化转型的动因，并提出了钢铁企业数字化转型的目标与思路。

当前我国经济发展进入战略机遇与风险挑战并存、不确定难预料因素增多的关键时期，来自外部的打压遏制随时可能升级，需要应对的风险挑战、防范化解的矛盾问题比以往更加严峻复杂，建设现代化产业体系是我国应对国内外复杂局面和实现长远战略目标的重要举措。钢铁作为重要的基础材料，将在建设现代化产业体系过程中发挥关键的支撑作用。因此，钢铁产业应坚持高质量发展，以筑牢推进实现中国式现代化的钢铁脊梁。本书通过定性与定量相结合的方式，以社会科学的研究方法对钢铁产业发展最新情况进行了分析，希望能够为钢铁产业的发展提供切实参考与借鉴。

关键词： 钢铁产业　高质量发展　创新发展　绿色发展　数字化发展

目 录 ⤴

Ⅰ 总报告

Ⅱ 发展指数篇

Ⅲ 技术效率篇

IV 低碳发展篇

V 数字发展篇

皮书数据库阅读**使用指南**

总 报 告

General Report

B.1
钢铁产业高质量发展评析

张建良　闫相斌　李毅仁　冯梅　谷炜*

摘　要： 钢铁产业是国民经济发展的支柱型产业。面对新形势，全球钢铁产业需要思考未来产业的发展方向，推动钢铁产业朝着智能化、绿色化、高端化的方向发展，通过变革来实现新的跨越式高质量发展，打造可持续发展的钢铁产业生态圈，进一步满足现代社会发展需求。创新、绿色以及数字化是当前阶段钢铁产业高质量发展的主要方向。本报告系统梳理和回顾了世界与中国钢铁产业创新、绿色以及数字化发展的情况，总体来看世界主要钢铁企业都

---

* 张建良，博士，北京科技大学冶金与生态工程学院党委书记、院长、教授、博士生导师，研究方向为低碳炼铁与氢冶金、炼铁过程优化控制、炼铁资源高效利用及质量评价等；闫相斌，博士，北京科技大学副校长、教授、博士生导师，研究方向为电子商务与商务智能、电子健康、管理评价等；李毅仁，教授级高级工程师、教授级高级经济师，河钢集团有限公司副总经理、河钢研发中心主任、河钢战略研究院院长、世界钢铁发展研究院副院长，长期从事钢铁企业发展战略研究和企业管理工作；冯梅，博士，北京科技大学经济管理学院应用经济系主任、教授、博士生导师，研究方向为工业经济、产业政策评价、资源环境管理；谷炜，北京科技大学教授、博士生导师、经济管理学院院长，国家重大人才工程入选者，研究方向为数据驱动的决策与优化、机器学习和因果推断、电子商务与商务智能等。

在积极探索高质量发展道路，涌现出许多典型的创新、绿色以及数字化发展案例，这为其他企业的高质量发展提供了参考与借鉴。通过对中国上市钢铁企业专利的研究可以发现，中国钢铁产业正在朝创新、绿色以及数字化的发展方向迈进。总之，无论是世界钢铁产业还是中国钢铁产业都在积极寻求高质量发展，将为世界经济复苏做出积极贡献。

关键词： 创新发展　绿色发展　数字化发展　钢铁产业

创新、绿色以及数字化是当前钢铁产业高质量发展的突破口。面向全产业链，深度对接下游行业高端化的钢材需求，是钢铁产业持续提升竞争能力的关键，为此钢铁产业需要加强产品的研发与应用，充分发挥创新在产业高质量发展中的引领作用。绿色低碳发展的实现是一个复杂的系统性工程，一方面，钢铁产业是碳减排的重点产业，面临巨大的减排压力；另一方面，钢铁产业作为基础性产业，对支撑中国经济社会发展起着关键作用，仍需维持一定的发展规模。因此，如何平衡钢铁产业发展和碳减排的关系，在逐步实现"双碳"目标的同时，保持中国钢铁产业的竞争力成了需要重点思考的问题。数字化转型则是促进钢铁产业实现高质量发展的重要手段，目前智能制造尚未规模化铺开，钢铁产业的信息化发展基础也需夯实，数据作为重要的生产要素和战略资源，仍有待深度挖掘，如何有效赋能钢铁产业的高质量发展成为需要关注的重点。因此，有必要回顾和梳理钢铁产业创新、绿色以及数字化发展的历史与现状，并对未来做出展望，以准确评析钢铁产业的高质量发展状况。

一　钢铁产业的创新发展

2022 年，全球粗钢产量为 18.315 亿吨，同比下降 4.3%。[①] 受全球通胀

---

① 世界钢铁工业协会：《世界钢铁统计数据 2023》，2023。

压力上升影响，国际大宗商品价格波动加剧，市场供需失衡风险持续加大。面对需求增长形势并不乐观的窘境，创新成为关键。中国钢铁产业历经数十年发展，产量已稳居全球首位，为中国和世界的发展做出了卓越贡献。"十三五"时期，中国钢铁产业转型发展成效明显，在高质量发展方面取得重大突破。但受多重因素影响，中国粗钢产量连续两年下降，2022年粗钢产量为10.18亿吨，比上年下降1.7%。随着全球经济增长趋缓，中国制造业出口增速面临回落风险，房地产市场持续低迷，钢铁市场供需不平衡的问题依然存在。但中国经济长期向好的基本面不会改变，超大规模市场优势将为钢铁产业的长期发展提供有力保障。随着适度超前建设基础设施政策的实施以及制造强国战略的深入开展，对钢铁的总体需求不会发生大的变化，这为钢铁产业的平稳运行提供支撑。因此钢铁产业更应理性判断市场形势，积极适应市场变化，以创新驱动，继续在稳定国民经济发展中发挥重要作用。

近年来钢铁产业一直在进行新技术方面的探索，持续提升生产效率，涌现了诸多典型案例。浦项钢铁作为世界第七大钢铁生产企业，2022年粗钢产量达到4296万吨，创新一直是其立身之本。2017年浦项钢铁开始基于石墨颗粒的分布及控制技术进行易切削钢的研发，并于2020年投放市场。易切削钢主要用于制造复杂的精密零件，广泛应用于高端制造行业，目前全球约一半的产品为含铅制品。作为浦项钢铁的母国，韩国需从国外进口易切削钢约2.3万吨，随着易切削钢的成功研发，浦项钢铁不仅实现了产品替代，还满足了更高的环保要求。爱知制钢作为丰田汽车旗下的炼钢企业，始终以创新为引领，开发用于汽车制造的钢材。当下氢能已成为一种重要的清洁能源，而氢气的填充需要在高压环境下进行，为此日本爱知制钢成功开发了新型不锈钢材料，在满足氢能基础设施对高强度材料要求的同时，通过添加钼元素和硫元素，不仅实现了资源成本的节约，还极大地增强了产品的可塑性，并且通过开发疲劳试验装置，加速了该产品的商业化，现如今丰田已开始使用这种材料生产新能源汽车。作为世界领先的钢铁生产设备供应商，意大利达涅利集团在全球拥有近万名员工，并致力于建设创新团队，努力打造钢铁产业发展的新模式。Digimelte电弧炉作为达涅利集团推出的最先进炼钢设备，使用了最新的混合供电技术，极具绿色环保效应，可以减少 1/4 的二氧化碳排放量，并且基于数字化技术，Digimelte 电弧炉实现了智能化管理，年产炉次可超过 15000 次，极大地提升了钢铁企业的生产效率。2022 年两台 Digimelte 电弧炉正式落户捷克，预计每年产能将达到 350 万吨，预计到 2027 年将实现 100% 废钢炼制。从以上国外的 3 个案例可以看出，无论是钢铁生产企业还是设备生产商都在积极探索技术上的创新，通过高质量发展以满足多元化的社会发展需要。中国的钢铁生产企业也一直奋力创新，积极实现高质量发展。中冶赛迪作为中国实力较强的钢铁设计院，致力于发展成为一家科技创新主导型企业，努力帮助钢铁企业实现智慧化管理。2021 年，武汉钢铁智慧管控系统正式上线，该系统即由中冶赛迪承建。该系统是目前中国最大的 5G 网络系统，基于中冶赛迪自主研发的技术中台，能够实现对钢铁生产流程的全程跟踪，并实现智慧化自动生产，极大地提升了企业的生产效率，据估算每年可节省生产成本 4000 万元以上。目前，我国有近千座冶炼高炉在服役，高炉的寿命与安全一直是冶炼企业关心的重要问题，燃料比升高、冶炼强度下降等问题困扰着钢铁产业的发展。北京科技大学张建良教授团队经过数年的探索，已经成功化解了这一难题。张建良教授团队基于大量的实地调查，基于石墨烯特性提出了一整套冶炼高炉的自我修复技术，并通过可视化手段加强了对高炉使用状况的检测，确保高炉能够安全稳定运行，将高炉平均使用寿命延长 15 年。目前，相关技术已运用到实际生产中，创造的经济效益超过 15 亿元。由此可见，产学研的积极合作正在推动钢铁产业的技术创新，带动整个产业实现高质量发展。

中国作为世界第一的钢铁生产大国，始终在推动钢铁产业创新。目前，A 股共有上市钢铁企业 50 家，其中上市时间超过 5 年的钢铁企业有 39 家。专利与研发投入能够准确衡量中国钢铁产业的创新情况，本节将基于相关数据探究中国钢铁企业的创新情况。从专利申请情况来看，钢铁企业的创新活力不断增强，2017~2021 年钢铁企业专利申请总量整体呈增长态势（见图 1）。从具体类型来看，发明型专利和实用型专利占比较高，外观型专利相对较少。从具体的企业来看，鞍钢股份、马钢股份以及山东钢铁位列专利申请量前三，这3家钢铁企业也是独立专利申请量的前三,联合专利申请量排名前三的钢铁企业依次是沙钢股份、河钢股份以及南钢股份,广东明珠、杭钢股份以及华菱钢铁则居于后3位。

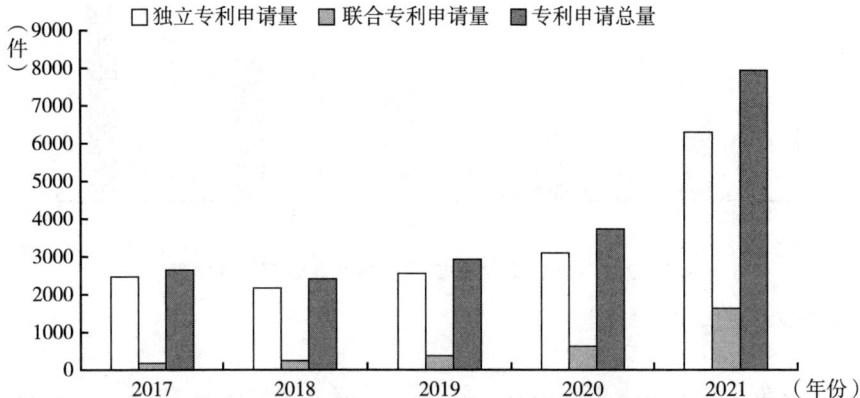

图1 2017~2021年中国钢铁上市企业专利申请情况

数据来源:CNRDS数据库。

在专利授权方面,总体来看,钢铁企业的创新实力在不断增强,除2018年专利授权总量有所下降外,其余各年专利授权总量总体保持上升态势,其中2020年专利授权总量突破3000件,2021年更是实现跨越式增长,专利授权总量达到7932件(见图2)。独立专利授权量与专利授权总量增长趋势保持一致,联合专利授权量则呈稳步增长态势,且占比不断提高,占比由2017年的6%提升至2021年的20%,这说明钢铁企业越来越重视联合创新,希望通过合作的方式促进技术发展。从专利的具体类型来看,实用型专利授权量最多,其次是外观型专利,发明型专利占比最小。从具体的企业来看,2017~2021年专利授权总量排名前三的钢铁企业依次是鞍钢股份、山东钢铁以及宝钢股份,排名后三的钢铁企业依次是广东明珠、杭钢股份以及华菱钢铁。在独立专利授权方面,鞍钢股份、山东钢铁以及八一钢铁位列前三;在联合专利授权方面,沙钢股份、河钢股份以及宝钢股份位列前三。

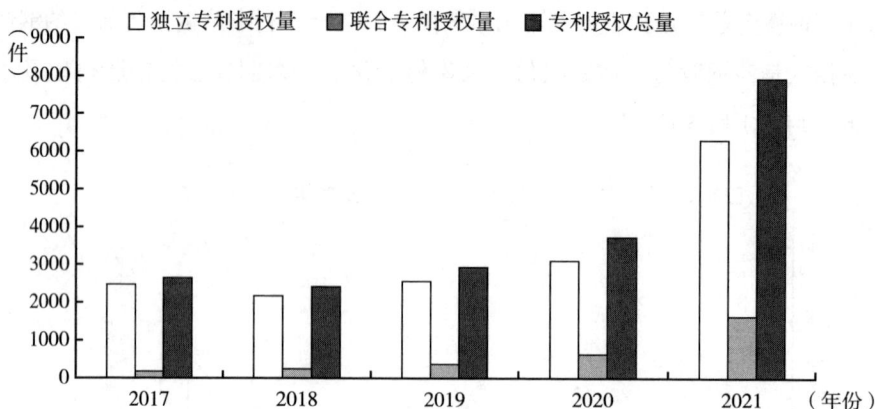

图 2 2017~2021 年中国钢铁上市企业专利授权情况

数据来源：CNRDS 数据库。

在研发方面，考虑到数据的完整性，本报告共选择了 31 家上市钢铁企业进行分析。总体来看，2017~2021 年研发支出占营业收入的比例，除2021 年有所下降外，总体呈上升趋势，这表明企业越来越重视研发创新。从具体的企业来看，钒钛股份、宝钢股份以及重庆钢铁研发支出占比位列前三，三钢闽光、中南股份以及新兴铸管研发支出占比居后 3 位。

从以上分析可以看出，创新是钢铁产业高质量发展的核心驱动力。因此，应在正确认识钢铁产业重要作用的同时，更加理性地看待钢铁产业发展，持续打造高水平创新体制机制，为钢铁产业的高质量发展注入强劲动力，以更好地支撑现代化强国建设。

二 钢铁产业的绿色发展

随着国际社会对生态环境和气候变化的日益重视，钢铁产业作为高碳排放的能源密集型产业，也成为各国应对全球气候变化过程中实施重点减排政策的重点产业之一。近 30 年，世界钢铁产业的二氧化碳排放量呈现上升趋势，中国作为世界第一大钢铁生产国，钢铁产业的绿色低碳可持续发展是其进一步提高经济发展质量、有效应对全球气候变化的必然要求。中国仍处于工业化和城镇化的进程中,是一个发展中国家,"十四五"期间,与钢铁强国相比,中国钢铁产业仍面临发展不平衡的情况,因此,中国钢铁产业应坚持绿色低碳发展战略,推动产业实现绿色低碳发展、转型升级,助力中国钢铁产业碳达峰与碳中和目标的实现。

在国家战略的引领下,为推动钢铁产业绿色发展,相关企业已采取积极行动。2021年,河钢宣钢与北京科技大学正式达成合作,将共同打造高端金属材料低碳制造技术实验室,旨在实现前沿技术的产业化应用。广西柳钢集团从国外引进先进的无料种技术,实现生产工艺上的绿色化转型,并充分利用产学研合作政策,与高校共建研发中心,通过对绿色创新技术的深入学习,为钢铁产业的绿色化升级提供成功的转型路径。湛江钢铁一直秉持绿色发展理念,在2020年攻克含铬废液处理难题,实现固废不出厂,成为绿色钢铁产业中的标杆性企业。东北大学研发一体化网络集成碳捕集、利用与封存(CCUS)技术,实现了二氧化碳更长链条上的收集利用,为我国目前以高炉—转炉法为主的钢铁产业的碳净零排放提供了新的解决方法和思路。2021年,邢台钢铁顺利在高炉安装均压煤气回收系统,成功避免了煤气的扩散,实现了高炉煤气的全回收。另外,高炉煤气作为高炉炼铁的必要产物,其高效利用成为钢铁产业实现绿色转型的重要一环。2019年,韩国现代钢铁成功研制出世界上首个能有效减少大气污染的煤气净化阀,高炉排气阀排放的大气污染物得到有效控制。日本COURSE50技术也在探索用氢代替碳实现铁矿石的还原,分离回收高炉煤气中的二氧化碳,将剩余的具有还原性质的气体重新放置于高炉中实现循环利用。由以上案例可见,相关企业在低碳经济的要求下做出了诸多努力,从产业制造、能源流程到生产流程中废物的循环利用都有涉及,但世界钢铁工业存在高污染、高排放的共性,钢铁产业的绿色转型道路还要走得更加坚实和长久。

钢铁产业在推动全球经济高质量发展的同时,在低碳发展中扮演着重要角色。相关行业绿色转型的道路也伴随专利的产生。通常来讲,钢铁产业的专利能够准确说明中国钢铁产业在绿色转型上做出的努力,本报告将基于相关数据探究中国钢铁企业在绿色转型方面取得的相关成果。从专利申请情况来看，钢铁企业一直在为绿色转型探索新的发展路径，2017~2021 年绿色专利申请总量整体呈上升趋势，2022 年专利申请总量有所下滑。无论是独立专利申请量还是联合专利申请量其趋势均与专利申请总量保持一致（见图3）。从具体类型来看，发明专利占比略高于实用新型。从具体企业来看，鞍钢股份、山东钢铁、马钢股份位列绿色专利申请总量前三，它们也居于独立专利申请量前三，联合专利申请量的前 3 位则是河钢股份、沙钢股份和马钢股份。

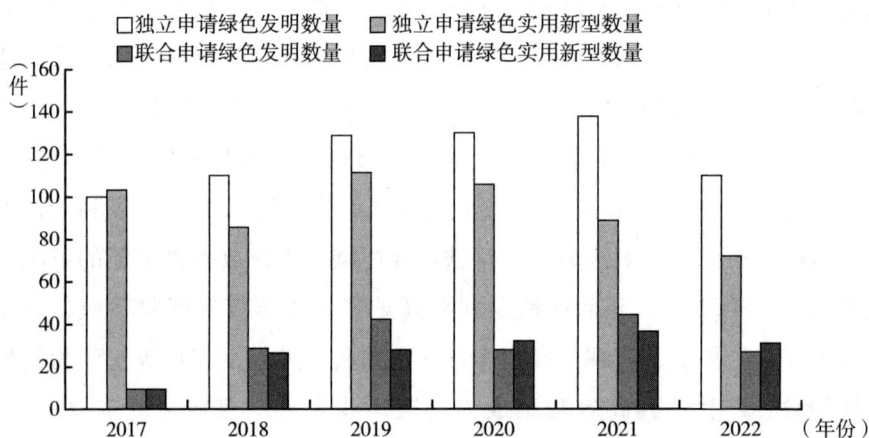

图 3　2017~2022 年中国钢铁上市企业绿色专利申请情况

数据来源：CNRDS 数据库。

从绿色专利授权方面来看，钢铁企业的绿色转型能力在不断增强，除2019 年绿色专利授权总量有所下降外，其余各年绿色专利授权总量总体保持上升态势，其中 2021 年绿色专利授权总量突破 200 件。独立绿色专利授权量的增长趋势与绿色专利授权总量保持一致，联合绿色专利授权量则呈稳步增长态势，这在一定程度上体现出各地对钢铁产业绿色转型升级的重视（见图4）。从专利的具体类型来看，实用新型专利授权量最多，发明专利授权量占比较小。从具体企业来看，2017~2022 年绿色专利授权总量排名前三的企业依次是鞍钢股份、山东钢铁以及太钢不锈。在独立绿色专利授权方面，鞍钢股份、山东钢铁以及太钢不锈位居前三。在联合绿色专利授权方面，鞍钢股份、沙钢股份以及钒钛股份位居前三。

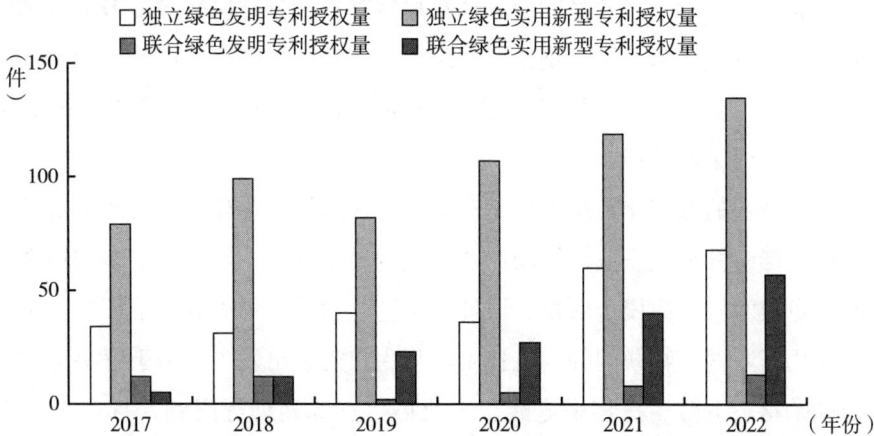

图 4　2017～2022 年中国钢铁上市企业绿色专利授权情况

数据来源：CNRDS 数据库。

从以上分析可以看出，钢铁产业正在积极响应战略政策要求，促进产业的绿色可持续发展。钢铁产业在国民经济中扮演重要角色，也在全球节能减排、绿色发展的过程中发挥着不可替代的作用。因此，未来钢铁产业应加快绿色低碳转型升级，秉承可持续发展理念助力国民经济发展。

三　钢铁产业的数字化发展

近年来，数字经济规模在全球范围内不断扩张，传统型工业也在逐渐向新型数字经济靠拢。钢铁产业作为工业经济的重要一环，其数字化转型升级有利于产业数字化融合趋势的推进。"场景化、智能化、协同化"是钢铁产业数字化转型的主要方向，其不仅要实现技术水平的提升，而且要在水平和垂直方向上实现生产流程的优化，让传统的生产和管理方式更加适应数字经济的发展。在经济全球化和数字经济背景下，世界钢铁产能逐渐趋于饱和，中国作为钢铁新增产能的主要贡献国家，亟须借助数字化变革解决产能过剩和生产力不均衡的问题。新一代信息技术的快速发展和迭代给钢铁产业的发展带来了机遇，数字化平台的使用有助于钢铁企业加强与产业链上下游企业之间的合作，并为大宗商品的信息共享奠定基础，打破以往各环节上主体间存在的信息壁垒，从而影响钢铁产业结构和布局，提高钢铁产能利用率，缓解产能过剩。由此可见，数字化转型是目前钢铁产业适应经济形势、打破传统发展模式的必然选择。

钢铁产业的数字化转型不仅是对自身产业结构的优化，也会产生涟漪效应，间接影响其相关产业，推动产业链条的转型升级。目前，诸多钢铁企业已将信息技术广泛应用于研发、设计、生产、营销、物流等多个环节。钢宝股份应用互联网、物联网等信息技术，从用户需求出发，致力于解决上游钢厂合同余材、下游用户零采零购、工业再生资源处理等问题，打造了"金陵钢宝网"综合服务平台，实现了钢铁产品的现货零售、再生资源竞价等。德龙钢铁将 ERP 系统与 i-MES 系统结合，实现了销售和售后环节的人性化、智能化。宝武钢铁集团通过自主研发实现了技术上的突破，智能工厂平台 iPlat 的应用实现了数据采集治理和智能化监管控制；智慧生态平台 ePlat 基于大数据、平台共享赋能让业务流程的应用场景更加广泛，这两项技术得到普遍推广。南京钢铁与韩国 POSCOICT 合作，实现了仓库管理系统的重构，极大地提升了仓库管理效率。政府也成为钢铁企业数字化转型的助推者，2020 年，河北省出台《河北省钢铁产业链集群化发展三年行动计划》，为本省钢铁产业的数字化转型升级指明了方向。2021 年，辽宁省启动"数字鞍钢"重点建设项目，旨在将鞍钢打造成集数字化、自动化、智慧化和信息化于一体的钢铁企业，在这一目标的引领下，鞍钢集团实现了"四化"上的突破，数字转型升级框架也已经初步形成。高校作为科研单位，也在推动钢铁产业工业化和信息化融合的道路上，发挥了自身的优势。2022 年，北京科技大学与中冶宝钢签订"数字化转型"战略合作协议，充分发挥校企协同优势，数字化关键技术实现突破，资源和人才实现共享，为企业转型和钢铁产业发展注入新动能。由此可见，数字经济作为一种新的社会经济发展形态，已得到社会各界的广泛关注，其给传统工业带来了机遇。

数字化转型与专利技术相辅相成，专利技术为钢铁产业数字化升级提供良好技术支持的同时，催生了诸多专利技术。本节将基于相关数据说明钢铁企业在数字转型道路上取得的创新成果。从数字经济专利申请情况来看钢铁企业一直在为数字化转型探索新的发展路径，2017~2021 年数字经济专利申请总量总体呈上升趋势，2022 年专利申请总量有所下降（见图 5）。无论是独立申请专利数量还是联合申请专利数量，其趋势基本与专利申请总量保持一致。从具体类型来看，发明数量占比高于实用新型。从具体企业来看，宝钢股份、鞍钢股份以及马钢股份位列数字经济专利申请量前三，它们也位于独立专利申请量前三，联合专利申请量的前 3 位则是河钢股份、沙钢股份和马钢股份，杭钢股份、武进不锈以及中信特钢则居于后 3 位。

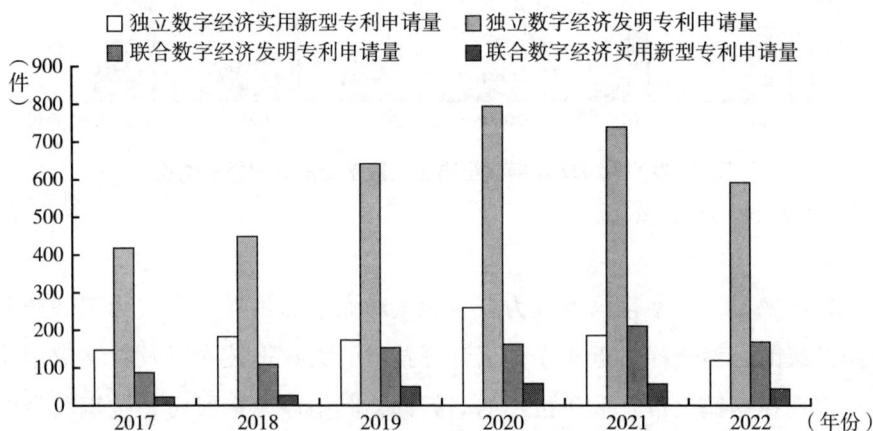

图 5　2017~2022 年中国钢铁上市企业数字经济专利申请情况

数据来源：CNRDS 数据库。

在专利的授权方面，总体来看，钢铁企业的数字化转型能力在不断增强，除 2018 年数字经济专利授权总量有所下降外，其余各年专利授权总量总体保持上升态势，其中 2022 年专利授权总量突破 1000 件（见图 6）。独立专利授权数量增长趋势与专利授权总量保持一致，联合专利授权数量则呈稳步增长态势，这在一定程度上体现了钢铁企业对数字化转型升级的重视。从专利的具体类型来看，发明型专利授权量最多，实用新型授权数量占比较小。从具体企业来看，2017~2022 年数字经济专利授权总量排名前三的企业分别为宝钢股份、鞍钢股份以及马钢股份。在独立专利授权方面，宝钢股份、鞍钢股份以及太钢不锈为前 3 名；在联合专利授权方面，河钢股份、沙钢股份以及马钢股份为前 3 名。

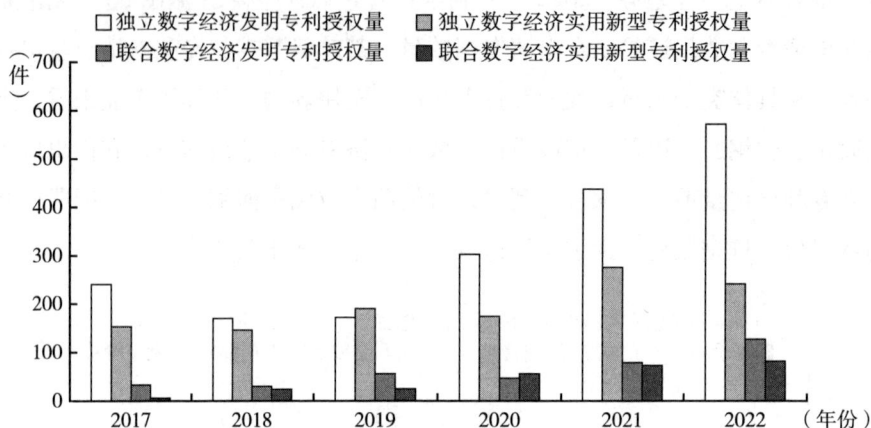

图 6　2017~2022 年钢铁上市企业数字经济专利授权情况

数据来源：CNRDS 数据库。

目前来看，数字化已然成为新一轮全球竞争的焦点，也成为钢铁产业转型升级的必然选择。近年来，云计算技术、大数据技术以及数字应用技术是出现在钢铁上市企业年报中的高频词，其中以南钢股份、杭钢股份以及宝钢股份为首，可见数字化融合已成为钢铁产业的发展重点和未来趋势。数字化时代的到来有助于传统工业打破已有边界，促进钢铁生产效能提升，提高资源利用率。同时数字化技术将成为钢铁产业创新发展和绿色发展的助推器。数字化时代的到来给钢铁产业的发展带来了新的机遇和契机，因此钢铁产业应顺应发展形势，积极促进数字化转型，助推国民经济高质量发展。

当前，创新、绿色以及数字化已成为世界钢铁产业高质量发展的重要方向，作为世界第一大钢铁生产国和消费国，中国更应积极推进钢铁产业的高质量发展。

从机遇看，新发展格局开始形成，内需体系正不断完善，"一带一路"等国际交往通道联系更加紧密，这为中国钢铁产业的可持续发展奠定了基础。社会主义市场经济体系的日益完善使资源要素流动更加顺畅，这也为钢铁产业增强产业链韧性提供了支撑。从挑战看，受贸易保护主义抬头的影响，世界经济一体化正遭遇严重打击，产业链、供应链安全风险凸显。在新形势和新要求下，钢铁产业内生增长遭遇阻碍。同时，随着碳达峰、碳中和目标的提出，钢铁产业资源环境约束越发严格。在高质量发展导向下，应紧跟世界钢铁产业发展趋势，以创新、绿色和数字化为引领，增强钢铁产业发展的竞争力。为此应继续坚持供给侧结构性改革，发挥有为政府和有效市场的作用，推进钢铁产业变革。在政府层面，应积极研究制定支持钢铁产业改造提升的各项政策，并争取早日形成政策合力。在产业层面，应通过多种举措，强化产业链协同能力，打造健康可持续的发展生态圈。在企业层面，应依据自身发展情况，苦练内功，增强本领，打造世界领先的钢铁企业。总之，钢铁产业作为实体经济的重要根基，是构建现代化产业体系的重要物质基础，创新、绿色以及数字化发展是把握钢铁产业高质量发展主动权的关键所在，钢铁产业应紧抓发展机遇，为全面建设社会主义现代化国家提供更坚实有力的支撑。

参考文献

中国钢铁工业协会：《共建新时期高质量钢铁生态圈：中国钢铁工业协会六届一次会员大会纪实》，冶金工业出版社，2020。

郝海：《供给侧结构性改革与制造业转型升级研究——以天津钢铁产业为实证》，西南财经大学出版社，2022。

宝钢股份：《2022可持续发展报告》，2023。

贾银松：《优供给 拓需求 促进钢铁产业链高质量发展》，《冶金经济与管理》2023年第4期。

发展指数篇

Development Index

B.2

2012~2021年中国钢铁产业
发展指数评价

闫相斌　谷炜　金家华　李新*

摘　要： 钢铁产业是国民经济的重要组成部分，其发展程度是衡量国家或
地区工业化水平的重要指标，具有产业链长、影响面广、累积效
应明显等特征。早期经济学家通常采用钢铁产量或人均钢铁产量
来评价一个国家或地区的钢铁产业发展水平。然而，单一指标的
产业发展评价难以体现产量背后的科技水平、资源消耗、政策支
持等因素，尤其是在世界范围内钢铁产能普遍过剩和碳排放政策
收紧的时代背景下，产量不再是衡量国家或地区钢铁产业发展水
平的唯一标准。本报告基于产业经济学的相关理论，从发展基

* 闫相斌，博士，北京科技大学副校长、教授、博士生导师，研究方向为电子商务与商务智
能、电子健康、管理评价等；谷炜，北京科技大学教授、博士生导师、经济管理学院院长，
国家重大人才工程入选者，研究方向为数据驱动的决策与优化、机器学习和因果推断、电子
商务与商务智能等；金家华，博士，北京科技大学经济管理学院副教授，研究方向为商务数
据分析、管理评价等；李新，博士，北京科技大学经济管理学院副教授，研究方向为大数据
与产业预测。

础、发展环境和发展能力 3 个方面提出一套包含 3 个一级指标、9 个二级指标和 22 个三级指标的钢铁产业发展指数评价指标体系，并采用主客观相结合的方法对指标进行赋权，最后采集指标数据，对 2012~2021 年中国钢铁产业发展指数进行评价。评价结果表明，中国钢铁产业发展基础稳定，在发展能力显著提升的推动下，整体产业发展态势良好。但是，在钢铁产业去产能和"双碳"战略目标下，以及复杂的国内外经济形势下，中国钢铁产业发展环境面临较大的不确定性和挑战。

关键词： 钢铁产业　低碳生产　产业发展指数

一　钢铁产业发展指数评价理论与方法

钢铁产业是国民经济的重要基础产业，是建设现代化强国的重要支撑，是实现绿色低碳发展的重要领域。"十三五"时期，我国钢铁产业深入推进供给侧结构性改革，化解过剩产能取得了显著成效，产业结构更加合理，绿色发展、智能制造、国际合作等方面取得了积极进展，有力支撑了我国经济社会的健康发展。"十四五"期间，钢铁产业发展将从数量阶段全面转向高质量发展阶段，力争到 2025 年，钢铁产业基本形成布局结构合理、资源供应稳定、技术装备先进、质量品牌突出、智能化水平高、全球竞争力强、绿色低碳可持续的高质量发展格局。本报告以钢铁产业发展指数评价框架为开篇，进行钢铁产业发展指数评价指标体系的构建，说明钢铁产业发展指数测算方法，旨在深入介绍钢铁产业发展指数评价理论与方法。

（一）钢铁产业发展指数评价框架

钢铁产业是以从事黑色金属矿物采选和黑色金属冶炼加工等工业生产活

动为主的工业行业，是国民经济重要的基础性原材料产业，钢铁产业的发展水平是衡量一个国家或地区工业化水平和综合实力的主要标志之一。完整的钢铁产业链环节：原材料的开采—原材料的加工—中间产品的转换—最终产品，涉及金属铁、铬、锰等矿物采选业、炼铁业、炼钢业、钢加工业、铁合金冶炼业、钢丝及其制品业等细分行业。

产业发展评价是指对产业发展现状进行的科学量化，是对产业所处的发展阶段和面临的发展问题的准确认识，为产业结构调整和产业政策制定提供现实依据。在宏观经济领域，发展指数经常被用于产业发展评价，指数是统计中反映不同时期某一社会现象变动情况的指标，指某一社会现象的报告期数值和基期数值之比。随着经济社会的不断发展，经济学家根据生产和生活需要，进一步演化出了与产业发展有关的景气指数及发展指数。发展指数是分析社会经济现象数量变化的一种重要统计方法，综合反映现象总体的变化方向和变动程度。发展指数一般以某一具体时期为基准，以 1 或 100 为基数，考察期产生的原始数据与基准期原始数据之比乘以基数，即为该领域在考察时期的发展指数。发展指数具有测算方法简单、可解释性强等特点，被广泛用于行业发展程度的评估工作。

本报告以钢铁产业为研究对象，通过分析钢铁产业特点，结合相关文献的研究成果，构建钢铁产业发展指数评价指标体系，采用主客观赋权法对指标进行赋权，最后采用指数合成法得到钢铁产业发展指数。整体研究框架如图 1 所示。

（二）钢铁产业发展指数评价指标体系构建

钢铁产业是国民经济发展的支柱产业，是建设现代化强国的重要支撑，是实现绿色低碳发展的重要领域。因此，构建一个综合评价钢铁产业发展指数的指标体系在当下尤为重要，本报告秉持指标体系构建原则与方法，构建指标体系基本框架，并对具体指标进行详细解释。

1.指标体系构建的原则与方法

科学的指标体系是钢铁产业发展指数评价的重要前提，关系到评价结果

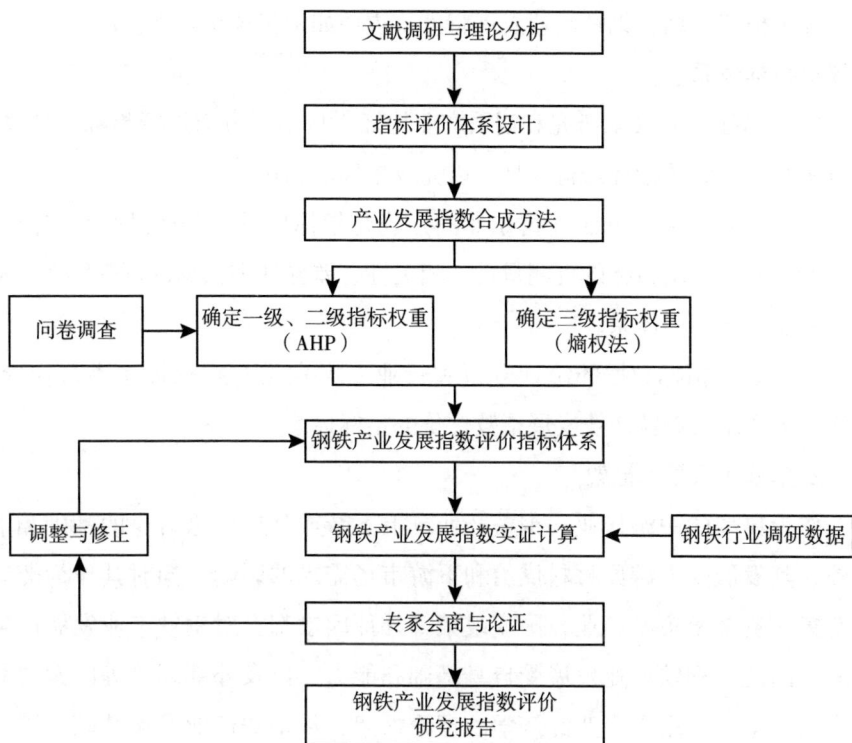

```
┌─────────────────────────┐
│      文献调研与理论分析      │
└─────────────────────────┘
              ↓
┌─────────────────────────┐
│       指标评价体系设计       │
└─────────────────────────┘
              ↓
┌─────────────────────────┐
│      产业发展指数合成方法      │
└─────────────────────────┘
         ↓            ↓
┌────────┐  ┌──────────────┐  ┌──────────────┐
│ 问卷调查 │→ │ 确定一级、二级指标权重 │  │  确定三级指标权重  │
└────────┘  │    （AHP）    │  │   （熵权法）   │
            └──────────────┘  └──────────────┘
                   ↓                ↓
         ┌──────────────────────────────┐
    ┌──→ │    钢铁产业发展指数评价指标体系      │
    │    └──────────────────────────────┘
    │                  ↓
┌────────┐  ┌──────────────────┐  ┌──────────────┐
│ 调整与修正 │  │  钢铁产业发展指数实证计算  │← │  钢铁行业调研数据  │
└────────┘  └──────────────────┘  └──────────────┘
    ↑                  ↓
    │        ┌──────────────────┐
    └────────│    专家会商与论证     │
             └──────────────────┘
                      ↓
             ┌──────────────────┐
             │   钢铁产业发展指数评价   │
             │      研究报告      │
             └──────────────────┘
```

图1　研究框架

的准确性和合理性。本报告指标的选取以及指标体系的设计将遵从以下三个基本原则：系统性原则、代表性原则和可操作性原则。

（1）系统性原则：钢铁产业评价指标体系的设计需要具有系统性，应综合考虑钢铁产业链上下游的多个方面及其相互之间的联系。

（2）代表性原则：选取具有代表性和重要表征意义的核心指标，同时适当减少指标的数量，提高数据收集的时效性。

（3）可操作性原则：指标数据可以从公开数据源获取或通过调查得到，使指标体系能够真正进行分析与评价。

由于各产业具有的特殊性，目前尚无一套通用的产业发展指数评价指标体系，已有研究都是在产业经济学的体系框架下，结合所研究产业的特点，构建一个多层级的指标体系。本节在前人研究的基础上，基于产业经济学的相关理论框架，结合钢铁产业发展特点，遵照如下步骤构建钢铁产业发展指数评价指标体系。

（1）基于现有文献研究和钢铁产业特征，从不同方面进行指标的选择，再将所有搜集到的指标进行整理，以完成指标的初选。

（2）通过专家打分法（德尔菲法）优化指标体系，并通过小组焦点访谈的方式充分讨论指标的可测量性、相关性、差异性和数据的可获得性，从而进一步修正指标体系。

（3）通过指标数据的统计分析和行业专家意见对指标体系进行检验，最终确定适用于钢铁产业发展指数评价的指标体系。

2. 指标体系基本框架

作为典型的中游产业，钢铁产业链上下牵连甚广，除自身的基础和能力外，其发展受上游原材料供给和下游市场需求的影响。同时其作为劳动力密集和资金密集型产业，国家政策等外部因素都会对钢铁产业发展产生影响。因此，钢铁产业发展受自身基础和能力，以及外部环境等因素的共同影响。本研究基于产业经济学的理论框架，从钢铁产业发展基础、钢铁产业发展能力以及钢铁产业发展环境三个维度来构建钢铁产业发展指数评价指标体系。

发展基础是钢铁产业发展的前置条件，本研究遵照传统的产业经济学方法，在产业规模和产业结构的基础上，新增发展钢铁产业必须具备的资源禀赋作为发展基础的评价指标；发展环境是钢铁产业发展的外部保障，包括经济环境、政策环境和市场环境三个方面，本研究据此来对钢铁产业的发展环境进行评估；发展能力是钢铁产业发展的内部驱动力，本研究从低碳生产能力、技术创新能力和出口能力来衡量钢铁产业的发展能力。

基于上述分析，本研究拟定的钢铁产业发展指数评价指标体系如表1所示。该指标体系由3个一级指标、9个二级指标和22个三级指标构成。其中，一级指标包括发展基础、发展环境、发展能力。钢铁产业发展基础和发展能力能够体现钢铁产业的自持能力和发展潜力，而钢铁产业发展环境体现的是外部环境对钢铁产业发展的影响。9 个二级指标包括产业规模、产业结构、资源禀赋、经济环境、政策环境、市场环境、低碳生产能力、技术创新能力和出口能力。

表1 中国钢铁产业发展指数评价指标体系

一级指标	二级指标	三级指标
发展基础	产业规模	资产总计
		粗钢产量
		从业人员数
		流动资产平均余额
		利润总额
	产业结构	产业集中度
		第二产业占比
	资源禀赋	铁矿石查明资源储量
发展环境	经济环境	工业增加值
		基建投入
		房地产开发投资额
		黑色金属冶炼及压延加工业 PPI
	政策环境	碳排放权成交均价（北京）
	市场环境	库存
发展能力	低碳生产能力	吨钢二氧化碳排放量
		电炉钢占比
	技术创新能力	研发人员数量
		研发经费支出
		研发项目数
		有研发活动的企业数量
		有效发明专利数量
	出口能力	出口数量与进口数量的比值

3. 指标解释

（1）钢铁产业发展基础指标

钢铁产业发展基础指钢铁产业发展的基础性条件，包括产业当前的发展程度和现实状况。本研究采用产业规模、产业结构和资源禀赋 3 个二级指标对钢铁产业发展基础进行评价。

①产业规模

产业规模的评价指标包括资产总计、粗钢产量、从业人员数、流动资产平均余额和利润总额。

a. 资产总计

资产总计指钢铁产业可以控制或拥有的能够以货币计量的经济资源，包括各种财产、债权和其他权利。资产总计是衡量产业规模的重要指标，钢铁产业作为资金密集型产业，资产总计越大，表明该产业占有和可使用的社会资源越多，对其发展越有利。

b. 粗钢产量

粗钢是钢铁产业可以向社会提供的最终钢材加工原料，粗钢产量大小决定了钢铁产业向全社会提供最终钢材产品的规模大小。

c. 从业人员数

钢铁产业作为人力资源密集型产业，从业人员数量是其产业规模的重要体现，从业人员越多，产业规模越大。

d. 流动资产平均余额

流动资产指企业在一个营业周期内能够变现或运用的资产，是企业资产中必不可少的组成部分，流动资产平均余额越多，企业用于扩大再生产和创造利润的可用资金越多。

e. 利润总额

利润是衡量经营效益的重要指标，利润高低反映行业的景气程度，也是行业是否扩大生产规模的重要依据。

②产业结构

产业结构的评价指标包括产业集中度和第二产业占比。

a. 产业集中度

产业集中度是衡量产业头部企业市场份额的重要指标，钢铁产业作为资金密集型、人力资源密集型、技术密集型行业，提高产业集中度可以有效避免价格无序竞争，提高上游产业的议价能力，增加科技研发投入，淘汰低端产品线，提高钢铁产业的整体竞争力。

b. 第二产业占比

钢铁产业作为第二产业的重要细分产业之一，同时为制造业、建筑业等提供原材料，因此，第二产业在国民经济中的占比间接反映了钢铁产业的重要程度。

③资源禀赋

资源禀赋的评价指标为铁矿石查明资源储量。铁矿石是钢铁产业的重要原材料，铁矿石储量对钢铁产业发展有决定性作用。

（2）钢铁产业发展环境指标

钢铁产业发展环境指钢铁产业发展的外部环境，包括影响钢铁产业发展的政策、经济和市场等因素。本研究采用经济环境、政策环境和市场环境对钢铁产业发展环境进行评价。

①经济环境

经济环境的评价指标包括工业增加值、基建投入、房地产开发投资额、黑色金属冶炼及压延工业 PPI。

a. 工业增加值

工业增加值是工业企业生产过程中新增加的价值，是钢铁行业所处经济环境的重要指标，工业增加值大小表明工业整体景气程度的强弱。

b. 基建投入

基础设施建设是钢铁产业的重要下游产业，基建投入规模在很大程度上与钢铁需求直接相关。

c. 房地产开发投资额

房地产是钢铁行业的重要下游产业，房地产开发投资额很大程度上与钢铁需求直接相关。

d. 黑色金属冶炼及压延工业 PPI

生产价格指数（Producer Price Index，PPI）是衡量工业企业出厂价格变动趋势和变化程度的指数，是反映某一时期生产领域价格变动情况的重要经济指标。

②政策环境

政策环境的评价指标为碳排放权成交均价（北京）。碳排放交易是一种运用市场经济来促进环境保护的重要机制。其规定企业可以通过减少碳排放量来获得收益，碳排放权成交均价的高低一定程度上反映了环保政策的严苛程度，对钢铁产业的发展方向有调节作用。

③市场环境

市场环境的评价指标为库存。库存是市场供需关系的直接体现，当市场环境好时，钢材产品供不应求，库存相应处于较低水平；当市场环境不好时，产品需求疲弱，库存则处于较高水平。

（3）钢铁产业发展能力指标

钢铁产业发展能力指钢铁产业高质量发展的能力要素，本研究采用低碳生产能力、技术创新能力和出口能力对钢铁产业发展能力进行评价。

①低碳生产能力

在世界产能普遍过剩以及低碳生产成为趋势的背景下，低碳生产能力成为一个国家或地区钢铁产业竞争力的重要体现，本研究采用吨钢二氧化碳排放量和电炉钢占比来衡量一个国家或地区的低碳生产能力。

a. 吨钢二氧化碳排放量

钢铁企业是碳排放大户，钢铁生产过程中需要消耗大量的化石能源，进而排放大量的二氧化碳，给国家或地区的环境可持续发展带来极大挑战。使用清洁能源、升级高炉设备、提高废钢回收比率等手段被广泛用来降低钢铁生产过程中碳排放量。本研究采用吨钢二氧化碳排放量来表示一个国家或地区在钢铁生产过程中的碳排放水平，吨钢二氧化碳排放量越低，表明该国家或地区的低碳发展能力越强。

b. 电炉钢占比

世界钢铁行业普遍采用的炼钢方式有转炉炼钢和电炉炼钢。相比转炉炼钢，电炉炼钢具有工序短、投资省、建设快、节能减排效果突出等优势，且各国普遍重视发展以废钢为主原料的电炉短流程炼钢生产工艺。提升电炉钢产量占粗钢总产量的比重是实现钢铁产业低碳化发展的重要举措，电炉钢产量占粗钢产量的比重越高，则意味着该国家或地区的低碳发展能力越强。

②技术创新能力

技术创新能力是直接影响钢铁产业的核心能力，科技是第一生产力，钢铁产业的发展与革新需要科技的进步。本研究采用研发人员数量、研发经费支出、研发项目数、有研发活动的企业数量和有效发明专利数量5个三级指标来衡量钢铁产业的技术创新能力。

a. 研发人员数量

研发人员指企业科技活动人员中从事基础研究、应用研究和试验发展活动的人员，包括直接参加上述活动的人员及这类项目的管理和服务人员。

b. 研发经费支出

研发经费支出指调查对象在调查年度内实际用于某项技术研究和试验发展的经费支出，包括实际用于研究与试验发展活动的人员劳务费、原材料费、固定资产构建费、管理费及其他费用支出。

c. 研发项目数

研发项目数指钢铁产业的研发项目计数。

d. 有研发活动的企业数量

有研发活动的企业数量指钢铁产业具有产品研发活动的企业数量。

e. 有效技术发明专利数量

专利是研究成果的具体体现，也是科研成果转化的重要基础，有效技术发明专利数量直接反映钢铁产业的科技水平和竞争壁垒。

③出口能力

出口能力作为衡量发展能力的重要指标，主要体现在产品销售的竞争力上。本研究采用出口数量与进口数量的比值来衡量一个国家或地区的出口能力。

（三）钢铁产业发展指数测算方法

发展指数是分析社会经济现象数量变化的一种重要统计方法，用于综合反映现象总体的变化方向和变动程度。钢铁产业发展指数测算方法包括：一是指标去量纲处理方法，二是指标权重确定方法，三是指数合成方法。

1. 指标去量纲处理方法

由于不同指标的计量单位不一样，在进行指数合成之前需要对数据进行去量纲处理。本研究采用比值法对数据进行去量纲处理。

比值法不仅可以解决数据间量纲不一致的问题，而且能最大限度地减少指标间差异性信息的损失，方便产业内部细分领域发展态势的差异分析。比值法计算公式如下：

$$v_{it} = \frac{x_{it}}{x_{io}} \tag{1}$$

其中，v_{it} 是去量纲处理后指标 i 在当年的标准化值，x_{it} 是指标 i 在观察期的具体数值，x_{io} 是指标 i 在基期的具体数值。

2. 指标权重确定方法

本研究采用主客观相结合的指标权重赋值方法。对三级指标而言，由于数量众多且含义广泛，本研究采用熵权法确定指标权重；对一级指标和每个一级指标下的二级指标，本研究采用层次分析法确定指标权重。

（1）熵权法

熵是系统无序程度的度量，对于某项评价指标可以用熵值来判断该指标的离散程度。信息熵的值越小，代表该指标的离散程度越大，说明该指标对整体系统的影响程度越高，反之亦然。本研究采用信息熵计算各个三级指标的权重值。

（2）层次分析法

层次分析法（Analytic Hierarchy Process，AHP）是一种结构化、层次化的决策方法，它能够实现决策者定性判断与定量分析的结合，在许多实际决策问题中得到了广泛应用。层次分析法采用特征值法确定指标权重，通过综合多个专家对指标重要性两两比较的判断矩阵计算指标权重。钢铁产业发展指数评价指标体系的一级指标和二级指标权重的确定过程如下。

①被调查专家给出各层次中指标重要程度两两比较的判断矩阵，本研究指标体系第一层和第二层评价共计 4 个判断矩阵。

②集结专家意见，计算单层判断矩阵的一致性指标，并进行一致性检验，计算单层权重。

③计算总权重并进行一致性检验。

本次评价采用的是群体评价方式，判断矩阵由具有较好评价能力的专家们给出，向专家发放判断矩阵问卷及专家评价能力问卷，其中专家评价能力问卷用于专家权重的计算。本研究综合专家群体给出的判断矩阵，对指标的权重进行综合计算。

3. 指数合成方法

本研究采用综合指数法对各级指标进行合成，最终得到钢铁产业发展指数。综合指数法有算术加权和几何加权两种最基本的方法。算术加权适用于指标间数量级相差较小的测算，而几何加权适用于指标间数量级相差较大的测算。本研究采用环比的方式进行具体指标的无量纲化处理，无量纲化处理之后的指标值数量级相差较小，因此适合采用算术加权综合指数法。

指数合成公式如下所示：

$$SPI = \sum_{i=1}^{n} (V_i \times X_i) \tag{2}$$

式中，SPI 为钢铁产业发展指数分值，V_i 为第 i 项指标的权重，X_i 为第 i 项指标的标准化值。

二 2012～2021年中国钢铁产业发展指数评价及分析

基于上文构建的钢铁产业发展指数评价指标体系，本研究采集 2012～2021 年中国钢铁产业的相应指标数据，进行发展指数测算，并根据测算结果分析 2012～2021 年中国钢铁产业的发展基础、发展环境、发展能力和综合发展指数。

（一）指标数据采集与预处理

根据前文构建的钢铁产业发展指数评价指标体系进行数据采集，并进行数据预处理，主要包括以下两个方面：一是数据来源与采集，二是数据预处理。

1. 数据来源与采集

本研究采集的数据均为公开发表的数据，数据来源及基本情况如表2所示。中国钢铁企业的数据相对公开透明，数据的可获得性比较强，依据拟定的指标体系，本研究采集了2012~2021年中国钢铁产业的相关数据。其中，宏观数据来源于 Wind 数据库、国家统计局、中华人民共和国自然资源部，微观数据来源于国际钢铁协会每年发布的《世界钢铁统计数据》。数据涵盖了宏观经济、钢铁产业、行业政策等不同维度，具有较强的代表性。

表 2　数据采集汇总

编码	指标名称	数据频度	数据来源	备注
1	资产总计	年度	Wind 数据库	—
2	粗钢产量	月度	Wind 数据库	月度累计值
3	从业人员数	年度	Wind 数据库	—
4	流动资产平均余额	月度	Wind 数据库	缺失每年1月份数据
5	利润总额	月度	Wind 数据库	月度累计值，无缺失
6	产业集中度	年度	《世界钢铁统计数据》	
7	第二产业占比	年度	Wind 数据库	
8	铁矿石查明资源储量	年度	中华人民共和国自然资源部	缺失 2020~2021 年数据
9	工业增加值	年度	Wind 数据库	—
10	基建投入	月度	Wind 数据库	月度累计值
11	房地产开发投资额	年度	国家统计局	—
12	黑色金属冶炼及压延加工业 PPI	年度	Wind 数据库	
13	碳排放权成交均价(北京)	日均值	Wind 数据库	缺失 2021 年数据
14	库存	月度	Wind 数据库	缺失每年1月份数据

续表

编码	指标名称	数据频度	数据来源	备注
15	研发人员数量	年度	Wind 数据库	—
16	研发经费支出	年度	Wind 数据库	—
17	研发项目数	年度	Wind 数据库	—
18	有研发活动的企业数量	年度	Wind 数据库	—
19	有效发明专利数量	年度	Wind 数据库	—
20	钢材出口数量	年度	Wind 数据库	—
21	钢材进口数量	年度	Wind 数据库	—
22	吨钢二氧化碳排放量	年度	国际能源署	—
23	电炉钢占比	年度	国际能源署	—

2. 数据预处理

（1）数据频度转换

为统一数据频度，本研究对月度、日度数据进行频度转换，从而得到年度数据，数据频度处理方法如表 3 所示。

表 3　数据频度转换

序号	指标名称	频度类型	处理方法
1	粗钢产量	月度累计值	取每年 12 月值
2	流动资产平均余额	月度值，缺失每年 1 月份数据	忽略 1 月份数据，使用 2~12 月份数据计算流动资产平均余额
3	利润总额	月度累计值	取每年 12 月份值
4	基建投入	月度累计值	取每年 12 月份值
5	碳排放权成交均价（北京）	日均值	$\dfrac{\sum 成交均价 \times 碳排放交易量}{日碳排放交易量年累计值}$

（2）缺失值补全

根据表 2 可知，部分指标缺失 1 月份的数据，这是由于为消除春节期间各种不确定因素产生的影响，同时提高数据的可比性，自 2012 年起，国家统计局不单独对 1 月份统计数据进行调查统计。因此，自 2012 年以来，部分指标如规模以上工业生产、固定资产投资、民间固定资产投资、房地产投资和销售、社会消费品零售总额和工业经济效益数据存在缺失的情况。此外，截止到2022年12月31日，资产总计、从业人员数、铁矿石查明资源储量、研发人员数量、研发经费支出、研发项目数等指标2021年的数据还未公开发布，因此这些指标也存在缺失值。本研究根据数据在时间维度上的变化趋势差异，分别采用线性函数和非线性函数对缺失值进行估计。

（3）名义价格折实

为消除通货膨胀因素对指数合成结果的影响，本研究使用居民消费价格指数（CPI）解决变量中存在的通货膨胀引起的价格变化问题。

从国家统计局查询得到2012~2021年居民消费价格指数，如表4所示，其以1978年为基期，基期值为100。

表4　2012~2021年居民消费价格指数（CPI）

年份	2012	2013	2014	2015	2016	2017	2018	2019	2020	2021
CPI	579.7	594.8	606.7	615.2	627.5	637.5	650.9	669.8	686.5	692.7

以资产总计为例，以2013年为基期，2014年资产总计的名义价格转换实际价格计算公式如公式（3）所示。结果表明，2014年去除通货膨胀因素后资产总计值为63968.38亿元，其他年份和其他涉及通货膨胀因素的评价指标处理方式与此类似。

$$2014年资产总计实际价格 = \frac{2014年资产总计名义价格}{\frac{2014年CPI}{2013年CPI}}$$

$$= \frac{65248.18}{\frac{606.7}{594.8}} = 63968.38 \tag{3}$$

（4）数据无量纲化

基于前文的指标去量纲处理方法，以粗钢产量为例，2013年中国粗钢产量为77904.10万吨，2014年中国粗钢产量为82269.80万吨。以2013年为基期，即2013年粗钢产量为1.00。根据公式（1）对粗钢产量进行标准化处理，计算过程如公式（4）所示。

$$2014 年粗钢产量无量纲值 = \frac{2014 年粗钢产量}{2013 年粗钢产量} = \frac{82269.80}{77904.10} = 1.056 \qquad (4)$$

即 2013 年、2014 年中国粗钢产量指标的无量纲值为 1.000、1.056。其他年份和其他指标无量纲处理方式与此类似。

（5）数据正向化

指标的正向化处理主要针对两种数据进行处理。首先针对逆向指标，即数值越小越好或者越大越不好的指标，通过公式（5）对指标数值进行转化，将此列数据中的最大值减去原始值，得到处理过后的正向指标。

$$x' = \max(x) - x \qquad (5)$$

其次，针对中间值指标即越接近某一个值的数据越好，如公式（6）所示，将最佳值作为公式中的 $best$，并取该列数据中距离最佳值最远的值 M，最后用转换公式（7）完成每个值的正向化处理，得到处理过后的正向指标。

$$M = \max(\,|x - best|\,) \qquad (6)$$

$$x' = \frac{1 - |x - best|}{M} \qquad (7)$$

（二）2012~2021年中国钢铁产业发展指数测算

本研究根据前文介绍的钢铁产业发展指数测算方法对 2012～2021 年中国钢铁产业发展指数进行测算，主要包括指标体系权重测算和钢铁产业发展指数测算。

1. 指标体系权重测算

本研究采用熵权法确定三级指标的权重，计算过程如下。

（1）针对以人民币为计量单位的指标去除通货膨胀影响，根据每年的通货膨胀率将名义价格转化为实际价格。

（2）对所有指标进行去量纲处理，采用 Z-Score 归一化方法，以保证不同量纲指标之间的可比性。

（3）对所有逆向指标和中间值指标进行正向化处理。

（4）采用熵权法计算构成该二级指标的所有三级指标权重。

对于一级指标和二级指标，本研究采用层次分析法确定指标权重。通过问卷调查的形式，邀请领域内的专家对所有一级指标和二级指标进行相对重要度打分，将通过一致性检验的专家打分结果进行汇总得到一级指标、二级指标权重，如表 5 所示。

表 5　中国钢铁产业发展指数评价指标体系及权重

一级指标		二级指标		三级指标	
指标名称	权重(%)	指标名称	权重(%)	指标名称	权重(%)
钢铁产业发展指数评价指标体系		产业规模	36.65	资产总计	15.84
				粗钢产量	28.32
发展基础	27.40			从业人员数	18.25
				流动资产平均余额	18.60
				利润总额	18.99
		产业结构	47.63	产业集中度	53.69
				第二产业占比	46.31
		资源禀赋	15.72	铁矿矿石查明资源储量	100.00
		经济环境	46.38	工业增加值	33.16
				基建投入	26.07
发展环境	29.38			房地产开发投资额	19.72
				黑色金属冶炼及压延加工业 PPI	21.05
		政策环境	20.32	碳排放权成交均价(北京)	100.00
		市场环境	33.30	库存	100.00
		低碳生产能力	39.25	吨钢二氧化碳排放量	46.60
				电炉钢占比	53.30
		技术创新能力	49.25	研发人员数量	15.21
发展能力	43.22			研发经费支出	19.64
				研发项目数	32.20
				有研发活动的企业数量	18.42
				有效发明专利数	14.53
		出口能力	11.50	出口数量与进口数量的比值	100.00

一级指标中,发展基础、发展环境和发展能力的权重分别为27.40%、29.38%和43.22%,其中发展能力的权重最大,对最终钢铁产业发展指数评价结果的作用最大。

在发展基础下设的3个二级指标中,产业结构的权重最大,为47.36%,其次是产业规模和资源禀赋,分别为36.65%和15.72%;在发展环境下设的3个二级指标中,经济环境的权重最大,为46.38%,其次是市场环境和政策环境,分别为33.30%和20.32%;在发展能力下设的3个二级指标中,技术创新能力的权重最大,为49.25%,其次是低碳生产能力和出口能力,分别为39.25%和11.50%。

2. 钢铁产业发展指数测算

基于上述数据预处理结果和权重分析结果,本研究按照图2所示的钢铁产业发展指数层级,从下往上,逐年依次对各级指标进行测算,最后得出钢铁产业发展指数。为便于横向比较和更加直观地反映中国钢铁产业发展指数及其下设的一级指标、二级指标和三级指标的变化情况,以及更好地分析中国钢铁产业发展态势,本研究在测算钢铁产业发展指数时,以2012年为基期,即2012年各级单项指标值均为100,对发展指数及其下设的各级指标,均以单项指标百分制形式进行分析。

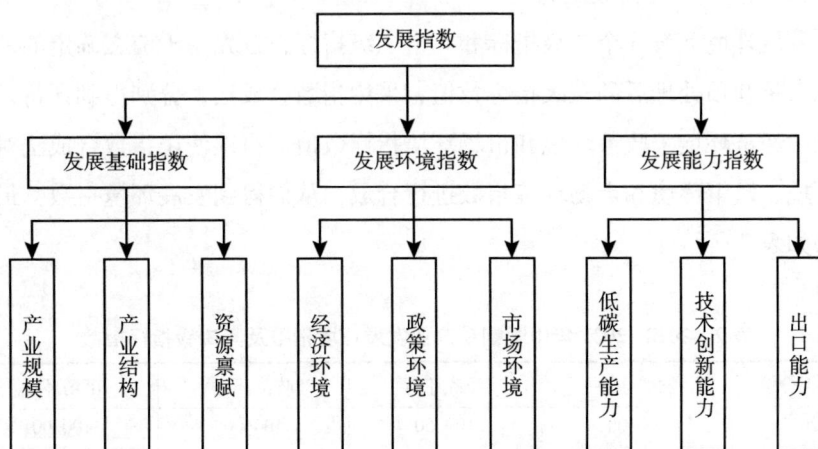

图2 钢铁产业发展指数层级

（1）发展基础指数测算

发展基础下设 3 个二级指标和 8 个三级指标，首先基于前文确定的三级指标权重和预处理后的三级指标数值，采用指数合成方法，分别得到评价发展基础的产业规模、产业结构和资源禀赋指标数值，再次使用指数合成法对产业规模、产业结构和资源禀赋指数进行合成，从而得到发展基础指数，最终结果如表6所示。

表6　2012~2021 年中国钢铁产业发展基础指数及其二级指标指数

年份	发展基础	产业规模	产业结构	资源禀赋
2012	100.00	100.00	100.00	100.00
2013	101.33	113.91	91.10	102.99
2014	99.96	113.43	86.68	108.78
2015	90.02	92.38	81.69	109.74
2016	94.58	104.64	82.27	108.43
2017	104.51	129.30	83.80	109.49
2018	106.85	138.25	81.67	109.92
2019	100.33	119.85	82.12	110.02
2020	100.85	118.60	84.17	110.02
2021	111.93	142.05	89.39	110.02

（2）发展环境指数测算

发展环境下设 3 个二级指标和 6 个三级指标，首先基于前文确定的三级指标权重和预处理后的三级指标数值，采用指数合成法，分别得到评价发展环境的经济环境、政策环境和市场环境指标数值，再次使用指数合成法对经济环境、政策环境和市场环境指数进行合成，从而得到发展环境指数，最终结果如表7所示。

表7　2012~2021 年中国钢铁产业发展环境指数及其二级指标指数

年份	发展环境	经济环境	政策环境	市场环境
2012	100.00	100.00	100.00	100.00
2013	98.56	108.89	86.18	91.72
2014	101.47	113.97	75.72	99.77

年份	发展环境	经济环境	政策环境	市场环境
2015	111. 80	113. 16	97. 82	118. 45
2016	113. 24	121. 27	95. 40	112. 96
2017	121. 53	137. 05	94. 74	116. 27
2018	120. 86	137. 82	83. 40	120. 08
2019	115. 40	136. 74	59. 71	119. 66
2020	123. 87	153. 83	55. 64	123. 77
2021	127. 57	171. 98	52. 93	111. 25

（3）发展能力指数测算

发展能力指标下设 3 个二级指标和 8 个三级指标，首先基于前文确定的三级指标权重和预处理后的三级指标数值，采用指数合成法，分别得到评价发展能力的低碳生产能力、技术创新能力和出口能力的指标数值，再次使用指数合成法对低碳生产能力、技术创新能力和出口能力指数进行合成，从而得到发展能力指数，最终结果如表 8 所示。

表 8　2012~2021 年中国钢铁产业发展能力指数及其二级指标指数

年份	发展能力	低碳生产能力	技术创新能力	出口能力
2012	99. 96	99. 90	100. 00	100. 00
2013	97. 18	82. 34	106. 36	108. 51
2014	109. 29	86. 08	116. 11	159. 26
2015	113. 87	83. 69	114. 19	215. 52
2016	118. 74	87. 27	124. 57	201. 22
2017	128. 68	107. 11	143. 46	138. 98
2018	122. 47	116. 32	125. 84	129. 03
2019	132. 80	116. 51	146. 89	128. 08
2020	132. 99	118. 65	160. 28	65. 03
2021	148. 76	122. 44	177. 66	114. 84

（4）综合指数测算

钢铁产业发展指数下设发展基础、发展环境和发展能力 3 个一级指标，基于以上 3 个一级指标的计算结果，通过指数合成法，得到 2012~2021 年中国钢铁产业发展综合指数，最终结果如表 9 所示。

表 9　2012~2021 年中国钢铁产业发展综合指数及其一级指标指数

年份	综合指数	发展基础	发展环境	发展能力
2012	99.98	100.00	100.00	99.96
2013	98.72	101.33	98.56	97.18
2014	104.43	99.96	101.47	109.29
2015	106.73	90.02	111.80	113.87
2016	110.51	94.58	113.24	118.74
2017	119.96	104.51	121.53	128.68
2018	117.71	106.85	120.86	122.47
2019	118.79	100.33	115.40	132.80
2020	121.50	100.85	123.87	132.99
2021	132.44	111.93	127.57	148.76

（三）2012~2021年中国钢铁产业发展指数测算结果分析

1. 产业发展基础分析

图 3 为 2012~2021 年中国钢铁产业发展基础及其下设的 3 个二级指标（产业规模、产业结构和资源禀赋）指数变化趋势。由图 3 可知，产业规模指数起伏较大，2012~2015 年呈现小幅下降态势，2015 年出现明显回落后保持增长趋势至 2018 年，2019~2020 年又呈现下降趋势，而在 2021 年又升至近 10 年中国钢铁产业规模的顶峰；产业结构指数呈现先下降后保持小幅上升的趋势，2012~2015 年逐年下降，2016 年有所回升，2018~2021 年稳定上升；资源禀赋指数在 2012~2015 年呈现稳步上升的趋势，后趋于稳定，主要原因是 2015 年后中国铁矿石查明资源储量趋于稳定。

在明确发展基础变化情况的前提下，进一步对发展基础下设的 3 个二级

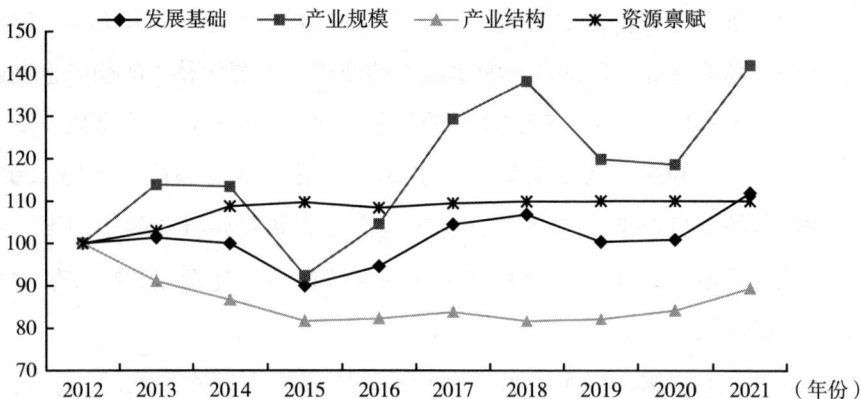

图3 2012~2021年中国钢铁产业发展基础及其下设的二级指标指数变化趋势

指标（产业规模、产业结构和资源禀赋）进行具体分析。

首先是产业规模，图4展示了2012~2021年中国钢铁产业规模及其下设的5个三级指标指数变化趋势。由图4可知，资产总计有起有伏，但波动不大，整体趋于平稳，2014年达到近10年间的顶峰，之后整体呈现下降趋势，其中2021年有一定程度的反弹。粗钢产量在2015~2020年保持上升趋势，2021年打破持续上升势头，出现了小幅下降。从业人员数量总体呈现下降趋势，主要原因是中国钢铁产业产能过剩问题依然没有得到有效解决，

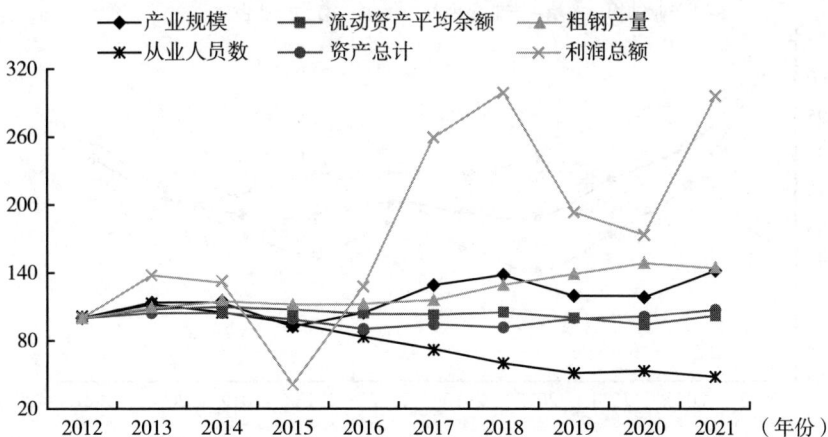

图4 2012~2021年中国钢铁产业规模及其下设的三级指标指数变化趋势

在去产能背景下，就业人数的减少是当前中国钢铁产业产能调整的一种体现。此外，随着工业互联网和产业机器人的使用，机器代替人的趋势也在逐年上升，一定程度上减少了钢铁产业的从业人数。流动资产平均余额波动不大，趋于平稳。利润总额波动明显，在2015年出现大幅下降，2016~2018年呈现明显的上升趋势，2018年，在房地产行业和基建行业的推动下，利润总额达到峰值，2021年受钢材均价大幅上涨影响，吨钢赢利提升带动整体利润明显增长。

其次是产业结构，图5展示了2012~2021年中国钢铁产业结构及其下设的2个三级指标的变化趋势。由图5可知，中国钢铁产业集中度呈现先降后升的V形发展态势。受到我国钢铁大型企业集团减产等因素影响，且部分大型钢铁企业前几年进行的企业重组没有取得实质性进展，以及"联而不合"的集团成员退出，导致2012~2015年产业集中度持续下滑。2016年，宝钢、武钢重组成立了宝武集团，产业集中度有所提高，扭转了产业集中度连年下降的趋势，使产业集中度在2018~2021年呈现上涨态势。第二产业占比在2012~2020年呈现整体下降的趋势，根据配第—克拉克定理，随着人均国民收入的不断提高，劳动力在三大产业间的转移趋势：随着经济水平的提高，劳动力从第一产业转向第二产业，随着经济水平的进一步提高，劳

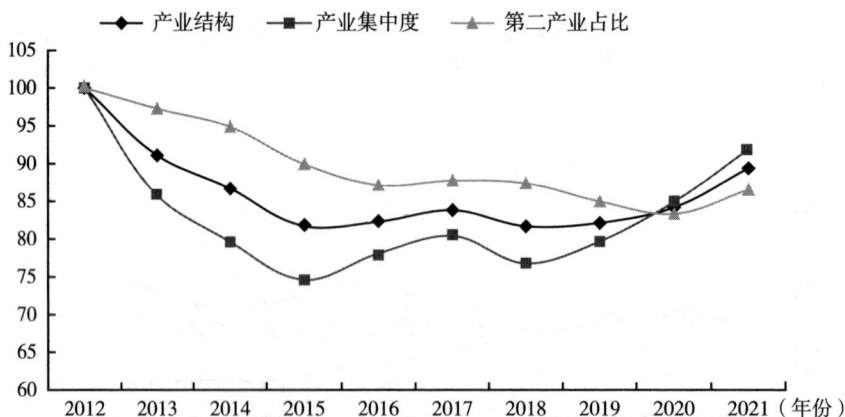

图5 2012~2021年中国钢铁产业结构及其下设的三级指标指数变化趋势

动力从第二产业逐渐转向第三产业。因此，我国第二产业占比出现下降属于正常现象。2021年第二产业占比出现小幅反弹，主要原因是第三产业受新冠疫情影响较为严重，间接提高了第二产业在国民经济中的占比。

最后是资源禀赋，图6展示了2012~2021年中国钢铁产业基于铁矿石储量的资源禀赋指数变化情况。我国铁矿石探明总量近10年来几乎维持在一个稳定的状态，在没有大规模铁矿石资源探明的情形下，小幅度调增或调减对发展基础的影响不大。

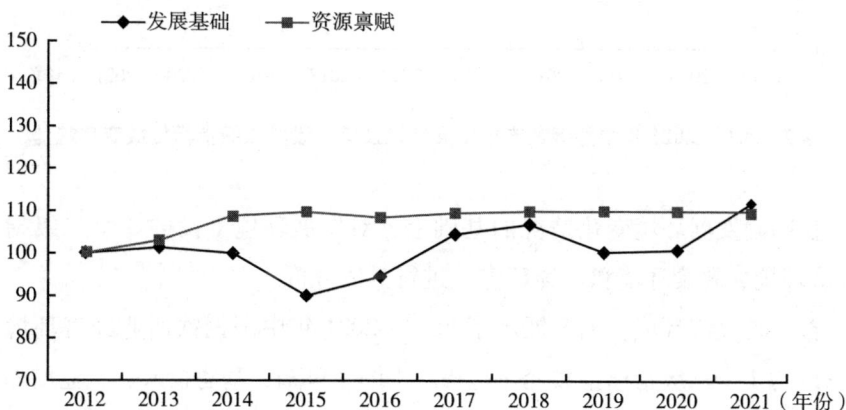

图6　2012~2021年中国钢铁产业发展基础与资源禀赋指数变化趋势

2. 产业发展环境分析

图7展示了2012~2021年中国钢铁产业发展环境及其下设的3个二级指标（经济环境、政策环境和市场环境）指数变化趋势。由图7可知，在经济环境和市场环境整体向上的拉动下，中国钢铁产业的发展环境整体呈现上升的态势。受碳排放政策和经济增速下滑影响，2018年和2019年中国钢铁产业发展环境评价指数出现小幅下滑，之后呈现快速回升态势。政策方面，为有效发挥碳排放权交易机制促进企业节能减排的作用，继电力和建材行业后，钢铁行业成为第3个被纳入全国碳市场的重点行业，碳交易价格整体呈现增长趋势。对钢铁企业而言，短期来看碳交易价格上升会给企业带来一定的成本负担。

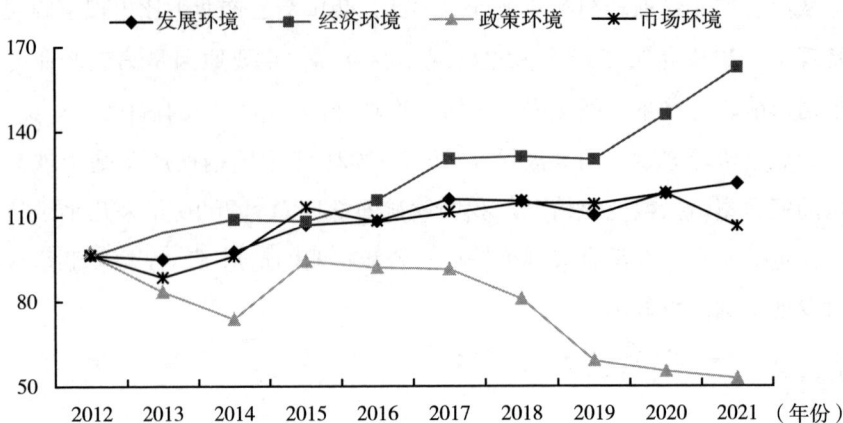

图7 2012~2021年中国钢铁产业发展环境及其下设的二级指标指数变化趋势

在明确发展环境变化情况的基础上，对发展环境下设的 3 个二级指标（经济环境、政策环境和市场环境）进行具体分析。

首先是经济环境，图 8 展示了 2012~2021 年中国钢铁产业经济环境及其下设的 4 个三级指标指数变化趋势。由图 8 可知，基建投入、工业增加值和房地产投资均呈现上升的趋势，尤其是基建投入在 2020 年大幅提升，促

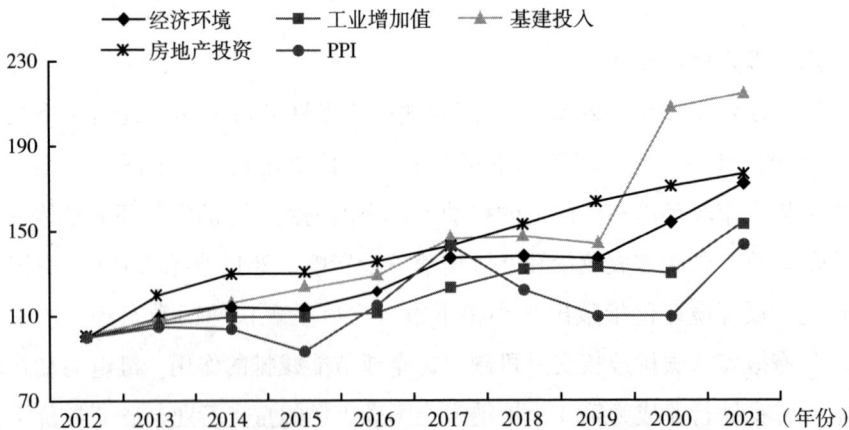

图8 2012~2021年中国钢铁产业经济环境及其下设的三级指标指数变化趋势

说明：房地产投资代表房地产开发投资额，PPI 代表黑色金属冶炼及压延加工业 PPI。

进了整个社会钢铁产品需求的增加。黑色金属冶炼及压延加工业 PPI 指数波动幅度较大，在 2017 年与 2021 年两次达到峰值。在两轮上涨过程中，一方面钢价受到上游原材料价格的牵引，铁矿石占钢铁成本的 40%~50%，煤炭占钢铁成本的比例也不小，与铁矿石共同构成钢铁成本中占比最大的部分。另一方面，钢价受下游需求端变化的影响，需求向好，驱动钢价上涨。因此，一方面，上游煤炭开采业、黑色金属采掘业价格上涨会引起中游钢铁价格上涨，三者价格上涨会体现在 PPI 中；另一方面，下游需求端好转引起中游钢铁价格上涨，也会体现在 PPI 中。

其次是政策环境，近 10 年国家相继出台了去产能和碳排放的相关政策，这些政策短期来看提升了钢铁企业技术改造的成本，不利于钢铁产业的短期发展。图 9 展示了基于碳排放价格的政策环境变化情况。整体来看，碳排放政策逐年收紧给钢铁产业发展的政策环境带来了不利影响，但是从政策环境与发展环境指数的变化趋势来看，两者呈现几乎相反的变化趋势，可以理解为碳排放政策成为国家宏观调控钢铁产业发展的政策手段，当钢铁产业发展环境向好时，适当收紧碳排放政策，防止钢铁产业过快发展；反之，则适当放松碳排放政策，防止钢铁产业过快下滑。

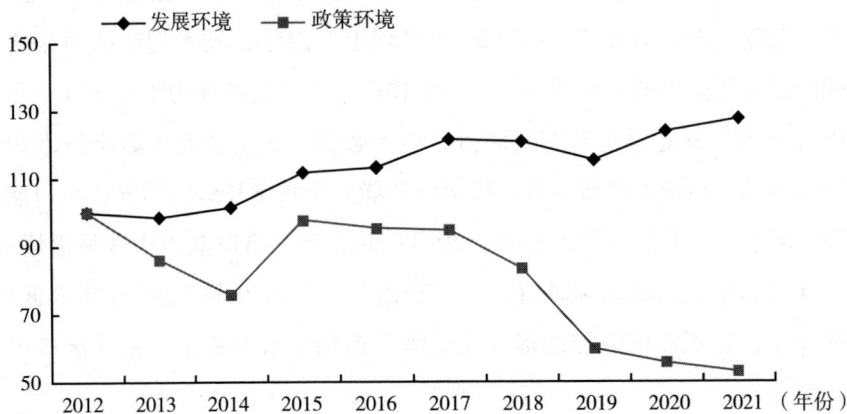

图9　2012~2021 年中国钢铁产业发展环境与政策环境指数变化趋势

最后是市场环境，图 10 展示了基于库存数据的市场环境指数变化情况，发展环境指数与市场环境指数变化趋势基本一致，表明中国去产能、去库存的政策得到了较好的执行，钢铁企业库存逐年降低，进一步优化了我国钢铁产业的发展环境。

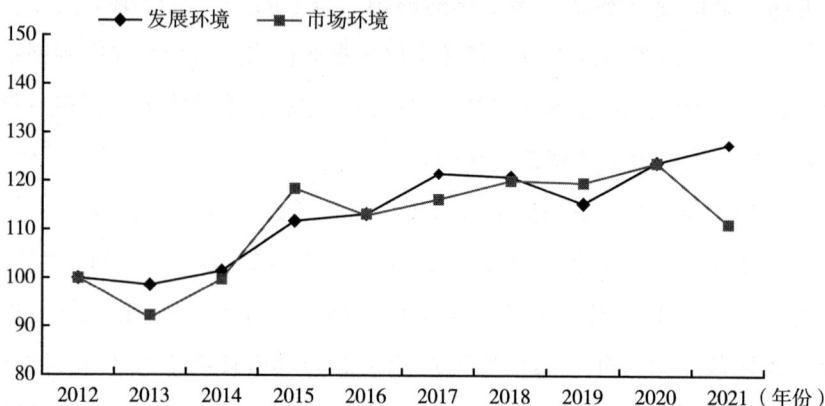

图 10　2012～2021 年中国钢铁产业发展环境与市场环境指数变化趋势

3. 产业发展能力分析

图 11 展示了 2012～2021 年中国钢铁产业发展能力及其下设的 3 个二级指标（低碳生产能力、技术创新能力和出口能力）指数变化趋势。由图 11可知，低碳生产能力在 2013～2021 年呈现上升趋势；技术创新能力是增强钢铁产业发展能力的主要动力，中国钢铁产业技术创新能力不断增强，虽然2018 年技术创新能力指数有所回落，但大数据、人工智能等数字技术为钢铁产业技术创新带来崭新生机，技术创新能力指数增长势头明显；出口能力指数经历了先上升后下降的趋势，2013～2015 年，出口能力指数显著增长，2015 年出口能力指数达到峰值，之后开始下滑，2020 年跌至 10 年内低谷，2021 年中国新冠疫情防控政策有效保障了市场需求的稳定，钢铁出口出现逆势增长。

在明确发展能力变化情况的基础上，下面对发展能力指标下设的 3 个二级指标（低碳生产能力、技术创新能力和出口能力）进行具体分析。

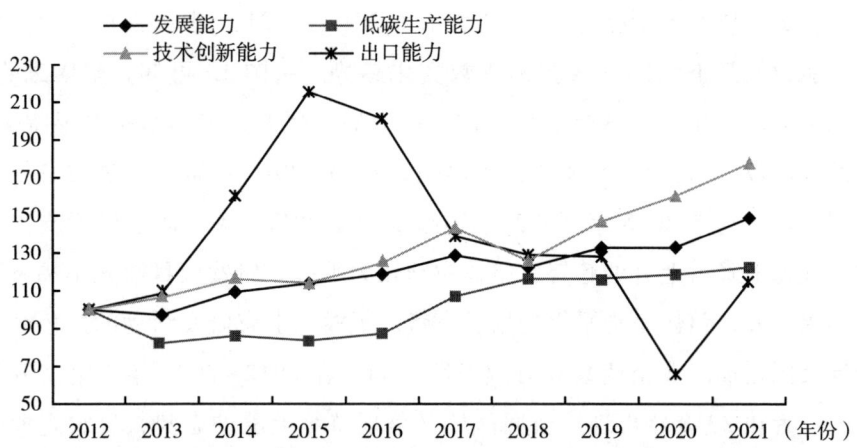

图11 2012~2021年中国钢铁产业发展能力及其下设的二级指标指数变化趋势

首先是低碳生产能力，图12展示了2012~2021年中国钢铁产业低碳生产能力及其下设的三级指标指数变化趋势。由图12可知，2013~2021年我国吨钢二氧化碳排放量整体呈上升趋势，电炉钢占比亦呈现上升趋势。2016年国务院发布的《关于钢铁行业化解过剩产能实现脱困发展的意见》提出淘汰落后钢铁产能，立即关停"地条钢"生产企业，极大地改善了电炉钢的发展环境，2017~2018年电炉钢占比得到快速提升，2019年占比开始平稳上升。

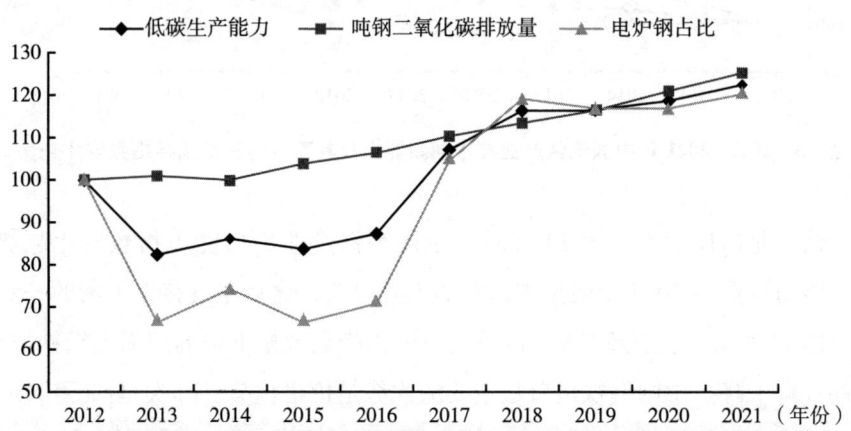

图12 2012~2021年中国钢铁产业低碳生产能力及其下设的三级指标指数变化趋势

其次是技术创新能力，图 13 展示了 2012~2021 年中国钢铁产业技术创新能力及其下设的三级指标指数变化趋势。由图 13 可知，整体来看，2012~2021 年中国钢铁行业技术创新能力稳步提升，整体水平明显提高。研发人员数量指数在 2014 年达到峰值，2015~2016 年研发人员数量指数出现下降，这与 2015 年钢铁产业实施供给侧改革有关。研发经费支出指数呈现先下降后上升的趋势，整体波动较为平缓。研发项目数先小幅下降后小幅上升，整体呈现平缓的增长态势。规模以上有研发活动的黑色金属冶炼及压延加工业企业数和有效发明专利数在 2012~2021 年均呈上升趋势，二者在 2018 年出现短暂回落后又呈现持续上涨的态势，反映企业持续增加技术研发投入，并以专利的形式提升企业的技术水平和增强竞争优势。

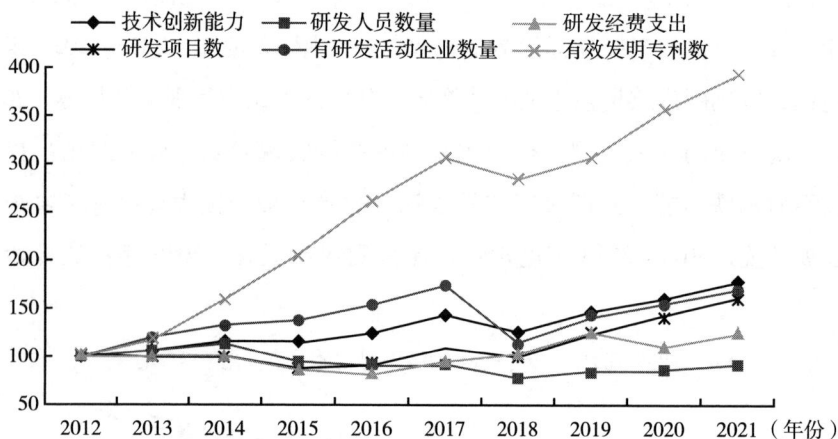

图 13　2012~2021 年中国钢铁产业技术创新能力及其下设的三级指标指数变化趋势

最后是出口能力，图 14 展示了中国钢铁产业出口能力指数变化趋势，出口能力指数在 2015 年前呈现良好的上升势头，之后呈现持续下滑的态势。通过图 15 可知，造成 2015 年以后出口能力指数大幅下降的原因是钢铁出口量的大幅下降。中国钢铁出口最主要的优势是价格优势，其次是国际市场巨额的需求。低价格是中国钢铁产品出口最大的优势，2012~2015 年中国钢铁产品出口量呈现大幅上升的趋势，价格优势在其中发挥着重要作用。2015年国内钢价处于历史最低水平，这也是2015年中国钢铁出口能力达到峰值的直接原因。受全球经济发展缓慢的影响，各国钢铁产业的发展普遍不景气，中国钢铁产业也因此成为贸易摩擦的主要领域之一。钢铁产业作为重要产业，各进口国对本国钢铁产业采取保护措施，使国际市场需求量减少，中国与各个进口国之间产生贸易摩擦，也使世界各国对中国频繁发起的反倾销、反补贴贸易案件数量急剧上升，以及制定各种政策保护本国钢铁企业。2016年，中国是被反倾销最多的国家，针对中国的贸易救济调查案件有119起，达历史新高，贸易摩擦对我国钢铁产业的影响不容忽视。2016~2017年，中国针对钢铁产业采取淘汰落后产能的措施，使国内钢材市场价格出现明显回升，国内价格高于国际价格，继而导致中国钢铁在国际市场失去价格竞争优势，钢材出口量随之下降。2018~2019年，受国内环保限产以及抑制淘汰落后产能死灰复燃的影响，我国钢材价格保持在相对高位，国际市场对国内钢材进口的意愿减弱。2021年，中国成功控制住了新冠疫情在国内的蔓延，而国外疫情反复变化导致大量订单流向中国，钢铁出口量实现大幅反弹。但这种反弹不具有可持续性，随着新冠疫情在全球范围内得到有效控制，预计钢铁出口又将呈现持续下跌的趋势。

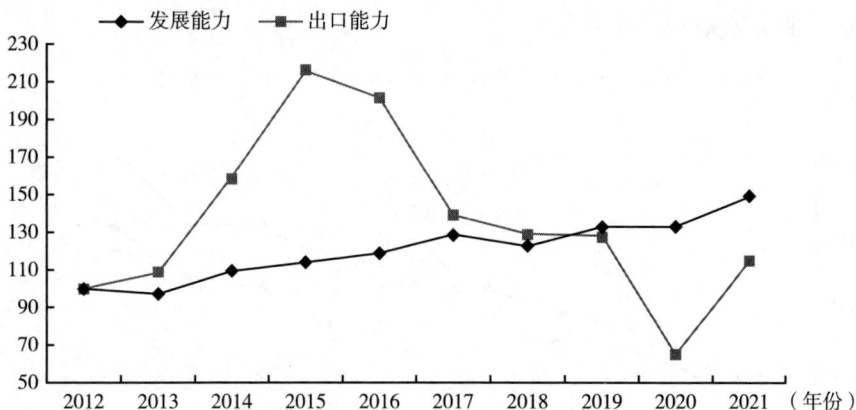

图14　2012~2021年中国钢铁产业发展能力与出口能力指数变化趋势

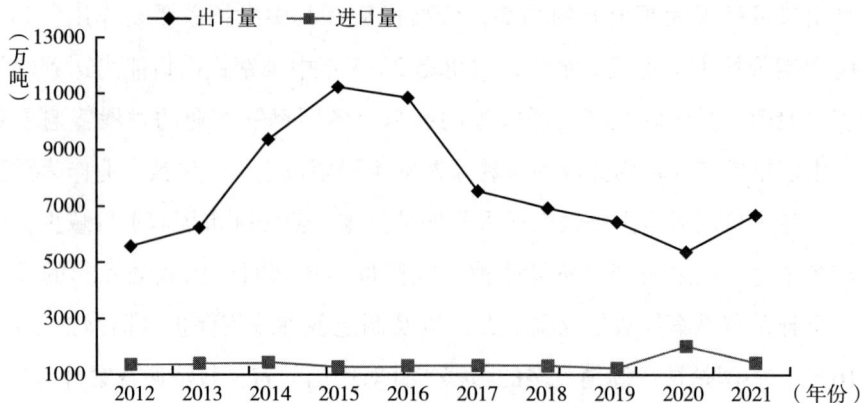

图15 2012~2021年中国钢铁进出口量

4.产业发展综合指数分析

图16展示了2012~2021年中国钢铁产业发展综合指数及其下设的3个一级指标（发展基础、发展环境和发展能力）指数变化趋势。从钢铁产业发展综合指数来看，2012~2021年我国钢铁产业发展态势良好，2012~2017年综合指数整体呈现上涨态势，受金融危机与中美贸易摩擦的影响，中国钢铁产业综合指数在2018年有所下降，随后继续保持上升趋势。尤其是2021年，一方面，钢材均价大幅上涨，吨钢赢利提升带动整体利润明显增长；另一方面，国内外订单数量激增带动钢铁行业快速发展。

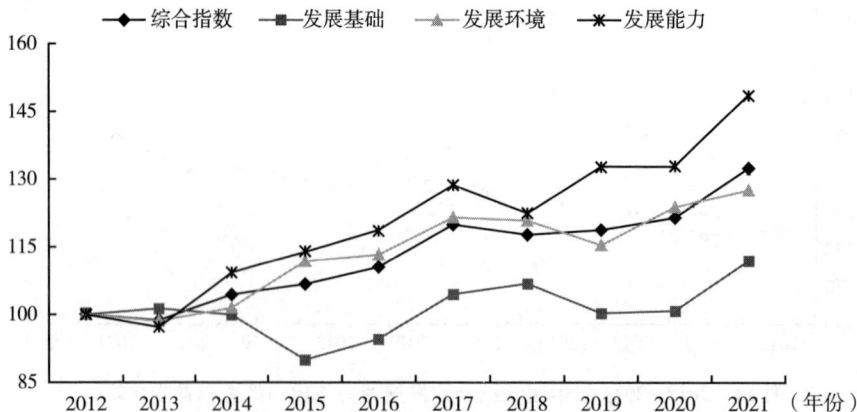

图16 2012~2021年中国钢铁产业发展综合指数及其下设的一级指标指数变化趋势

从发展基础、发展环境以及发展能力 3 个一级指标指数来看，钢铁产业发展基础指数呈现小幅波动的趋势。2012~2015 年出现小幅下降，2016~2018 年有所回升，2018~2019 年出现小幅下降后呈现持续上升态势，尤其 2021 年上升势头明显。发展环境指数整体呈现上升态势，2012~2017 年逐年稳定增长，2018 年和 2019 年受低碳政策、去产能和国外反倾销等因素影响，出现了小幅下滑，此后 2020~2021 年呈现逆势增长态势。发展能力指数增长趋势明显，2013~2017 年发展能力指数快速增长，2018 年出现短暂回落后又继续保持增长态势。发展能力指数在 2014~2021 年持续高于中国钢铁产业综合指数，是拉动钢铁产业向前发展的主要动力。

三 结论与展望

（一）结论

本研究主要采用熵权法和层次分析法对中国钢铁产业中发展指数评价指标体系的各级指标权重进行测量，通过指数合成法得到 2012~2021 年中国钢铁产业发展指数。基于 2012~2021 年中国钢铁产业发展指数的测算结果，我们可以得到如下结论。

1. 中国钢铁产业整体发展态势良好，上升趋势明显

2012~2021 年，在国内产能过剩、国外金融危机和贸易保护主义抬头、新冠疫情暴发的背景下，我国钢铁产业发展指数呈现整体向上的发展势头，主要原因有以下几点。一是中国经济的快速发展带来了旺盛的钢铁产品需求，例如，房地产、基础设施等在过去的 10 年里实现了跨越式发展，钢铁产业作为支撑产业也得到了飞速发展；二是中国作为世界上唯一一个掌握了完整工业链的国家，在全世界 500 多种工业产品中，中国拿下了其中 220 多种产品产量第一，制造大国向制造强国的转变带动了钢铁产业的高质量发展；三是科技创新推动钢铁产业结构化、提升钢铁产品竞争力，尤其是数字化、智能化技术在钢铁生产过程中的广泛使用，进一步推动我国从钢铁大国

转向钢铁强国；四是深化混合所有制改革和龙头企业实施兼并重组进一步提升了产业集中度，技术攻关、科研投入、原材料议价、风险控制等展现了规模效应的优势，进一步提升了中国钢铁产业的全球竞争力。同时，应注意到中国钢铁产业面临一些严峻挑战。首先，在向世界提出2030年实现"碳达峰"、2060年前实现"碳中和"承诺且在兼顾经济发展和绿色达标的要求下，我国实现"双碳"任务十分艰巨。钢铁产业作为碳排放大户，面临较大的发展压力。其次，随着中国经济发展速度放缓，尤其是基建、房地产等钢铁下游产业规模增长乏力，钢铁产业发展面临需求减少和价格下降的冲击。最后，国际上贸易保护主义、单边主义抬头，尤其是中美两国的贸易摩擦，给我国钢铁产业发展带来了极大的不确定性。

2. 钢铁产业发展基础稳定，产业集中度仍有待提升

2012~2021年，中国钢铁产业发展基础指数呈现小幅波动的变化特点，整体趋势平稳。中国钢铁工业协会数据显示，我国排名前十的钢铁企业粗钢产量合计占全国的比重由2016年的35.9%提升到2021年的41.5%，但整体仍处于较低水平，低于美国、日本、韩国等国家。中国钢铁产业在粗钢生产上仍具有不集中，以小高炉、小转炉为主体的钢铁厂数量较多等问题。产业集中度低带来的直接后果是行业自律性差，资源得不到合理高效的配置，难以实现集约化经营，势必导致在市场需求大幅增长时，钢铁企业的大量重复建设、产能过剩、资源配置不合理和行业内过度竞争，并因此制约了钢铁产业整体竞争力的提高。而美、日、韩等钢铁强国，其较高的钢铁产业集中度是基于大型钢铁企业集团对粗钢产量的控制，一些中小型钢铁企业更侧重于对钢材的深加工，并以此满足用户对钢铁产品多元化、个性化、高端化的需求。在企业产能分散、产业集中度偏低的情况下，兼并重组是日后钢铁产业持续发展、持续经营的必由之路。特别是对于规模较小的民营钢铁企业而言，若想长久生存必然要走规模化道路。当前在国家政策层面，相关部门已制定了健全的兼并重组规划，如工信部发布的《钢铁工业调整升级规划（2016—2020年）》提出，兼并重组要实施减量化，避免"拉郎配"；行业龙头企业实施跨行业、跨地区、跨所有制兼并重组，形成若干家世界一流超

大型钢铁企业集团。产业结构的优化需要全国"一盘棋"统筹考虑，处理好地方发展与行业发展之间的关系，促进产业布局更加集聚化、生态化和区域个性化，逐渐追赶国外钢铁产业，提升我国钢铁产业的核心竞争力。

3. 钢铁产业发展能力提升明显，是拉动钢铁产业向前发展的主要动力

钢铁产业发展能力指数增长趋势显著，在观察期内（2014~2021年）持续高于中国钢铁产业发展综合指数，是拉动钢铁产业向前发展的主要动力。科技创新能力是发展能力的基础，中国的研发投入和专利发明数量逐年上升，为中国钢铁产业的高质量发展注入强劲动力。在由钢铁大国向钢铁强国转变的过程中，须进一步发挥好企业创新驱动和引领作用，通过创新寻求技术突破，解决好卡脖子钢铁材料和关键核心设备进口问题；通过创新引领市场需求，形成供给创造需求的更高水平动态平衡；通过改革创新促进管理效率提升，促进行业及企业生产运行效率、资源利用效率的提高。应加快推进产学研用协同创新，加快科技创新成果转化应用，促进研发投入、技术人才向优势企业集中，支持行业领军企业以及专精特新"小巨人"企业技术创新，在低碳冶金、非高炉炼铁、洁净钢冶炼、无头轧制等前沿技术自主创新上取得突破进展。未来我国钢铁产业将深入推进产学研协同创新以及战略性新兴产业集群的构建，将数字智能化作为研发创新的重要手段，加快推进工业互联网、人工智能和大数据中心建设，发挥行业骨干企业的带头作用，打造一批智能化示范工厂，突破一批智能制造关键共性技术，实现全行业产品智能制造，不断提升创新驱动力，引领钢铁产业的转型发展之路。

4. 去产能和"双碳"目标下，中国钢铁产业发展环境发生深刻复杂变化

绿色转型和产品升级是钢铁产业转型升级的两个核心。绿色转型是钢铁产业发展的支撑和约束条件，政府工作报告中多次提到钢铁产业的节能减排并把钢铁企业列为节能减排的重点对象。钢铁产业将面临更加严峻的节能、减排任务，绿色转型也是响应国家号召、顺应历史潮流之举。绿色低碳是钢铁产业高质量发展的重要内容，同时是推动全行业发展质量提升的重要前提，有必要按照国家对钢铁产业低碳发展的新要求，遵循强化源头治理、严格过程控制、优化末端治理的原则，以低碳发展为"牛鼻子"，促进钢铁产业原料结构、用能结构、流程结构的优化调整，以及先进节能技术、末端治理技术、低碳冶金技术的变革创新。以钢铁产业的重要下游产业——汽车行业为例，近年来我国新能源汽车行业发展迅速，正在实现从汽车制造大国向汽车制造强国的转化，钢铁生产企业应积极参与新能源汽车板的技术研发和标准制定，提升钢铁产品技术水平和附加值。通过产品升级保持和扩大市场份额，加强创新能力建设，为钢铁产业高质量发展提供动力。

（二）研究展望

受限于数据的可获得性，本研究未实现对世界及中国之外的其他主要国家钢铁产业发展指数的评价与分析，指标体系和指标权重的确定也存在优化的空间。在下一步的研究中，我们将从以下几个方面完善本研究报告：一是进一步优化钢铁产业发展指数评价指标体系，提升指标体系的系统性和科学性。在确保数据可获得的前提下，增加绿色化、智能化、数字化等体现钢铁产业发展质量的评价指标；利用自然语言处理等技术对钢铁产业发展政策进行研判，更加准确地评价钢铁产业发展的政策环境。二是进一步采集世界主要国家在评价指标方面的相关数据，实现不同国家钢铁产业发展指数的横向对比和纵向对比，准确刻画世界各国的钢铁产业发展现状，为钢铁产业政策制定、国际合作等提供数据支持和现实依据。

参考文献

张雪花等：《中国环保产业发展指数构建与测评》，《环境保护》2018年第46期。

于长钺：《新一代信息技术产业发展评价及影响因素研究》，博士学位论文，北京邮电大学，2020。

钟维琼、代涛、李丹：《钢铁产业链全球物质流网络分析》，《中国矿业》2018年第27期。

王建军：《资源环境约束下的钢铁产业整合研究》，博士学位论文，西南财经大学，2008。

余敦涌：《环保产业发展指数测算与企业效率分析》，硕士学位论文，天津工业大学，2017。

雷冰：《股票投资的 24 个关键财务指标》，中国宇航出版社，2012。

徐春雷：《中国中药企业全产业链并购效应研究》，硕士学位论文，西南财经大学，2019。

刘月瑞：《全球气候变暖背景下"气候难民"的国际法保护》，硕士学位论文，广西大学，2020。

李坤：《中国产业结构优化研究》，《中小企业管理与科技》2021 年第 9 期。

中国钢铁工业协会：《2015 年中国钢铁行业运行情况》，《冶金动力》2016 年第 3 期。

李拥军：《2007~2017 年粗钢集中度指标分阶段特点分析》，《冶金经济与管理》2018 年第 3 期。

王丽娟：《经济调整下行钢材消费下降》，《冶金经济与管理》2015 年第 6 期。

张鹏：《钢铁企业如何面对贸易摩擦》，《现代国企研究》2018 年第 21 期。

陈程：《中国钢铁出口的 SWOT 分析》，《现代商贸工业》2018 年第 39 期。

牛雅芳、付静、杨婷：《世界主要产钢国家钢铁工业的竞争力研究》，《冶金信息导刊》2007 年第 6 期。

张长富：《中国钢铁工业运行情况和发展展望》，《中国钢铁业》2013 年第 4 期。

B.3

2021年我国上市钢铁企业
竞争力评价与分析

金家华　郭希雅　陆　展*

摘　要： 本报告以中国主要上市钢铁企业为研究对象，基于企业竞争力评价的相关理论，构建了一套包含4个一级指标、8个二级指标和14个三级指标的钢铁企业竞争力评价指标体系，并采用主客观相结合的方法对指标进行赋权，最后采集指标数据，实现对中国17家上市钢铁企业的竞争力评价。评价结果表明，在17家上市钢铁企业中，宝钢股份的生产能力和创新能力居第1位，三钢闽光和太钢不锈分别居经营能力和低碳能力首位。在综合竞争力方面，排名前五的上市钢铁企业依次为宝钢股份、三钢闽光、太钢不锈、鞍钢股份和马钢股份。不同企业在各评价指标上表现各有优劣，尚无企业在所有指标上呈现压倒性优势，表明各家上市钢铁企业都存在各自的优劣势，评价结果可为企业后续的生产经营提供一定的现实依据。

关键词： 钢铁企业　竞争力评价　钢铁产业

---

* 金家华，博士，北京科技大学经济管理学院副教授，研究方向为商务数据分析、管理评价等；郭希雅，北京科技大学经济管理学院博士研究生，研究方向为社交媒体中用户使用行为及心理、社会网络分析；陆展，北京科技大学经济管理学院博士研究生，研究方向为社交媒体中用户生成内容影响因素及质量评价研究。

钢铁号称"工业的粮食"，在社会生产生活的各个领域都有着广泛的应用，是不可或缺的战略性基础工业品。钢铁产业是国民经济的重要基础产业，带动国家经济发展，但在新冠疫情全球蔓延的背景下受到了极大的冲击与挑战。分析与评价2021年国内钢铁企业的竞争力，为整体把握国内钢铁产业发展态势、探究每家钢铁企业在各方面的竞争力水平具有重要意义。本报告将首先对钢铁企业竞争力评价的理论与方法进行总结与梳理；其次，采集数据对2021年中国上市钢铁企业的竞争力进行评价与分析；最后，总结中国钢铁产业发展态势和本报告的不足之处。

一 钢铁企业竞争力评价理论与方法

我国钢铁企业的发展状况决定着中国钢铁产业的发展态势，企业的竞争力能够在一定程度上体现企业的发展状况及未来发展趋势。本报告以评价理论为基础，对钢铁企业的竞争力水平进行科学的分析与评价。本部分首先构建钢铁企业竞争力的评价框架，其次详细描述其指标体系的构建过程，最后对钢铁企业竞争力的测算方法进行说明。

（一）钢铁企业竞争力评价框架

企业竞争力是一个动态的、相对的和持续的概念。简单地说，企业竞争力的大小决定着企业是否能够在充满竞争压力的市场中为自身谋取生存和发展。具体而言，企业竞争力指企业通过培育自身获取并利用外部资源，能够为顾客、为市场、为行业提供产品和服务，并在此基础上完善自身并赢得声望的能力。企业竞争力理论可以追溯到亚当·斯密的劳动分工和绝对优势理论，其理论汇集了经济学和管理学的经典研究主题，并围绕资源、能力、市场结构和跨国公司等流派展开。目前世界已进入数字经济时代，无论是人力、资源，还是关键信息都在全球范围内加速流转，共享一词逐渐进入大众视野，企业竞争力不再仅取决于自身资源，而是更多地依赖企业的综合平台和产业生态圈的建立与企业的运营能力。"全球国家竞争力排行榜"以法律、宏观经济环境以及教育等 12 项主要竞争力因素为衡量指标，反映了世界各经济体的竞争力状况。相似地，企业竞争力研究框架也应从理论出发，创新体系，引入先进工具，结合多方面指标数据进行科学综合的评价与分析。

由于理论和视角不同，企业竞争力评价呈现百花齐放的态势，不同的组织和部门发布了大量有关企业竞争力的评价结果，很难评判每一种评价结果的优劣。本报告在梳理现有企业竞争力评价研究的基础上，结合钢铁产业特点，构建钢铁企业竞争力评价指标体系，采用主客观赋权法对指标进行赋权，最后采用指数合成法计算得到钢铁企业的竞争力，整体研究框架如图 1 所示。

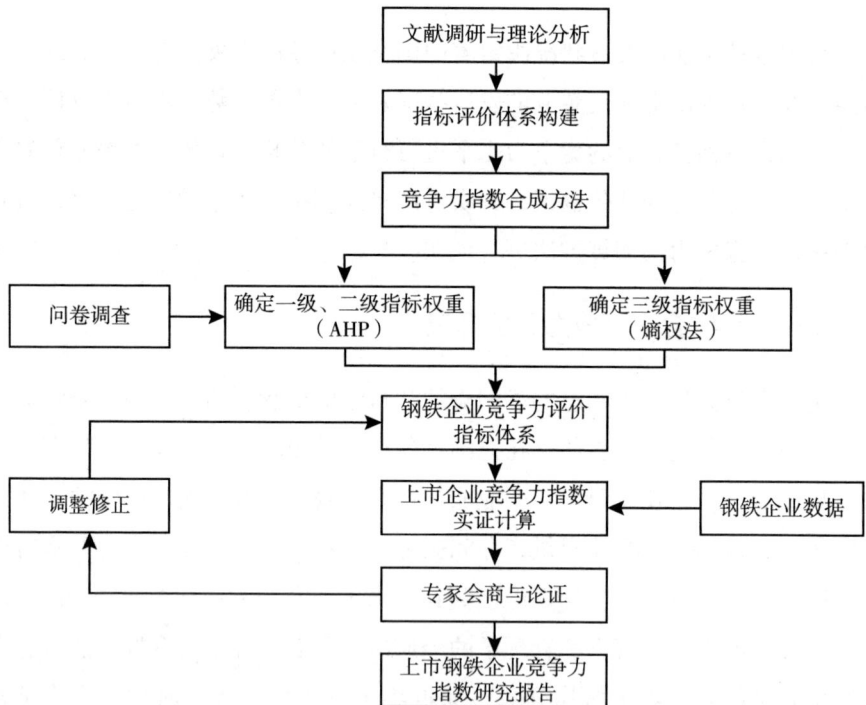

图 1 钢铁企业竞争力评价研究框架

（二）钢铁企业竞争力评价指标体系构建

为科学准确评价企业竞争力，本报告综合专家意见及钢铁企业的特征，构建钢铁企业竞争力评价指标体系。本节首先介绍了本报告采用的指标体系构建原则与方法，然后对指标体系的基本框架进行描述，最后对具体指标进行解释。

1. 指标体系构建的原则与方法

构建一套科学的钢铁企业竞争力评价指标体系是评价钢铁产业发展指数的重要前提，关系到评价结果的准确性和合理性。在选择评估钢铁企业竞争力的指标时，应当充分考虑指标体系的系统性、单个指标的代表性、指标数据的可获取性以及指标的易计量性。

由于各产业的特殊性和数据的不可获得性，目前尚无一套通用的企业竞争力评价指标体系。本报告在前人研究的基础上，基于企业经济学的相关理论框架，结合钢铁企业的特点，遵照如下步骤构建钢铁企业竞争力评价指标体系。

（1）基于现有文献研究、钢铁产业特征和国家市场监督管理总局发布的企业竞争力评价体系标准文件，依据六大原则综合考虑多重角度，初步提取并整合相应指标，完成指标初选工作。

（2）通过专家打分法（德尔菲法）进行指标优选，组织有关领域的专家对指标的代表性，数据的可获取性、易测量性和均衡性等方面进行深入讨论，修正初选的指标体系，建立新指标体系。

（3）以建立的指标体系为基础，通过调研数据的统计分析和行业专家意见对指标体系进行检验，最终确立适用于钢铁企业竞争力评价的指标体系。

2. 指标体系基本框架

世界各地对企业的竞争力进行了比较充分的研究。1986年，世界经济论坛和位于瑞士洛桑的国际管理发展学院共同进行了一项研究，将国际商业竞争力分成5个领域，即生产力、劳动成本、企业绩效、管理效率、企业战略和文化。而《财富》采用营业收入、净收入、总资产、股权和人均营业收入评价企业竞争力。国内涌现了大量从事企业竞争力及其相关领域研究的学者，张志强、吴健中从企业生存能力指标、企业发展能力指标、外部环境和科技开发能力3个维度对企业竞争力进行评价。国家标准化管理委员会发布的《企业竞争力评价体系》结合"卓越绩效评价准则""企业标准体系"的内容和方法，借鉴企业竞争力评价要素的划分与指标细化成果，通过基础能力、经营能力、财务能力、科技创新能力、可持续能力和企业文化六大指标对企业竞争力进行评价。

　　本报告参考了国内外企业竞争力研究成果，结合上市钢铁企业的实际情况和行业特征，从4个方面，即生产能力、经营能力、创新能力、低碳能力出发，构建了包含4个一级指标、8个二级指标和14个三级指标的钢铁企业竞争力评价指标体系（见表1）。

表1　钢铁企业竞争力评价指标体系

一级指标	二级指标	三级指标
生产能力	产量	产量
	资产规模	资产总额
经营能力	赢利能力	净利率
		总资产收益率
		净资产收益率
	偿债能力	现金比率
		资产负债率
		长期资本负债率
	运营能力	流动资产周转率
		总资产周转率
		应收账款周转率
创新能力	创新投入	研发费用
	创新产出	有效专利授权数量
低碳能力	能源消耗	吨钢能耗

3. 指标解释

（1）生产能力

生产能力指企业在计划期内基于组织技术能力所能生产的最大产品数量。生产能力是评价钢铁企业竞争力的重要指标之一，能够反映钢铁企业的生产规模。本报告采用产量和资产规模两个二级指标来衡量钢铁企业的生产能力。

①产量

产量指钢铁企业过去一段时间内的实际钢铁产出量，是钢铁企业生产能力的直接体现，产量越大表明企业为市场提供的产品越多，其竞争力也就越强。

②资产规模

资产规模指企业所拥有的可用于生产、运营等经营活动的资产总额，钢铁企业所积累的资产总额是其潜在生产能力的重要体现。因此，本报告使用资产总额来代表企业的资产规模。

（2）经营能力

经营能力指企业对内部资源的调配能力、战略与规划的决策能力以及各种生产经营活动的组织运营管理能力。经营能力可通过赢利能力、偿债能力、运营能力来衡量。

①赢利能力

赢利能力指企业通过生产、经营、投资等一系列决策与计划执行获得利润的能力，能够直接反映企业的竞争力。赢利能力可通过净利率、总资产收益率、净资产收益率进行衡量。

净利率能够反映企业通过运营业务创造净利润的能力，从而反映该企业的经营效率。净利率的计算公式：净利率=净利润/营业收入×100%。

总资产收益率能够反映与企业投入资产相关的收益实现效果，从而反映企业的竞争实力和发展能力，总资产收益率的计算公式：总资产收益率=净利润/平均资产总额×100%，其中，平均资产总额=（年初资产总额+年末资产总额）/2。

净资产收益率能够反映股东权益。净资产收益率的计算公式：净资产收益率=净利润/平均归属母公司的股东权益总额×100%，其中，平均归属母公司的股东权益总额=（年初归属母公司的股东权益总额+年末归属母公司的股东权益总额）/2。

②偿债能力

偿债能力指企业偿还债务的能力。企业有无现金资产或收益用来偿还债务对企业的持续发展至关重要。企业偿债能力能够反映企业的财务状况和经营能力，偿债能力通常分为短期偿债能力和长期偿债能力。短期偿债能力通常指企业通过流动资产偿还日常到期负债的能力，本报告采用现金比率来表征企业的短期偿债能力。长期偿债能力指企业偿还长期负债的能力，本报告采用资产负债率和长期资本负债率对企业的长期偿债能力进行衡量。

现金比率能够反映企业直接偿付流动负债的能力，计算公式：现金比率=现金/流动负债×100%。

资产负债率能够衡量企业利用债权人提供资金进行经营活动的能力，同时可以衡量企业对债权人利益的保护程度。资产负债率的计算公式：资产负债率=负债总额/资产总额×100%。

长期资本负债率能够反映企业的长期资本结构，长期资本负债率的计算公式：长期资本负债率=非流动负债/（非流动负债+股东权益）×100%。

③运营能力

运营能力能够体现企业对资产的经营效率，能够反映企业对资源的运用效率，提升运营能力也是企业的主要战略目标之一。企业运营能力通常通过资产运营效率来体现，资产运营效率通常指资产的周转率。本报告采用流动资产周转率、总资产周转率与应收账款周转率3个指标对企业的运营能力进行衡量。

流动资产周转率反映了企业流动资产的周转速度，是评价企业资产利用率的重要指标之一。流动资产周转率的计算公式：流动资产周转率=营业收入/平均流动资产总额，其中，平均流动资产总额=（流动资产年初数+流动资产年末数）/2。

总资产周转率能够衡量资产投资规模与销售水平间的配比情况以及流转速度，从而反映企业的销售能力与投资效益。总资产周转率的计算公式：总资产周转率＝营业收入/平均流动资产总额，其中，平均流动资产总额＝（资产总额年初数额+资产总额年末数额）/2。

应收账款周转率能够反映企业应收账款周转速度及资金的使用效率。应收账款周转率的计算公式：应收账款周转率＝赊销收入净额/〔（期初应收账款+期末应收账款）/2〕。

（3）创新能力

创新是引领发展的第一动力，是推动高质量发展、建设现代化经济体系的战略支撑。企业创新能力指企业通过自有技术等资源创造新的技术发明、运营活动、发展战略从而获取价值或收益的能力，因此，创新能力是评价企业竞争力的重要指标。本报告将从创新投入和创新产出两方面来衡量企业的创新能力。

①创新投入

创新投入指企业对技术创新进行的资金、人力等方面的投入，企业的创新能力能够为企业的持续发展与规模扩张奠定基础，能够对企业竞争力产生较大影响。本报告使用研发费用来衡量企业的创新投入。

②创新产出

创新产出指企业在技术创新方面的产出获得的专利成果。专利是企业创新产出的最主要表征，包括发明专利、实用新型专利等。企业的技术专利能够使企业相较于行业中的其他企业具有一定的先进性与优越性，进而增强企业的竞争力。本报告采用有效专利授权数量指标对创新产出进行衡量，有效专利授权数量越多，意味着企业的创新产出越多。

（4）低碳能力

钢铁产业是国民经济的支柱产业，但是由于钢铁的生产涉及大量物质的高温处理过程，这些物质包括燃煤、焦煤、焦炭、石灰石、灰渣、水、空气、燃油、钢铁屑、氧化铁皮等，从而产生大量有害废弃物，包括二氧化碳、二氧化硫、工业废水等，严重危害自然环境。随着"双碳"目标的提出，钢铁企业作为碳排放大户，碳排放水平成为衡量钢铁企业可持续发展的重要指标。本报告采用能源消耗指标对企业的低碳能力进行评价。

能源消耗指企业生产过程中消耗的煤、天然气、电等能源。本报告采用吨钢能耗来表征钢铁生产企业的能源消耗水平，吨钢能耗越低表明企业低碳生产能力越强，反之，则表明企业降碳潜力越大。

（三）钢铁企业竞争力测算方法

钢铁企业竞争力的测算方法有 3 个，即指标去量纲处理方法、指标权重确定方法和指数合成方法。

1. 指标去量纲处理方法

在钢铁企业竞争力评价指标体系中，每个评价指标都有不同的属性，即量纲，在科学严谨的量化计算中，需要将每个指标去除指标单位的约束，转换成无量纲的纯数值，使得不同单位或量级的指标可以更容易进行比较和加权。在本报告中，如公式（1）所示，采用比值法来消除量纲对不同指标的影响。在比值法中，将每个指标的极大值设置为 100，再根据公式进行数据预处理。

$$y_i = \frac{x_i}{\max(x_i)} \times 100 \tag{1}$$

2. 指标权重确定方法

本研究采用主客观相结合的指标权重赋值方法，对于三级指标，由于数量众多且含义广泛，本研究采用熵权法确定指标权重；对于一级指标和每个一级指标下的二级指标，本研究采用层次分析法确定指标权重。

3. 指数合成方法

本研究采用综合指数法对钢铁企业竞争力进行评价。

二 2021年我国上市钢铁企业竞争力评价与分析

截至 2022 年 12 月，我国黑色金属冶炼和压延加工业（行业编码 C31）累计有 A 股上市公司 32 家，剔除已退市、新上市和未能公开产能、吨钢能耗、授权专利等数据的 15 家公司，最后剩余 17 家上市钢铁企业作为本报告的评价对象，企业信息如表 2 所示。

表 2 待评价上市钢铁企业

证券代码	公司名称	证券代码	公司名称
600581. SH	八一钢铁	002110. SZ	三钢闽光
000959. SZ	首钢股份	600022. SH	山东钢铁
600282. SH	南钢股份	000825. SZ	太钢不锈
600010. SH	包钢股份	000709. SZ	河钢股份
000761. SZ	本钢板材	600019. SH	宝钢股份
600307. SH	酒钢宏兴	000717. SZ	中南股份
601003. SH	柳钢股份	000898. SZ	鞍钢股份
600569. SH	安阳钢铁	600782. SH	新钢股份
600808. SH	马钢股份		

（一）指标数据采集与预处理

根据构建指标体系的系统性、科学性、可行性、导向性、合理性与均衡性六大基本原则，以及前文中介绍的钢铁企业竞争力评价指标体系中的 14 个三级指标，本部分对中国 17 家上市钢铁企业进行数据采集和预处理。

1. 数据来源与采集

本研究所需数据均来自公开数据集，包括上市公司 2021 年财务报表、上市公司 2021 年社会责任报告、世界钢铁协会、巨潮咨询网、中钢联、天眼查等，由于酒钢宏兴、安阳钢铁、宝钢股份未在 2021 年财务年报或 2021 年社会责任报告中披露专利授权数量，本报告通过天眼查得到上述公司的专利授权数量。具体数据来源及基本情况如表 3 所示。

表3　数据采集汇总

序号	指标	数据来源	序号	指标	数据来源
1	产量	中钢联	8	长期资本负债率	年报
2	资产总额	年报	9	流动资产周转率	年报
3	净利率	年报	10	总资产周转率	年报
4	总资产收益率	年报	11	应收账款周转率	年报
5	净资产收益率	年报	12	研发费用	年报
6	现金比率	年报	13	有效专利授权数量	社会责任报告、天眼查、年报
7	资产负债率	年报	14	吨钢能耗	中钢联

2. 数据预处理

（1）逆向指标正向化

指标体系中的资产负债率、长期资本负债率、吨钢能耗属于逆向指标，即数值越小越好，通过公式（2）进行转化，将此列数据中的最大值减去原始值，得到处理过后的正向指标。

$$x' = \max(x) - x \qquad (2)$$

（2）数据无量纲化

采用比值法对所有指标数值进行无量纲化处理。

（二）2021年我国上市钢铁企业竞争力评价

本部分在指标数据采集的基础上，采用熵权法确定三级指标权重，采用层次分析法确定二级指标和一级指标权重，最后按照指标体系层级结构，通过加权平均法得到17家上市钢铁企业综合竞争力、一级和二级评价指标的得分。

1. 指标权重计算

本研究对每个二级指标下的三级指标采用熵权法确定权重，计算过程如下。

（1）对所有指标进行无量纲化处理，采用Z-Score归一化方法，以保证不同量纲指标之间的可比性。

（2）对所有逆向指标进行正向化处理。

（3）对每个二级指标，采用熵权法计算构成该二级指标的所有三级指标权重。

对于一级指标和二级指标，本研究采用层次分析法确定权重。通过问卷调查，我们邀请了6位该领域的专家对所有一级指标和每个一级指标下的所有二级指标进行相对重要度打分，将通过一致性检验的专家打分结果进行汇总和调整后得到一级指标和二级指标的权重，如表4所示。

表4　钢铁企业竞争力评价指标权重

一级指标		二级指标		三级指标	
指标名称	权重	指标名称	权重	指标名称	权重
生产能力	0.28	产量	0.72	产量	1.00
		资产规模	0.28	资产总额	1.00
经营能力	0.36	赢利能力	0.48	净利率	0.31
				总资产收益率	0.35
				净资产收益率	0.34
		偿债能力	0.24	现金比率	0.53
				资产负债率	0.23
				长期资本负债率	0.24
		运营能力	0.28	流动资产周转率	0.16
				总资产周转率	0.08
				应收账款周转率	0.76
创新能力	0.22	创新投入	0.70	研发费用	1.00
		创新产出	0.30	有效专利授权数量	1.00
低碳能力	0.14	能源消耗	1.00	吨钢能耗	1.00

2. 竞争力测算

基于上述数据预处理结果和权重分析结果，本研究按照上述指标体系层级结构，首先通过三级指标加权平均得到各企业在二级指标的评价结果，如表5所示。然后基于各企业在二级指标的评价结果，通过加权平均法得到各企业的一级指标评价结果，如表6所示。最后基于各企业在一级指标的评价结果，通过加权平均法得到各企业的综合竞争力评价结果，如表6的最后一列所示。

表5 二级指标评价结果

单位：分

公司名称	产量	资产规模	赢利能力	偿债能力	运营能力	创新投入	创新产出	能源消耗
八一钢铁	5.35	8.19	65.81	7.76	10.12	3.72	34.88	0.00
首钢股份	29.54	38.70	73.88	37.27	11.14	5.74	20.78	79.83
南钢股份	9.66	15.17	79.56	52.95	11.28	18.78	42.01	83.81
包钢股份	13.71	38.90	31.66	40.27	6.20	2.84	1.89	7.67
本钢板材	14.56	14.50	49.86	70.15	11.03	0.49	20.78	82.94
酒钢宏兴	7.30	11.02	46.26	44.52	11.74	6.52	45.06	57.70
柳钢股份	15.69	19.07	35.99	38.33	13.09	16.37	11.77	15.29
安阳钢铁	7.92	12.03	47.73	26.04	9.00	12.23	14.97	56.36
马钢股份	17.48	23.98	73.37	44.30	10.34	39.64	50.87	77.20
三钢闽光	9.52	12.09	92.44	89.87	86.66	12.17	4.51	97.01
山东钢铁	12.32	19.07	20.89	63.97	19.66	17.57	40.12	32.68
太钢不锈	10.61	17.77	92.24	87.19	14.55	29.57	19.91	100.00
河钢股份	33.43	63.99	20.79	38.00	6.52	32.55	100.00	11.69
宝钢股份	100.00	100.00	74.16	58.03	8.15	100.00	47.24	63.72
中南股份	6.69	5.41	86.81	90.01	31.54	12.58	36.05	77.28
鞍钢股份	46.40	25.64	70.91	71.12	14.60	5.63	86.05	62.85
新钢股份	8.85	15.43	76.45	65.49	13.00	5.38	14.53	78.68

表6 一级指标及综合竞争力评价结果

单位：分

公司名称	生产能力	经营能力	创新能力	低碳能力	综合竞争力
八一钢铁	6.15	36.29	13.07	0.00	17.66
首钢股份	32.10	47.53	10.25	79.83	39.53
南钢股份	11.20	54.06	25.74	83.81	39.99
包钢股份	20.76	26.60	2.56	7.67	17.02
本钢板材	14.54	43.86	6.58	82.94	32.92
酒钢宏兴	8.34	36.17	18.08	57.70	27.41
柳钢股份	16.64	30.14	14.99	15.29	20.95
安阳钢铁	9.07	31.68	13.05	56.36	24.71

公司名称	生产能力	经营能力	创新能力	低碳能力	综合竞争力
马钢股份	19.30	48.74	43.01	77.20	43.22
三钢闽光	10.24	90.21	9.87	97.01	51.09
山东钢铁	14.21	30.89	24.33	32.68	25.03
太钢不锈	12.62	69.27	26.67	100.00	48.34
河钢股份	41.99	20.93	52.78	11.69	32.54
宝钢股份	100.00	51.80	84.17	63.72	74.09
中南股份	6.33	72.11	19.62	77.28	42.87
鞍钢股份	40.58	55.19	29.75	62.85	46.58
新钢股份	10.70	56.05	8.13	78.68	35.98

（三）2021年我国钢铁企业竞争力评价结果分析

本节将对我国17家上市钢铁企业2021年数据的计算结果进行描述性分析，包括各级指标得分以及综合竞争力情况。除此之外，本节还对17家上市钢铁企业2019年和2020年的数据进行采集、处理和对比分析。

1. 生产能力评价

生产能力能够反映企业所拥有的加工能力及生产规模。生产能力的大小是衡量钢铁企业是否具有竞争力的一个重要指标。本报告通过分析产量和资产规模对我国主要上市钢铁企业的生产能力进行整体评价。

（1）产量分析

本报告选取粗钢产量来衡量上市钢铁企业的产量，企业粗钢产量越大，代表其生产能力越强，从而获得规模优势，增强其对产业链上下游的控制和加大研发投入等，并以此增强企业竞争力。图2展示了2019~2021年中国17家上市钢铁企业的粗钢产量。其中，这17家上市钢铁企业在2021年的总产量为41865.08万吨，占全国粗钢产量的40.53%，表明本报告选取的17家钢铁企业可以较大程度代表我国钢铁产业的整体情况。2020~2021年，这17家上市钢铁企业的粗钢产量相比上年分别上涨8.56%和5.28%。2021年，每家企业的年平均产量可达2462.65万吨，相较于2020年和2019年，平均每家企业的年平均产量分别增长 123.49 万吨和 307.93 万吨。由图 2 可知，2021 年有 5 家企业的年产量增长率为负值，分别是酒钢宏兴（-0.02%）、安阳钢铁（-15.17%）、南钢股份（-0.001%）、山东钢铁（-52.50%）和河钢股份（-5.38%）。

2021 年粗钢产量最高的是宝钢股份，产量为 11994.93 万吨，占 17 家上市钢铁企业粗钢总产量的 28.65%，是产量最低的八一钢铁的 18.68 倍，表明中国钢铁行业头部企业产量之间也存在较大的差异。相比 2019 年，2021 年 17 家上市钢铁企业产量共增长 2447.66 万吨。宝钢股份是中国钢铁提升产业集中度的先行者，先后合并了武汉钢铁、马钢集团和太原钢铁，形成了中国钢铁产业的"巨无霸"，提升了中国钢铁企业在世界范围内的竞争力。在这 17 家上市钢铁企业中，近半数自 2019 年起粗钢产量不断增加，仅 1 家企业（河钢股份）在 2020 年和 2021 年粗钢产量有所减少。此外，除宝钢股份外，2021 年粗钢产量达到 3000 万吨的企业还有 3 家，分别是鞍钢股份（5565.33 万吨）、河钢股份（4009.84 万吨）和首钢股份（3543.20 万吨）。产量低于 1000 万吨的企业有 4 家，分别是安阳钢铁（950.00 万吨）、酒钢宏兴（875.16 万吨）、中南股份（802.00 万吨）和八一钢铁（642.00 万吨）。这 4 家企业的粗钢产量之和仍不及排名第四的首钢股份的粗钢产量，表明我国钢铁产能正在向头部企业集中，产业的集中度得到提升。

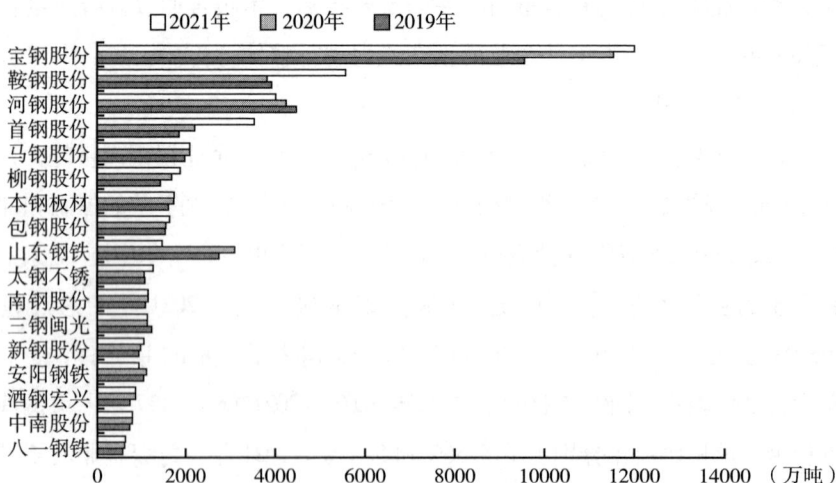

图 2　2019~2021 年中国 17 家上市钢铁企业粗钢产量

（2）资产规模分析

在资产规模方面，2021 年，中国 17 家上市钢铁企业的资产总额为 16774.31 亿元，平均资产总额达到 986.72 亿元，整体资产规模较大。2019~2021 年，中国 17 家上市钢铁企业的资产总额每年分别增长 1093.14 亿元和 946.65 亿元，增长率分别为 7.42% 和 5.98%。

如图 3 所示，2021 年资产总额达到 1000 亿元以上的钢铁企业共有 4 家，资产总额合计 9189.97 亿元，占上述 17 家上市钢铁企业资产总额的 54.79%，占据行业领先地位。位居首位的是宝钢股份，其资产总额（3803.98 亿元）远高于其他企业。其次是河钢股份，为 2434.19 亿元。首钢股份和包钢股份的资产总额相近，分别为 1472.12 亿元和 1479.68 亿元。最低的是中南股份，资产总额仅 205.95 亿元。

超过半数企业的资产总额自 2019 年起持续上升，其中，柳钢股份（230.56 亿元）和宝钢股份（203.83 亿元）这两年的平均增长量最高，河钢股份位居第三，平均增长 157.42 亿元。唯有太钢不锈的资产总额不断减少。

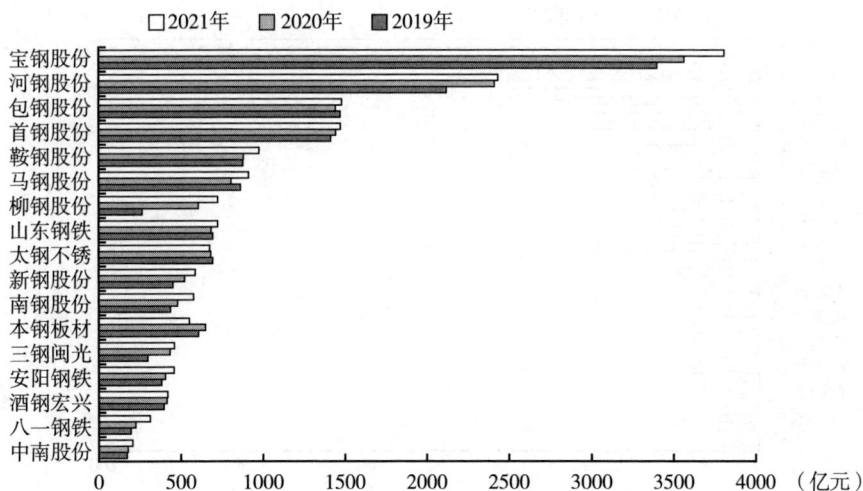

图 3　2019~2021 年中国 17 家上市钢铁企业资产总额

（3）生产能力分析

通过熵权法，我们得到上述三级指标的权重，加权得到二级指标得分。产量和资产规模两个指标的权重分别为 0.72 和 0.28，最终通过加权得到上市钢铁企业生产能力得分。

2021 年中国 17 家上市钢铁企业的生产能力评价结果如图 4 所示。其中，宝钢股份位居第一，说明宝钢股份在生产能力上处于行业首位，拥有极强的生产能力，宝钢股份克服了突如其来的疫情影响，充分发挥多制造基地协同优势与公司整体抗风险能力，积极应对铁矿石价格快速上涨、钢铁需求震荡、内部制造基地大修带来的产能波动等情况，通过全面对标找差、推动内部变革进一步提升效率与竞争力。与 2020 年生产能力得分相比，多数企业维持在原有水平上，山东钢铁得分大幅下降，而首钢股份和鞍钢股份得分大幅提升。

另外，生产能力得分在 40 分以上的企业还有两家，分别是 40.58 分的鞍钢股份和 41.99 分的河钢股份。10 家上市钢铁企业生产能力得分在 10~40 分。生产能力得分最低的是八一钢铁，得分仅为 6.15 分。

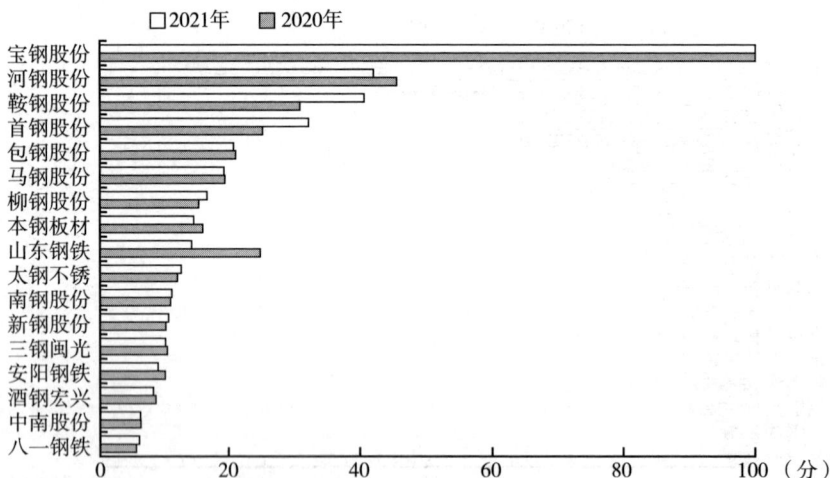

图 4　2020 年和 2021 年中国 17 家上市钢铁企业生产能力得分

2. 经营能力评价

本报告通过分析中国 17 家上市钢铁企业的赢利能力、偿债能力以及运营能力对企业的经营能力进行评价。

（1）赢利能力分析

在赢利能力方面，为充分反映企业的资本增值能力，本报告选取净利率、总资产收益率、净资产收益率 3 个指标对中国上市钢铁企业的赢利能力进行综合评价。

在净利率方面，如图 5 所示，本报告选取的 17 家上市钢铁企业在 2019~2021 年的平均净利率分别为 3.31%、2.88% 和 3.98%，整体呈上升态势，共增长 0.67 个百分点，且 2020 年平均净利率最低，表明这 17 家上市钢铁企业的净利率水平由于新冠疫情的影响而有所下降，并在 2021 年不断突破困境，指标有所回升。多数企业 2021 年净利率有明显增长，2021 年净利率上升的钢铁企业占比为 70.59%。太钢不锈净利率上升幅度最大，由 2020 年的 2.54% 上升到 2021 年的 6.22%；鞍钢股份净利率上升幅度较大，由 2020 年的 1.98% 上升到 2021 年的 5.07%。

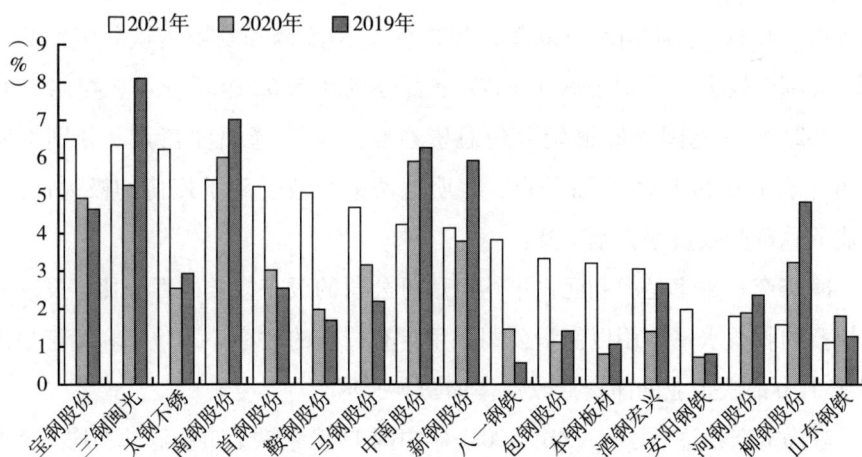

图 5　2019~2021 年中国 17 家上市钢铁企业净利率

2021年，宝钢股份的净利率最高，达到6.49%。企业以高效率低成本智造作为重点工作，持续高效生产、降本增效，并通过数字运营提升了赢利能力。而净利率在6%以上的企业占比为17.65%，分别是宝钢股份（6.49%）、三钢闽光（6.34%）、太钢不锈（6.22%）。净利率不足2%的企业共4家，分别是安阳钢铁（1.98%）、河钢股份（1.80%）、柳钢股份（1.58%）、山东钢铁（1.11%）。

总资产收益率指净利润占平均资产总额的比重，其高低直接反映了公司竞争实力和发展能力的强弱，也是决定公司是否应举债经营的重要依据。本报告选取2019~2021年中国17家上市钢铁企业的总资产收益率数据进行对比分析（见图6）。对比中国17家上市钢铁企业的总资产收益率，2019~2021年平均总资产收益率分别为3.95%、3.10%和5.50%，表明钢铁企业的总资产收益率水平在2020年新冠疫情的影响下减少了0.85个百分点，但2021年总资产收益率有了较大幅度的提升，共提升了1.55个百分点。

2021年总资产收益率超过8%的企业共有3家，分别是中南股份（10.02%）、太钢不锈（9.29%）、三钢闽光（8.91%）。总资产收益率低于2%的企业也有3家，分别是包钢股份（1.96%）、山东钢铁（1.74%）和河钢股份（1.11%）。相比2020年，2021年太钢不锈和安阳钢铁总资产收益率上升幅度较大，分别上升了6.77个百分点和5.62个百分点。相比2019年，2021年三钢闽光和柳钢股份总资产收益率下降幅度较大，分别下降3.76个百分点和6.75个百分点，表明这两家企业受到了疫情的极大冲击，企业的总资产收益率大幅下降。

净资产收益率是净利润占平均归属母公司的股东权益的百分比，反映股东权益的收益水平，用以衡量公司运用自有资本的效率。2019~2021年中国17家上市钢铁企业的净资产收益率如图7所示。

在净资产收益率方面，2019~2021年中国17家钢铁上市企业的平均净资产收益率分别为9.02%、8.33%和13.58%。从中可以看出，企业的净资产收益率在2020年有所下降，但在2021年大幅上升，比2020年上升了5.25个百分点。从2021年的数据来看，八一钢铁的净资产收益率位居第一，达到20.20%；其次

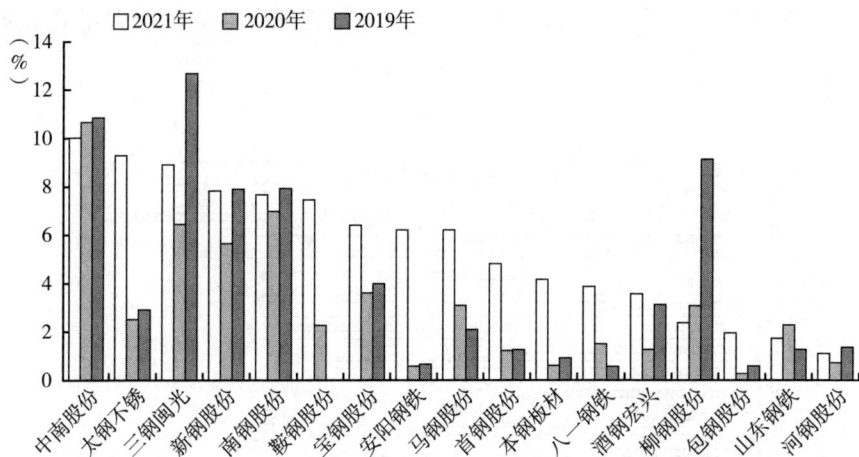

图 6　2019~2021 年中国 17 家上市钢铁企业总资产收益率

是首钢股份达到 19.07%，位居第二。并且，共 7 家企业 2021 年的净资产收益率比 2019 年和 2020 年数据上涨超过 100%，分别是八一钢铁、首钢股份、太钢不锈、马钢股份、鞍钢股份、本钢板材和包钢股份。此外，中南股份的净资产收益率逐年递减，2019~2021 年共减少 6.94 个百分点。

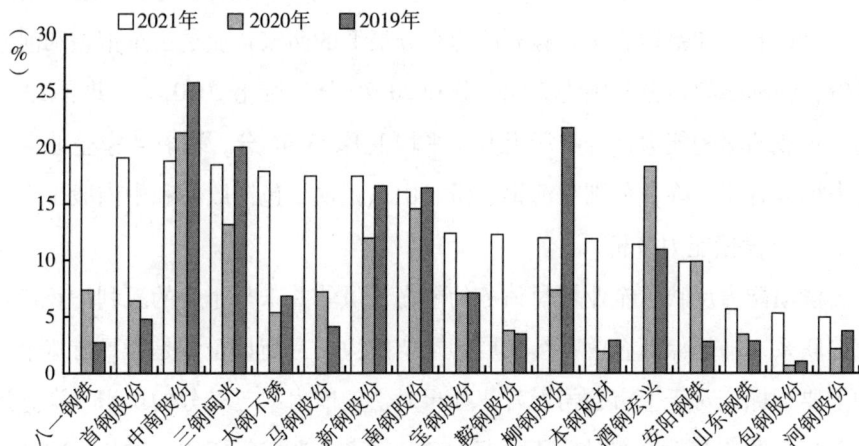

图 7　2019~2021 年中国 17 家上市钢铁企业净资产收益率

通过熵权法，我们得到上述三级指标的权重，净利率、总资产收益率和净资产收益率的权重分别为 0.31、0.35 和 0.34。加权得到二级指标得分，通过指数合成得到 2021 年中国 17 家上市钢铁企业赢利能力得分（见图 8）。

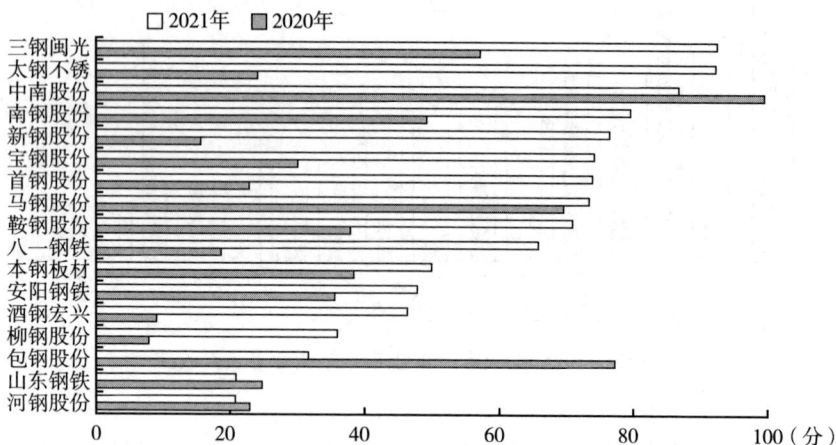

图 8 2020~2021 年中国 17 家上市钢铁企业赢利能力得分

如图 8 所示，2021 年三钢闽光和太钢不锈的赢利能力得分较高，分别为 92.44 分和 92.24 分。75~90 分的企业共 3 家，从高到低依次是中南股份、南钢股份和新钢股份。赢利能力得分最低的两家企业是山东钢铁和河钢股份，赢利能力得分分别为 20.89 分和 20.79 分。相比 2020 年，共有 13 家钢铁企业的赢利能力得分有所上升，平均上升 23.46 分，而有 4 家企业赢利能力得分有所下降，分别是河钢股份、山东钢铁、包钢股份和中南股份。

（2）偿债能力分析

偿债能力反映了企业偿付债务的能力，虽然并未与企业的赢利增长产生直接联系，却是保证企业存续发展的重要能力，是衡量企业是否具有竞争力的重要指标。对于上市公司而言，如果对偿债能力缺乏充分的认识，资金运用不当导致企业无法按时偿还到期债务，轻者会造成筹资成本增长、财务费用提高，降低企业的赢利能力，重者可能导致企业信用评级下降，进一步降低企业融资能力，最终使企业陷入财务困境。本报告选取现金比率、资产负债率、长期资本负债率来综合评价我国上市钢铁企业的偿债能力。

现金比率是在企业因大量赊销而形成大量的应收账款时，考察企业的变现能力时运用的指标。现金比率越高，说明企业变现的能力越强。一般认为，现金比率在20%以上较好，但并非越高越好。2019~2021年中国17家上市钢铁企业现金比率情况如图9所示。2020年上市钢铁企业的平均现金比率有所下降，从2019年的17.14%下降至15.88%，而2021年的平均现金比率有所上升，达到16.50%。

2021年，有4家企业的现金比率超过20%，分别是中南股份（32.45%）、三钢闽光（31.61%）、本钢板材（29.59%）和太钢不锈（29.56%），表明这些企业现金储备较充足。如果现金比率过低，企业可能会面临较高的风险，不能按期支付借款利息、偿还到期债务，或不能满足正常生产经营及紧急情况下对现金的需要。因此，部分上市企业，如安阳钢铁（4.39%）、八一钢铁（4.75%）、包钢股份（7.53%）和马钢股份（9.02%）等需要注重日常经营的现金支付需要、应收账款和应收票据的收现周期、短期有价证券变现的顺利程度以及企业筹集短期资金的能力，以保证企业的变现能力。

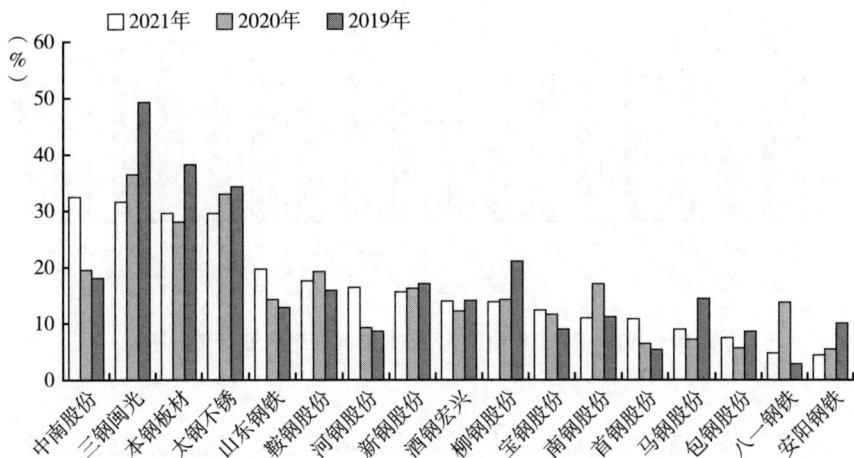

图9 2019~2021年中国17家上市钢铁企业现金比率

资产负债率用以衡量企业利用债权人提供的资金进行经营活动的能力，以及反映债权人发放贷款安全程度的指标。国务院国资委发布的《企业绩效评价标准值（2021）》指出，在全国国有企业全行业口径下，资产负债率的评价标准值：48.6%为优秀值，53.6%为良好值，58.6%为平均值，68.6%为较低值，83.6%为较差值。

根据该标准，本报告对选取的中国17家上市钢铁企业资产负债率进行分析。如图10所示，17家上市钢铁企业2021年的平均资产负债率为58.45%，相比2020年平均资产负债率下降了0.86个百分点，相比2019年下降了0.17个百分点，表明企业的资产负债率整体呈下降趋势，但下降幅度不大。7家上市钢铁企业的资产负债率接近全行业平均值，只有八一钢铁的资产负债率（85.9%）超过83.6%，说明钢铁产业的资产负债率整体水平良好。而资产负债率最低的是鞍钢股份（38.28%），低于48.6%的钢铁企业还有3家，分别是宝钢股份（44.60%）、中南股份（46.81%）和太钢不锈（47.43%）。

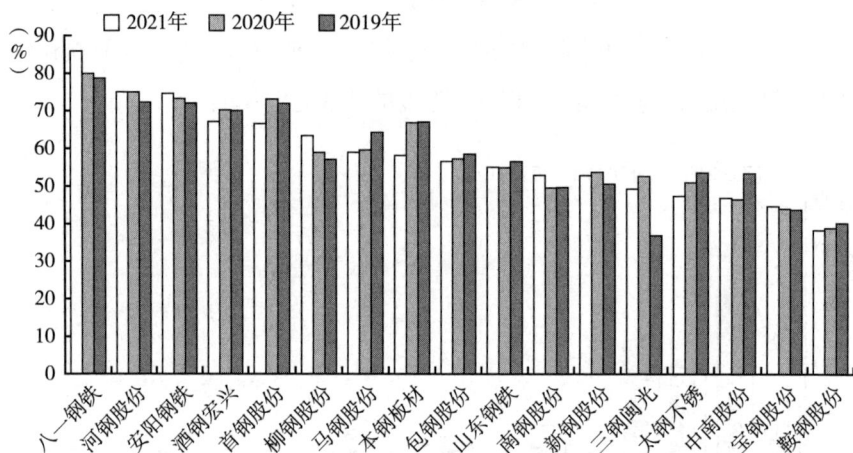

图10 2019~2021年中国17家上市钢铁企业资产负债率

长期资本负债率指企业长期债务与长期资本之比，反映企业的长期资本结构。如图11所示，2021年中国17家上市钢铁企业的长期资本负债率差距较大。新钢股份拥有最低的长期资本负债率，为0.96%；八一钢铁拥有最高的长期资本负债率，高达48.60%。另外，长期资本负债率超过30%的企业共有4家，分别是八一钢铁（48.60%）、柳钢股份（39.08%）、河钢股

份（36.91%）和本钢板材（31.88%）。超过半数的企业长期资本负债率在
10%~30%。

相比于2020年和2019年的长期资本负债率，多数企业上下浮动较小，
仅八一钢铁下跌了82.94%；2020年柳钢股份长期资本负债率增长29.06个
百分点，达到39.69%；2021年首钢股份长期资本负债率减少13.79个百分
点，达到28.36%。

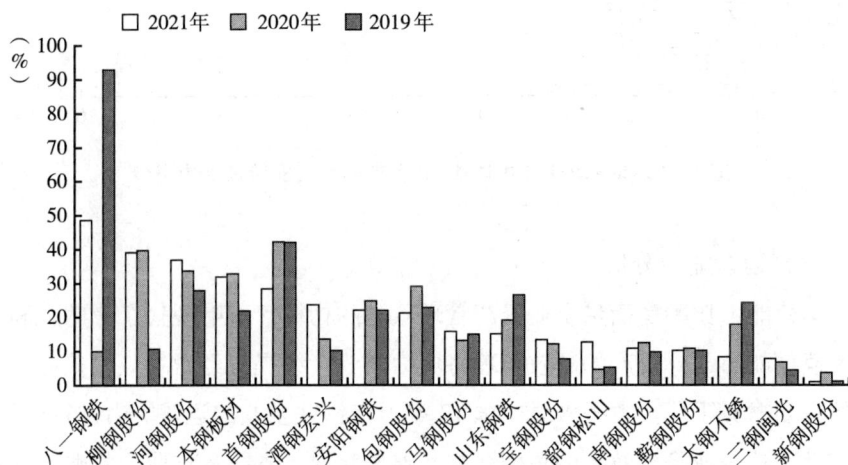

图11 2019~2021年中国17家上市钢铁企业长期资本负债率

通过熵权法得到上述三级指标权重，现金比率、资产负债率和长期资本
负债率的权重分别是0.53、0.23、0.24。加权得到二级指标得分。2020~
2021年17家上市钢铁企业偿债能力得分如图12所示。

如图12所示，在17家上市钢铁企业中，2021年偿债能力得分最高的
是中南股份，得分为90.01分，表现出较高的偿债水平。偿债能力得分为
60~90分的企业共有6家，从高到低依次是三钢闽光（89.87分）、太钢不
锈（87.19分）、鞍钢股份（71.12分）、本钢板材（70.15分）、新钢股份
（65.49分）和山东钢铁（63.97分）。偿债能力得分最低的是八一钢铁，为
7.76分。与2020年数据相比，共14家钢铁企业的偿债能力得分有所上升，
只有八一钢铁、南钢股份和鞍钢股份偿债能力得分没有上升。

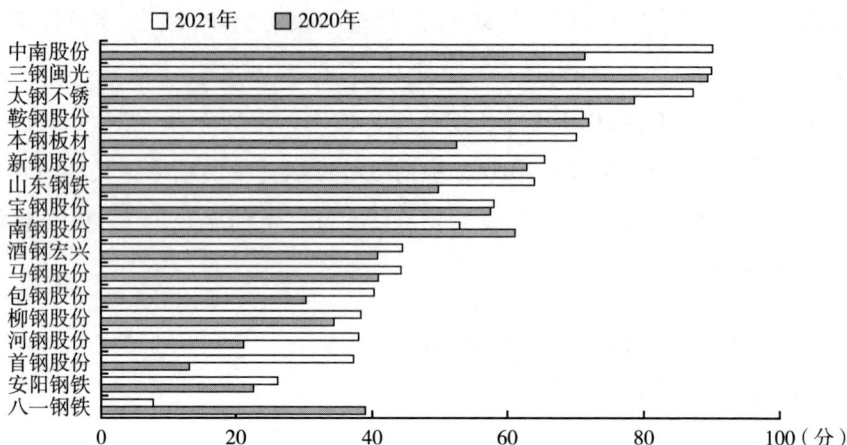

图 12　2020~2021 年中国 17 家上市钢铁企业偿债能力得分

（3）运营能力分析

运营能力比率是衡量企业资产管理效率的指标，影响现代企业的赢利能力和偿债能力，对资产的高效管理将成为企业持续提升经营绩效和核心竞争力的重要财务手段。本报告对中国 17 家上市钢铁企业的运营能力进行分析，将有助于从企业经营效率的角度评判其财务状况。本报告选取应收账款周转率、流动资产周转率和总资产周转率 3 个指标评价 2021 年中国 17 家上市钢铁企业的运营能力。

应收账款周转率指在一年内以应收账款的形式收回营业收入的平均次数，用来衡量企业应收账款流动程度。根据应收账款周转率的定义，该指标越高，表明企业的账期越短，回款能力越强。2021 年，选取的 17 家上市钢铁企业的平均应收账款周转率为 1079.73 次，同比增长 390.10%，表明我国上市钢铁企业应收账款回收能力有了极大的提高，钢铁企业在产业链中拥有更强的议价能力。

国务院国资委发布的《企业绩效评价标准值（2020）》指出，全国国有企业全行业口径下，应收账款周转率的评价标准值：18.1 为优秀值，11.1 为良好值，5.0 为平均值，2.1 为较低值，1.0 为较差值。根据该标准，本报告对 2019~2021 年中国 17 家上市钢铁企业应收账款周转率进行统计分析（见图 13）。2021 年，这些企业的应收账款周转率均高于 18.1 次，其中三钢闽光应收账款周转率最高，达到 14651.78 次；包钢股份最少，为 30.76 次。这表明本报告选取的中国 17 家上市钢铁企业均拥有优秀的应收账款管理能力，在产业链中属于议价能力较强的一方。

与 2019 年、2020 年数据进行对比，可见有 9 家企业的应收账款周转率连续两年提升。其中，2020~2021 年，三钢闽光应收账款周转率增长幅度最大，达 158.43%，中南股份次之，增幅达 69.36%。以上数据表明我国上市钢铁企业普遍注重应收账款管理能力，如注重交易时的合同约定、实时结清账务、保证"0"应收账款，以提升应收账款周转率。

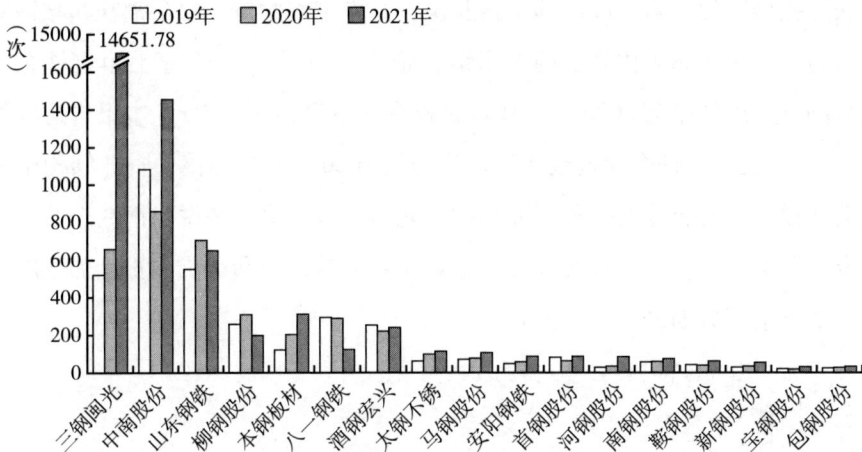

图 13　2019~2021 年中国 17 家上市钢铁企业应收账款周转率

流动资产周转率指企业在一定时期内主营业务收入净额与平均流动资产总额之比，是评价企业资产利用率的一个重要指标。对该指标的对比分析可以促进企业加强内部管理，充分利用流动资产，如调动暂时闲置的货币资金用于短期的投资创造收益等，还可以促进企业采取措施扩大销售规模，提高流动资产的综合使用率。该指标数值越高，表明企业流动资产周转速度越快，资金利用效果越好，利润越高。在较快的周转速度下，流动资产会相对节约，相当于流动资产投入的增加，在一定程度上增强了企业的赢利能力。

国务院国资委发布的《企业绩效评价标准值（2021）》指出，全国国有企业全行业口径下，流动资产周转率的评价标准值：1.9 为优秀值，1.1 为良好值，0.4 为平均值，0.3 为较低值，0.2 为较差值。根据该标准，在选取的中国 17 家上市钢铁企业中，2021 年流动资产周转率均高于 1.9 次，表明选取的 17 家上市钢铁企业均达到国务院国资委发布的优秀值标准，且大部分企业可以较好地利用流动资产增强赢利能力。

如图 14 所示，与 2019 年、2020 年数据进行对比，2021 年本报告选取的 17 家上市钢铁企业流动资产周转率均达到国务院国资委发布的优秀值标准。只有 5 家企业的流动资产周转率连续两年提升，分别是中南股份、山东钢铁、鞍钢股份、新钢股份和马钢股份，其中中南股份、山东钢铁和鞍钢股份均为连续两年达到优秀值的上市钢铁企业。同时，有 15 家上市钢铁企业的流动资产周转率与 2020 年相比得到提升，占比为 88.24%。本报告选取的中国 17 家上市钢铁企业资金运用效率均较 2020 年有所提高，资产结构中的流动性提升，使企业的赢利能力和偿债能力提升。也就是说，钢铁企业应提高资金利用效率，加快存货周转，注意应收账款回款和存货囤积，加强应收账款期末余额方面的管理能力。

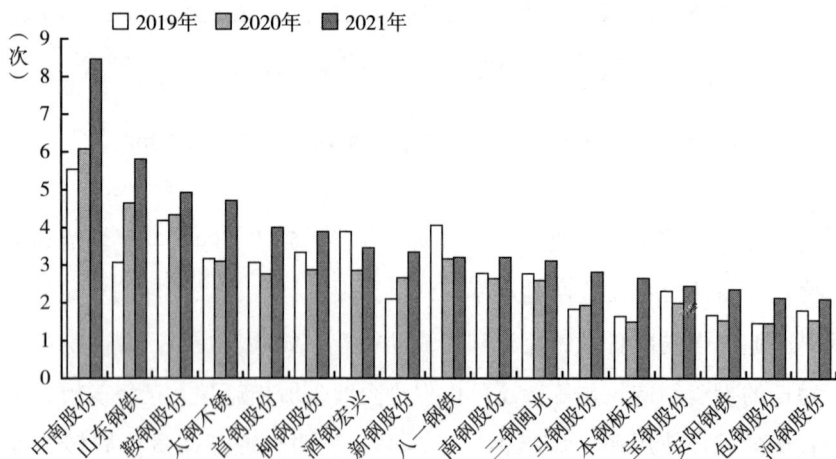

图 14　2019～2021 年中国 17 家上市钢铁企业流动资产周转率

　　总资产周转率反映了企业对全部资产的管理能力和利用效率，体现的是企业在经营期内资产从投入到产出的流转速度。根据总资产周转率的定义，该指标值越高，说明总资产的周转速度越快，企业对资产的利用效率也就越高。国务院国资委发布的《企业绩效评价标准值（2021）》指出，全国国有企业全行业口径下，总资产周转率的评价标准值：1.6为优秀值，1.0为良好值，0.3为平均值，0.2为较低值，0.1为较差值。根据该标准，在我国17家上市钢铁企业中总资产周转率高于1.6次的企业有2家（见图15），为中南股份和新钢股份，表明这两家企业有良好的运营能力，并能依靠较强的资产运营效率提高经营绩效。总资产周转率在1.0~1.6次的企业有11家，0.3~1.0次的企业有4家，这类企业与全国一般企业水平持平或略高于平均水平。

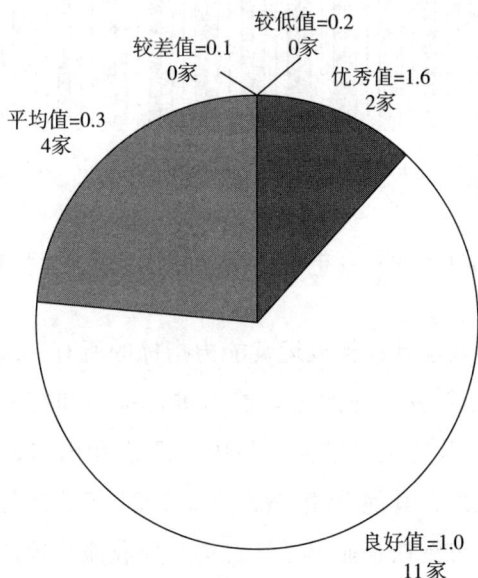

图15　2021年中国17家上市钢铁企业总资产周转率分布情况

　　如图16所示，2021年本报告选取的中国17家上市钢铁企业总资产周转率均达到国务院国资委发布的平均值标准，但只有6家企业的总资产周转

率连续两年提升，分别为中南股份、新钢股份、山东钢铁、南钢股份、马钢
股份和首钢股份，其中前5家企业总资产周转率达到良好值。图16表明，
与2020年相比，2021年在中国17家上市钢铁企业中，有16家企业总资产
管理效率得到提升，表明企业在整体运营中对存在的问题进行了有效处理，
注重强化内部管理，以销定产、以销促产，加大科技投入，提高管理水平，
同时做到即时盘活资产、提高资产收益。

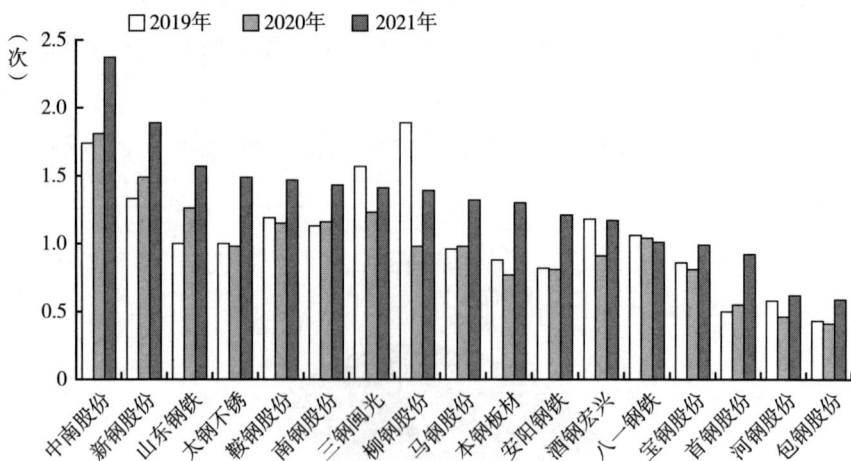

图16 2019~2021年中国17家上市钢铁企业总资产周转率

本报告运用熵权法计算构成运营能力指标的所有三级指标权重，对选
取的中国17家上市钢铁企业的运营能力进行排序和打分。如图17所示，
2021年，三钢闽光运营能力最强，与中南股份和山东钢铁位列前三。但
是，除了三钢闽光外，其他16家钢铁企业2021年的运营能力均低于2020
年，这表明中国上市钢铁企业仍需注意提高应收账款管理能力和对资产的
利用效率。

企业管理层应在财务管理的过程中，充分重视对运营资本的管理，通过
制定适宜的信用政策、合理利用商业信用融资手段等措施，将应收账款周转
率、流动资产周转率和总资产周转率控制在最佳水平，保证企业资产的充分
流动、实现运营资本的高效运转，提升企业经营绩效。

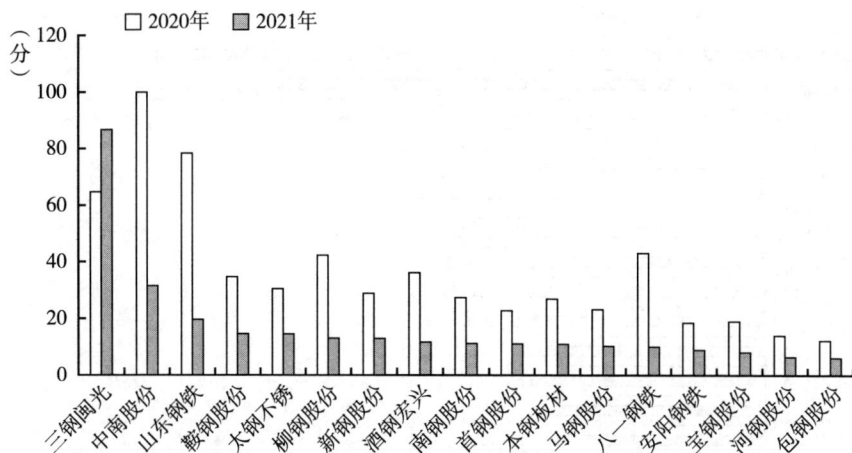

图 17　2020~2021 年中国 17 家上市钢铁企业运营能力得分

（4）经营能力分析

通过熵权法，计算得到上述三级指标权重，加权得到二级指标得分，而后通过层次分析法得到赢利能力、偿债能力和运营能力指标权重，分别为 0.48、0.24 和 0.28，最终通过加权得到经营能力得分。

2020~2021 年中国 17 家上市钢铁企业的经营能力得分如图 18 所示。有 12 家企业的经营能力得分有所提升，占比为 70.59%。其中，太钢不锈的经营能力得分提升幅度最大，提高了 27.45 分。2021 年，三钢闽光经营能力位居第一，得分为 90.21 分，说明其在经营能力上具有较强的竞争优势；中南股份位居第二，得分为 72.11 分。另外，经营能力得分在 50 分以上的企业还有 5 家，依次是太钢不锈（69.27 分）、新钢股份（56.05 分）、鞍钢股份（55.19 分）、南钢股份（54.06 分）和宝钢股份（51.80 分）。经营能力得分最低的是河钢股份，得分仅为 20.93 分。

3. 创新能力评价

"十四五"时期中国钢铁产业存在产能过剩、产业安全保障能力不足、绿色低碳发展水平有待提升、产业集中度偏低等问题，工业和信息化部、国家发展和改革委员会、生态环境部于 2022 年 1 月联合印发了《关于促进钢

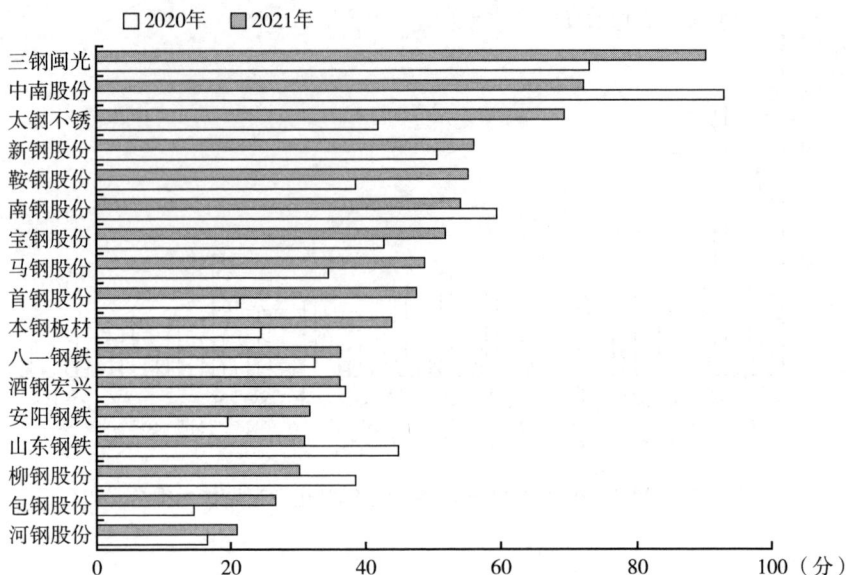

图 18 2020~2021 年中国 17 家上市钢铁企业经营能力得分

铁工业高质量发展的指导意见》，要求增强创新发展能力、严禁新增钢铁产能、优化产业布局结构、推进企业兼并重组、有序发展电炉炼钢、深入推进绿色低碳、大力发展智能制造、大幅提升供给质量、提高资源保障能力、提升本质安全水平、维护市场秩序、提升开放合作水平。本节将从创新投入和创新产出两个维度对中国 17 家上市钢铁企业创新能力进行评价和分析。

（1）创新投入分析

创新能力是现代企业的核心竞争力之一，创新投入的增加有助于企业产品避免同质化竞争，增强企业核心竞争力。研发投入的增加虽有可能减少企业的短期利润，但可以起到加固企业"护城河"的作用。目前，钢铁企业普遍坚持创新发展、总量控制、绿色低碳、统筹协调原则，加大科研创新投入，促进钢铁企业绿色低碳可持续高质量发展。

本研究收集了 2019~2021 年中国 17 家上市钢铁企业的研发费用情况（见图 19）。2021 年在中国 17 家上市钢铁企业中，研发费用超过 10 亿元的企业有 10 家，占比为 58.82%，分别是宝钢股份（113.71 亿元）、马钢股份（45.07亿元）、河钢股份（37.01亿元）、太钢不锈（33.62亿元）、南钢股份（21.35亿元）、山东钢铁（19.98亿元）、柳钢股份（18.62亿元）、中南股份（14.30亿元）、安阳钢铁（13.91亿元）和三钢闽光（13.84亿元）。

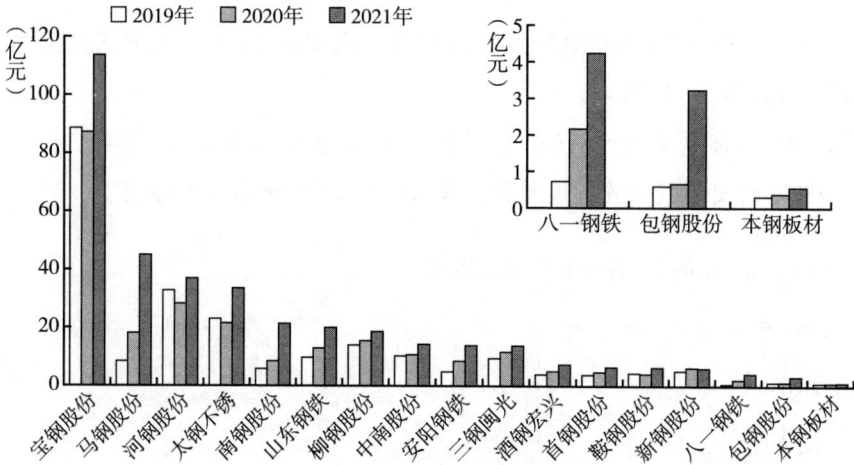

图19　2019~2021年中国17家上市钢铁企业研发费用情况

2021年，宝钢股份、马钢股份和河钢股份的研发费用位居前三。除此之外，有14家企业研发费用投入连续两年有所提升，占比为82.35%，表明越来越多的企业注重研发体系的建设和自主研发投入，响应数字化和智能化趋势，推动研发工作流程化和资源化，持续提升内在竞争力。

（2）创新产出分析

有效专利授权数量指由专利行政部门授予专利权的数量，是发明、实用新型、外观设计三种专利当年授权数之和。企业有效专利授权数量是反映企业在技术研发创新方面的能力、水平和质量的重要指标。企业有效专利授权数量越多，表明企业的创新能力越强，研发氛围越浓厚。2021年，中国17家上市钢铁企业均有有效的专利授权（见图20），合计4069项，平均每家企业拥有239项专利授权，其中有9家企业有效专利授权数量超过平均值，分别是河钢股份、鞍钢股份、马钢股份、宝钢股份、酒钢宏兴、南钢股份、山东钢铁、中南股份和八一钢铁，这组数据表明，2021 年我国上市钢铁企业寻求专利保护的积极性持续提高。

2021 年，有效专利授权数量排名前五的上市钢铁企业共申请 2265 项专利，占当年总申请量的 55.66%。这 5 家企业分别是河钢股份（688 项）、鞍钢股份（592 项）、马钢股份（350 项）、宝钢股份（325 项）和酒钢宏兴（310 项）。其中河钢股份有效专利授权数量占中国 17 家上市钢铁企业有效专利授权数量的 16.91%。

2021 年有 9 家企业有效专利授权数量连续两年有所提升，占比为 52.94%，而宝钢股份的有效专利授权数量在 2020 年出现大幅减少。

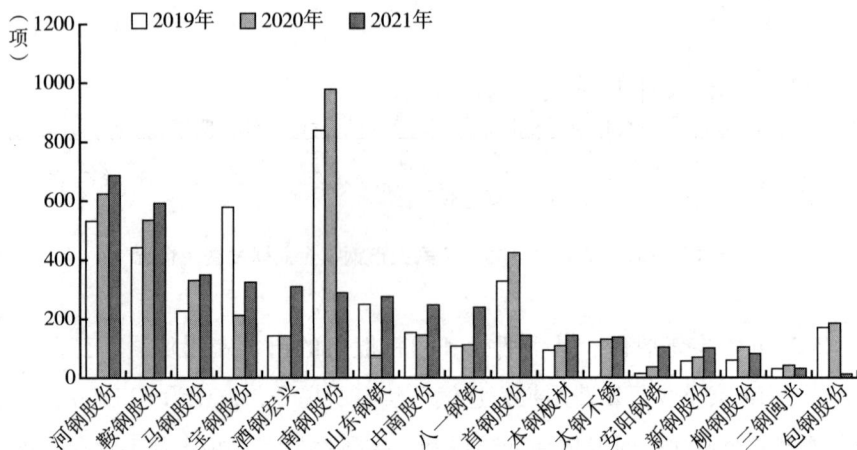

图 20　2019~2021 年中国 17 家上市钢铁企业有效专利授权数量

（3）创新能力分析

本报告运用熵权法计算构成创新能力的所有三级指标权重，同时根据专家打分得出二级指标权重，对选取的中国 17 家上市钢铁企业的创新能力进行排序和打分。如图 21 所示，宝钢股份、河钢股份连续两年创新能力得分位列前二。这两家企业在研发费用投入以及有效专利授权数量方面表现优秀，如宝钢股份在规划期内，实施"1+5"发展战略，坚持高质量发展，创新多制造基地管理模式，持续提升成本变革、技术领先、服务先行、智慧制造、城市钢厂五大能力，致力于成为全球领先的钢铁企业。

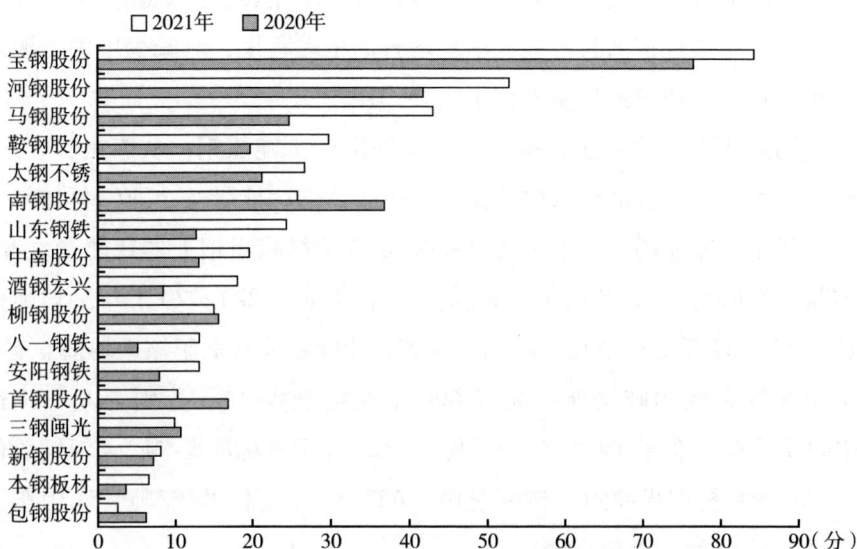

图21　2020~2021年中国17家上市钢铁企业创新能力得分

4. 低碳能力评价

进入新发展阶段，秉承新发展理念，在中国构建"双循环"新发展格局的背景下，在国家推动钢铁工业高质量发展等产业政策指导下，在国家实现碳达峰、碳中和的决策部署下，我国钢铁产业作为落实碳减排的重要领域，将面临低碳发展的巨大挑战。从发展阶段来看，中国钢铁产业现已处在数量时期的减量阶段、高质量时期的重组阶段和中间过渡的强化环保阶段三期叠加阶段，正在向高质量时期的低碳阶段演进，将以低碳统领高质量发展。国家高度重视"双碳"目标任务的推进落实工作，多次召开会议强调做好低碳发展工作的重要性和必要性，各部门相继出台有关政策。低碳发展将助推中国钢铁产业实现更高水平的供需动态平衡、优化工艺流程结构、推动技术革命、促进智能化升级。本报告通过能源消耗的分析对企业低碳能力进行评价。

（1）能源消耗分析

本节将从能源消耗角度对中国 17 家上市钢铁企业低碳能力进行评价和分析。降低能耗强度、控制能耗总量，有利于扭转能源消耗大幅增加的势头，降低中国经济增长对能源消耗增长的依赖程度，对减少中国资源环境约束、提高经济发展质量发挥了重要作用。

吨钢能耗指钢铁企业在报告期内，每生产 1 吨粗钢，从炼焦、烧结、炼铁、炼钢直到企业最终钢材配套生产所必需的耗能量及企业燃料加工与运输、机车运输能耗及企业能源亏损所分摊在每吨粗钢上的耗能量之和。在本报告选取的中国 17 家上市钢铁企业中（见图 22），2021 年平均吨钢能耗为 574.63 千克标准煤/吨，有 10 家企业吨钢能耗低于该平均值。有 5 家上市钢铁企业的吨钢能耗超过 600 千克标准煤/吨，分别为八一钢铁（640.94 千克标准煤/吨）、包钢股份（632.16 千克标准煤/吨）、河钢股份（627.56 千克标准煤/吨）、柳钢股份（627.56 千克标准煤/吨）和山东钢铁（603.53 千克标准煤/吨）。

国内钢铁行业吨钢能耗压减进程已取得长足进步。以马钢股份为例，其吨钢能耗由 2019 年的 581.05 千克标准煤/吨下降至 2020 年的 562.9 千克标准煤/吨，并进一步下降至 2021 年的 552.57 千克标准煤/吨。与国外企业相比，国内钢铁企业间的吨钢能耗已经没有明显差距，在现有工艺布局下吨钢能耗下降难度非常大。大力调整钢铁行业工艺布局将使吨钢能耗大幅下降。

2021 年有 8 家企业吨钢能耗连续两年下降，占比为 47.06%，其中，本钢板材吨钢能耗减少最多，其吨钢能耗比 2020 年减少 90.06 千克标准煤/吨。这表明中国钢铁行业节能与绿色发展取得较大进步，越来越多的企业积极探索低碳发展道路，以低耗能、低污染、低排放带动企业的可持续发展。自 20 世纪以来，中国相继在烧结厂采用脱硫、脱硝、二噁英等烟气处理装置。不同于燃煤电厂，烧结烟气处理装置面临投资大、运行费用高、效率低和副产品复杂等问题，但如果直接外排烧结烟气，会带走大量的热量，造成能源浪费。

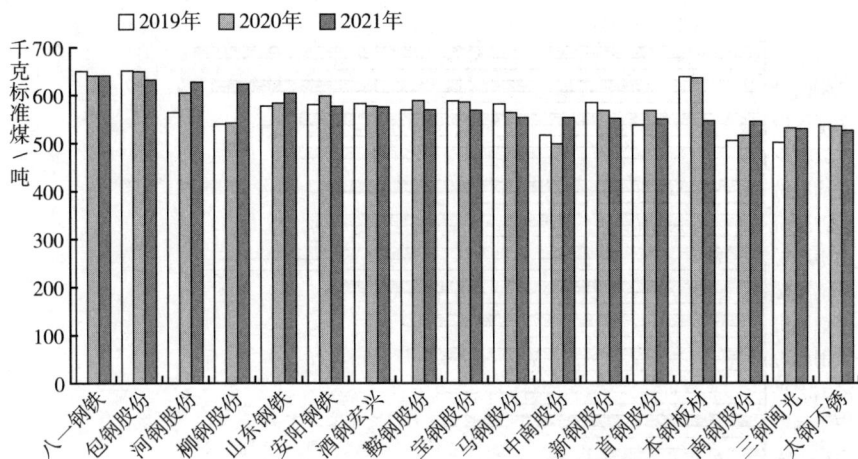

图22　2019~2021年中国17家上市钢铁企业吨钢能耗

（2）低碳能力分析

本报告运用熵权法计算构成低碳能力指标的所有三级指标权重，同时根据专家打分得出二级指标权重，对选取的中国17家上市钢铁企业的低碳能力进行排序和打分。如图23所示，2021年，太钢不锈低碳能力得分最高，与三钢闽光、南钢股份、本钢板材和首钢股份位列前五。这5家企业在吨钢能耗方面表现优秀，通过积极探索并采取一系列措施提升环境治理能力，推动绿色低碳发展。例如，南钢股份将低碳绿色循环发展作为推动企业高质量发展的重要引擎，投资超低排放改造和生态保护项目，建成了一批先进的环保治理设施。柳钢股份采用先进工艺技术与装备和高效清洁能源、加大节能减排措施力度，减少二氧化碳排放；焦炭干熄发电、烧结环冷机余热回收发电、高炉炉顶TRT发电、转炉煤气回收、富余煤气发电等余热回收技改项目的实施，为公司节能减排发挥重要作用。

5.综合竞争力评价

根据专家打分得出的一级指标权重，即生产能力（0.28）、经营能力（0.36）、创新能力（0.22）和低碳能力（0.14）计算得出中国17家上市钢

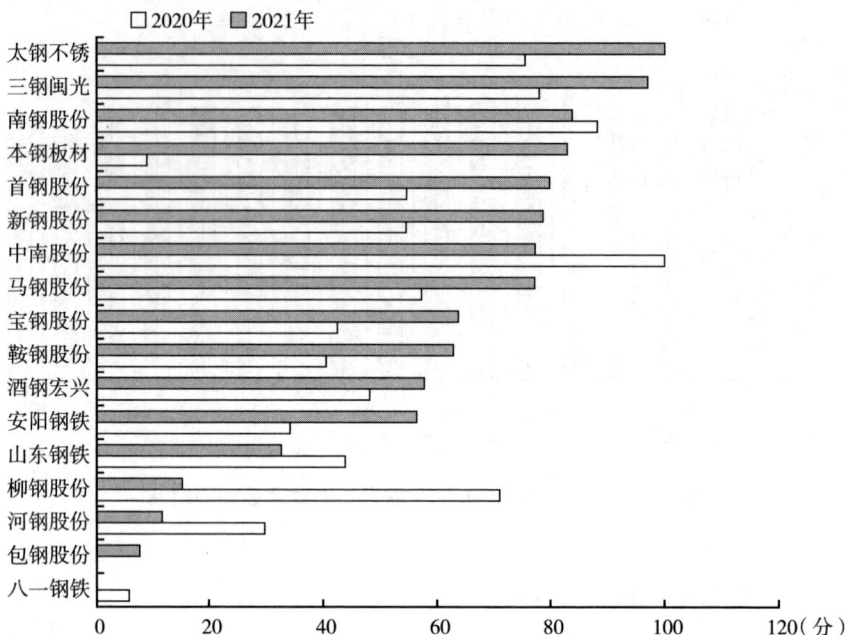

图 23   2020~2021 年中国 17 家上市钢铁企业低碳能力得分

铁企业的综合能力得分，结果显示 13 家企业的综合竞争力有所提高，占比为 76.47%，太钢不锈提升幅度最大，提高了 14.68 分（见图 24）。宝钢股份连续两年综合竞争力得分最高，于 2021 年达到 74.09 分，与三钢闽光（51.09 分）和太钢不锈（48.34 分）位列前三。

对这 3 家钢铁企业进行多维度分析后可知（见图 25），宝钢股份在生产能力和创新能力方面表现突出，这受到原宝钢集团有限公司与武汉钢铁公司联合重组为中国宝武钢铁集团的影响，在化解过剩产能、提高行业集中度方面发挥了重要作用，推动其完成剥离资产、削减债务、安置人员等诸多严峻任务，帮助双方从长远利益出发，积极探索，打破经营困局，加快供给侧改革进程，提升竞争力。除此之外，太钢不锈和三钢闽光在四维分析中均呈扁平状，即其低碳能力和经营能力突出，这与两家企业都位于经济较发达的省份、市场化程度较高、具有先进的经营管理能力、采取严格的环境保护措施有关。

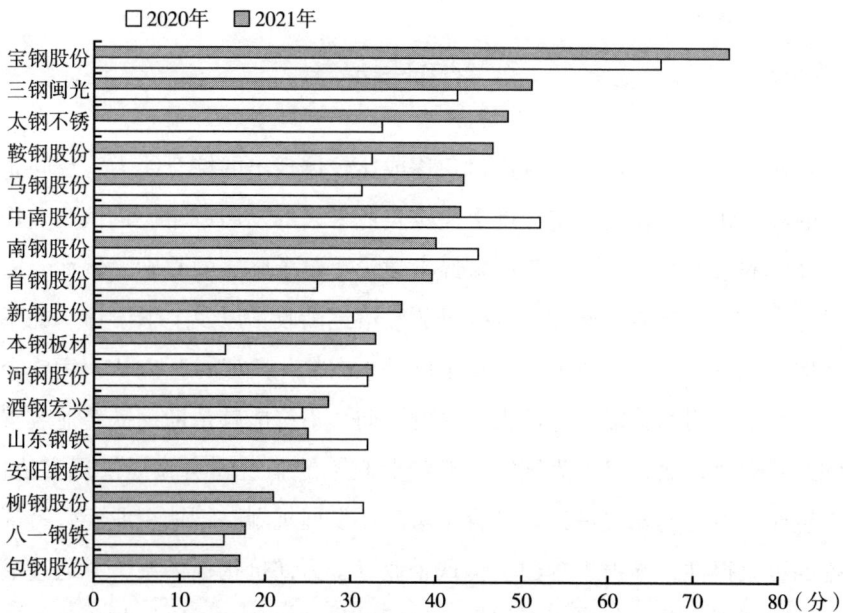

图 24　2020~2021 年中国 17 家上市钢铁企业综合竞争力得分

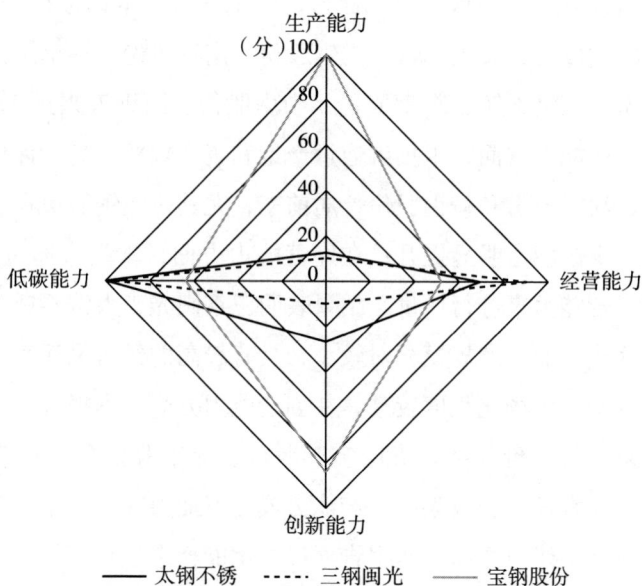

图 25　2021 年综合能力排名前三的中国上市钢铁企业竞争力情况

三 结论与展望

企业竞争力是市场参与者通过角逐或比较体现出的综合能力，反映企业当前的经营状况，并在一定程度上决定企业未来的发展策略。钢铁产业作为国民经济的重要组成部分，为国家经济建设奠定了坚实的基础。然而，随着世界范围内钢铁产能普遍过剩、碳排放政策逐渐收紧以及上下游市场的不确定性增加，我国钢铁企业市场化竞争已进入白热化阶段，正确认识钢铁企业竞争力水平，明确其提升竞争力水平的方向，不仅能够帮助钢铁企业改善生产和经营现状，而且可以为国家钢铁产业政策的制定和实施提供现实依据。基于企业竞争力的相关理论，结合国家产业发展规划、钢铁企业经营特征和数据的可获得性，本报告构建了钢铁企业竞争力评价指标体系，并通过熵权法和层次分析法确定各级指标权重。最后以我国黑色金属冶炼和压延加工业（行业代码 C31）的 A 股上市公司为研究对象，剔除退市和未公开相关数据的企业，最后选取八一钢铁、包钢股份、宝钢股份、本钢板材、河钢股份、柳钢股份、鞍钢股份、安阳钢铁、马钢股份、南钢股份、三钢闽光、山东钢铁、首钢股份、太钢不锈、新钢股份、中南股份、酒钢宏兴这 17 家上市钢铁企业。在生产能力方面，本报告通过产量和资产规模来进行评价，结果表明宝钢股份、河钢股份和鞍钢股份位居前三，尤其是宝钢股份在完成一系列资产重组后，生产能力明显提升；在经营能力方面，本报告通过赢利能力、偿债能力和运营能力来进行评价，结果表明三钢闽光、太钢不锈和中南股份位列前三，这些企业生产规模相对较小，具有较高的经营灵活性，且都位于经济发达的省份，市场化程度较高；在创新能力方面，本报告通过创新投入和创新产出来进行评价，结果表明宝钢股份、河钢股份和马钢股份位居前三，这些公司通常都具有较强的生产能力或经营能力，为研发活动奠定了坚实的基础；在低碳能力方面，本报告通过吨钢能耗来进行评价，结果表明太钢不锈、三钢闽光和南钢股份位列前三；在综合竞争力方面，本报告对企业的生产能力、经营能力、创新能力和低碳能力进行综合评价，结果显示排名前五的企业依次是宝钢股份、三钢闽光、太钢不锈、鞍钢股份和马钢股份，而且不同企业在各个评价指标上表现各有优劣，尚无企业在所有指标上形成压倒性优势，各家上市钢铁企业都存在自己的优势和短板，评价结果可为企业后续的生产经营提供一定的现实依据。

本报告存在以下几点不足。一是评价指标体系方面，本报告数据均来源于公开数据，如上市公司财务报表、Wind 数据库等，导致本报告指标体系的选择具有较大的局限性，下一步将完善数据采集手段，深入企业内部进行调研，提升指标体系的全面性和科学性。二是指标权重方面，本报告采用主客观相结合的方法确定权重，主观确权法受专家观点影响较大，而客观确权法因数据而异，难以形成一套稳定的指标体系。下一步将增加专家数量，在熵权法的基础上引入专家判断，得到一套科学的、稳定的指标体系。三是评价对象方面，部分上市钢铁企业未能公开吨钢能耗、专利等数据，导致本报告仅包括 17 家上市企业，无法全面反映我国钢铁企业的整体情况。下一步将完善数据采集方式，通过公开数据与调研数据相结合的方式，对更大范围内的钢铁企业竞争力进行评价。本报告后续将进一步完善相关工作，提升中国上市钢铁企业竞争力评价的科学性和准确性。

参考文献

刘自学：《上市钢铁企业竞争力分析》，《经营与管理》2012 年第 12 期。

沈会：《关于钢铁行业发展的研究》，《中国管理信息化》2020 年第 19 期。

曲丽虹等：《海洋安全指数测算方法》，《科技导报》2020 年第 38 期。

马珩、孙宁：《中国制造业发展指数的构建与应用研究》，《华东经济管理》2011 年第 25 期。

王沫：《中国上市公司海外并购财务绩效评估体系构建》，《经济研究导刊》2013 年第 11 期。

杨帆、朱博雅：《中国钢铁企业竞争力的评价体系构建》，《统计与决策》2013 年第 13 期。

中关村上市公司协会：《中关村上市公司竞争力报告（2019）》，社会科学文献出版社，2019。

张爱华、程霞：《世界级钢铁企业竞争力评价指标体系及排名分析》，《冶金经济与管理》2014 年第 2 期。

张志强、吴健中：《企业竞争力及其评价》，《管理现代化》1999 年第 1 期。

林晓言、刘铁鹰、王梓利等：《交通蓝皮书：中国城市交通绿色发展报告（2018）》，社会科学文献出版社，2018。

李晓红：《提升企业技术创新能力》，《求是》2021 年第 1 期。

郭伟琼主编《中关村企业蓝皮书：中关村上市公司竞争力报告（2020）》，社会科学文献出版社，2020。

国务院国资委考核分配局编《企业绩效评价标准值（2020）》，经济科学出版社，2020。

技术效率篇

Technical Efficiency

钢铁产业技术效率与能源消耗分析

闫相斌　袁夏莉*

摘　要： 近年来，随着全球气候变暖，减少碳排放已成为各国的共同责任。钢铁产业作为能源密集型产业，在碳减排方面具有巨大的潜力。由于钢铁生产过程中需要大量的能源，以及技术效率在钢铁产业碳减排中发挥着关键作用，因此研究钢铁产业的技术效率和能源消耗具有重要意义。本报告通过对 2001~2021 年世界主要国家（地区）钢铁产业主要产品的产量等相关数据进行搜集对比，并对相关技术进行展示，综合分析了钢铁产业技术效率与能源消耗现状，并得出了一些有意义的结论。研究发现，大部分钢铁产品产量呈上升趋势；主要国家（地区）的钢铁产品产量存在显著差异；突发事件和相关政策的推行会影响钢铁产品产量；中国各省份的粗钢产量受到地理位置、交通条件、

* 闫相斌，博士，北京科技大学副校长、教授、博士生导师，研究方向为电子商务与商务智能、商务数据分析等；袁夏莉，北京科技大学经济管理学院硕士研究生，研究方向为供应链管理。

资源状况和经济状况等因素的影响，呈现显著差异。在揭示现状的同时，本报告反映了当前钢铁产业的发展趋势和存在的问题。本报告旨在通过分析钢铁产业技术效率与能源消耗的现状给相关部门提供一些管理启示。

关键词： 钢铁产业　技术效率　能源消耗

钢铁产业是一个能源密集型产业，对能源的需求量巨大。研究钢铁产业的技术效率和能源消耗现状，对企业、环境和社会的可持续发展具有重要意义。首先，研究能源消耗现状可以帮助企业识别出能源消耗高的环节，并采取相应的措施进行改进。其次，研究技术效率现状可以帮助企业了解其生产过程中存在的问题和瓶颈。再次，钢铁产业是全球温室气体排放的主要来源之一。研究钢铁产业的能源消耗现状有助于揭示行业在碳排放方面存在的问题，并指明减排方向。最后，研究钢铁产业的技术效率和能源消耗现状有助于推动产业升级和经济转型。因此本报告描述了 2001~2021 年钢铁产业的技术效率和能源消耗现状，主要分为两部分内容。一是对世界主要国家（地区）钢铁产业主要产品与技术现状进行描述，分析了钢铁产业技术效率现状。二是对钢铁产业的能源消耗现状进行了分析，重点研究了中国及各省份的能源消耗变化趋势，并揭示了不同省份在钢铁产业能源消耗和技术效率方面存在的发展差距。

一　钢铁产业技术效率的现状分析

本节旨在通过对 2001~2021 年钢铁产业主要产品与技术现状进行分析，揭示其技术效率现状。首先，探究了世界钢铁产业主要产品与技术现状。其次，对钢铁产业关键区域（亚洲、南美洲和独联体）的主要产品与技术现状进行了研究。再次，对粗钢产量排名前 4 位的国家（印度、美

国、日本和中国）主要产品与技术现状进行了分析。最后，着重描述了中
国各省份钢铁产业的主要产品与技术现状，并对其技术效率的变化规律进
行了分析。

（一）世界主要国家（地区）钢铁产业主要产品与技术现状

2001～2021年，世界钢铁产业发生了重大变化，主要表现在产量增长、
地区分布和技术创新等方面。首先，本节将对世界主要钢铁产品与生产技术
进行分析。其次，分析亚洲、南美洲和独联体国家的主要产品和技术。在这
一时期，亚洲逐渐成为钢铁主产区，巴西、俄罗斯等南美洲或独联体国家的
钢铁产量也逐渐增加，这些国家（地区）成为世界钢铁市场的重要参与者，
因此本报告将重点分析这些国家（地区）的主要产品和技术。最后，对印
度、美国、日本和中国的钢铁产业技术效率与能源消耗现状进行对比分析。

在钢铁主产国中，最值得关注的是中国。首先，中国对世界钢铁市场的
影响越来越大；其次，中国的钢铁产业在技术进步和创新方面取得了显著成
就；最后，中国钢铁产业分布不均衡，市场发展条件和产业技术效率都存在
区域性差异。通过研究中国各省份的钢铁产业现状，可以深入了解地区间的
差异以及政策对钢铁产业发展的影响，为世界钢铁市场的分析提供更全面的
视角。因此，本节最终聚焦于中国的钢铁产业，对中国及各省份的主要产品
与技术现状进行了重点分析。

1. 世界主要国家（地区）

（1）世界总体

2001～2021年，世界钢铁产业发展充满着机遇和挑战，世界钢铁产业发
展经历了5个阶段：持续增长阶段（2001～2007年）、金融危机冲击阶段
（2008～2010年）、复苏阶段（2011～2014年）、增速放缓阶段（2015～2019
年）和疫情冲击阶段（2020年至今）。图1展现了2001～2021年世界钢铁
产品产量的变化情况。

首先，自2001年以来，世界大部分钢铁产品产量呈现上升态势。例如，
高炉生铁、粗钢、转炉炼钢、连铸半成品、热轧钢材等产量均呈上升趋势，

其中生铁、粗钢、转炉和其他工艺产品产量显著提高。以热轧钢材为例，其产量提高了 143.05%。

其次，电炉炼钢、中厚板与管材产量多年来保持稳定，波动相对较小，主要原因有多方面。以电炉炼钢为例，产量多年保持稳定的原因主要有以下三点。一是电炉炼钢的产能有上限。尽管技术进步和设备改良提高了电炉炼钢的效率，但电炉炼钢相对于传统炼钢方式产能较小，导致其在整体钢铁产量中的占比有限。二是钢铁市场的需求结构发生了变化。受到国内经济增速放缓、行业调整以及环保政策的影响，市场对钢铁产品的需求相对稳定或略有下降。三是电炉炼钢在某些方面仍存在一些劣势，如生产成本较高、生产周期较长等。以上因素限制了电炉炼钢产量的增长。

再次，2008~2010 年，世界各类钢铁产品产量普遍下滑。主要原因在于2008 年的金融危机使全球需求锐减，各行业都受到了冲击，包括钢铁行业，需求下降导致钢铁产品产量普遍下滑。一是企业削减库存。由于全球经济不景气，许多企业和消费者削减库存的行为间接导致钢铁产品的需求减少，从而影响了钢铁产量。二是钢铁行业产能过剩。在金融危机之前，钢铁行业经历了一段产能扩张的时期，很多国家（地区）都加大了钢铁生产规模。然而，全球经济的急剧下滑导致市场需求萎缩，进一步放大了产能过剩的问题。为应对市场变化，很多钢铁企业被迫削减产量以应对市场需求的下降。三是贸易保护主义政策的实施。在金融危机期间，一些国家采取了贸易保护主义政策，限制了钢铁产品的进口，从而导致了全球钢铁产量下滑。综上所述，这些因素相互作用，共同影响了钢铁行业的产能和需求，导致产量下降。

最后，自 2011 年起，世界钢铁产品总产量开始大幅攀升。这是因为金融危机过后，世界主要经济体的经济逐渐恢复增长，并对钢铁产业进行了优化调整，这些调整包括提高生产效率、降低成本和加强环保等。同时，新兴经济体市场需求逐渐增长，为世界钢铁产业提供了更广阔的发展前景，吸引了许多传统钢铁生产企业纷纷开拓这些市场。此外，世界范围内的技术合作和资源整合也得到加强，有助于钢铁产业的可持续发展。总之，这些因素使得世界钢铁产业集中度提高，并向新兴经济体转移，同时明显增强了其可持续发展能力。因此，自金融危机后，世界钢铁产品总产量持续攀升。

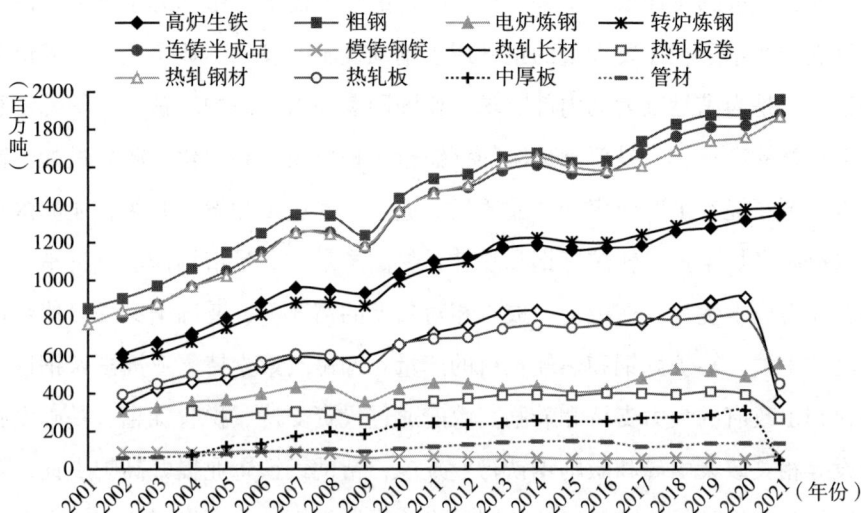

图 1　2001～2021 年世界钢铁产品产量变化情况

数据来源：世界钢铁工业协会（WSA）。

（2）亚洲

2000～2018 年，亚洲的粗钢总产量从 3.32 亿吨增加至 12.71 亿吨，占世界钢铁产量的比重提高了 31.1 个百分点。仅就中国而言，其粗钢产量从 1.272 亿吨增加至 9.283 亿吨，增长了 6.3 倍，在世界钢铁产量中的占比从 15.0% 提高至 51.3%，提高了 36.3 个百分点。而欧美地区的产量几乎没有增长，甚至出现了负增长。与此相对应的是，主要发展中国家和新兴经济体的钢铁产业发展迅速，其在世界钢铁产业的地位明显提升。除了上文已经提到的中国，印度的粗钢产量也从 2730 万吨增加至 1.065 亿吨，其在世界总产量中的占比从 3.2% 提高至 5.9%，提高了 2.7 个百分点。①

从图 2 可以看出，亚洲的钢铁产品产量变化与图 1 所示的世界总体情况

---

① 郑明月：《钢铁产业发展趋势及碳中和路径研究》，《冶金经济与管理》2022 年第 1 期。

相近。然而，通过具体观察可以发现，亚洲在高炉生铁、转炉炼钢和热轧长材方面的产量增速超过了世界平均水平。这一现象出现的原因是多方面的。一是亚洲经济的飞速发展带来了钢铁行业的巨大需求。中印等国家在经济快速发展的背景下，需要大量的钢铁用于基础设施建设、工业生产以及城市化进程。于是为满足巨大的内部需求，亚洲国家加大了高炉生铁、转炉炼钢和热轧长材的产量。二是亚洲地区的钢铁行业积极引进和消化吸收先进的钢铁技术，不断提升生产效率和产品质量。通过技术进步和设备升级，亚洲国家得以提高高炉生铁、转炉炼钢和热轧长材的产量，满足市场需求。三是亚洲的劳动力成本优势。在劳动力成本相对较低的情况下，亚洲国家得以持续扩大高炉生铁、转炉炼钢和热轧长材的产量。四是政策支持。亚洲国家钢铁行业得到了政府的大力支持和鼓励。政府通过投资支持、税收优惠、基础设施建设等相关政策引导和激励钢铁行业发展，帮助钢铁企业提升高炉生铁、转炉炼钢和热轧长材的产量。这些因素也使得世界钢铁生产发展的重心逐渐向东转移，包括中印在内的新兴经济体在世界钢铁行业中的地位日益提升。

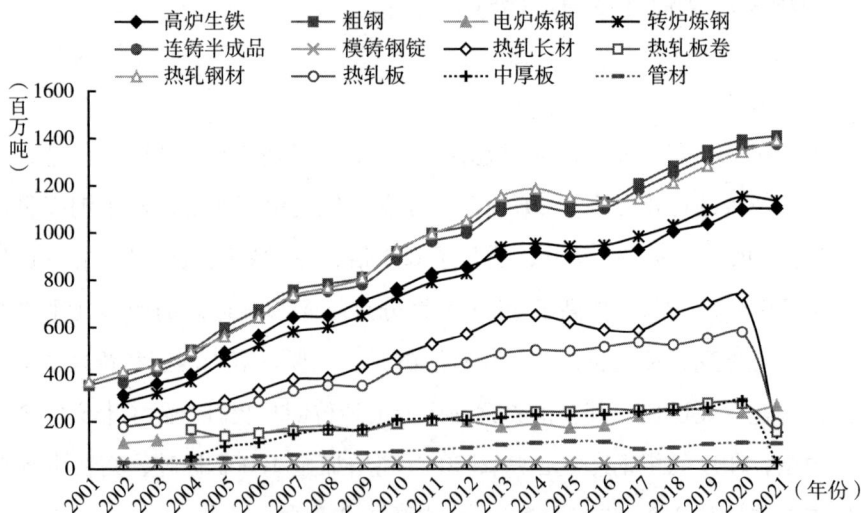

图2　2001~2021年亚洲钢铁产品产量变化情况

数据来源：世界钢铁工业协会（WSA）。

（3）南美洲

南美洲共有 12 个主权国家，其中有 9 个是钢铁生产国。巴西、阿根廷和委内瑞拉是该地区最大的 3 个钢铁生产国，仅这 3 个国家的粗钢总产量就占据了南美洲钢铁总产量的 77% 以上。这主要得益于安赛乐米塔尔、Siderar 公司和 Sidor 公司等钢铁龙头企业的贡献。尽管南美洲在矿产资源方面具有优势，并具备扩大钢铁产业规模的潜力，但该地区对钢铁产品的消费需求相对较低。因此，需要与其他国家或组织签署合作生产协议，以刺激建筑钢材需求，并推动电炉、模铸先进工艺和设备的应用。这将有助于提升南美洲钢铁产业的发展水平。

图 3 显示除了热轧长材、热轧板和热轧钢材以外，其他种类的钢铁产品产量并没有呈现明显的增长趋势。相反，高炉生铁、电炉炼钢、转炉炼钢和模铸钢锭的产量呈现下降趋势。出现这种现象的原因主要有以下两方面。首先是市场需求问题。南美洲地区的热轧长材、热轧板和热轧钢材等产品在建筑、工程机械等领域的需求相对较大，而高炉生铁、电炉炼钢、转炉炼钢、模铸钢锭等产品的需求较少。其次是技术选择问题。由于热轧工艺生产成

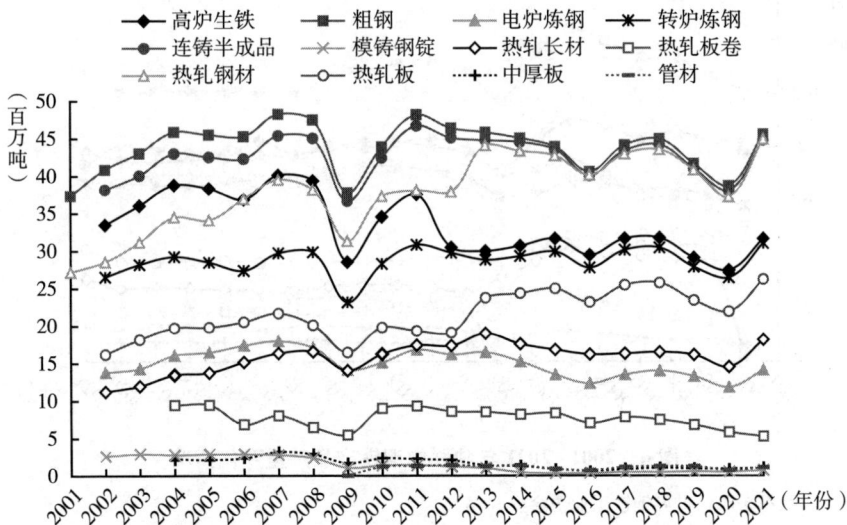

图 3　2001~2021 年南美洲钢铁产品产量变化情况

数据来源：世界钢铁工业协会（WSA）。

本相对较低且节能环保，因此南美洲主要采用热轧工艺进行钢材生产，较少推广高炉—转炉工艺、模铸或电炉冶金技术。

显然，与前文提到的世界总体（见图1）和亚洲（见图2）的钢铁产品产量相比，南美洲在钢铁产品产量方面呈现显著差异。不过相同的是，南美洲也无法逃脱金融危机（2008～2010年）的影响，其钢铁产业同样经历了产量收缩的阶段。

（4）独联体

独联体大部分国家属于发展中国家，其经济增长主要依赖资源出口。与其他地区相比，该地区的人均钢材消费量较低。对于大部分欧洲国家和部分亚洲国家而言，独联体地区是主要的半成品供应来源地。不过独联体地区对中国出口的钢材、钢坯产品占其出口总额的比重并不是很高。[①]

从图4可以观察到，除了热轧板卷和中厚板产量有轻微上升外，独联体

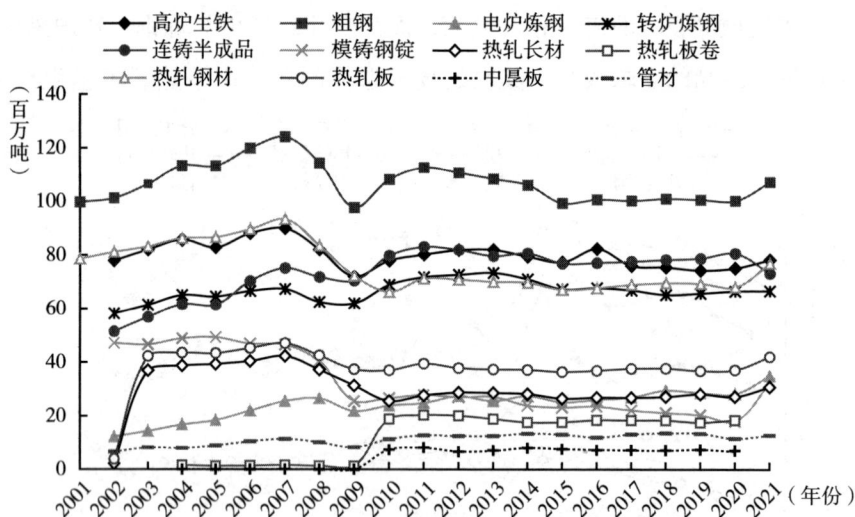

图4 2001～2021年独联体钢铁产品产量变化情况

数据来源：世界钢铁工业协会（WSA）。

① Mysteel：《独联体钢铁业现状及俄乌冲突对钢铁行业影响》，https：//gc.mysteel.com/22/0225/16/1226F1E973E578BB.html。

其他钢铁产品的产量基本保持平稳或呈缓慢下降趋势。这表明在 2001~2021 年，独联体地区的钢铁生产增速较为缓慢。出现这一现象的原因主要有以下三个方面。首先，独联体地区的钢材消费需求增长乏力，市场供应过剩，限制了钢铁产业的发展。其次，独联体地区的大多数钢铁企业仍采用较为陈旧的生产技术，生产效率相对较低，这也制约了钢铁产量的增长。最后，一些国家采取保护主义政策和限制进口措施，对独联体地区钢铁产品的出口和市场开拓造成了影响。与此同时，世界范围内的经济波动、能源价格波动等不确定因素也对独联体地区的钢铁产业发展产生了影响。

（5）印度

截至 2021 年，印度已成为世界第二大粗钢生产国，产量达到 118.2 百万吨。基础设施建设、能源领域以及汽车等行业的需求仍在推动印度钢铁产业规模继续扩大。[①] 印度在世界钢铁生产和消费方面扮演着重要角色。

图 5 清晰地展示了 2001~2021 年印度钢铁产品产量的变化趋势。可以发现，印度大多数钢铁产品产量呈现上升趋势。具体来看，高炉生铁、粗钢、电炉炼钢、转炉炼钢、连铸半成品、热轧长材、热轧板卷以及热轧板产量整体呈现上升趋势。印度钢铁产业的扩张和发展使钢铁产品产量大幅增加。

此外，模铸钢锭、中厚板和管材的产量保持相对稳定。这是因为模铸钢锭、中厚板和管材通常在建筑、基础设施、船舶制造和能源行业等领域使用，而这些行业的需求相对稳定，不会出现剧烈波动，所以这些产品的产量变化也不大。

值得注意的是，2017 年印度部分钢铁产品产量大幅攀升，这归功于印度当年实施的国家钢铁政策（NSP）——产能扩张计划，该政策旨在推动印

---

① 《印度品牌价值基金会：2021 年印度服务业报告》，数据核电站，2021 年 6 月 19 日，http://www.196s.com/topic/1587698.html。

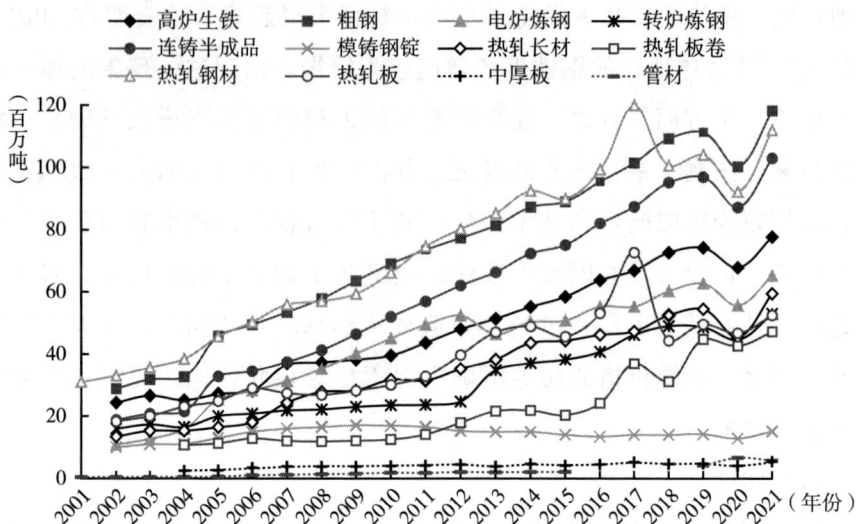

图 5　2001~2021 年印度钢铁产品产量变化情况

数据来源：世界钢铁工业协会（WSA）。

度钢铁产业达到世界标准水平。

（6）美国

图 6 显示美国的钢铁产量整体呈缓慢下降趋势。这是因为 21 世纪初期，美国人口负担系数再次上升，人口老龄化趋势加剧，住房需求下降，消费萎缩，加之此阶段经济危机和钢铁工人大罢工等因素的影响，整体钢铁供给量呈下降趋势。[①]

多年来美国采用电炉工艺生产的钢铁产品产量基本保持较高水平。这是因为进入 21 世纪后，美国钢铁产业受到大量进口产品的冲击，政府不得不进行干预。因此布什政府采取了一系列举措。例如，宣布 201 条款限制钢铁进口并征收高额关税，以及实行出口配额申请制度等，旨在保护本国钢铁产业。这些措施缓解了美国钢铁产业的困境，使本国钢铁生产保持平稳发展态

[①] 《招商证券-钢铁行业年度策略暨深度研究系列一：从美日钢铁行业发展史看我国钢铁业的现状和未来-211101》，慧博投研资讯，2021 年 11 月 1 日，https://www.hibor.com.cn/data/404b946fa20e78c8a0fb8717a259b4be.html。

势。与此同时，鉴于电炉工艺具有环保、灵活和低运输成本等优势，电炉和小型钢厂在美国分布广泛。截至2016年底，美国电炉生产的粗钢产量占钢铁总产量的比例（67%）达到历史新高，比2001年（47.4%）提高了近20个百分点。

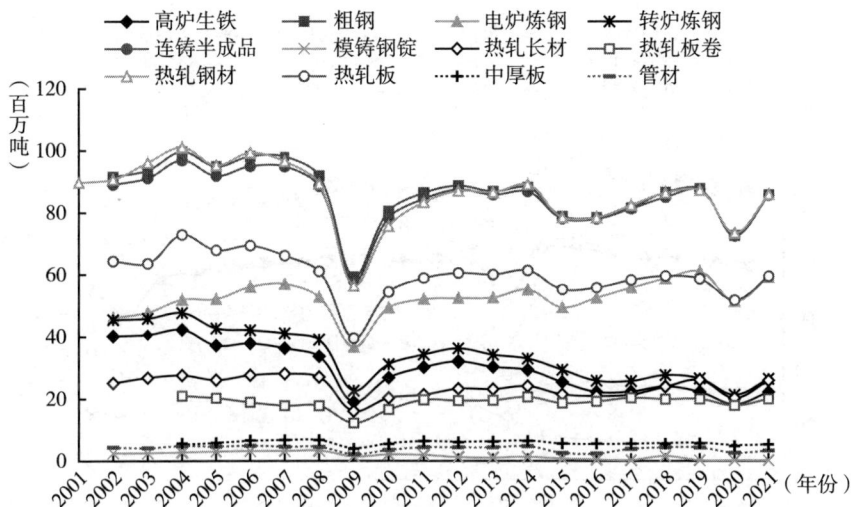

图6　2001~2021年美国钢铁产品产量变化情况

数据来源：世界钢铁工业协会（WSA）。

（7）日本

日本钢铁产品产量的变化情况如图7所示。与美国进行对比，可以发现日本和美国的钢铁产品产量变化趋势大致相似。同样地，除了2008年金融危机导致钢铁产品产量明显下降外，2020年，日本的钢铁产品产量也出现了下降。这主要是因为新冠疫情的发生，疫情的蔓延极大地干扰了全球经济活动，进而对钢铁产品产量造成了不利影响。

首先是全球需求下降。由于封锁、旅行禁令等疫情限制措施的实施，全球钢铁产品需求大幅下降，导致汽车、建筑和制造业等诸多行业对钢铁产品的需求减少，进而影响了钢铁产量。其次是供应链中断。全球供应链受到了疫情的冲击，许多工厂停工或生产能力受限，加之原材料供应和物流运输方面也面临挑战，使得钢铁生产中断和延误。最后是出口需求减少。疫情暴发使得一些国家和地区实施了限制措施，进而导致国际贸易受阻，其他国家（地区）对日本钢铁产品的需求下降。在多种因素的共同作用下，日本的钢铁产品产量在 2020 年呈现下降态势。

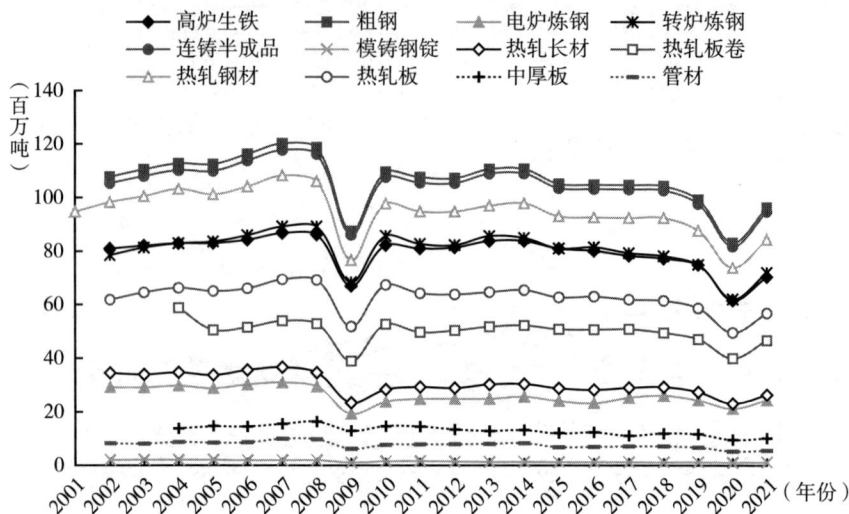

图 7　2001～2021 年日本钢铁产品产量变化情况

数据来源：世界钢铁工业协会（WSA）。

2. 中国及各省份

自 2001 年以来，中国钢铁产业在世界处于领先地位。钢铁产业的迅猛增长反映出中国经济正在飞速发展，可这种高速扩张的现象也为今后可能出现的问题埋下了隐患。例如，随着经济增速放缓和结构调整，钢铁产业需求可能出现下滑进而引发产能过剩的问题；随着中国经济的发展和产业结构的调整，某些地区和企业可能会失去竞争优势，导致钢铁产能向其他国家（地区）转移；钢铁生产可能对环境产生较大影响，包括大气污染、水污染和固体废物排放等。

与 20 世纪 70 年代美国面临的寡头垄断市场状况不同，中国的钢铁产业一直置身于完全竞争的市场环境中，缺乏定价权。即使中国钢铁产业的需求大幅提升，其利润依然保持在较低水平。然而，随着城市化进程的放缓，中国的房地产投资增速下降，钢铁需求也在减少。因此，产能过剩问题开始逐渐凸显。但在国家政策的引导下，中国的钢铁产业仍有望实现"软着陆"。

图 8 显示了 2001～2021 年中国钢铁产品产量的变化情况。如图 8 所示，除了模铸钢锭的产量基本保持稳定外，中国其他钢铁产品的产量都呈现增长趋势。尤其值得一提的是，在 2008 年全球金融危机和 2020 年新冠疫情期间，中国的钢铁产业并未受到显著的负面影响。相比于其他国家（地区），中国各类钢铁产品产量一直保持稳健的增长态势。这表明中国钢铁产业具有强劲的韧性，这种韧性在很大程度上得益于中国政府于2008 年底开始推行的"四万亿投资"计划，以及疫情后复工复产的迅速行动和经济快速回归新常态。

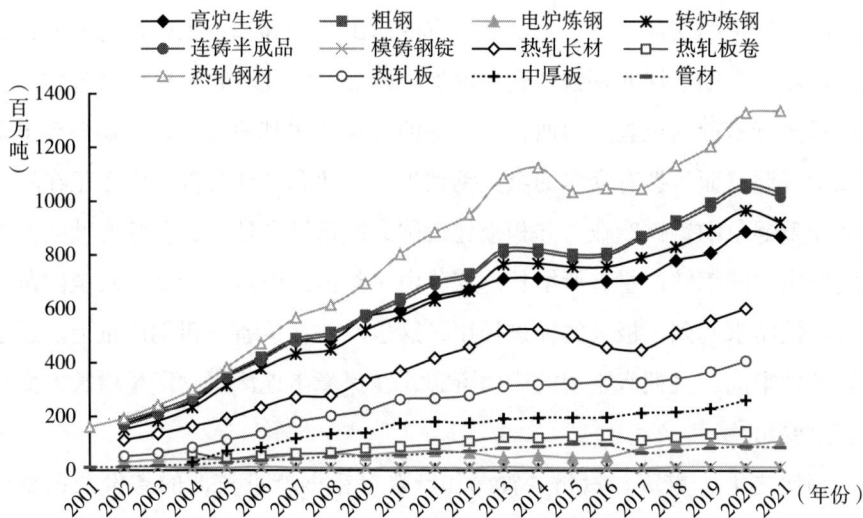

图 8 2001～2021 年中国钢铁产品产量变化情况

数据来源：世界钢铁工业协会（WSA）。

与美国和日本相比，中国的电炉钢产量相对较低。中国钢铁工业协会的数据显示，截至 2022 年，中国电炉钢产量仅占粗钢总产量的 9.7%，远低于 30% 的世界平均水平。这主要是因为中国的冶金工业主要采用传统的"高炉—转炉"长流程冶金法生产钢铁，而未广泛采用低能耗的"废钢—电弧炉"生产法进行生产。这意味着中国电炉炼钢仍有巨大的发展潜力，由于中国市场上废钢的价格居高不下，加之电价上涨，电弧炉进行废钢炼钢的成本较高。这使得中国钢铁产业难以改变目前以"高炉—转炉"炼钢法为主的局面。因此，中国需要进一步提高废钢进口量，以增强对废钢等资源的保障能力。

鉴于中国地域辽阔，其钢铁产业存在区域发展不平衡的问题，本报告对 2001~2021 年中国部分省份的粗钢产量变化情况进行了分析。如图 9 所示，河北、山西、辽宁、江苏和山东的粗钢产量较高，而重庆、贵州、青海和宁夏的粗钢产量较低。

河北省粗钢产量较高，首先是因为河北省拥有丰富的铁矿石和煤炭资源，以及便利的交通条件。其次，该省的唐山、邯郸和石家庄作为大型钢铁生产市场，有助于河北钢铁产量的增加。因此，河北一直位居中国各省份钢铁产量排行榜前列位置。山西作为中国的煤炭能源基地之一，不仅拥有丰富的煤炭资源，而且拥有众多的重点钢铁生产企业和产业集群。山东正在逐步打造完整链条的钢铁产业，并积极建设国家级钢铁基地。这种综合性的发展战略使山东的钢铁产量有所增长。江苏由于整体经济水平较高，对全国范围内的钢铁需求起到了极大的促进作用，这也反映在该省的粗钢产量上。辽宁工业基础牢固，且拥有丰富的矿物资源，在保障本地区粗钢产量增长方面扮演着重要角色。

相比之下，重庆、贵州、青海和宁夏等粗钢产量较低的省份在钢铁产业发展上具有一些共性。在粗钢产能减少的情况下，这些地区由于生产规模较小，并受淘汰落后产能和推进转型升级政策的影响，其粗钢产量增长受限。

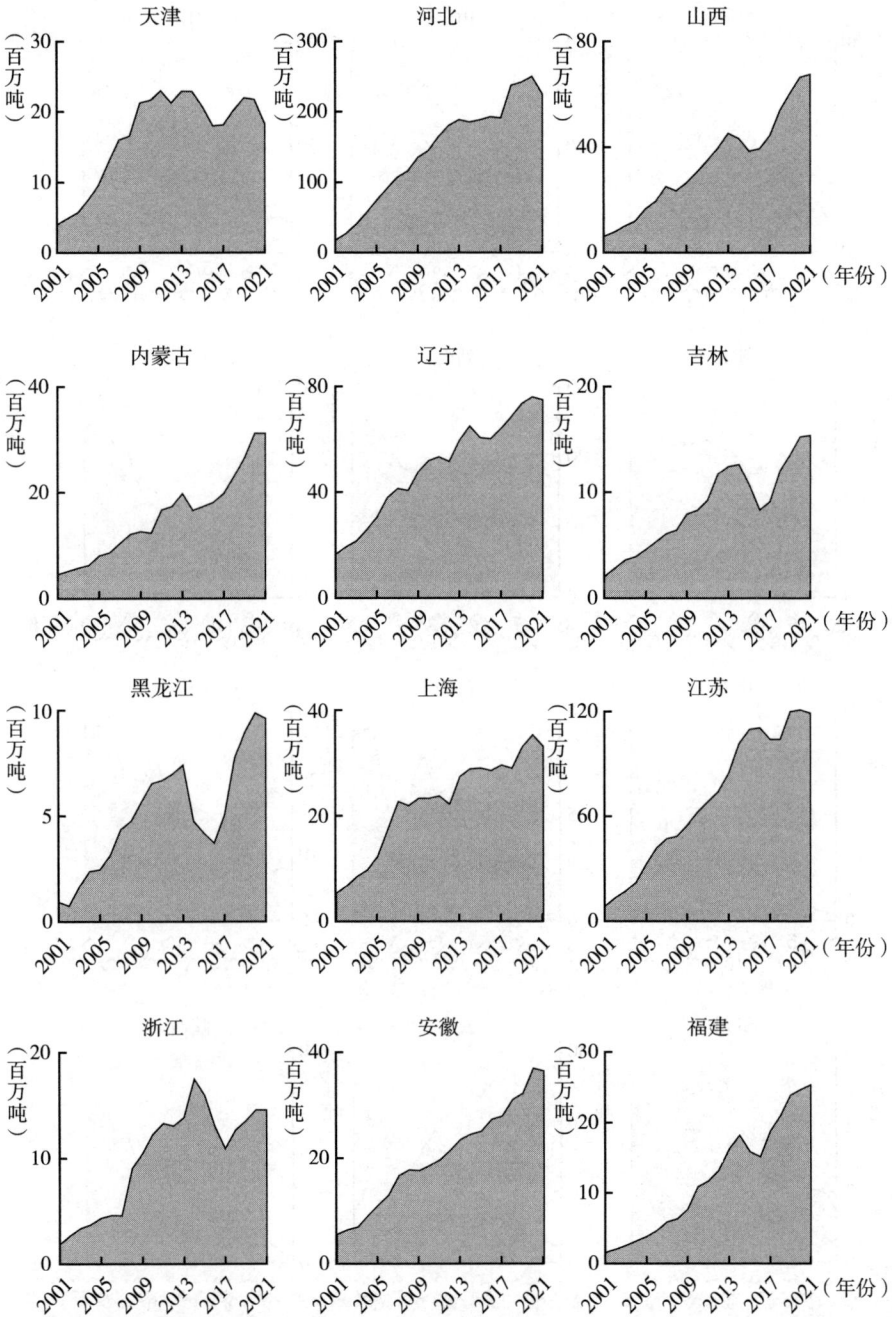

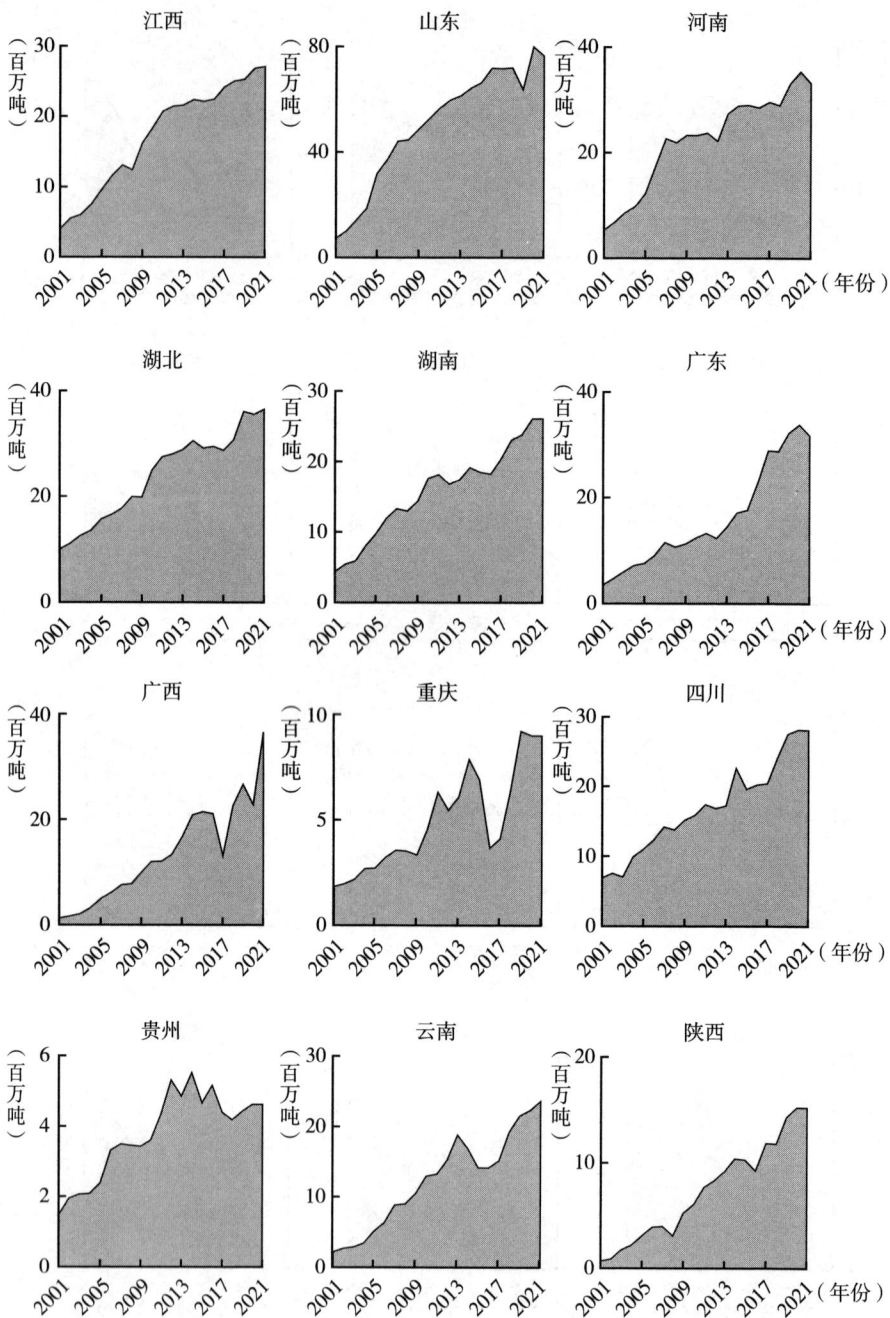

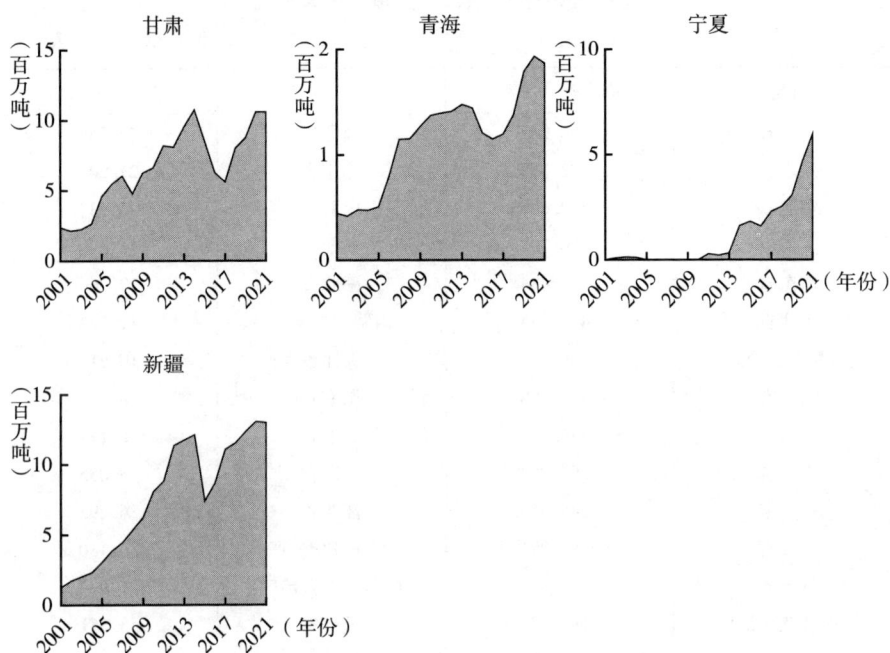

图 9 2001~2021 年部分省份粗钢产量变化情况

数据来源：中国钢铁工业协会（CISA）。

（二）中国钢铁产业技术效率变化规律

本节研究钢铁产业的生产效率，以固定资产净额和平均用工人数为投入指标，以主营业务收入为产出指标。① 同时为剔除价格波动的影响，固定资产净额使用工业生产者价格指数（PPI）进行了平价处理，并以 2001 年作为基期（见表 1 和表 2）。

---

① 贾智杰、林伯强、温师燕：《碳排放权交易试点与全要素生产率——兼论波特假说、技术溢出与污染天堂》，《经济学动态》2023 年第 3 期。

表1 部分省份钢铁产业投入要素情况

单位：亿元，万人

省份	固定资产净额	省份	平均用工人数
河北省	1966.267	河北省	44.358
辽宁省	992.089	辽宁省	27.601
湖北省	612.665	山西省	16.534
天津市	566.108	河南省	14.549
广东省	471.484	湖北省	13.260
山西省	438.945	内蒙古自治区	11.376
内蒙古自治区	369.896	天津市	10.615
河南省	344.508	湖南省	8.940
安徽省	344.457	安徽省	8.117
湖南省	264.982	广东省	8.055
福建省	245.663	江西省	6.295
吉林省	189.091	福建省	6.180
甘肃省	186.821	广西壮族自治区	5.990
广西壮族自治区	181.302	云南省	5.551
云南省	164.639	贵州省	4.968
江西省	151.664	甘肃省	4.748
重庆市	151.374	吉林省	3.795
新疆维吾尔自治区	98.173	陕西省	3.664
陕西省	86.033	重庆市	3.484
贵州省	66.134	新疆维吾尔自治区	2.813
青海省	54.796	宁夏回族自治区	2.090
宁夏回族自治区	50.857	青海省	1.764

注：表格中各指标数据为2001～2021年均值。

表2 部分省份钢铁产业产出情况

单位：亿元

省份	主营业务收入	省份	主营业务收入
河北省	5455.140	河南省	1321.624
天津市	2395.351	山西省	1100.840
辽宁省	2293.269	福建省	1085.361
广东省	1627.418	安徽省	1009.830
湖北省	1345.186	广西壮族自治区	880.437

省份	主营业务收入	省份	主营业务收入
内蒙古自治区	839.710	吉林省	374.911
湖南省	742.350	陕西省	343.339
江西省	608.965	贵州省	274.590
云南省	559.891	新疆维吾尔自治区	185.184
重庆市	400.530	宁夏回族自治区	153.087
甘肃省	382.105	青海省	93.651

注：各省份主营业务收入为 2001~2021 年均值。

由于 DEA-Malquist 指数分解法可以将全要素生产率分解成技术效率和技术进步指数。因此，通过运用该方法可以得到钢铁产业的技术效率值。DEA-Malmquist 指数分解法是一种用于比较两个时间点单位技术效率变化的方法，它依据每个单位在两个时间点上的生产前沿变化，计算出其技术效率变化率之比。同时，技术效率可以进一步分解成规模效率和纯技术效率（规模效率与纯技术效率的乘积即为技术效率）。本节在附录表 1、表 2 和表 3 中列出了求得的钢铁产业的技术效率值及其分解项。

技术效率最早由 Farrell 提出，他从投入角度定义了技术效率，认为技术效率指在相同产出下生产单元实际投入与理想的最小可能性投入之比。[1] Leibenstein 则从产出角度看待技术效率，他认为技术效率指在相同的投入下生产单元实际产出与理想的最大可能性产出之比。[2] 在 DEA 分解中，纯技术效率反映决策单元（DMU）达到最优规模时要素投入的生产效益，规模效率则反映实际规模与最优生产规模之间的差距。

---

[1] Farrell M J, "The Measurement of Productive Efficiency," *Journal of the Royal Statistical Society*: *Series a (General)* 3 (1957)：253-281.

[2] Leibenstein H, "Allocative Efficiency vs. 'X-efficiency'," *The American Economic Review* 3 (1966)：392-415.

技术效率是对决策单元的资源配置能力、资源使用效率等多个方面能力进行综合衡量与评价的指标；纯技术效率是企业管理和技术等因素影响的生产效率，规模效率是企业规模因素影响的生产效率。当技术效率大于1时，该决策单元的投入产出同时具备了技术有效性和规模优势；而当纯技术效率大于1时，表明在目前的技术水平上，投入资源的使用是有效的。若规模效率大于1，则说明实际生产规模已经达到最优状态，可以充分发挥规模效应。

研究发现，甘肃、陕西、宁夏、云南和贵州的钢铁产业技术效率较高（≥1.08），广东和福建的技术效率则较低（<1.00）。这表明除了广东和福建外，其他省份的钢铁产业资源配置能力已达到有效水平（见图10）。

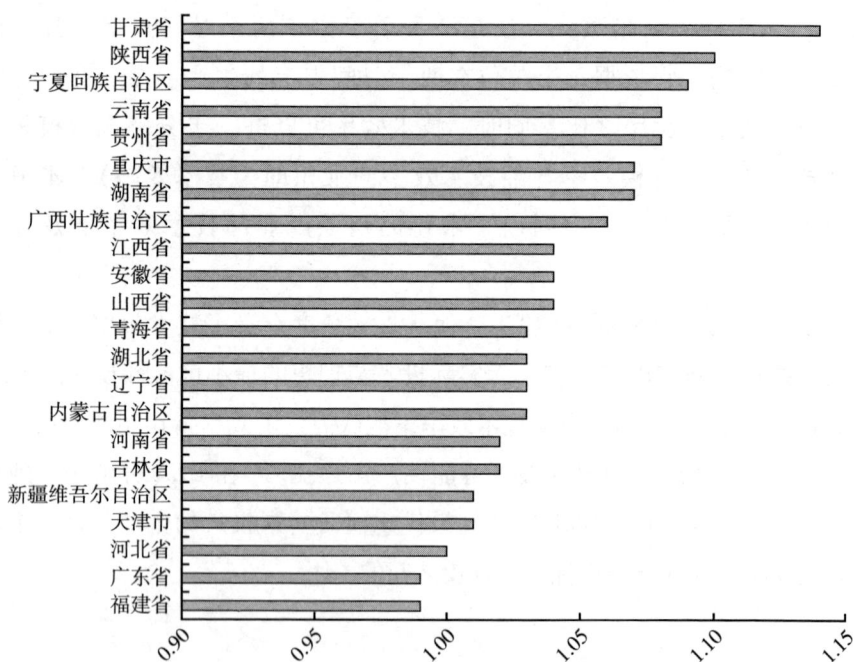

图10 部分省份钢铁产业技术效率

说明：图中数据为各省份2001~2021年均值。

福建、宁夏和新疆的纯技术效率小于1，而其他省份均大于1。这说明绝大部分省份投入资源的使用是有效的（见图11）。

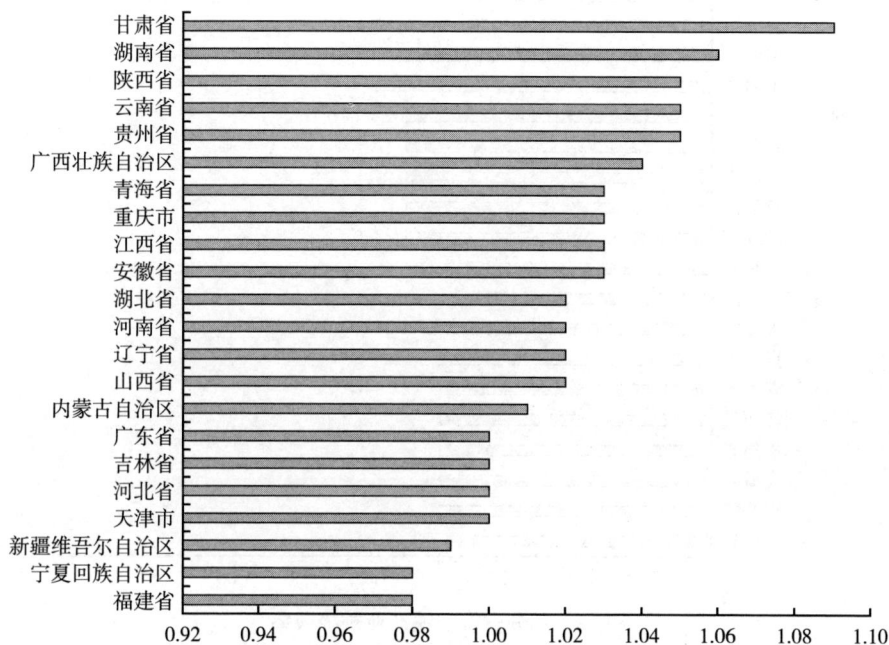

图 11　部分省份钢铁产业纯技术效率

说明：图中数据为各省份 2001~2021 年均值。

此外，在规模效率方面，除广东外其余省份均大于1，说明大部分省份的钢铁产业实际生产规模已达到最优水平（见图12）。

从增长的阶段性来看，各省钢铁产业的技术效率年均值具有明显的波动性。从 2001 年开始，钢铁产业技术效率波动下降；2005 年，钢铁产业技术效率出现大幅提升；2007 年以后，钢铁产业技术效率波动幅度变小并呈现趋近 1 的态势，这说明中国的钢铁产业技术效率存在不稳定性。其中，纯技术效率的波动比规模效率的波动幅度大，这表明纯技术效率对技术效率波动的贡献更大，即技术效率主要由纯技术效率驱动增长。

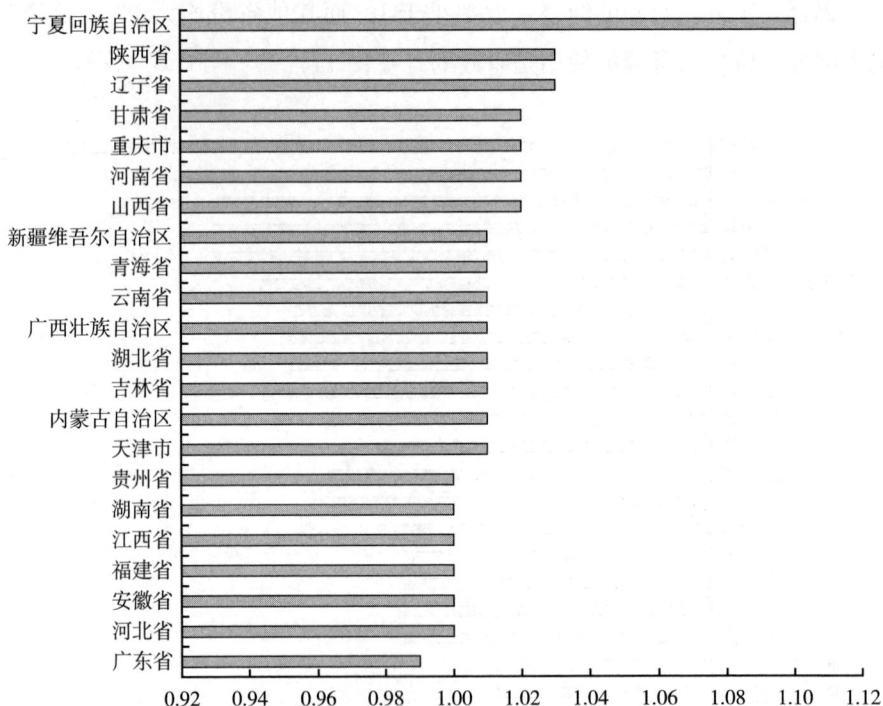

图 12　部分省份钢铁产业规模效率

说明：图中数据为各省份 2001~2021 年均值。

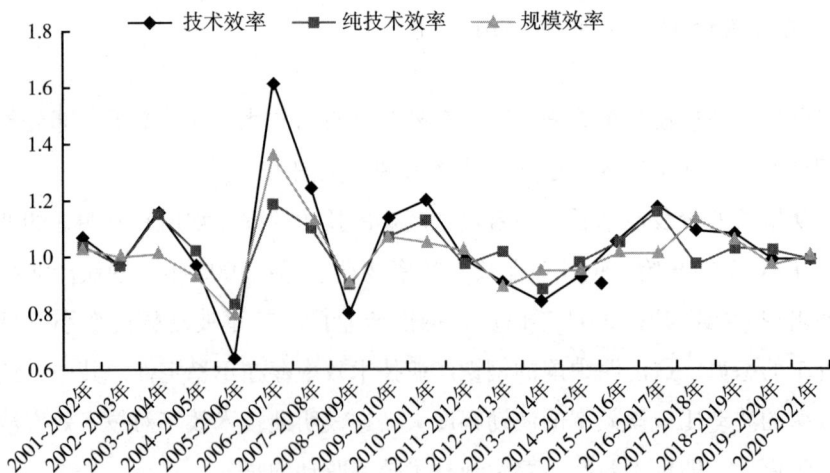

图 13　2001~2021 年中国钢铁产业技术效率、纯技术效率与规模效率的变化趋势

二 钢铁产业能源消耗的现状分析

本节主要分析中国及各省份钢铁企业的能源消耗变化情况，以揭示钢铁产业的能源消耗现状。

（一）中国重点钢铁企业能源消耗变化趋势（2008~2022年）

图 14 展示了 2008~2022 年中国重点钢铁企业的综合能耗累计值变化情况。从图 14 可以看出，2016 年综合能耗显著下降。这主要是因为中国政府在 2016 年颁布了能源消耗"双控"政策，[①] 该政策旨在应对能源资源短缺和环境污染问题，位居中国高耗能产业之首的钢铁产业也因此受到了较大的限制，钢铁产业的能源消耗量明显减少。这表明，钢铁企业开始寻求更加清洁和高效的生产模式，以降低能源消耗。需要注意的是，尽管 2016 年钢铁企业综合能耗出现明显下降，但中国重点钢铁企业的综合能耗总体仍呈上升趋势，这可能与钢铁产业的规模扩张和需求增长相关。因此，中国政府和企业应继续推动钢铁产业实现技术创新和绿色低碳发展。

虽然 2008~2022 年中国重点钢铁企业综合能耗整体呈上升趋势，但从图 15 来看，中国重点钢铁企业的吨钢综合能耗总体呈下降趋势。一方面，金融危机后，中国采取了淘汰落后产能的措施，这对降低钢铁产业的吨钢综合能耗产生了积极影响。另一方面，中国钢铁生产正在加快氢冶金、电炉炼钢技术等清洁能源应用。因此，尽管中国重点钢铁企业的综合能耗和产量增加，吨钢综合能耗却有所下降。这表明中国钢铁产业正朝着更加清洁和高效的方向发展。

图 16 依次展示了 2008~2022 年中国钢铁产业各种工序能耗的变化情况。在这些工序中，烧结的能耗波动幅度最小，基本保持稳定。铁矿石烧结是一种典型的高耗能、高耗材且高污染的工业过程。据报道，铁矿石烧结的

---

① 彭渝：《以淘汰落后生产能力为突破口推进工业节能减排工作》，《中国经贸导刊》2007 年第 18 期。

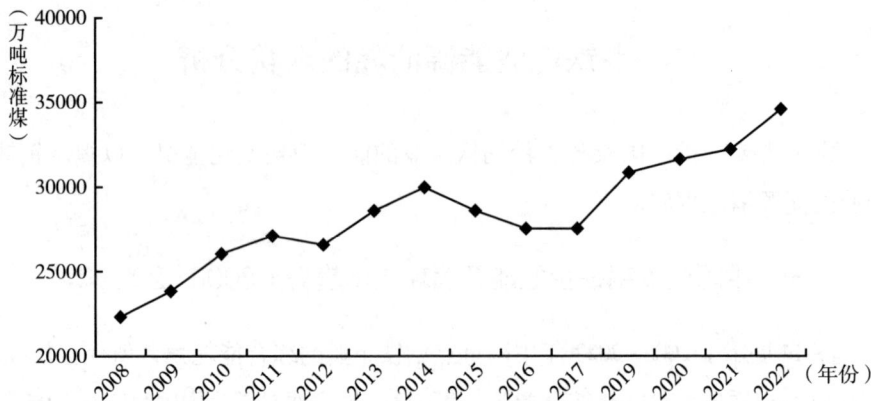

图 14　2008～2022 年中国重点钢铁企业综合能耗

数据来源：中国钢铁工业协会（CISA）。

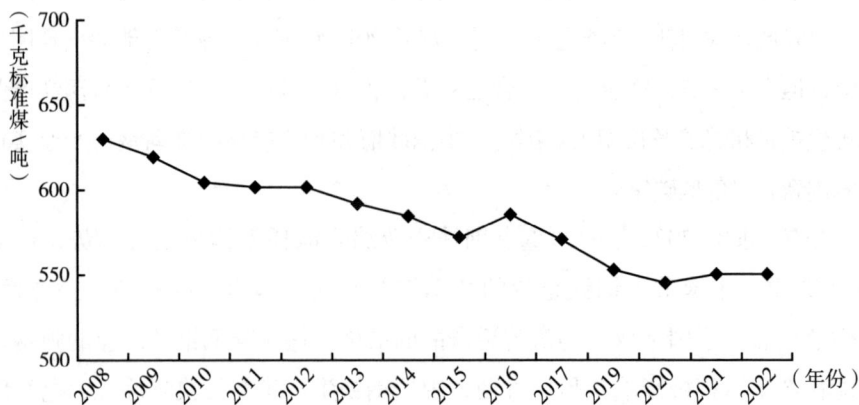

图 15　2008～2022 年中国重点钢铁企业吨钢综合能耗

数据来源：中国钢铁工业协会（CISA）。

能耗在钢铁企业总能耗中的占比高达 6%～10%。但烧结工艺实现节能减排
非常难，因此，尽管在过去的十几年里，中国在烧结工序的节能减排方面已
经取得了实质性进展，使烧结过程的能耗从 55 千克标准煤/吨降至不足 50
千克标准煤/吨，但烧结过程能耗的进一步降低仍面临巨大挑战。球团、转
炉连铸、电炉冶炼、大型轧机（厂）、中型轧机（厂）、小型轧机（厂）、

线材轧机（厂）、中厚板轧机（厂）、冷轧和热轧等工序的能耗总体均呈现明显的下降态势。这在一定程度上表明，中国在这些工序的节能减排技术方面取得了很大的进展。电炉连铸过程的能耗呈现剧烈波动的现象。镀层和涂层工序的能耗呈现先降后升的趋势。

综上所述，图 16 反映了中国钢铁产业不同工序能耗的变化情况。虽然中国在某些工序的节能减排方面取得了显著进展，但仍需进一步努力，特别是那些高能耗、高污染的工序，如铁矿石烧结。

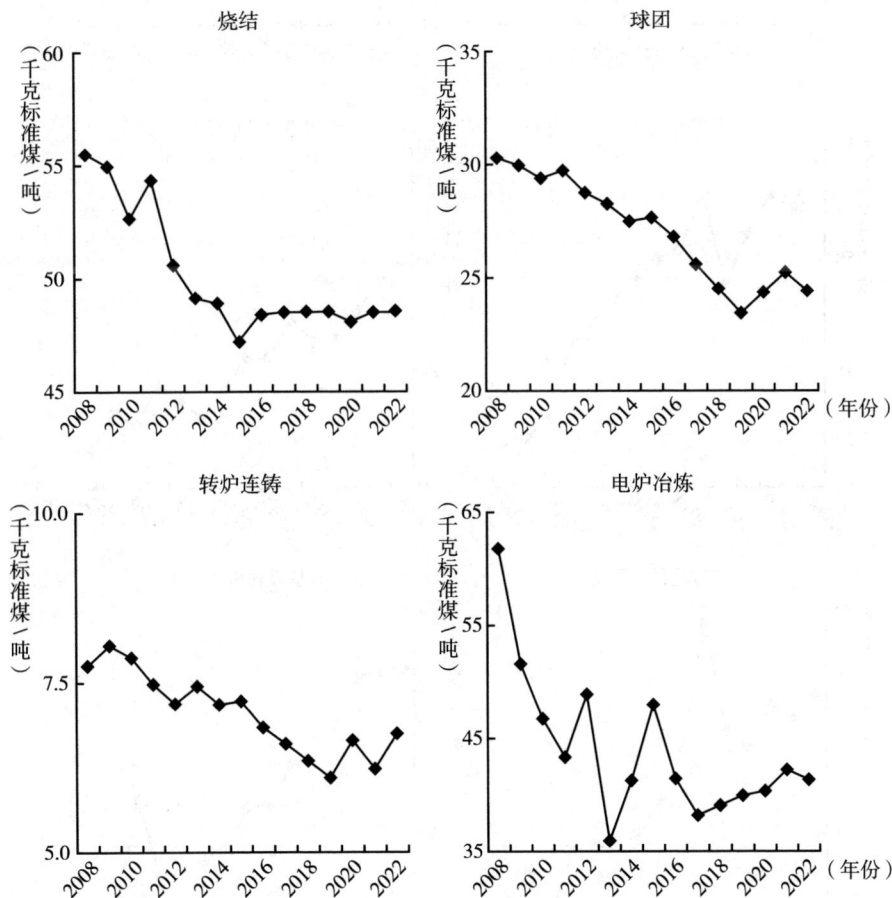

烧结

球团

转炉连铸

电炉冶炼

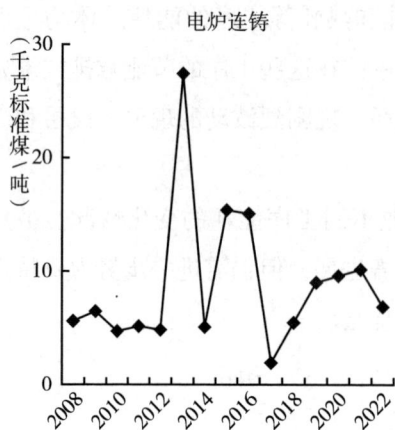

电炉连铸

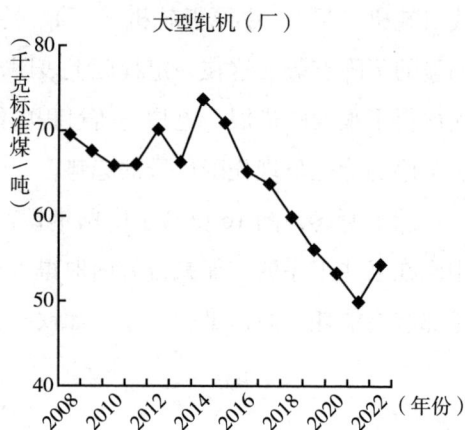

大型轧机（厂）

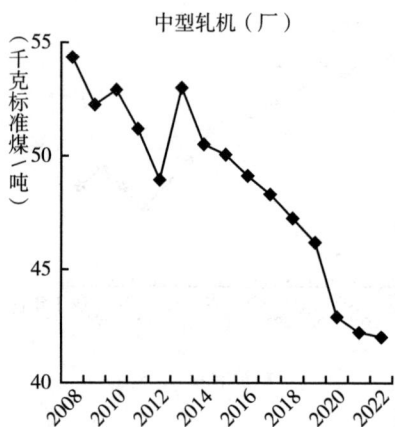

中型轧机（厂）

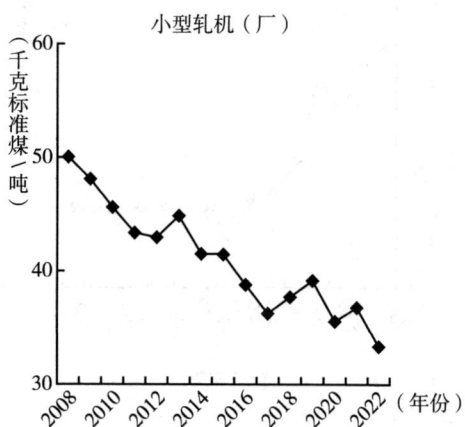

小型轧机（厂）

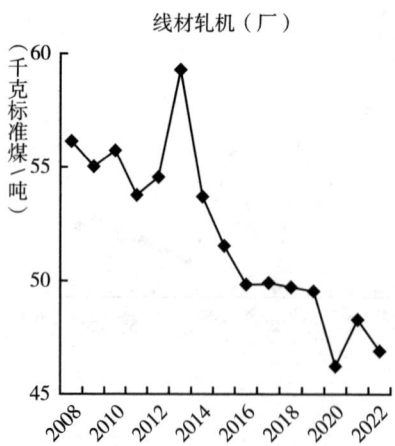

线材轧机（厂）

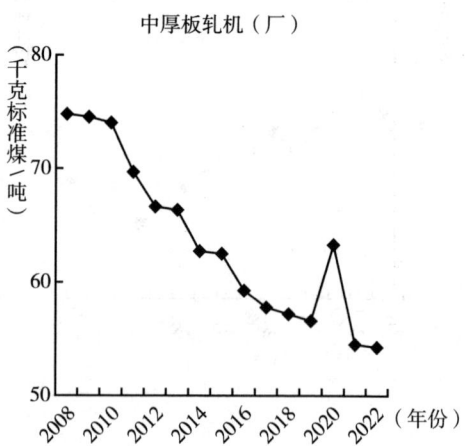

中厚板轧机（厂）

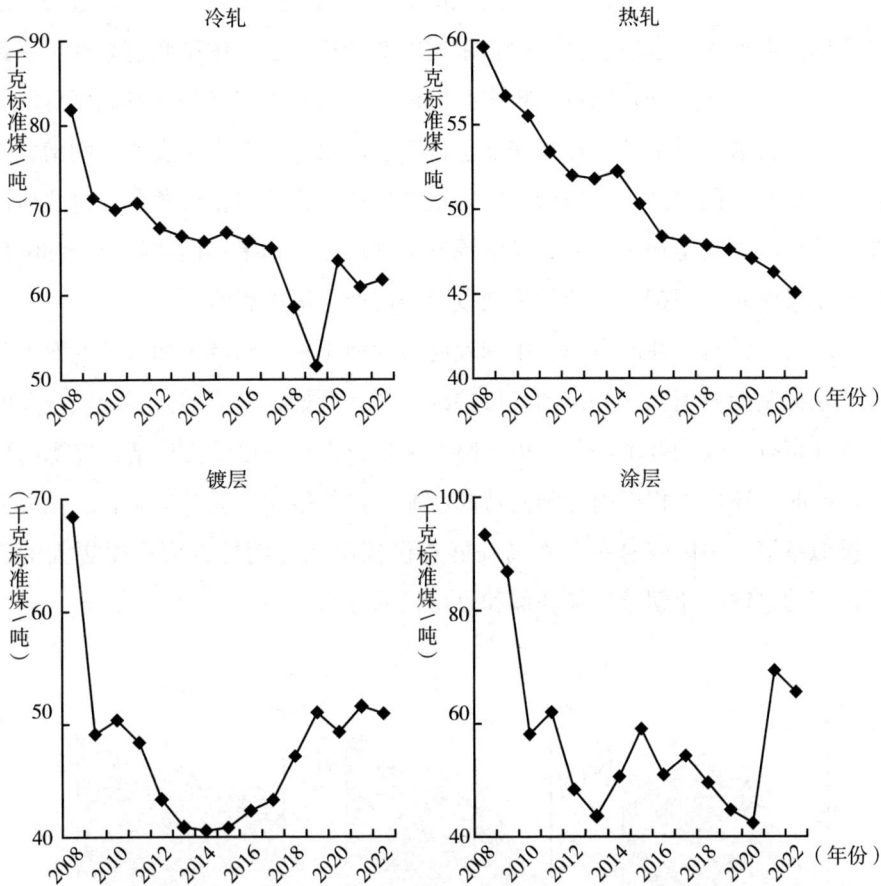

图 16　2008~2022 年中国钢铁产业不同工序的能耗

数据来源：中国钢铁工业协会（CISA）。

（二）中国各省钢铁产业能源消耗变化趋势（2001~2021年）

本节收集各省统计年鉴中有关钢铁产业各种能源消耗的数据，并按照《综合能耗计算通则：GB/T 2589-2008》将其折算为标准煤当量。[①] 如图 17

---

① 中华人民共和国国家质量监督检验检疫总局、中国国家标准化管理委员会：《综合能耗计算通则：GB/T 2589-2008》，中国标准出版社，2008。

所示，中国大部分省份钢铁产业的能源消耗量随时间增长。为延续过去在削减产能方面取得的进展，必须严格限制能源消耗，于是中国政府采取了一系列举措对钢铁产业进行限制和规定。然而，强制实施限产和配额制度可能导致政策执行缺乏灵活性。比如河北、辽宁、山西、内蒙古、安徽、湖南、广西、河南和江西等高耗能省份在中国钢铁产业中扮演着重要角色，这些地区要么是劳动密集型地区，要么是资源密集型地区，如果强制实施限产和配额制度则可能对中国钢铁产业的发展以及经济产生消极影响。

因此，针对高耗能省份，中国政府需因地制宜，制定更加有效的政策和措施来控制能源消耗，并推动其可持续发展。例如，可以加强对钢铁企业的监管和审查，鼓励技术创新，提供财政和税收支持，以及推广清洁能源的使用。同时，还可以积极引导和支持高耗能省份的钢铁产业结构调整。通过采取类似举措，中国政府有望在高耗能省份控制能源消耗方面取得更大的进展，推动钢铁产业朝着更加环保和可持续的方向发展。

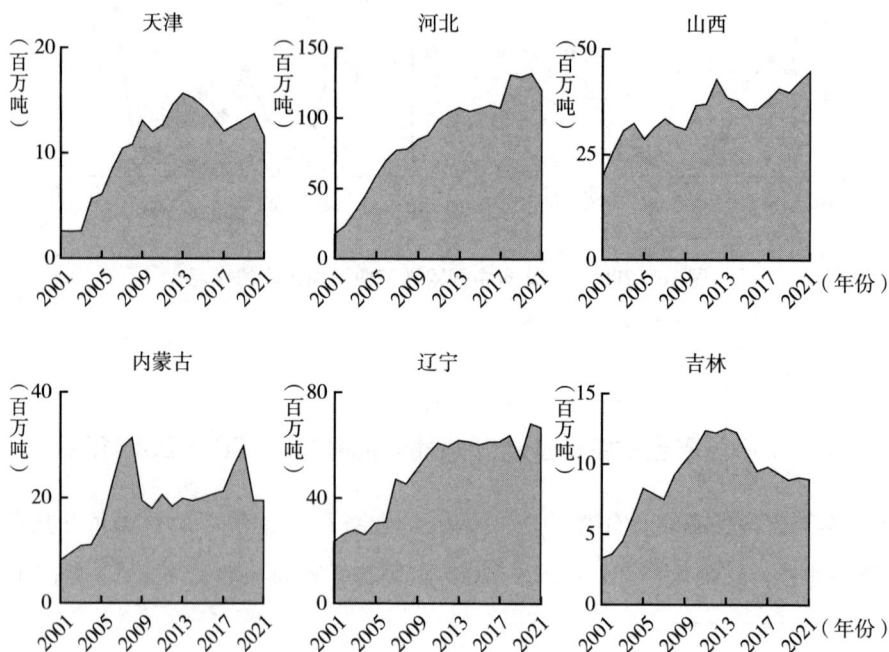

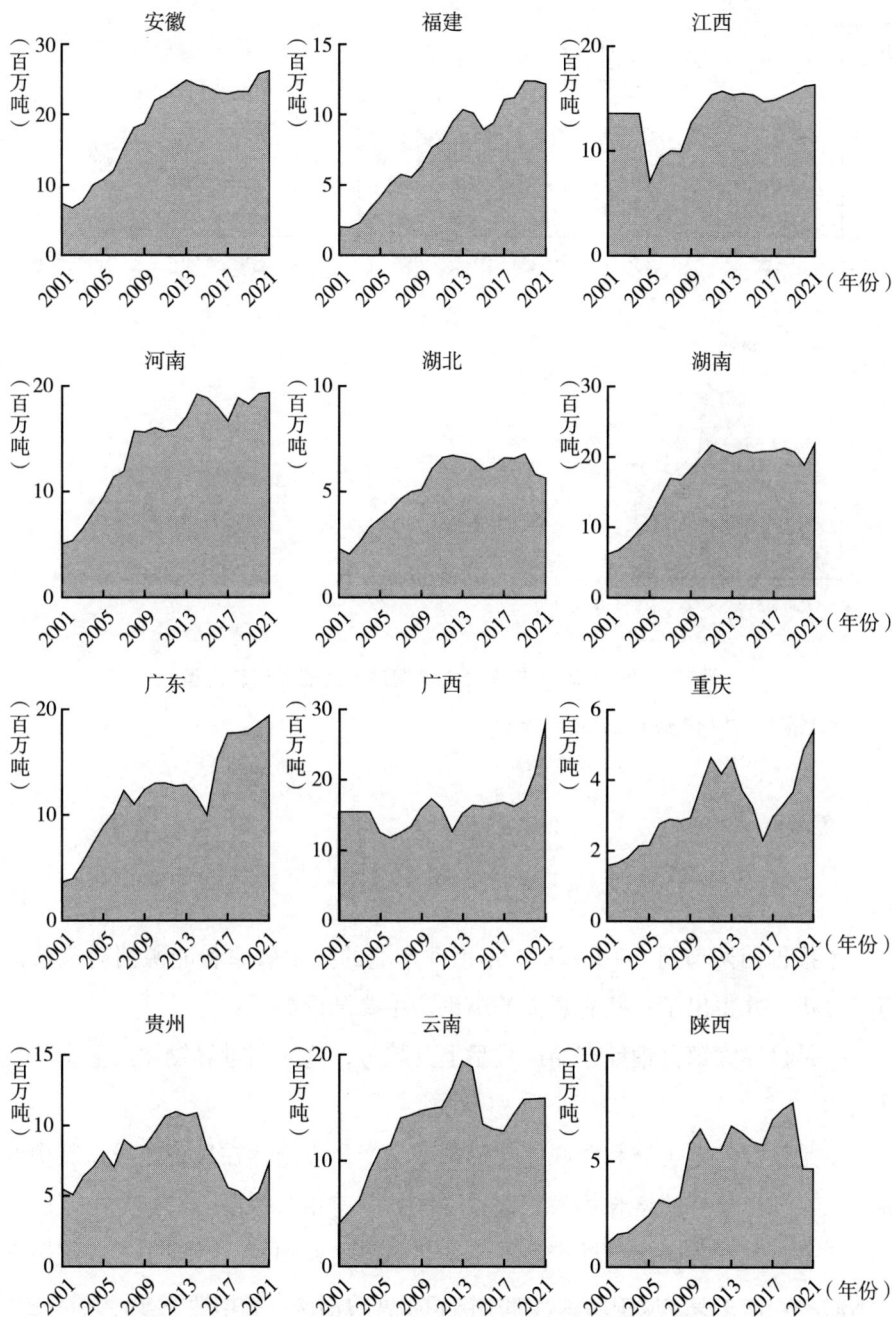

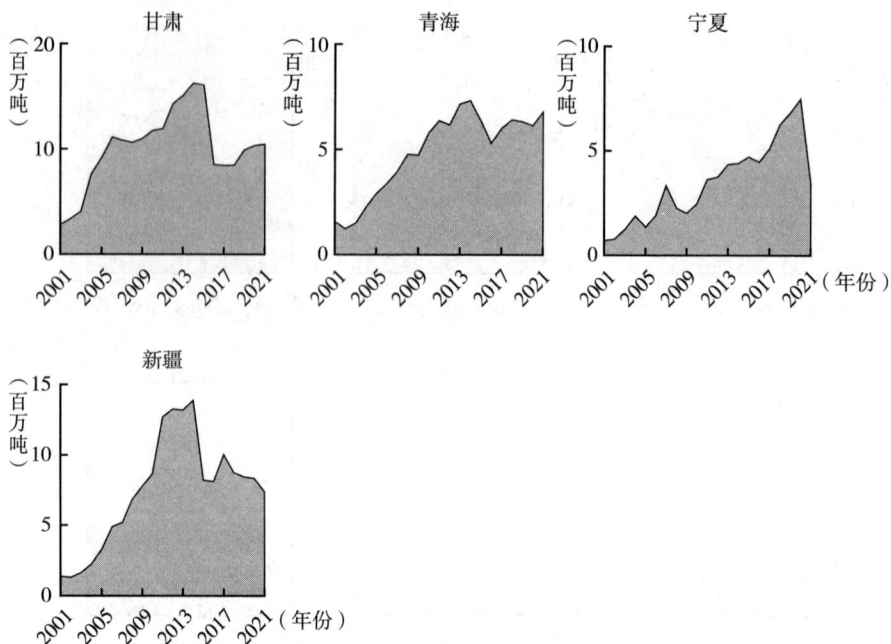

图 17　2001～2021 年部分省份钢铁产业能源消耗总量

数据来源：中国钢铁工业协会（CISA）。

三　主要结论

本报告前两节对 2001～2021 年钢铁产业的技术效率和能源消耗现状进行了分析，并得出了一些有意义的结论。主要结论如下：

一是世界大部分钢铁产品产量呈上升趋势，这表明世界钢铁产业富有发展活力。

二是亚洲、南美洲和独联体在钢铁产品产量方面存在显著差异，其中亚洲地区表现出良好的增长势头，而独联体的增速相对缓慢。

三是日本和美国的钢铁产品产量变化趋势大致相同，呈现平稳或缓慢下降的趋势；而主要发展中国家，如中国和印度的钢铁产量增速明显，其钢铁产业的国际地位不断提升。

四是突发事件和相关政策的推行会影响钢铁产品产量。例如，2008 年的金融危机和 2020 年的新冠疫情导致绝大部分地区的钢铁产量下滑；能源消耗"双控"政策的推行也会对钢铁产量产生一定的影响。

五是中国各省份的粗钢产量受地理位置、交通条件、资源状况和经济状况等因素影响，呈现显著差异。河北、山西、辽宁、江苏和山东这些省份的粗钢产量较高，而重庆、贵州、青海和宁夏的粗钢产量相对较低。

六是中国重点钢铁企业的综合能耗总体呈上升趋势，各省份钢铁产业的能源消耗量随时间增长。

这些结论揭示了钢铁产业的技术效率和能源消耗现状，同时反映了当前钢铁产业的发展趋势和存在的问题。对于政策制定者和利益相关者而言，这些结论提供了有价值的参考依据，以帮助他们制定切实可行、科学合理的政策和措施，推动钢铁产业向着更加环保、高效、可持续的方向发展。

B.5
中国22个省份钢铁产业能源消耗
对技术效率的影响研究

葛泽慧　孙小杰*

摘　要： 钢铁产业技术效率的提高不仅可以实现资源利用的最大化、减少环境负荷、提高产品质量和市场竞争力，还有助于推动技术创新和产业升级。而能源作为钢铁产业重要的生产要素之一，其利用效率直接关系到技术效率，二者之间存在密切的关联，因此极其有必要研究能源消耗对技术效率的影响。通过对2001~2020年中国22个省份的面板数据集进行回归分析和稳健性检验，本报告首先探究了能源消耗对技术效率的总体影响，接着利用控制变量法依次分析了在单一变量（经济增长水平、对外开放程度、环境规制、人口规模和能源效率）的不同发展水平下能源消耗对技术效率的影响。研究结论：一是能源消耗对技术效率总体上存在显著的负向影响，并且这种影响具有非线性特征。二是在经济增长水平、对外开放程度、环境规制、人口规模和能源效率的不同水平下，能源消耗对技术效率的影响存在显著差异。为实现钢铁产业的可持续发展，本报告建议继续对钢铁产业能源消耗采取限制举措。但需要结合地方实际，制定钢铁产业能源消耗总量的限制政策。

关键词： 钢铁产业　能源消耗　技术效率　区域发展差异

---

* 葛泽慧，博士，北京科技大学经济管理学院副教授、博士生导师，研究方向为供应链管理、技术创新管理、企业竞合等；孙小杰，北京科技大学经济管理学院博士研究生，研究方向为产业经济学和技术创新管理。

研究能源消耗对技术效率的影响具有重要的意义。它可以帮助企业提高资源利用效率，减少环境负荷，促进技术创新，提高竞争力，并推动其可持续发展。通过深入研究和实践，企业可以实现经济效益、环境保护和社会责任的有机结合，实现可持续发展的目标。只有在不断提高技术效率的基础上，才能实现资源的有效利用、环境的可持续发展和经济的繁荣。基于此，本报告将以2001~2020年中国22个省份的面板数据集为样本，分析钢铁产业能源消耗对技术效率的影响。首先，探究能源消耗对技术效率的总体影响，并进行稳健性检验以保证结果的可靠性。其次，将经济增长水平、对外开放程度、环境规制、人口规模和能源效率指标数据分成不同小组，探讨不同范围内，钢铁产业能源消耗对技术效率的影响。本报告期望提供更加全面和可靠的研究结论，以帮助相关决策者制定更具有针对性的政策和措施，促进钢铁产业的可持续发展。

一　中国22个省份钢铁产业能源消耗对技术效率的总体影响研究

本节旨在分析能源消耗对技术效率的总体影响，主要方法是运用回归模型进行实证分析。首先介绍了模型中的主要变量及其计算方法。随后探讨了能源消耗对技术效率的回归结果，并对所得结论进行了详尽的解释和讨论，以方便读者更好地理解能源消耗对技术效率的总体影响。

（一）样本说明

首先，本节介绍了5个控制变量，这些控制变量用于描述中国各省份市场现状。第一个变量是城镇化水平，计算方法为城镇人口/总人口。第二个变量是人力资本，以每万人中大学生的数量来衡量。第三个变量是产业结构，用工业增加值在国内生产总值（GDP）中所占的比例来表示。第四个变量是高速公路交通密度，其测量方式为高速公路运营公里数占地区行政面积的比例。第五个变量是地区经济发展水平，用实际人均GDP来衡量，为确保数据的可比性，本节将其换算成 2001 年的不变价数据。表 1 展示了上述变量的描述性统计结果。

其次，本报告使用了 2001~2020 年中国 22 个省份的面板数据集。选择这个时间范围和样本的原因如下。第一，自 21 世纪以来，随着中国经济的快速发展，钢铁产业又进入新一轮的高速增长期，钢铁产量几乎每年都以 5000 万吨的规模递增。鉴于此，本报告将样本的起始时间设定为 2001 年。第二，由于前一章节技术效率及其分解项测度的是跨年的技术效率变化，即是从 t 时期到 t+1 时期的技术效率变化指数，因此本报告样本选择滞后一年，将样本的结束时间设定为 2020 年。在此期间，个别缺失值通过线性差值法补齐，初期缺失值则使用平均值法进行估算。第三，除了能耗数据和技术效率外，本报告使用的其他原始数据均来自国家统计局官网、各省统计年鉴以及 Wind 数据库。

（二）能源消耗对技术效率的回归结果

能源消耗和技术效率之间的关系受到多种因素综合作用，二者之间的关系可能不是简单的线性关系，因此为确保准确评估能源消耗对技术效率的影响，本节在回归中加入技术效率的二次项。如果二次项的系数显著为正，则表明能源消耗与技术效率之间存在"U"形关系。同时，回归模型通过加入个体虚拟变量和年度虚拟变量的混合效应进行回归估计。能源消耗一次项和二次项系数的回归结果如表 2 所示。并且为保证回归结果的可靠性，混合效应回归中加入了控制变量。

1. 随着钢铁产业能源消耗的增加，技术效率逐渐降低

钢铁产业能源消耗量一次项的系数为-0.0070914，且通过了 5% 的显著性水平检验。这表明地区的钢铁产业能源消耗平均每增加 1 亿吨标准煤，技术效率总体上减少 0.71。

2. 能源消耗对技术效率的影响呈现非线性特征

钢铁产业能源消耗量的二次项系数为 0.0000342，同样通过了 5% 的显著性水平检验。这表明钢铁产业能源消耗与技术效率之间呈现"U"形关系，临界点的值为 103.675439 百万吨。这意味着当能源消耗低于临界点时，能源消耗越高，技术效率越低；而当能源消耗高于临界点时，能源消耗越高，

表 1 变量的描述性统计

变量性质	变量符号	变量定义	变量单位	平均值	标准差	最小值	25 分位数	中位数	75 分位数	最大值
被解释变量	TE	钢铁产业的技术效率	—	1.014	0.215	0.400	0.940	1.000	1.050	3.510
核心解释变量	EC	钢铁产业的能耗总量	百万吨标准煤	17.230	21.658	0.700	6.045	11.025	17.925	132.330
控制变量	Urb	城镇化水平	%	49.175	12.810	23.960	39.635	48.655	58.350	84.700
	Hc	人力资本	%	1.572	0.729	0.280	1.020	1.585	1.995	4.130
	Str	产业结构	%	36.226	6.552	19.330	31.540	35.590	40.930	57.380
	Tran	高速公路交通密度	km/km^2	1.900	1.871	0.003	0.530	1.274	2.885	11.117
	Pgdp	实际人均GDP（取对数）	—	9.841	0.649	8.006	9.362	9.955	10.344	11.269

技术效率也越高。这是符合中国的实际情况的。在中国钢铁产业初期阶段，为实现快速发展，有关部门并未出台相关的减排政策，因此钢铁企业缺乏提高技术效率的动力，导致其技术效率较低。然而，随着中国钢铁产业发展到一定阶段，能源消耗不断增加，出于对资源、环境等因素的考虑，政府相应出台一系列节能减排的政策措施，迫使钢铁企业提升技术效率。

3. 随着地区城镇化水平的提升，技术效率逐渐降低

首先，城镇化水平的系数为 -0.0045602，且通过了 10% 的显著性水平检验，系数为负表明城镇化水平的提升反而抑制了钢铁产业技术效率的提高。近年来，我国处于工业化和城镇化快速发展期，对钢铁的需求大幅增长，但废钢资源总体供应难以满足这种庞大的钢铁需求。因此，为满足实际需求，国内钢铁企业以"高炉—转炉"生产方式为主，这种生产方式生产的粗钢占比约为 90%。[①] 然而，"高炉—转炉"生产方式的吨钢碳排放量为 1.8~2.5 吨，远超"废钢—电弧炉"吨钢碳排放量（0.25~0.3 吨）。这表明为满足城镇化水平快速提升的需求，中国钢铁企业并未广泛采用技术效率更高的"废钢—电弧炉"技术。这在一定程度上阻碍了中国钢铁产业技术的进步，进而抑制了技术效率的提高。

4. 其他控制变量对技术效率无显著影响

人力资本、产业结构、高速公路交通密度和实际人均 GDP 4 个变量的系数均未通过显著性检验，说明这些变量对技术效率没有显著影响。这可能是因为中国钢铁产业已从产能扩张期转入产能压缩期，在这一时期中国钢铁生产受消费及政策的影响较大。一方面，在国家宏观调控政策的作用下，区域发展条件不会对技术效率产生显著影响。在"双碳"目标下，钢铁产业的核心是"减碳"，因此钢铁产业不仅要"去产能"而且要"减产量"，同时提升生产技术水平。另一方面，钢铁产业通过高端装备和重组推动生产减量化，导致能源消耗未对技术效率产生显著影响。

---

① 《钢行业氢冶金主要技术路线及发展趋势》，2023 年 5 月 15 日，https://news.mysteel.com/23/0515/08/68924A455F043EF3.html。

综上所述，钢铁产业的能源消耗与技术效率之间呈现一种"U"形关系。当一个地区的钢铁产业能源消耗量较低时，受资源错配和钢铁产业规模扩张的影响，成本效应加剧，从而对技术效率的提升造成阻碍。然而，随着地区能源消耗量的增加，钢铁产业能耗会通过规模经济、专业化分工和知识溢出等途径推动技术效率的提升。

表 2　混合效应回归结果

变量	混合效应回归结果
EC	−0.0070914 **
	（−2.49）
EC^2	0.0000342 **
	（2.17）
Urb	−0.0045602 *
	（−1.67）
Hc	−0.022042
	（−0.44）
Str	0.0025198
	（0.83）
$Tran$	−0.0049708
	（−0.36）
$Pgdp$	−0.0953851
	（−1.07）
加入年度控制变量	是
加入个体控制变量	是
常数项	2.247274 ***
	（2.84）
N	440
R^2	0.2986

注：括号内数字为 T 值，***、**、* 分别表示估计结果在1%、5%、10%水平上显著。

最后，本节采用替换回归系数估计的方法进行模型稳健性检验。在使用面板固定效应回归时，发现变量的回归结果没有发生显著变化。这表明表3中的回归结果是稳健的，并验证了钢铁产业能耗对技术效率存在负向影响，且两者之间呈现"U"形关系。

表3　面板固定效应回归结果

变量	面板固定效应回归结果
EC	-0.0070914^{**}
	(-2.07)
EC^2	0.0000342^{*}
	(2.06)
Urb	-0.0045602^{**}
	(-2.73)
Hc	-0.022042
	(-0.67)
Str	0.0025198
	(1.43)
$Tran$	-0.0049708
	(-0.79)
$Pgdp$	-0.0953851^{*}
	(-1.83)
加入年度控制变量	控制
加入个体控制变量	控制
常数项	2.023765^{***}
	(4.45)
N	440
R^2	0.2916

注：括号内数字为T值，***、**、*分别表示估计结果在1%、5%、10%水平上显著。

钢铁产业能源消耗量的临界值为103.675439百万吨，图1展示了2001～2020年能耗低于该临界值的省份数量的变化情况。这一数量从2001～2011年一直保持着22个，但在2012年回落至21个，占比从100%跌至95.45%（其中只有河北省发生了变化）。即只有河北省的钢铁产业能耗超过临界值，其能耗的增加对技术效率的提升已经开始起到促进作用。这表明河北省的钢铁产业已经发展到一定阶段，出于节约成本、增加利益，以及避免能耗增长带来的环保压力等方面的考虑，企业会积极推进对节能减排等技术的研发，从而促进其技术效率的提高。然而，大多数省份的钢铁产业发展仍处于能耗对技术效率产生负向影响的阶段。这意味着大多数省份钢铁产业发展还不够成熟，低成本的传统工艺仍是企业炼钢首选。加之各种因素的影响，企业没有精力也没有动力去提高技术效率。基于目前现状，中国建立并实施了能源消费强度和总量双控（简称"能耗双控"）制度，希望通过降低能耗来促进技术效率的提高，达到倒逼发展方式转变、加快推进生态文明建设的目的。

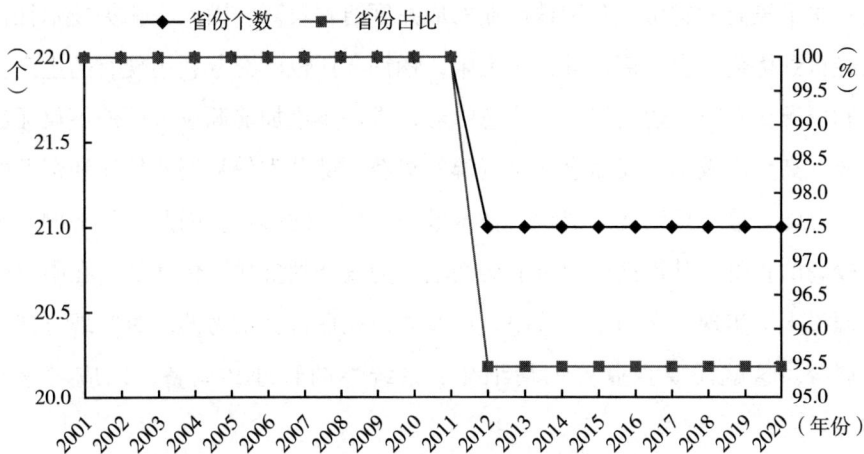

图1　2001~2020年能耗低于临界值的省份数量变化情况

二　经济增长不同水平下能源消耗对技术效率的影响

本节重点探讨不同经济增长水平下能源消耗如何影响技术效率。首先利用实际人均GDP作为衡量各省经济增长水平的指标，并对不同经济增长水平下各变量的回归结果进行显著性检验。最终得到不同地区经济增长水平下钢铁产业能源消耗对技术效率的具体影响情况。

图 2 清晰地展示了 2001～2020 年各个样本省份的经济增长水平均值。只有在地区经济平稳增长的情况下，钢铁产业节能减排政策才能更好地实现，并进一步推动该产业利润的增长。将各省经济增长水平均值按照从小到大的顺序进行排列，并对不同范围内的变量进行回归估计，结果如表 4 所示。

表 4 显示，经济增长水平在 50%～70% 时，钢铁产业的能源消耗对技术效率具有显著的负向影响。这表明，对于经济增长水平在 50%～70% 的省份而言，钢铁产业能源消耗的增加会大大阻碍技术效率的提升。这是因为经济增长水平较高的省份，其钢铁产业的成熟度通常较高。因此，相关技术往往已经得到优化，生产接近其技术上限，钢铁产业也已充分利用现有的生产技术和资源，其产量达到峰值。这意味着，进一步增加能源投入可能不仅无法有效提高生产效率，反而会加剧资源的浪费。部分省份强调性价比和资源的合理分配，最终导致能源消耗对技术效率产生负向影响。因此，经济增长水平较高的省份，其钢铁产业可能会面临更为复杂的挑战，包括如何在限定的资源投入下实现更高的生产效率，以及如何在保持竞争力的同时实现可持续发展等。这就需要企业更加精细化、系统性的管理和调整，以应对这些挑战。

目前，中国钢铁产业的二氧化碳排放量占世界排放总量的 7%～9%。在过去的 20 年中，中国钢铁使用量增长非常迅速。预计到 2050 年，中国钢铁使用量仍将继续增长。因此，中国面临的挑战是在实现钢铁产量继续增长的同时减少二氧化碳排放。实现这一目标的唯一方法是降低二氧化碳排放强度。[①] 但更多的研究认为，目前还没有找到能够同时实现减碳和经济增长的清晰路径。由于减碳意味着钢铁产业的技术效率必须提高，经济增长需要更

---

① 《世界钢铁协会总干事埃德温·巴松：未来钢铁可持续发展关键在于减碳》，2022 年 12 月 2 日，https：//news. mysteel. com/22/1202/08/640561C90B0DE852. html。

高的能源消耗。由此可见，在一定的经济增长水平下，低能源消耗与高技术效率无法共存，也就证明了"在50%~70%的经济增长水平下，钢铁产业能源消耗对技术效率产生显著负向影响"结论的合理性。

而在其他经济增长水平下，回归结果不具有统计学意义。一般而言，在经济增长较慢的省份，钢铁产业的发展可能还处于初级阶段，其生产技术和设备水平相对落后。因此，较低的技术水平意味着存在更大的提升空间，而增加能源投入有助于提高技术效率，即增加能源消耗可能对提高技术效率起到积极作用。但如果该省份的能源使用效率本身就比较低，那么能源消耗的增加可能在短期内不会对技术效率产生显著影响。

以上分析意味着不同经济增长水平下，能源消耗对技术效率的影响存在差异。因此，在经济发展的不同阶段，针对能源消耗和技术效率之间的关系，各省份可能需要采取不同的资源配置策略。

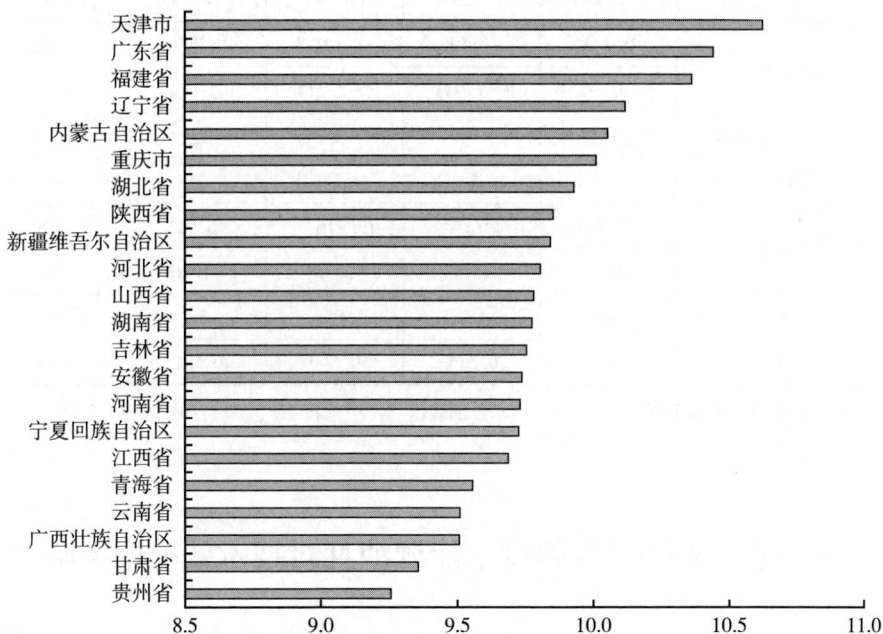

图2　2001~2020年各省份经济增长水平均值

表4 不同经济增长水平下各变量的回归结果

变量	10%~20%	20%~50%	50%~70%	70%~90%	90%~100%
EC	−0.072	−0.006	−0.027*	−0.042	−0.004
	(−0.71)	(−0.33)	(−2.00)	(−1.07)	(−0.28)
EC^2	0.003	$6.02×10^{-5}$	$1.10×10^{-4}$	$1.58×10^{-4}$	$2.53×10^{-4}$
	(0.51)	(0.50)	(0.81)	(0.49)	(0.78)
Urb	−0.008	−0.024	0.012	−0.023	0.014
	(−1.28)	(−1.05)	(0.37)	(−0.52)	(0.50)
Hc	0.662	0.373	−0.053	−0.021	0.071
	(0.53)	(0.81)	(−0.16)	(−0.07)	(0.32)
Str	−0.033	0.020	0.024**	0.026	−0.007
	(−0.53)	(0.77)	(2.09)	(1.48)	(−0.45)
$Tran$	−1.059	0.221	0.058	−0.098	−0.102
	(−0.86)	(1.29)	(0.64)	(−0.95)	(−1.30)
$Pgdp$	0.332	−1.506	−1.471**	1.003	−0.362
	(0.19)	(−1.03)	(−2.21)	(1.01)	(−0.66)
加入年度控制变量	是	是	是	是	是
加入个体控制变量	是	是	是	是	是
常数项	−25.876	15.197	13.816**	−8.021	4.618
	(−0.43)	(1.17)	(2.12)	(−1.16)	(1.26)
N	44	132	88	88	45
R^2	0.756	0.515	0.560	0.501	0.664

注：括号内数字为 T 值，***、**、*分别表示估计结果在1%、5%、10%水平上显著。

三 不同对外开放程度下能源消耗对技术效率的影响

本节旨在分析不同对外开放程度下钢铁产业能源消耗对技术效率的影响。首先，使用地区外商直接投资实际完成额的对数衡量地区对外开放程度，并将各省份的对外开放程度按照指标数值大小划分成不同的小组。其次，通过对不同范围内各变量的回归结果进行显著性检验，最终得出不同对外开放程度下能源消耗对技术效率的影响。

图3展示了各省份对外开放程度的平均值。从图3可以看出，各省份在对外开放程度上存在显著差异。值得注意的是，得益于优越的地理位置和一系列积极的对外政策的推动，广东省的对外开放程度居于首位。将对外开放程度的平均水平按照从低到高的顺序对各省份进行排列，并对不同范围内的变量进行回归，结果如表5所示。

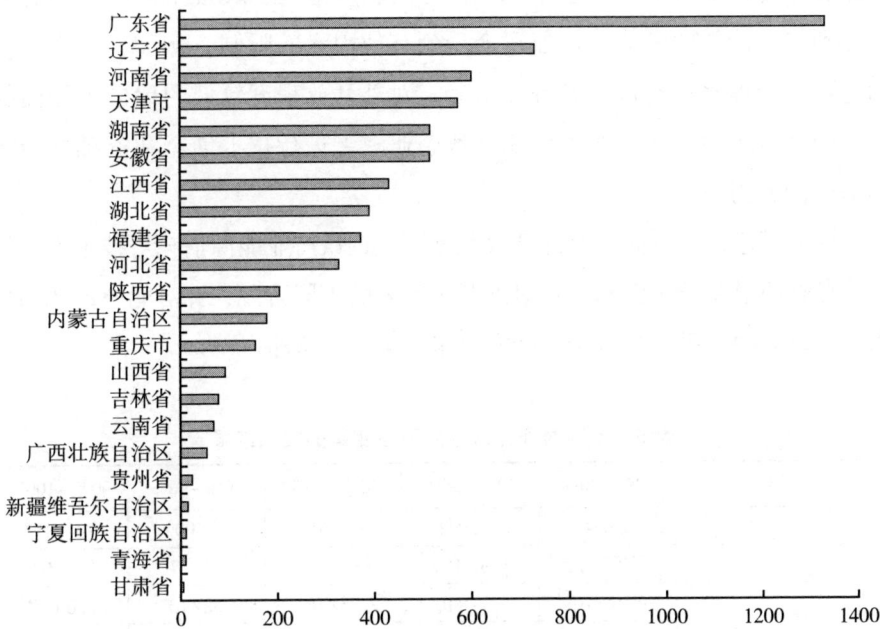

图3　2001~2020年各省份对外开放程度均值

表5显示，只有对外开放程度在90%~100%时，钢铁产业的能源消耗才会对技术效率产生负向影响，并通过了10%的显著性检验。这意味着就对外开放程度排名前10%的省份而言，增加钢铁产业的能源消耗将阻碍技术效率的提升。一般而言，较高的对外开放水平通常伴随更加频繁的贸易和投资活动。然而，对外开放会增加中国的碳排放量和碳排放强度，即

对外开放水平与碳排放效率之间存在显著的负相关关系。因此，在对外开放程度较高的省份，能源消耗对技术效率的提升具有抑制作用。广东省的对外开放程度位居第一，但前一节的研究结果显示广东省的技术效率较低（<1.00），这一事实进一步证实了此结论。

　　而在其他对外开放程度下能源消耗对技术效率没有显著影响。原因可能在于以下三方面。首先，对外开放程度较低的省份通常其贸易和投资活动较少，产业的资源和能源消耗也相对较少。其次，较低的对外开放程度可能意味着该地区的技术水平和生产方式相对落后，其技术效率的提升不仅受到能源消耗的影响，可能还会受到其他因素的限制，例如，生产设备的老化、管理水平有待提升等。最后，对外开放程度较低的地区可能面临较少的竞争压力，缺乏竞争可能导致企业缺乏进行技术创新和资源利用效率提升的动力。

　　综上所述，在不同的对外开放程度下，钢铁产业能源消耗对技术效率的影响存在明显差异。因此，在对外开放发展的不同阶段，针对能源消耗和技术效率之间的关系，各省份可能需要采取不同的策略。

表5　不同对外开放程度下各变量的回归结果

变量	10%~20%	20%~50%	50%~70%	70%~90%	90%~100%
EC	0.054	-0.002	-0.004	-0.009	-0.085 *
	(0.31)	(-0.16)	(-0.51)	(-1.17)	(-2.02)
EC^2	-9.92×10^{-4}	-4.17×10^{-4}	2.96×10^{-4}	9.58×10^{-7}	0.001 **
	(-0.25)	(-1.28)	(0.48)	(0.03)	(2.33)
Urb	0.053	-0.015	0.013 **	0.024	-0.031
	(0.54)	(-1.42)	(2.22)	(1.62)	(-0.25)
Hc	1.281	-0.244	0.160	-0.052	-0.132
	(0.55)	(-0.96)	(1.21)	(-0.39)	(-0.16)
Str	-0.025	-0.007	0.010	0.0113	0.020
	(-0.59)	(-0.96)	(1.13)	(1.03)	(0.41)
$Tran$	-0.275	0.063	0.029	0.033	-0.102
	(-0.44)	(0.95)	(0.48)	(1.00)	(-0.73)

变量	10%~20%	20%~50%	50%~70%	70%~90%	90%~100%
Pgdp	1.526	-0.083	-0.204	-0.596	-0.381
	(-0.63)	(-0.29)	(-0.45)	(-1.59)	(-0.21)
加入年度控制变量	是	是	是	是	是
加入个体控制变量	是	是	是	是	是
常数项	12.378	3.256	1.495	4.703 *	7.680
	(0.52)	(1.51)	(0.38)	(1.81)	(0.60)
N	44	132	88	88	45
R^2	0.783	0.532	0.586	0.435	0.694

注：括号内数字为 T 值，***、**、* 分别表示估计结果在 1%、5%、10%水平上显著。

四 不同环境规制水平下能源消耗
对技术效率的影响

本节主要分析不同环境规制水平下钢铁产业能源消耗对技术效率的影响。首先通过计算工业污染治理投资额占地区生产总值的比重来衡量环境规制强度，然后对不同环境规制水平下各变量的回归结果进行显著性检验，最终得出在不同环境规制水平下能源消耗对技术效率的影响。

图 4 给出了各省份环境规制水平的平均值，可以看出不同省份的环境规制水平存在显著差异。将各省份环境规制水平的平均值按照从小到大的顺序进行排列，并对不同范围内的变量进行回归估计，结果如表 6 所示。

如表 6 所示，当环境规制水平为 20%~50%时，能源消耗对技术效率呈现显著的负向影响。这表明环境规制水平在 20%~50%范围内的省份，其能源消耗的增加会抑制技术效率的提升。这可能是因为在环境规制水平较低的省份，企业在设计和使用技术时通常会更注重产量和效益，而较少关注如何提高能源利用效率、减少污染物排放等问题，从而无法有效提高技术效率。这表明当地政府需要适时提升环境规制水平，逐渐形成倒逼机制促进绿色技术进步。

环境规制水平在其他范围内时，其回归结果没有统计学意义。这意味着在不同的环境规制水平下，能源消耗对技术效率的影响是复杂而微妙的。而本节的研究结果仅能表明环境规制水平在20%～50%范围内的省份，其能源消耗的增加会抑制技术效率的提升。

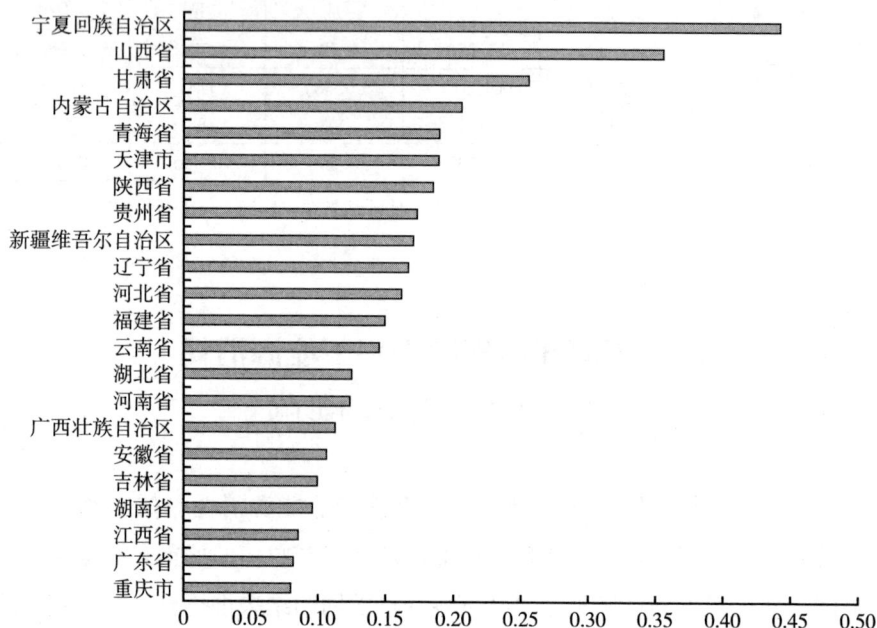

图4　2001～2020年各省份环境规制水平均值

表6　不同环境规制水平下各变量的回归结果

变量	10%～20%	20%～50%	50%～70%	70%～90%	90%～100%
EC	0.006	-0.012^*	0.004	0.004	-0.301
	(0.27)	(-1.67)	(0.37)	(0.29)	(-1.36)
EC^2	-6.90×10^{-6}	5.64×10^{-5}	4.81×10^{-6}	-3.80×10^{-6}	0.003
	(-0.02)	(1.72)	(0.06)	(-0.05)	(1.05)
Urb	-0.004	-0.008	-0.011	-0.011	-0.051
	(-0.11)	(-0.61)	(-0.48)	(-1.16)	(-0.63)

变量	10%~20%	20%~50%	50%~70%	70%~90%	90%~100%
Hc	−0.038	0.061	−0.124	0.212	0.774
	(−0.12)	(0.36)	(−0.90)	(0.77)	(0..52)
Str	0.017	0.004	−0.008	0.008	−0.069
	(0.89)	(0.50)	(−1.01)	(0.08)	(−0.40
Tran	−0.048	0.017	0.045	0.025	−0.283
	(−0.47)	(0.50)	(0.77)	(0.41)	(−0.53)
Pgdp	−0.651	−0.123	−0.105	0.174	−5.546
	(−1.02)	(−0.38)	(−0.47)	(0.56)	(−0.98)
加入年度控制变量	是	是	是	是	是
加入个体控制变量	是	是	是	是	是
常数项	6.201	2.458	3.013	−0.618	61.439
	(1.48)	(0.97)	(1.43)	(−0.21)	(1.12)
N	44	132	88	88	45
R^2	0.817	0.434	0.682	0.517	0.630

注：括号内数字为 T 值，*** 、 ** 、 * 分别表示估计结果在1%、5%、10%水平上显著。

五　不同人口规模下能源消耗对技术效率的影响

本节重点分析不同人口规模下钢铁产业能源消耗对技术效率的影响。首先使用常住人口这一指标来衡量不同省份的人口规模并进行分组，然后在分组的基础上对各变量的回归结果进行显著性检验，最终得到不同人口规模下能源消耗对技术效率的影响机制。

各省份人口规模的平均值如图 5 所示，可以看出不同省份的人口规模存在显著差异，其中广东省的人口规模最高。将各省份人口规模的平均值按照从小到大的顺序进行排列，并对不同范围内的变量进行回归估计，可得到表 7。

表 7 显示，当人口密度较低和较高（处于10%~20%和90%~100%的范围）时，钢铁产业的能源消耗对技术效率产生负向影响。这表明在人口规

模较低和较高的省份，其能源消耗对技术效率具有明显的抑制效应。其原因可归纳为以下三点。首先，当人口密度较低时，钢铁产业的资源供给较为充足，即能源成本相对较低，企业可能倾向于以较低的技术效率水平进行生产，而不追求更高的技术效率。其次，在人口密度较低的地区，可能存在技术水平较低和创新能力不足的问题，限制了企业在提高技术效率方面的努力和投入。最后，人口密度较低的地区可能面临较小的市场需求压力，较小的市场规模可能使企业减少了技术改进和能源效率方面的投入。因此，人口规模越小，钢铁产业能源消耗对技术效率提升的抑制作用越明显。已有的研究也证实了该结论的合理性。例如，郭文等发现人口规模效应对碳排放量的影响呈现正效应，陈向阳的研究也表明人口规模与碳排放呈现显著的正相关关系。即人口规模越低，碳排放强度就越低，能源消耗也越低，企业也就没有动力提升技术效率，从而导致能源消耗无法对技术效率产生正向影响。

而在其他范围内的人口规模下，能源消耗系数均无统计学意义。这意味着当人口规模在一定范围内时，钢铁产业的能源消耗对技术效率没有显著影响。总体而言，在技术进步和创新、环境规制的增强以及能源效率的提高等三方面的共同作用下，钢铁产业能够应对人口密度提高带来的负面影响，实现技术效率的提升。

首先是技术层面。随着人口规模的提高，经济规模扩大，企业面临更大的市场需求和竞争压力。这促使企业加大对技术进步和创新的投入，以提高生产效率和降低能源消耗。通过引入更高效的生产工艺、设备和管理方法，钢铁产业能够实现能源效率的提升，从而抵消人口密度的负向影响。其次是环境层面。随着人口规模的提高，政府和社会对环境保护提出更高的要求。这促使政府加强环境规制和监管措施，对高能耗企业实施更严格的环境要求和标准。在这种情况下，钢铁企业不得不采取措施降低能源消耗，以满足环保要求。这可能导致人口密度的增加对技术效率的影响变得不显著。最后是资源层面。随着人口密度的增加，资源供给受限。企业将面临更大的资源压力，需要更加高效地利用能源和其他资源。这促使企业在技术和生产过程中寻求更高的能源效率，从而提高技术效率，并减少能源消耗。

综上所述，在不同的人口规模下，钢铁产业能源消耗对技术效率的影响存在显著差异。因此，各省份应针对能源消耗和技术效率之间的关系采取不同的策略。

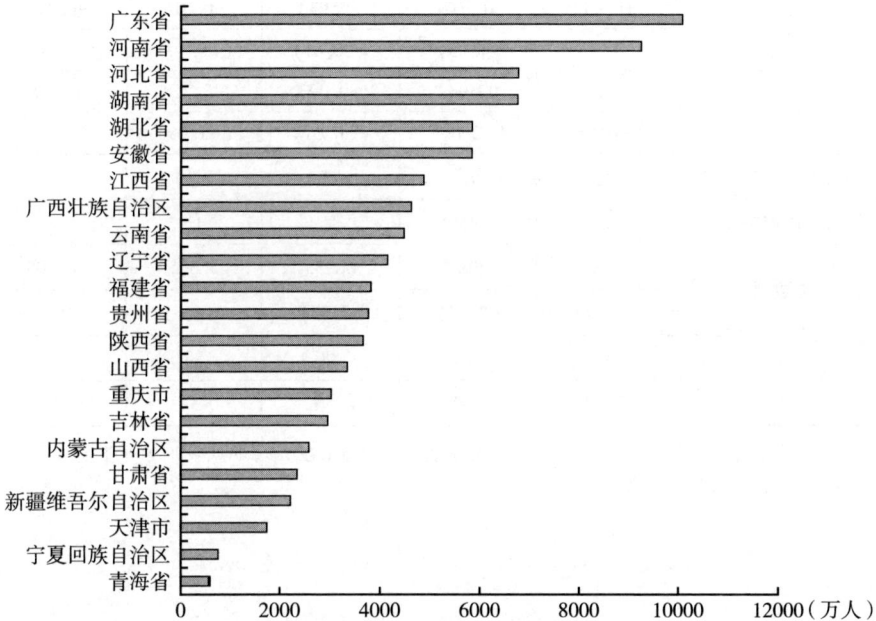

图 5　2001～2020 年各省份人口规模均值

表 7　不同人口规模下各变量的回归结果

变量	10%～20%	20%～50%	50%～70%	70%～90%	90%～100%
EC	−0.141*	−0.013	−0.002	0.003	−0.045**
	(−2.03)	(−0.76)	(−0.21)	(0.62)	(−2.24)
EC^2	0.003*	-2.35×10^{-4}	1.76×10^{-7}	-1.24×10^{-5}	2.03×10^{-4}*
	(1.81)	(−0.75)	(0.00)	(−0.30)	(1.98)
Urb	−0.003	−0.006	0.003	0.004	0.010
	(−0.68)	(−0.54)	(0.36)	(0.43)	(0.29)

续表

变量	10%~20%	20%~50%	50%~70%	70%~90%	90%~100%
Hc	−0.181	−0.254 *	−0.045	−0.023	−0.796
	(−0.26)	(−1.79)	(−0.34)	(−0.33)	(−1.14)
Str	−0.010	0.009	0.004	0.005	0.065
	(−0.42)	(0.97)	(0.64)	(0.53)	(1.44)
$Tran$	−0.042	0.107	−0.043	−0.014	−0.213
	(−0.43)	(1.03)	(−0.61)	(−0.40)	(−1.37)
$Pgdp$	−0.734	−0.496 **	−0.003	−0.278	1.019
	(−0.65)	(−2.00)	(−0.01)	(−1.09)	(1.08)
加入年度控制变量	是	是	是	是	是
加入个体控制变量	是	是	是	是	是
常数项	9.896	5.808 ***	0.935	3.035	−8.603
	(0.94)	(2.95)	(0.33)	(1.46)	(−0.97)
N	44	132	88	88	45
R^2	0.620	0.407	0.562	0.543	0.717

注：括号内数字为 T 值，*** 、** 、* 分别表示估计结果在 1%、5%、10%水平上显著。人口规模=年末常住人口数（万人）。

六　不同能源效率水平下能源消耗
对技术效率的影响

本节旨在分析钢铁产业不同能源效率水平下能源消耗对技术效率的影响。首先采用钢铁产业的能源消耗量与主营业务收入的比值来衡量每个地区的钢铁产业能源效率，并对计算结果进行分组。然后通过对不同范围内各变量的回归结果进行显著性检验，最终得出钢铁产业不同能源效率水平下能源消耗对技术效率的影响。注意，这里的主营业务收入按照生产者价格指数进行调整，并以 2001 年的价格作为基期价格。

图 6 展示了各省份钢铁产业能源效率的平均值。可以看出不同省份的钢

铁产业能源效率水平存在显著差异，其中湖北省的钢铁产业能源效率水平最高，这得益于其优越的资源条件和政府的支持政策等诸多因素。将各省份钢铁产业能源效率的平均值按照从小到大的顺序进行排列，并对不同范围内的变量进行回归估计，其结果如表8所示。

从表8可以发现，当钢铁产业的能源效率水平处于20%~90%的范围时，能源消耗对技术效率具有显著的负向影响。这主要是因为在此阶段提高技术水平的难度和进一步降低能源消耗成本的压力较大。林伯强曾提到，如果一个国家希望达到某个碳排放强度目标，既可以选择提高能源效率，也可以选择改变能源结构，如投资风力和太阳能等可再生能源。[①] 这表明当通过节能技术的研发（技术效率提高）能源效率提升到一定水平时，能够达到减少碳排放、降低能源消耗的目的。这意味着在一定的能源效率水平下，技术效率与能源消耗存在负相关关系。能源强度是国际上常用的衡量能源效率的指标。国际能源署在一份评估G8国家能源效率政策的报告中指出，从20世纪70年代开始，许多国家开始重视能源效率的提升，表现为能源强度持续下降。相反地，宁论辰等的研究发现能源强度对碳排放效率的提升有负面影响，即能源强度每提高1%，碳排放效率相应地下降5.9619%。孙秀梅等也认为，能源强度对碳排放效率的提高存在负面影响。这意味着当能源强度提高时，能源效率下降，碳排放效率降低，从而说明了在一定的能源效率水平下能源消耗对技术效率具有负向影响。

对于钢铁产业而言，当能源效率水平为10%~20%和90%~100%时，能源消耗对技术效率没有显著影响。综上所述，对钢铁产业而言，在不同的能源效率水平下，能源消耗对技术效率的影响存在显著差异。因此，各省份应针对不同阶段能源消耗与技术效率之间的关系采取相应策略。

[①] 《林伯强：实现碳中和，能源结构调整能否成功，取决于这两个因素》，腾讯新闻，2021年4月20日，https://new.qq.com/rain/a/20210420A0AYZO00。

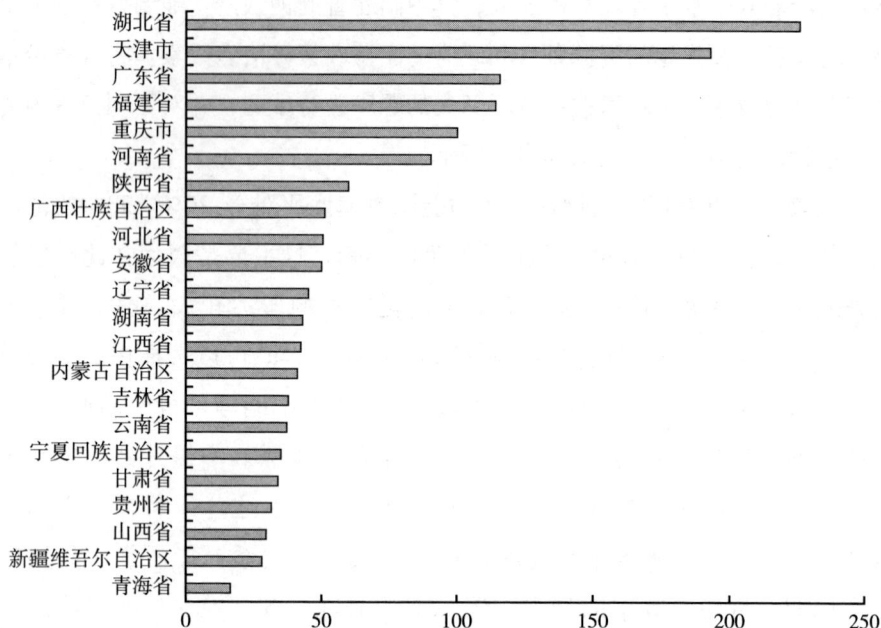

图6 2001~2020年各省份钢铁产业能源效率均值

表8 不同能源效率水平下各变量的回归结果

变量	10%~20%	20%~50%	50%~70%	70%~90%	90%~100%
EC	−0.048	−0.052**	−0.033*	−0.043**	0.004
	(−0.43)	(−2.26)	(−1.79)	(−2.23)	(0.06)
EC^2	$-3.31×10^{-4}$	$4.45×10^{-4}$**	$1.46×10^{-4}$*	$1.99×10^{-4}$	$-3.08×10^{-4}$
	(−0.15)	(2.18)	(1.79)	(1.55)	(−0.12)
Urb	0.185	$-1.10×10^{-4}$	−0.024	0.014	0.006
	(1.03)	(−0.02)	(−1.30)	(01.29)	(0.16)
Hc	0.219	−0.293	0.282	0.084	−0.029
	(0.09)	(−1.39)	(1.08)	(0.68)	(−0.10)
Str	−0.028	−0.005	−0.013	0.029	$4.68×10^{-4}$
	(−0.77)	(−0.56)	(−1.06)	(1.20)	(0.04)
Tran	−0.953	0.024	−0.060	−0.054	0.025
	(−0.54)	(0.46)	(−0.62)	(−0.77)	(0.41)

续表

变量	10%~20%	20%~50%	50%~70%	70%~90%	90%~100%
$Pgdp$	1.809	0.288	0.309	-0.947	-0.099
	(0.56)	(0.94)	(0.77)	(-1.79)	(-0.17)
加入年度控制变量	是	是	是	是	是
加入个体控制变量	是	是	是	是	是
常数项	-11.680	-0.054	-0.053	8.364**	1.574
	(-0.44)	(-0.02)	(-0.02)	(2.04)	(0.47)
N	44	132	88	88	45
R^2	0.804	0.467	0.498	0.418	0.563

注：括号内数字为 T 值，***、**、* 分别表示估计结果在 1%、5%、10%水平上显著。

七 主要结论及发展建议

本报告研究了 2001~2020 年中国钢铁产业的能源消耗对技术效率的影响，并从总体影响和不同区域发展条件下的影响两个方面入手进行了分析，研究结果如下。

一是能源消耗对技术效率有显著的负向影响，并且这种影响具有非线性特征。首先，钢铁产业的能源消耗每增加 1 亿吨标准煤，技术效率减少 0.71。其次，当能源消耗低于 103.675439 百万吨标煤时，能源消耗的增加将阻碍技术效率的提升；当能源消耗高于该临界点时，能源消耗的增加将促进技术效率的提升。在 22 个省份中只有河北省的钢铁产业能源消耗量高于临界值。因此，绝大多数省份的能源消耗对技术效率呈现显著的负向影响。

二是当经济增长水平、对外开放程度、环境规制、人口规模和钢铁产业能源效率处于不同范围时，能源消耗对技术效率的影响存在显著差异。具体来看，当地区经济增长水平在 50%~70%的范围内，对外开放程度在 90%~100%的范围内，环境规制在 20%~50%的范围内，人口规模在 10%~20%和 90%~100%的范围内，以及钢铁产业能源效率在 20%~90%的范围内时，钢铁产业的能源消耗每提高 100 万吨标准煤，技术效率总体上下降 44.7%。

基于上述研究结论，本报告提出以下几点政策建议。

一是为促进钢铁产业技术效率的提升，应继续减少钢铁产业的能源消耗。除了河北省需要增加能源消耗以推动技术效率的提升以外，其他省份均需要继续降低能源消耗来促进其技术效率提升。例如，当地政府可以通过提供财政支持、税收优惠等措施，鼓励企业进行绿色技术研发和创新。同时，建立绿色技术创新中心或实验室，为企业提供研发资源和合作机会，推动绿色技术在钢铁产业中的应用与推广，最终达到降低钢铁产业能源消耗总量的目的。

二是制定针对符合各省实际情况的钢铁产业能源消耗总量限制政策。要结合地方实际，差别化选取能源总量控制指标，确保完成国家目标任务。当经济增长水平处于 50%~70% 的范围内，对外开放程度处于 90%~100% 的范围内，环境规制水平处于 20%~50% 的范围内，人口规模处于 10%~20% 和 90%~100% 的范围内，以及钢铁产业能源效率处于 20%~90% 的范围内时，能源消耗与技术效率直接挂钩。因此，这些地区应重点限制能耗总量，采取相对严格的政策措施。而对各发展条件处于其他范围内的省份而言，为稳定区域钢铁产业发展，应允许其在能源消耗总量上保持一定的弹性。

首先，对外开放程度较高（90%~100%）的省份，由于其经济相对发达，可以利用其财力和发展优势鼓励本地企业建立完善的能源管理体系，采取有效的节能减排措施。例如，推广先进的节能设备和工艺，优化生产流程，降低能源消耗。还可以通过能源审计和监测及时发现和纠正能源浪费问题，提高能源利用效率。

其次，当一省份的环境规制水平（20%~50%）不高时，该省份应提高环境规制水平，制定更加严格的环保标准和法规，以倒逼企业采用更加环保、高效的技术。通过强制执行环境规定，迫使企业认识到环境保护的重要性，并促使其在技术创新和改进上做出努力。

再次，当某省份的人口规模（10%~20%）较低时，鉴于能源成本较低、技术水平较低、创新能力不足以及市场需求较低，该地区应从多方面综合发力以达到降低能源消耗的目的。例如，积极推广绿色减排技术等。

最后，对于经济增长水平（50%~70%）和钢铁产业能源效率（20%~90%）处在中游水平的省份而言，可以通过加强员工的环保意识和技术培训，使其深入了解绿色技术和节能减排的重要性。通过培训和教育激发员工的创新潜力，并推动他们在工作中主动使用绿色技术。

三是对各发展条件处于其他范围内的省份而言，在多种因素的复杂作用下，能源消耗没有对技术效率的提升产生明显的抑制效应。因此，为稳定区域发展，可以允许其在能源消耗总量上保持合理的弹性。

总之，各省份应针对自身的发展特点，通过提高环境规制水平、鼓励绿色技术创新、加强能源管理与节能减排以及对员工开展技术培训等措施，综合推动技术效率的提升。这将有助于实现钢铁产业的可持续发展，促进经济增长与环境保护的协调发展。

参考文献

卞元超、吴利华、白俊红：《高铁开通是否促进了区域创新?》，《金融研究》2019年第6期。

陈向阳：《人口、消费的规模与结构对碳排放的影响：理论机制与实证分析》，《环境经济研究》2021年第3期。

郭文、孙涛：《人口结构变动对中国能源消费碳排放的影响——基于城镇化和居民消费视角》，《数理统计与管理》2017年第2期。

何龙：《区际产业转移的要素变化与现实表征》，《改革》2012年第8期。

黄维等：《2021年钢铁行业运行分析与2022年展望》，《冶金经济与管理》2022年第1期。

纪园园、张美星、冯树辉：《平台经济对产业结构升级的影响研究——基于消费平台的视角》，《系统工程理论与实践》2022年第6期。

李锴、齐绍洲：《贸易开放、经济增长与中国二氧化碳排放》，《经济研究》2011年第11期。

李小平、卢现祥、陶小琴：《环境规制强度是否影响了中国工业行业的贸易比较优势》，《世界经济》2012年第4期。

李新创：《认真贯彻产业政策　全面提高钢铁行业竞争力——解读〈钢铁产业发展政策〉》，《中国钢铁业》2005 年第 10 期。

马淑琴、戴军、温怀德：《贸易开放、环境规制与绿色技术进步——基于中国省际数据的空间计量分析》，《国际贸易问题》2019 年第 10 期。

宁论辰、郑雯、曾良恩：《2007~2016 年中国省域碳排放效率评价及影响因素分析——基于超效率 SBM-Tobit 模型的两阶段分析》，《北京大学学报》（自然科学版）2021 年第 1 期。

宋文飞：《中国外商直接投资对碳生产率的双边效应》，《大连理工大学学报》（社会科学版）2021 年第 5 期。

孙秀梅等：《基于 DEA 与 SE-SBM 模型的资源型城市碳排放效率及影响因素研究——以全国 106 个资源型地级市为例》，《科技管理研究》2016 年第 23 期。

王珏、宋文飞、韩先锋：《中国地区农业全要素生产率及其影响因素的空间计量分析——基于 1992~2007 年省域空间面板数据》，《中国农村经济》2010 年第 8 期。

中国社会科学院工业经济研究所：《2009 中国工业发展报告：新中国工业 60 年》，经济管理出版社，2009。

Huang J B, Zou H, Song Y, "Biased Technical Change and Its Influencing Factors of Iron and Steel Industry：Evidence from Provincial Panel Data in China," *Journal of Cleaner Production* 283 （2021）.

Lazorenko G, Kasprzhitskii A, Nazdracheva T, "Anti-corrosion Coatings for Protection of Steel Railway Structures Exposed to Atmospheric Environments：A Review," *Construction and Building Materials* 288 （2021）.

Li S, Wang S, "Examining the Effects of Socioeconomic Development on China's Carbon Productivity：A Panel Data Analysis," *Science of the Total Environment* 659 （2019）.

Wang Q, Li L, Li R, "The Asymmetric Impact of Renewable and Non-renewable Energy on Total Factor Carbon Productivity in 114 Countries：Do Urbanization and Income Inequality Matter?" *Energy Strategy Reviews* （44）2022.

附录

2001～2021年各省钢铁产业技术效率（分解项）值

附表1 2001～2021年各省份钢铁产业技术效率值

省份	2001~2002年	2002~2003年	2003~2004年	2004~2005年	2005~2006年	2006~2007年	2007~2008年	2008~2009年	2009~2010年	2010~2011年	2011~2012年	2012~2013年	2013~2014年	2014~2015年	2015~2016年	2016~2017年	2017~2018年	2018~2019年	2019~2020年	2020~2021年	平均值
天津市	1.06	1.09	1.00	1.00	1.00	1.00	1.00	1.00	1.00	1.00	1.00	1.00	1.00	1.00	1.00	1.00	1.00	1.00	1.00	1.00	1.01
河北省	1.08	1.04	1.17	0.91	0.63	1.25	1.17	0.78	1.06	1.06	0.91	0.93	0.74	1.06	1.30	1.06	1.05	0.96	0.97	0.90	1.00
山西省	1.00	1.05	1.14	0.79	0.55	1.79	1.13	0.71	1.34	1.14	1.04	0.90	0.82	0.73	0.97	1.21	1.04	1.22	1.13	1.02	1.04
内蒙古自治区	0.86	0.92	1.46	1.05	0.56	1.83	1.25	0.63	1.10	0.96	1.03	0.95	0.64	1.17	1.04	1.38	0.71	1.15	0.94	0.96	1.03
辽宁省	1.12	0.92	1.17	1.02	0.71	0.99	1.26	0.95	1.12	1.45	0.88	0.92	0.88	0.72	0.88	1.51	1.04	1.04	1.00	1.10	1.03
吉林省	0.74	0.97	1.09	0.89	0.69	1.06	1.43	0.78	0.88	2.05	0.99	0.79	0.55	0.92	1.27	1.22	0.89	1.01	1.04	1.07	1.02
安徽省	1.11	0.77	1.21	1.11	0.76	1.19	1.29	0.75	1.36	1.32	0.91	0.98	0.71	0.95	1.23	1.21	0.95	0.94	1.04	0.95	1.04
福建省	1.00	0.97	0.83	1.09	0.80	0.99	1.22	0.93	1.09	0.98	1.09	0.94	0.91	0.98	1.18	1.03	1.09	1.00	0.96	0.65	0.99
江西省	1.11	1.10	0.85	0.89	0.60	1.91	0.73	0.81	1.17	1.12	1.08	1.05	1.11	0.88	1.04	1.18	1.21	1.00	1.00	0.96	1.04
河南省	1.02	1.12	0.99	0.79	0.56	1.68	1.35	0.75	1.18	1.02	0.98	0.82	1.00	0.94	0.94	0.99	0.91	1.42	1.06	0.87	1.02
湖北省	1.11	0.79	1.16	1.01	0.73	1.11	1.27	0.92	0.98	1.19	1.00	0.99	0.76	0.88	1.28	1.46	0.83	1.06	1.07	1.10	1.03
湖南省	2.03	0.49	1.01	1.07	0.72	1.26	1.47	0.50	1.34	1.06	1.10	0.87	0.98	0.93	1.21	1.11	1.27	0.95	1.05	1.04	1.07
广东省	1.00	1.00	1.00	1.00	1.00	0.84	0.93	0.97	0.96	1.16	0.86	1.21	0.87	0.90	1.10	1.19	0.90	1.09	1.05	0.84	0.99

续表

省份	2001~2002年	2002~2003年	2003~2004年	2004~2005年	2005~2006年	2006~2007年	2007~2008年	2008~2009年	2009~2010年	2010~2011年	2011~2012年	2012~2013年	2013~2014年	2014~2015年	2015~2016年	2016~2017年	2017~2018年	2018~2019年	2019~2020年	2020~2021年	平均值
广西壮族自治区	1.14	1.12	1.40	0.76	0.73	1.67	1.08	0.76	1.32	1.18	1.03	1.01	1.00	1.00	1.00	1.00	0.97	0.96	0.87	1.13	1.06
重庆市	0.96	1.00	1.29	0.82	0.52	1.63	1.29	0.93	0.88	1.70	1.00	0.54	0.69	1.06	1.12	1.34	1.11	1.21	1.08	1.17	1.07
贵州省	0.83	1.20	1.21	0.51	0.50	3.02	1.70	0.87	1.14	0.89	1.00	1.00	1.03	1.00	0.87	0.97	0.85	1.20	0.62	1.16	1.08
云南省	1.16	0.79	1.50	1.00	0.61	1.60	1.37	0.79	1.33	1.07	0.80	0.91	0.83	0.74	1.19	1.73	1.03	1.14	1.03	0.97	1.08
陕西省	1.21	0.94	1.59	0.79	0.58	2.80	1.03	0.89	1.14	0.91	0.83	0.98	0.86	1.15	0.96	0.74	1.23	1.20	1.03	1.08	1.10
甘肃省	0.86	1.28	1.02	2.65	0.28	1.57	1.07	0.78	0.91	1.75	0.92	1.24	0.79	0.81	0.37	1.41	2.09	1.08	0.87	1.01	1.14
青海省	1.23	0.95	0.98	0.90	0.45	1.60	1.38	0.77	1.17	0.98	1.48	0.55	0.84	0.98	1.15	0.77	1.04	1.26	1.17	0.95	1.03
宁夏回族自治区	1.04	0.86	1.33	0.40	0.51	3.51	1.28	0.78	1.19	1.45	0.85	0.77	0.76	1.02	0.98	0.93	1.76	0.72	0.74	0.88	1.09
新疆维吾尔自治区	0.78	0.91	1.04	0.80	0.59	1.28	1.60	0.61	1.44	0.88	1.02	0.72	0.63	0.66	1.35	1.65	0.97	1.18	0.97	1.06	1.01
平均值	1.07	0.97	1.16	0.97	0.64	1.62	1.24	0.80	1.14	1.20	0.99	0.91	0.84	0.93	1.06	1.18	1.09	1.08	0.99	0.99	1.04

附表2 2001~2021年各省份钢铁产业技术效率分解项——纯技术效率值

省份	2001~2002年	2002~2003年	2003~2004年	2004~2005年	2005~2006年	2006~2007年	2007~2008年	2008~2009年	2009~2010年	2010~2011年	2011~2012年	2012~2013年	2013~2014年	2014~2015年	2015~2016年	2016~2017年	2017~2018年	2018~2019年	2019~2020年	2020~2021年	平均值
天津市	1.00	1.00	1.00	1.00	1.00	1.00	1.00	1.00	1.00	1.00	1.00	1.00	1.00	1.00	1.00	1.00	1.00	1.00	1.00	1.00	1.00
河北省	1.00	1.00	1.00	1.00	1.00	1.00	1.00	1.00	1.00	1.00	1.00	1.00	1.00	1.00	1.00	1.00	1.00	1.00	1.00	1.00	1.00
山西省	0.92	0.86	1.14	0.96	0.47	1.70	1.13	0.72	1.31	1.21	1.01	0.93	0.77	0.79	0.99	1.16	1.00	1.19	1.17	0.99	1.02
内蒙古自治区	0.75	0.95	1.39	1.04	0.63	1.63	1.25	0.65	1.08	0.98	1.01	1.00	0.67	1.18	1.05	1.27	0.78	1.05	0.94	0.97	1.01
辽宁省	0.99	0.92	1.18	0.89	0.84	0.80	1.03	0.92	1.25	1.55	0.76	1.06	0.78	0.76	0.82	1.72	0.95	1.11	0.88	1.21	1.02
吉林省	0.73	1.02	1.26	0.96	0.92	1.06	1.07	0.92	0.92	1.32	1.12	0.86	0.90	0.98	1.07	1.23	0.75	0.93	0.93	0.99	1.00
安徽省	1.09	0.80	1.22	1.12	0.84	1.17	1.22	0.81	1.11	1.32	0.91	0.91	0.73	0.97	1.21	1.17	0.97	0.95	1.04	0.95	1.03
福建省	1.00	1.00	0.94	1.07	0.90	0.85	1.12	0.94	1.06	1.06	1.01	0.95	0.91	0.98	1.18	1.01	1.08	1.00	0.99	0.64	0.98
江西省	1.11	1.11	0.85	0.93	0.74	1.47	0.73	0.90	1.06	1.10	1.09	1.16	1.05	0.93	1.02	1.13	1.15	1.42	1.00	1.00	1.03
河南省	0.96	0.71	1.00	0.91	0.52	1.57	1.37	0.75	1.16	1.09	0.95	0.87	0.93	1.05	1.28	0.99	0.60	1.04	1.13	0.82	1.02
湖北省	1.04	0.50	1.16	1.01	0.79	1.11	1.15	1.01	0.90	1.25	0.99	0.99	0.76	0.92	1.27	1.35	0.88	0.98	1.14	1.03	1.02
湖南省	1.79	1.00	1.01	1.10	0.82	1.10	1.42	0.53	1.26	1.07	1.09	0.93	0.97	0.97	1.23	1.10	1.26	1.08	1.05	1.02	1.06
广东省	1.00	1.00	1.00	1.00	1.00	0.90	0.94	1.01	0.94	1.09	0.84	1.23	0.87	0.92	1.09	1.28	0.82	1.00	1.06	0.97	1.00
广西壮族自治区	1.17	1.12	1.35	0.83	0.89	1.23	1.07	0.79	1.26	1.22	1.00	1.00	1.00	1.00	1.00	1.00	1.00	0.94	0.88	1.12	1.04
重庆市	0.96	1.06	1.31	0.95	0.75	1.28	0.95	1.01	0.96	1.34	1.00	0.85	0.84	1.05	1.00	1.34	1.00	1.00	1.00	1.00	1.03

续表

省份	2001~2002年	2002~2003年	2003~2004年	2004~2005年	2005~2006年	2006~2007年	2007~2008年	2008~2009年	2009~2010年	2010~2011年	2011~2012年	2012~2013年	2013~2014年	2014~2015年	2015~2016年	2016~2017年	2017~2018年	2018~2019年	2019~2020年	2020~2021年	平均值
贵州省	0.84	1.25	1.18	0.57	0.77	1.73	1.65	0.99	1.01	0.88	1.02	1.11	1.00	1.00	1.00	1.00	1.00	1.00	0.89	1.04	1.05
云南省	1.11	0.86	1.49	1.01	0.78	1.21	1.27	0.83	1.26	1.08	0.79	1.04	0.87	0.94	1.10	1.32	1.04	1.10	1.02	0.98	1.05
陕西省	1.13	1.05	1.45	0.96	0.92	1.36	1.00	0.98	1.02	0.96	0.84	1.09	0.90	1.11	1.01	0.96	0.97	1.04	1.10	1.07	1.05
甘肃省	0.96	1.23	1.07	2.22	0.48	1.16	0.92	1.05	0.95	1.41	1.01	1.33	0.64	1.04	0.70	1.38	0.97	1.03	1.19	1.04	1.09
青海省	1.29	0.92	1.34	1.00	0.99	1.01	0.81	1.05	1.04	1.11	1.02	1.00	1.00	1.00	1.00	1.00	1.00	1.00	1.00	1.00	1.03
宁夏回族自治区	1.00	1.00	1.00	1.00	1.00	1.00	1.00	1.00	1.00	1.00	1.00	1.00	1.00	1.00	1.00	0.93	1.05	0.82	0.86	0.95	0.98
新疆维吾尔自治区	1.00	1.00	1.00	0.86	1.10	0.88	1.01	0.98	0.96	0.92	0.94	0.99	0.86	0.93	1.15	1.29	0.97	0.86	1.13	1.08	0.99
平均值	1.04	0.97	1.15	1.02	0.83	1.19	1.10	0.90	1.07	1.13	0.97	1.02	0.88	0.98	1.05	1.16	0.97	1.03	1.02	0.99	1.02

附表3 2001～2021年各省份钢铁产业技术效率分解项——规模效率值

省份	2001~2002年	2002~2003年	2003~2004年	2004~2005年	2005~2006年	2006~2007年	2007~2008年	2008~2009年	2009~2010年	2010~2011年	2011~2012年	2012~2013年	2013~2014年	2014~2015年	2015~2016年	2016~2017年	2017~2018年	2018~2019年	2019~2020年	2020~2021年	平均值
天津市	1.06	1.09	1.00	1.00	1.00	1.00	1.00	1.00	1.00	1.00	1.00	1.00	1.00	1.00	1.00	1.00	1.00	1.00	1.00	1.00	1.01
河北省	1.08	1.04	1.17	0.91	0.63	1.25	1.17	0.78	1.06	1.06	0.91	0.93	0.74	1.06	1.30	1.06	1.05	0.96	0.97	0.90	1.00
山西省	1.09	1.21	1.00	0.82	1.16	1.05	1.00	0.98	1.03	0.94	1.03	0.97	1.06	0.92	0.98	1.05	1.05	1.02	0.97	1.02	1.02
内蒙古自治区	1.16	0.97	1.05	1.01	0.89	1.12	1.00	0.98	1.02	0.98	1.02	0.95	0.94	0.99	0.99	1.08	0.92	1.09	1.00	0.99	1.01
辽宁省	1.12	1.00	1.00	1.15	0.84	1.24	1.22	1.03	0.90	0.93	1.16	0.87	1.14	0.95	1.07	0.88	1.10	0.93	1.13	0.91	1.03
吉林省	1.02	0.95	0.86	0.93	0.75	1.01	1.33	0.86	0.96	1.55	0.88	0.92	0.61	0.94	1.19	0.99	1.18	1.09	1.12	1.08	1.01
安徽省	1.02	0.96	1.00	0.99	0.90	1.01	1.05	0.92	1.22	1.00	1.01	0.98	0.96	0.98	1.02	1.03	0.98	0.99	1.00	1.00	1.00
福建省	1.00	0.97	0.88	1.02	0.89	1.17	1.09	0.98	1.03	0.93	1.08	0.99	1.00	1.00	1.00	1.02	1.01	1.00	0.97	1.01	1.00
江西省	1.00	0.99	1.00	0.96	0.81	1.30	0.99	0.89	1.11	1.02	0.99	0.91	1.05	0.95	1.02	1.05	1.05	1.00	1.00	0.96	1.00
河南省	1.06	1.12	1.00	0.88	1.08	1.07	0.99	1.00	1.02	0.93	1.03	0.94	1.07	0.90	0.73	1.01	1.53	1.00	0.94	1.06	1.02
湖北省	1.07	1.11	1.00	0.92	0.92	1.00	1.10	0.92	1.09	0.95	1.01	0.94	1.00	0.96	1.08	1.08	0.94	1.02	0.94	1.07	1.01
湖南省	1.14	0.98	1.00	0.97	0.88	1.14	1.03	0.94	1.06	0.99	1.01	0.94	1.00	0.96	0.98	1.01	1.01	0.97	1.00	1.01	1.00
广东省	1.00	1.00	1.00	1.00	1.00	0.94	0.99	0.96	1.02	1.07	1.03	0.99	1.00	0.97	1.01	0.93	1.10	1.01	1.00	0.87	0.99
广西壮族自治区	0.98	1.00	1.04	0.92	0.81	1.36	1.01	0.96	1.05	0.97	1.03	1.01	1.00	1.00	1.00	1.00	0.97	1.02	0.99	1.01	1.01

续表

省份	2001~2002年	2002~2003年	2003~2004年	2004~2005年	2005~2006年	2006~2007年	2007~2008年	2008~2009年	2009~2010年	2010~2011年	2011~2012年	2012~2013年	2013~2014年	2014~2015年	2015~2016年	2016~2017年	2017~2018年	2018~2019年	2019~2020年	2020~2021年	平均值
重庆市	1.00	0.95	0.99	0.87	0.69	1.27	1.37	0.91	0.92	1.27	1.00	0.63	0.82	1.01	1.12	1.01	1.11	1.21	1.08	1.17	1.02
贵州省	0.99	0.96	1.03	0.90	0.65	1.74	1.03	0.88	1.13	1.01	0.97	0.90	1.03	1.00	0.87	0.97	0.85	1.20	0.70	1.12	1.00
云南省	1.04	0.91	1.01	0.99	0.78	1.32	1.08	0.95	1.06	0.99	1.01	0.88	0.96	0.79	1.08	1.31	0.99	1.04	1.01	0.98	1.01
陕西省	1.07	0.90	1.10	0.83	0.63	2.06	1.03	0.91	1.11	0.95	1.00	0.90	0.96	1.04	0.95	0.77	1.27	1.15	0.94	1.01	1.03
甘肃省	0.90	1.05	0.95	1.19	0.58	1.36	1.16	0.74	0.96	1.24	0.91	0.93	1.25	0.78	0.53	1.02	2.15	1.05	0.73	0.97	1.02
青海省	0.95	1.03	0.73	0.90	0.45	1.58	1.70	0.74	1.13	0.88	1.46	0.55	0.84	0.98	1.15	0.77	1.04	1.26	1.17	0.95	1.01
宁夏回族自治区	1.04	0.86	1.33	0.40	0.51	3.51	1.28	0.78	1.19	1.45	0.85	0.77	0.76	1.02	0.98	1.00	1.67	0.87	0.86	0.92	1.10
新疆维吾尔自治区	0.78	0.91	1.04	0.93	0.53	1.46	1.59	0.63	1.51	0.95	1.08	0.73	0.74	0.71	1.18	1.28	1.00	1.36	0.86	0.98	1.01
平均值	1.03	1.00	1.01	0.93	0.79	1.36	1.15	0.90	1.07	1.05	1.02	0.89	0.95	0.95	1.01	1.01	1.13	1.06	0.97	1.00	1.01

低碳发展篇
Low-Carbon Development

B.6
世界钢铁贸易与低碳发展报告

邵燕敏　杨逸文[*]

摘　要： 钢铁是重要的工程及建筑材料，在经济发展和社会进步中具有举足
轻重的地位。过去几十年间，世界钢铁贸易发展迅速，其中一些国
家和地区成为主要的钢铁生产和出口地，如中国、日本、韩国和欧
盟等。然而，近年来世界钢铁贸易格局也在不断调整。除贸易争端
和保护主义政策的影响外，环保和气候变化问题也给世界钢铁贸易
带来了新的考验，促使钢铁生产和贸易模式朝着更加环保和低碳的
方向发展。本报告首先对全球钢铁进出口贸易现状进行分析，然后
分析代表性国家钢铁贸易发展规律和特点，最后系统分析全球钢铁
贸易低碳发展趋势。研究发现，全球钢铁贸易额在 2016 年和 2020 年
出现明显下降，2016 年主要是受贸易保护主义政策的影响，2020 年
主要受新冠疫情影响。世界范围内不同地区的国家钢铁贸易结构有
差别。一部分国家和地区依靠其资源优势在国际市场上具有竞争力，

---

* 邵燕敏，博士，北京科技大学经济管理学院副教授，研究方向为绿色技术创新、效率评价方
法与应用；杨逸文，北京科技大学经济管理学院硕士研究生，研究方向为国际贸易。

另一部分国家和地区则依靠其强大的科技力量在钢铁产品的生产上具有技术优势。本报告基于 2012~2019 年 30 个国家数据的实证分析，结果表明，单位粗钢碳排放强度上升会抑制钢铁出口贸易发展，电炉炼钢比重增加将有利于钢铁出口贸易的发展。

关键词： 钢铁产业　钢铁进口　钢铁出口　低碳发展

钢铁是世界中最重要的工业原材料之一，广泛应用于建筑、制造、交通运输等领域。钢铁工业是仅次于石油和天然气的第二大产业，是一国或地区第二产业的代表性行业。钢铁工业的发展不仅是衡量一个先进工业化国家的关键指标，而且反映了其整体经济实力，钢铁贸易对各国经济发展也有重要影响。全球钢铁贸易与低碳发展呈现以下特点。一是贸易量大。全球钢铁贸易量约占全球钢铁产量的 1/5，每年进出口量都在数亿吨以上。二是钢铁贸易由少数国家主导。中国、日本、韩国、欧盟、美国等国家和地区是全球钢铁贸易的主要参与者，占据了全球钢铁贸易的大部分份额。三是贸易争端明显。由于原材料和钢铁产品的价格波动较大，各国之间的贸易争端不断。近年来，美国、欧盟等国家和地区对中国等发展中国家的钢铁产品实施反倾销措施，引发了一系列贸易争端。四是受政策影响大。各国政府通过关税、贸易协定等政策影响钢铁国际贸易，以保护本国钢铁产业的利益。因此，钢铁贸易往往受到政治和经济因素的共同影响。

一　全球钢铁进出口贸易概述

图 1 和图 2 分别展示了 2010~2021 年全球钢铁进出口量和进出口额的变动情况。2021 年，全球钢铁进口量较 2020 年下降了 2.11%①。从整体进

---

① 若无特殊说明，本报告数据均来自联合国商品贸易统计数据库。

口量和出口量的趋势变动可以看出，2013 年，全球钢铁进口量大幅增长，达到 13.9 亿吨，主要是因为全球经济复苏，大部分国家加强基础设施建设并加快工业化进程，对钢铁的需求量大幅增加。[①] 此外，2013 年前后，一些国家的货币政策宽松、资金流动性较高，也促进了钢铁等大宗商品的进口。从全球钢铁出口量来看，2010~2021 年全球钢铁出口量相对稳定，但在 2016 年和 2020 年小幅下降，这与全球钢铁出口额的变动趋势相似。2021 年，全球钢铁进口量和出口量分别为 5.82 亿吨和 6.82 亿吨。

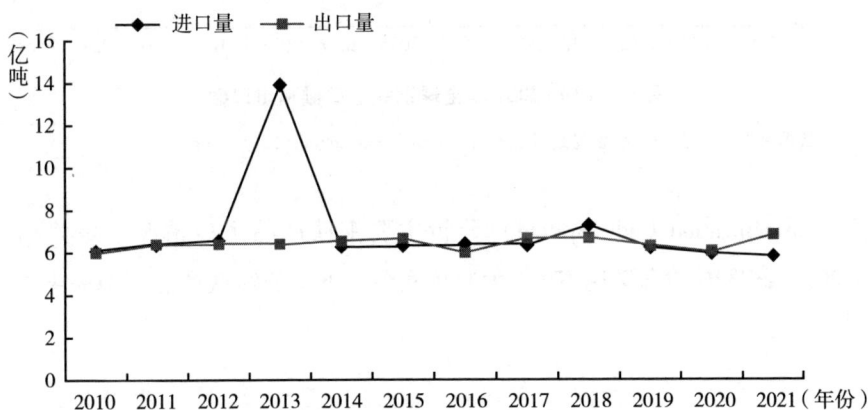

图 1　2010~2021 年全球钢铁进口量和出口量

数据来源：联合国商品贸易统计数据库，https：//comtradeplus.un.org/。

全球钢铁进口额和出口额在 2014~2016 年和 2018~2020 年均出现明显下降。2016 年，全球钢铁贸易不景气的原因是整体贸易环境的不确定性增加。2020 年，新冠疫情发生后，世界各国的贸易互联性、互通性都大幅下降，贸易结构较疫情前有了明显变化，这使得全球钢铁进口额和出口额均出现下降趋势。2021 年，全球钢铁进口额和出口额分别 7402 亿美元和 8834 亿美元。

为了进一步分析商品结构，本报告采用 4 位海关商品代码 HS 编码

---

① 《2013 年全球钢材需求增长将会加快》，"观研报告网"，2013 年 6 月 18 日，https：// market. chinabaogao. com/yejin/061Q55B52013. html。

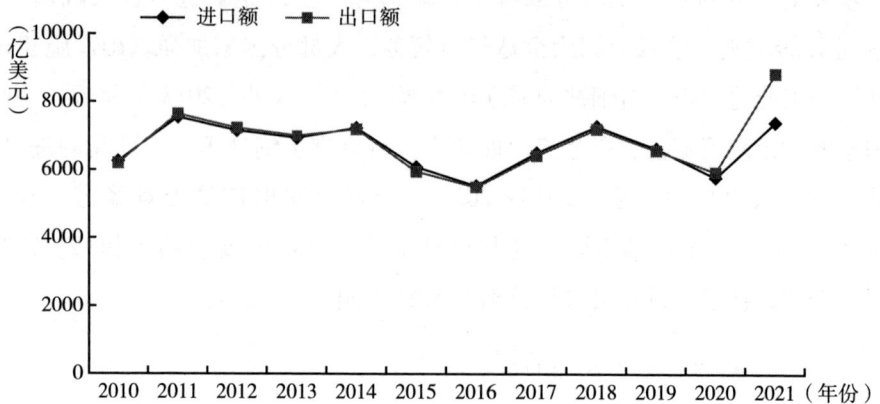

图 2　2010~2021 年全球钢铁进口额和出口额

数据来源：联合国商品贸易统计数据库，https：//comtradeplus.un.org/。

（The Harmonization Code System）分析主要钢铁产品出口情况，海关编码 HS7201-HS7326 的含义见表 1。为避免冗余，下文的钢铁产品用 HS-4 位编码表示。

表 1　联合国商品贸易统计数据库 HS-4 位钢铁产品编码及编码描述

商品编码	编码描述
HS7201	生铁及镜铁,锭、块或其他初级形状
HS7202	铁合金
HS7203	通过直接还原铁矿石和其他海绵状亚铁产品获得的铁制品,具有最小纯度为 99.94% 的铁块,以块状、颗粒或类似形状
HS7204	有色金属废碎料、废钢或铁锭重熔
HS7205	生铁、镜铁及钢铁的颗粒和粉末
HS7206	铁和非合金钢锭中的其他主要形式(除 HS7203)
HS7207	铁及非合金钢的半制成品
HS7208	宽度≥600 毫米的铁或非合金钢平板轧材,经热轧,但未经包覆、镀层或涂层
HS7209	宽度≥600 毫米的铁或非合金钢平板轧材,经冷轧,但未经包覆、镀层或涂层
HS7210	宽度≥600 毫米的铁或非合金钢平板轧材,经包覆、镀层或涂层
HS7211	宽度<600 毫米的铁或非合金钢平板轧材,但未经包覆、镀层或涂层

续表

商品编码	编码描述
HS7212	宽度<600毫米的铁或非合金钢平板轧材,经包覆、镀层或涂层
HS7213	不规则盘卷的铁及非合金钢的热轧条、杆
HS7214	铁或非合金钢的其他条、杆,除锻造、热轧、热拉杆或热挤压外未经进一步加工,包括压制后扭曲的
HS7215	铁及非合金钢的其他条、杆
HS7216	铁或非合金钢的角材、型材及异型材
HS7217	铁丝或非合金钢丝
HS7218	不锈钢,锭状或其他初级形状的不锈钢半成品
HS7219	不锈钢平板轧材,宽度≥600毫米
HS7220	不锈钢平板轧材,宽度<600毫米
HS7221	不规则盘卷的不锈钢热轧条、杆
HS7222	不锈钢其他条、杆,不锈钢角材、型材及异型材
HS7223	不锈钢丝
HS7224	其他合金钢锭或其他初级形状,其他合金钢制的半制成品
HS7225	其他合金钢平板轧材,宽度≥600毫米
HS7226	其他合金钢平板轧材,宽度<600毫米
HS7227	不规则盘卷的其他合金钢热轧条、杆
HS7228	其他合金钢条、杆,其他合金钢角材、型材及异型材,合金钢或非合金钢制的空心钻钢
HS7229	其他合金钢丝
HS7301	钢铁板桩,不论是否钻孔、打眼或组装;焊接的钢铁角材、型材及异型材
HS7302	铁道及电车道铺轨用钢铁材料(钢轨、护轨、齿轨、道岔尖轨、辙叉、尖轨拉杆及其他岔道段体、轨枕、鱼尾板、轨座、轨座楔、钢轨垫板、钢轨夹、底板、固定板及其他专门用于连接或加固路轨的材料)
HS7303	铸铁管及空心异型材
HS7304	无缝钢铁管及空心异型材(铸铁的除外)
HS7305	其他圆形截面钢铁管(例如,焊、铆及用类似方法接合的管),外径≥406.4毫米
HS7306	其他钢铁管及空心异型材(例如,辊缝、焊、铆及类似方法接合的)
HS7307	钢铁管子附件(例如,接头、肘管、管套)

续表

商品编码	编码描述
HS7308	钢铁结构体及其部件,结构体用的已加工钢铁板、杆、角材、型材、异型材、管子及类似品
HS7309	盛装物料用的钢铁囤、柜、罐、桶及类似容器(装压缩气体或液化气体的除外),容积超过300升,不论是否衬里或隔热,但无机械或热力装置
HS7310	盛装物料用的钢铁柜、桶、罐、听、盒及类似容器(装压缩气体或液化气体的除外),容积不超过300升,不论是否衬里或隔热,但无机械或热力装置
HS7311	装压缩气体或液化气体用的钢铁容器
HS7312	非绝缘的钢铁绞股线、绳、缆、编带、吊索及类似品
HS7313	带刺钢铁丝;围篱用的钢铁绞带或单股扁丝(不论是否带刺)及松绞的双股丝
HS7314	钢铁丝制的布(包括环形带)、网、篱、隔栅;网眼钢铁板
HS7315	钢铁链及其零部件
HS7316	钢铁锚、多爪锚及其零件
HS7317	钢铁制的钉、平头钉、图钉、波纹钉、U形钉(税目8305的货品除外)及类似品,不论是否用其他材料制成,但不包括铜头钉
HS7318	钢铁制的螺钉、螺栓、螺母、方头螺钉、钩头螺钉、铆钉、销、开尾销、垫圈(包括弹簧垫圈)及类似品
HS7319	钢铁制的手工缝针、编织针、引针、钩针、刺绣穿孔锥及类似制品;其他税号未列明的钢铁制安全别针及其他别针
HS7320	钢铁制弹簧及弹簧片
HS7321	非电热的钢铁制家用炉、灶(包括附有集中供暖用的热水锅的炉)、烤肉架、烤炉、煤气灶、加热板和类似非电热的家用器具及其零件
HS7322	非电热的钢铁制集中供暖用散热器及其零件;非电热的钢铁制空气加热器、暖气分布器(包括可分布新鲜空气或调节空气的)及其零件,装有电动风扇或鼓风机
HS7323	餐桌、厨房或其他家用钢铁器具及其零件;钢铁丝绒;钢铁制擦锅器、洗刷擦光用的块垫、手套及类似品
HS7324	钢铁制卫生器具及其零件
HS7325	其他钢铁铸造制品
HS7326	其他钢铁制品

（一）钢铁进口贸易

1. 进口量和进口额

目前，全球钢铁进口国主要有美国、德国、中国、意大利、土耳其、法国、波兰、荷兰、墨西哥、加拿大等。2021 年进口量排名前五的国家为美国、土耳其、中国、德国和意大利，进口量分别为 5394.86 万吨、4354.09 万吨、3966.54 万吨、3769.91 万吨和 3195.28 万吨；进口额排名前五的国家为美国、德国、中国、意大利和土耳其，进口额分别为 869.02 亿美元、594.51 亿美元、542.07 亿美元、354.23 亿美元、304.62 亿美元（见表 2）。2021 年，全球钢铁进口额为 7402.05 亿美元，较 2020 年增长了 28.11%。

表 2   2021 年全球钢铁主要进口国情况

国家	进口量(万吨)	占全球进口总量比重(%)	进口额(亿美元)	占全球进口总额比重(%)
美　国	5394.86	9.26	869.02	11.74
土耳其	4354.09	7.48	304.62	4.12
中　国	3966.54	6.81	542.07	7.32
德　国	3769.91	6.47	594.51	8.03
意大利	3195.28	5.49	354.23	4.79
墨西哥	2587.07	4.44	214.62	2.9
法　国	1888.11	3.24	294.32	3.98
波　兰	1654.21	2.84	231.39	3.13
荷　兰	1559.22	2.68	219.47	2.96
加拿大	1455.13	2.50	218.39	2.95

数据来源：联合国商品贸易统计数据库，https://comtradeplus.un.org/。

2. 地区差异

图 3 展示了 2010~2021 年各大洲钢铁进口额的变动情况。从地区来看，欧洲和亚洲是进口贸易规模较大的地区，进口额远高于其他地区。2021 年，欧洲地区钢铁进口额为 3472.96 亿美元，占全球的 46.9%；亚

洲地区进口额为2102.49亿美元，占比为28.4%。从进口趋势来看，各个地区的总进口额都有所波动。亚洲和非洲的钢铁产品进口贸易与全球趋势相同，欧洲地区的进口额在2021年出现明显增长，而亚洲地区仍处于下降趋势中，一部分原因是中国作为钢铁贸易大国在2021年仍未放松对疫情的管控。非洲地区的钢铁进口额在2010~2021年整体呈下降趋势，自2015年后降幅逐渐增大，2020年受疫情影响下降更为明显，并且2021年仍未恢复增长。北美洲地区的钢铁进口额虽然在个别年份有所下降，但整体上呈增长趋势。大洋洲地区的钢铁进口额自2012年开始下降，2016年后恢复上升趋势。南美洲地区的钢铁进口额在2010~2013年稳步上升，但在之后的年份中一直处于低迷状态，2021年增长幅度较大。

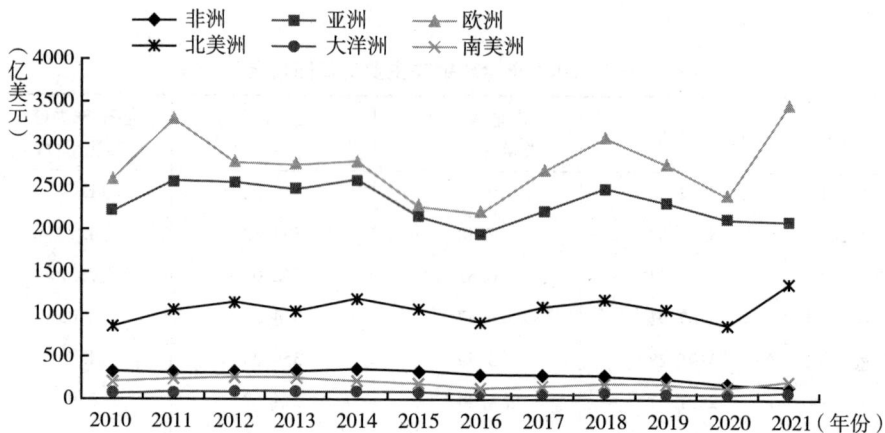

图3　2010~2021年各大洲钢铁进口额

数据来源：联合国商品贸易统计数据库，https://comtradeplus.un.org/。

3. 产品差异

2010~2021年HS编码72章和73章全部产品进口额占比如表3所示，2010~2021年进口额占比排名前二的产品分别是HS7208和HS7326。具体为"宽度≥600毫米的铁或非合金钢平板轧材，经热轧，但未经包覆、镀层或涂层"（以下用HS7208代替）在2010年和2021年进口额占比最大。这部分钢材因用途广泛，如建筑、桥梁和船舶制造等，市场需求量大，进口量较大。此外，"其他钢铁制品"（以下用 HS7326 代替）在 2015 年和 2020 年进口占比居首位，说明钢铁制成品在全球范围内进口量可观。

表3 2010~2021 年联合国商品贸易数据库 HS-4 位钢铁产品进口占比情况

HS 代码	2010 年	2015 年	2020 年	2021 年	HS 代码	2010 年	2015 年	2020 年	2021 年
HS7201	0.89	0.70	0.94	1.02	HS7229	0.31	0.34	0.37	0.39
HS7202	4.64	3.85	4.50	5.25	HS7301	0.31	0.29	0.27	0.23
HS7203	0.53	0.37	0.73	0.80	HS7302	0.65	0.74	0.57	0.43
HS7204	7.24	4.61	5.42	6.38	HS7303	0.34	0.37	0.22	0.17
HS7205	0.36	0.35	0.34	0.32	HS7304	4.47	4.34	3.17	2.31
HS7206	0.55	0.13	0.06	0.07	HS7305	1.38	1.53	0.76	0.44
HS7207	4.45	3.51	4.26	5.05	HS7306	3.13	3.27	3.04	3.21
HS7208	9.08	7.43	7.53	8.33	HS7307	2.45	3.02	2.93	2.41
HS7209	3.24	2.45	2.07	2.57	HS7308	5.37	6.87	7.11	6.20
HS7210	7.33	6.92	6.85	7.47	HS7309	0.46	0.59	0.58	0.40
HS7211	0.80	0.64	0.59	0.70	HS7310	0.85	0.90	0.95	0.80
HS7212	0.65	0.63	0.62	0.69	HS7311	0.44	0.45	0.50	0.41
HS7213	1.97	1.65	1.63	1.90	HS7312	0.94	1.03	1.01	0.89
HS7214	2.40	2.68	2.07	2.35	HS7313	0.03	0.04	0.03	0.02
HS7215	0.43	0.43	0.36	0.39	HS7314	0.63	0.64	0.8	0.81
HS7216	2.10	2.13	1.85	1.93	HS7315	0.63	0.78	0.78	0.67
HS7217	1.05	1.03	1.00	1.00	HS7316	0.04	0.05	0.04	0.03
HS7218	0.31	0.23	0.48	0.72	HS7317	0.34	0.39	0.42	0.42
HS7219	4.48	4.28	4.27	4.50	HS7318	4.97	6.23	6.50	5.89
HS7220	0.76	0.67	0.71	0.69	HS7319	0.05	0.05	0.05	0.04
HS7221	0.30	0.29	0.27	0.25	HS7320	0.92	1.04	1.07	0.96
HS7222	0.89	0.87	0.87	0.81	HS7321	1.26	1.48	1.83	1.98
HS7223	0.33	0.34	0.34	0.30	HS7322	0.52	0.54	0.60	0.58
HS7224	0.41	0.53	0.43	0.54	HS7323	1.37	1.60	1.99	1.88
HS7225	3.10	4.20	3.68	3.67	HS7324	0.37	0.43	0.48	0.43
HS7226	0.53	0.49	0.49	0.47	HS7325	0.79	0.89	0.85	0.78
HS7227	0.47	0.86	0.59	0.57	HS7326	6.11	7.83	8.55	6.94
HS7228	1.57	2.00	1.62	1.55					

数据来源：联合国商品贸易统计数据库，https://comtradeplus.un.org/。

（二）钢铁出口贸易

1. 出口量和出口额

从出口情况来看，受贸易保护主义的再次兴起和疫情影响，2016 年和 2020 年全球钢铁出口总量出现明显下降趋势。2021 年全球钢材出口总量为 6.82 亿吨，相比于 2020 年增长了 13.35%。从国别来看，全球钢铁出口量前五位的国家分别为中国、俄罗斯、日本、德国和美国，出口量分别为 9507.06 万吨、4614.18 万吨、4194.49 万吨、3873.93 万吨和 2936.65 万吨（见表 4）。2021 年，全球钢铁出口额为 8834.34 亿美元，较 2020 年增长了 48.80%。出口额排名前五的国家分别为中国、德国、日本、意大利和美国。

表 4 2021 年全球钢铁主要出口国情况

国家	出口量（万吨）	占全球出口总量比重（%）	出口额（亿美元）	占全球出口总额比重（%）
中 国	9507.06	13.95	1624.94	18.39
俄罗斯	4614.18	6.67	328.59	3.72
日 本	4194.49	6.15	443.10	5.02
德 国	3873.93	5.68	657.60	7.44
美 国	2936.65	4.31	378.04	4.28
韩 国	2923.83	4.29	377.34	4.27
印 度	2731.98	4.01	295.61	3.35
土耳其	2506.49	3.68	258.63	2.93
法 国	2183.89	3.20	260.13	2.94
意大利	2118.30	3.11	405.27	4.59

数据来源：联合国商品贸易统计数据库，https://comtradeplus.un.org/。

2. 地区差异

图 4 展示了 2010~2021 年各大洲钢铁出口额的变动情况。从地区来看，亚洲和欧洲仍是主要的钢铁出口地区，2021 年，亚洲地区钢铁出口额为 3995.25 亿美元，欧洲地区钢铁出口额为 3835.45 亿美元，两个地区出口额

占全球钢铁出口贸易的88%左右。大洋洲地区的钢铁出口额整体上呈现下降趋势，2017年后虽有所增长但仍未达到先前出口水平。北美洲地区相较于南美洲地区出口贸易波动幅度较大，这两个地区在2021年均出现明显增长。非洲地区在2016年前一直处于下降趋势，此后有所增长，2020年受疫情影响降幅较大，但2021年有所恢复。

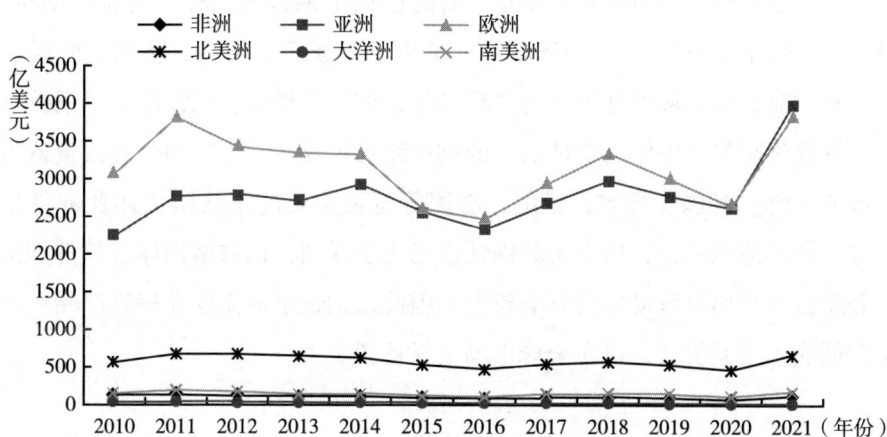

图4　2010~2021年各大洲钢铁出口额

数据来源：联合国商品贸易统计数据库，https://comtradeplus.un.org/。

3. 产品差异

2010~2021年HS编码72章和73章全部产品出口额占全球出口总额比重如表5所示，2010~2021年，全球钢铁出口额占比最高的产品有所变化，2010年为HS7208，2015为HS7308，2020年为HS7326，2021年为HS7210。总体而言，HS7208在2010~2021年出口额占比一直较高，原因在于热轧未经处理的大尺寸铁或非合金钢平板轧材的生产成本相对较低，因为它们不需要进行进一步的加工处理，如冷轧或热处理。同时，大尺寸铁或非合金钢平板轧材通常可以定制尺寸和形状。因此，这些产品适合规模化生产，在国际市场贸易量比较大。

"宽度≥600毫米的铁或非合金钢平板轧材，经包覆、镀层或涂层"（HS7210）出口额在2021年明显增长。目前各国鼓励企业创新涂镀技术，

163

有利于提高钢铁产品质量和降低成本，进而提高附加值，从而达到扩大出口的目的。美国鼓励钢铁涂镀技术创新的政策包括支持研究和开发、提供财政支持和加强知识产权保护等。欧洲各国也采取了类似的措施来鼓励钢铁涂镀技术创新。例如，德国政府批准了"钢铁行动概念"的战略，旨在提高钢铁产品品质和降低生产成本。

"钢铁结构体及其部件，结构体用的已加工钢铁板、杆、角材、型材、异型材、管子及类似品"（HS7308）是指用于建筑、桥梁、隧道、海洋工程、航空航天等领域的基础结构件和部件，如钢铁桥梁、钢铁船舶、钢铁飞机、钢铁汽车等。中国是全球最大的钢铁结构体及部件出口国，约占全球出口量的70%。韩国、日本、德国、法国等也是重要的钢铁结构体及部件出口国。值得注意的是，由于全球钢铁市场竞争激烈，钢铁结构体及部件的价格和质量对其出口贸易额的影响较大。因此，钢铁企业需要在提高产品质量和降低成本方面努力，以在全球市场上保持竞争力。

表5　2010~2021年联合国商品贸易数据库HS-4位钢铁产品出口占比情况

HS代码	2010年	2015年	2020年	2021年	HS代码	2010年	2015年	2020年	2021年
HS7201	0.74	0.61	0.75	0.76	HS7216	2.23	1.97	1.86	2.02
HS7202	4.34	3.44	4.04	4.08	HS7217	1.09	1.05	1.15	1.19
HS7203	0.30	0.22	0.30	0.38	HS7218	0.32	0.23	0.46	0.63
HS7204	7.04	4.50	5.22	5.98	HS7219	4.66	4.40	4.25	4.70
HS7205	0.28	0.28	0.31	0.29	HS7220	0.79	0.70	0.73	0.77
HS7206	0.08	0.09	0.03	0.04	HS7221	0.35	0.30	0.26	0.28
HS7207	4.74	2.84	3.50	4.16	HS7222	0.90	0.89	0.87	0.82
HS7208	8.89	6.48	6.74	8.13	HS7223	0.33	0.33	0.33	0.32
HS7209	3.20	2.34	1.88	2.46	HS7224	0.43	0.46	0.39	0.44
HS7210	7.30	7.07	7.16	8.29	HS7225	3.67	4.81	4.02	4.38
HS7211	0.82	0.63	0.58	0.68	HS7226	0.47	0.45	0.47	0.46
HS7212	0.65	0.59	0.66	0.80	HS7227	0.61	1.15	0.58	0.64
HS7213	1.81	1.33	1.71	1.99	HS7228	1.73	3.52	1.66	1.62
HS7214	2.65	2.37	2.24	2.64	HS7229	0.32	0.33	0.37	0.38
HS7215	0.42	0.36	0.32	0.36	HS7301	0.30	0.31	0.30	0.26

HS 代码	2010 年	2015 年	2020 年	2021 年	HS 代码	2010 年	2015 年	2020 年	2021 年
HS7302	0.61	0.64	0.49	0.39	HS7315	0.64	0.85	0.78	0.66
HS7303	0.24	0.27	0.20	0.18	HS7316	0.04	0.04	0.04	0.03
HS7304	4.35	3.94	3.01	2.32	HS7317	0.33	0.46	0.52	0.47
HS7305	1.93	1.65	0.98	0.54	HS7318	4.41	5.62	6.18	5.21
HS7306	3.25	3.37	3.34	3.48	HS7319	0.04	0.04	0.04	0.03
HS7307	2.34	2.92	2.81	2.23	HS7320	0.87	1.04	1.07	0.90
HS7308	5.79	7.97	8.26	6.92	HS7321	1.28	1.63	1.86	1.75
HS7309	0.58	0.66	0.62	0.49	HS7322	0.51	0.51	0.54	0.42
HS7310	0.89	0.99	1.02	0.82	HS7323	1.31	1.92	2.48	2.15
HS7311	0.49	0.57	0.61	0.52	HS7324	0.39	0.56	0.66	0.57
HS7312	0.95	1.01	0.98	0.88	HS7325	0.98	1.07	1.04	0.91
HS7313	0.03	0.03	0.05	0.05	HS7326	5.65	7.47	8.35	7.24
HS7314	0.65	0.71	0.91	0.88					

数据来源：联合国商品贸易统计数据库，https：//comtradeplus.un.org/。

（三）全球钢铁对外依存度分析

2021 年，全球粗钢产量达 19.62 亿吨，较 2020 年增长 4.26%。[①] 地区分布以亚洲、欧洲和北美洲为主。其中，亚洲地区产量最大，为 14.10 亿吨，占全球粗钢产量的 70% 以上。由于欧洲和北美洲地区的环保法规更为严格，它们的粗钢产量较少且成本较高，这两个地区的粗钢产量分别为 2.05 亿吨和 1.18 亿吨。2021 年，粗钢产量排名前十的国家分别为中国、印度、日本、美国、俄罗斯、韩国、德国、土耳其、巴西、伊朗。中国是全球粗钢产量最多的国家之一，并且长期占据领先地位，2021 年产量达到 10.35 亿吨，约占亚洲地区粗钢产量的 73%。此外，印度、日本、美国和韩国也是粗钢产量较高的国家。受疫情影响，全球钢铁产量在 2020 年出现了明显下滑。随着各国经济的逐步恢复，全球粗钢产量在 2021 年出现新增长，但

---

① 数据来源：钢联数据。

2022 年有所下降。2022 年，全球粗钢产量为 18.85 亿吨。2017~2022 年世界十大粗钢生产国的产量变动如图 5 所示，由于中国粗钢产量远超世界其他国家，其变动如右轴所示。

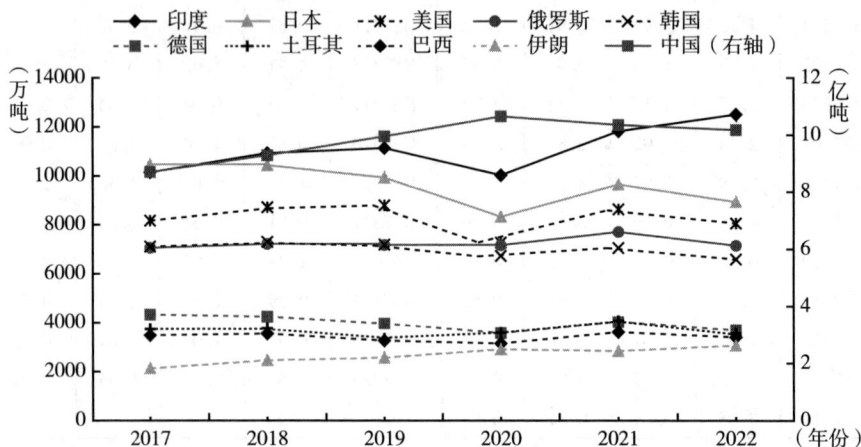

图 5　2017~2022 年世界十大粗钢生产国产量

数据来源：钢联数据。

全球粗钢产量的增长也面临一些挑战。随着全球环保意识的提升，一些国家和地区开始采取限制钢铁生产等措施，导致全球钢铁产能分布不均，价格波动较大，也给全球钢铁供应链带来了不确定性。此外，全球粗钢产量的增长也面临资源、能源和环境压力。为实现可持续发展，全球钢铁行业需要加强技术创新，提高资源利用效率，降低碳排放，推动绿色低碳发展。

表 6 分析了 2017~2021 年部分国家钢铁出口依存度，是用一国的钢铁出口量除以该国粗钢产量计算得出的。它衡量了一个国家钢铁行业在对外贸易中的依赖程度。如果一个国家的钢铁出口依存度较高，即钢铁出口量相对于国内产量较大，那么这个国家在钢铁市场上更加依赖国外需求。这可能意味着该国的钢铁产能过剩，国内需求不足以消化全部产量，因此需要通过出口来平衡市场。此外，高出口依存度也可能是因为该国的钢铁产业在国际市

场上具有较强的竞争力，能够满足其他国家对高质量钢铁产品的需求。由表6可以看出，欧洲的大部分国家，如法国、荷兰、挪威、葡萄牙、英国等国的钢铁出口依存度较高，这可能是由于国内需求不足。

需要注意的是，该值大于1并不一定是负面的情况。钢铁产业对外贸易的依赖程度可以是一个国家经济发展水平和国际竞争力的体现，同时，也可以为该国带来经济收益和就业机会。然而，过度依赖出口可能使该国的钢铁产业面临一些风险，如国际市场需求波动、贸易争端等。因此，需要综合考虑具体国家的经济环境和市场需求来进行评估。

表6 2017~2021年部分国家钢铁出口依存度

国家	2017 年	2018 年	2019 年	2020 年	2021 年
阿根廷	0.16	0.01	0.02	0.02	0.00
卡塔尔	0.00	0.00	0.00	0.00	0.00
尼日利亚	0.05	0.08	0.02	0.06	0.03
巴基斯坦	0.06	0.05	0.04	0.06	0.03
蒙古国	0.07	0.01	0.01	0.01	0.06
中国	0.11	0.10	0.09	0.07	0.09
乌兹别克斯坦	0.45	0.83	0.30	0.24	0.12
哥伦比亚	0.23	0.29	0.22	0.20	0.19
厄瓜多尔	0.16	0.17	0.17	0.18	0.19
埃及	0.26	0.23	0.20	0.14	0.19
摩尔多瓦	0.03	0.02	0.03	0.06	0.19
印度	0.21	0.14	0.16	0.22	0.23
沙特阿拉伯	0.37	0.38	0.21	0.22	0.23
毛里塔尼亚	0.17	0.00	0.00	0.08	0.24
菲律宾	0.46	0.43	0.30	0.40	0.27
秘鲁	0.24	0.26	0.24	0.36	0.28
墨西哥	0.21	0.20	0.23	0.24	0.29
乌拉圭	0.83	0.49	0.38	0.27	0.30
美国	0.36	0.35	0.33	0.38	0.34

续表

国家	2017 年	2018 年	2019 年	2020 年	2021 年
肯尼亚	0.42	0.38	0.41	0.44	0.36
芬兰	0.69	0.89	0.55	0.64	0.37
约旦	0.40	0.47	0.53	0.09	0.40
刚果	2.32	1.78	0.68	0.28	0.41
韩国	0.48	0.45	0.45	0.46	0.42
巴西	0.55	0.47	0.53	0.50	0.43
日本	0.45	0.42	0.42	0.50	0.44
智利	0.54	0.68	0.70	0.63	0.49
澳大利亚	0.59	0.60	0.63	0.54	0.50
摩洛哥	0.45	0.44	0.36	0.57	0.51
阿塞拜疆	0.91	0.64	0.48	0.41	0.52
俄罗斯	0.64	0.69	0.61	0.60	0.60
越南	0.52	0.42	0.41	0.50	0.61
土耳其	0.50	0.60	0.67	0.59	0.62
泰国	0.50	0.60	0.60	0.66	0.74
意大利	0.91	0.89	0.93	0.93	0.87
西班牙	0.86	0.89	0.91	1.00	0.91
印度尼西亚	0.77	0.85	0.74	0.72	0.92
塞尔维亚	1.10	0.93	1.01	1.03	0.93
乌克兰	0.90	0.92	0.92	0.93	0.95
德国	0.96	0.96	0.98	1.00	0.96
白俄罗斯	1.02	1.04	1.04	1.03	1.01
加拿大	0.93	0.95	0.87	1.01	1.01
希腊	1.05	1.22	1.08	1.09	1.03
马来西亚	1.31	1.16	1.15	1.72	1.16
奥地利	1.25	1.39	1.22	1.25	1.20
卢森堡	1.09	1.47	1.47	1.38	1.25
瑞典	1.28	1.28	1.44	1.27	1.26
斯洛伐克	1.29	1.29	1.49	1.44	1.36
波兰	0.98	1.05	1.21	1.31	1.38
南非	1.28	1.36	1.33	1.61	1.38
波黑	1.21	1.43	1.27	1.21	1.44
法国	1.45	1.33	1.51	1.56	1.57
危地马拉	1.47	1.44	1.25	1.59	1.59

续表

国家	2017 年	2018 年	2019 年	2020 年	2021 年
罗马尼亚	1.22	1.25	1.34	1.65	1.63
瑞士	1.44	1.39	1.41	1.56	1.65
英国	1.85	1.96	1.81	1.70	1.79
葡萄牙	1.74	1.71	1.68	1.49	1.80
以色列	1.20	1.09	1.37	1.72	1.81
新西兰	1.11	1.33	1.20	1.39	1.90
捷克	1.97	1.92	1.95	1.93	1.98
萨尔瓦多	2.45	2.34	2.10	2.27	2.34
比利时	2.36	2.37	2.32	2.67	2.37
斯洛文尼亚	2.09	2.27	2.34	2.32	2.38
巴拉圭	3.48	3.90	3.14	2.12	2.44
匈牙利	1.71	1.73	1.77	1.98	2.75
阿联酋	1.33	1.65	1.91	2.18	2.75
北马其顿	2.93	3.49	3.67	4.86	2.79
挪威	2.73	2.94	2.86	2.83	2.85
荷兰	2.90	2.83	2.73	2.82	2.97
保加利亚	2.98	2.96	3.05	3.61	3.82
新加坡	6.05	6.52	5.54	6.00	4.12
缅甸	0.50	0.41	0.22	0.33	20.70
黑山	1.83	2.31	2.66	2.60	24.67

数据来源：联合国商品贸易统计数据库，https：//comtradeplus. un. org/。

二　各国钢铁贸易发展规律分析

本部分将分地区讨论各国钢铁贸易的特点及发展现状，选择贸易量较大的国家作为代表，分析各国具体钢铁产品的出口比较优势。显示性比较优势（Revealed Comparative Advantage，RCA）指数是指一国某种商品的出口额占该国所有商品出口总额的比重与世界该商品的出口额占世界所有商品出口总额的比重的比率。一般而言，如果 $RCA>1$，表明该国某种产品比其他出口该商品的国家占有更大的市场份额，说明该国在此种产品的生产上具有比较

169

优势，反之，则没有比较优势。RCA 计算公式如下：

$$RCA_{ijt} = \frac{x_{ijt}/y_{it}}{x_{wjt}/y_{wt}}$$

(6.1)

其中，RCA_{ijt} 是 i 国第 j 种钢铁产品在第 t 年的显示性比较优势指数，x_{ijt} 是 i 国第 j 种钢铁产品在第 t 年的出口额，y_{it} 是 i 国在第 t 年出口的所有钢铁产品总额，x_{wjt} 是世界范围内第 j 种钢铁产品在第 t 年的出口总额，y_{wt} 是在第 t 年全球出口的所有钢铁产品总额。

（一）亚洲代表国家

亚洲选取中国、日本、韩国和印度分别进行探讨，2010~2021 年这四个国家进口额和出口额如图 6 所示。中国的钢铁出口额远超亚洲其他国家，进口额虽有小幅波动但整体呈现上升趋势，特别是 2020 年受疫情影响，大部分国家进口额均有所下降，但中国的进口额仍在持续上升。日本的钢铁出口额在 2010~2020 年整体呈现下降趋势，但 2021 年有所回升，总体而言，日本钢铁进口额的变动幅度不大。韩国与日本相反，钢铁出口额小幅波动，进口额总体是下降趋势，2021 年转为上升。印度的钢铁出口额和进口额呈现交替上升趋势。以下分析具体国家的情况。

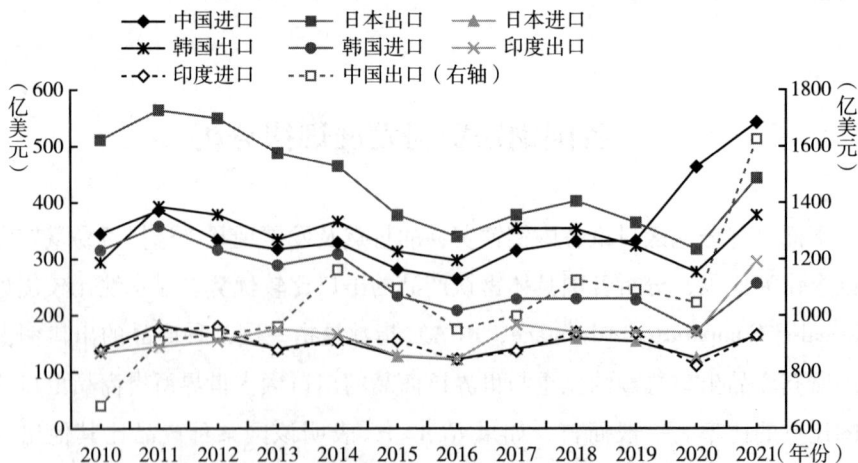

图 6 2010~2021 年亚洲代表国家钢铁进出口贸易额

数据来源：联合国商品贸易统计数据库，https：//comtradeplus.un.org/。

1. 中国

中国是全球最大的钢铁生产国和消费国之一，随着国内产能的不断增加和环保要求的不断提高，中国钢铁供需逐渐趋于平衡。2010~2021 年中国钢铁产业进出口贸易总体呈现上升趋势，且这期间净出口始终为正。2020 年，受疫情影响，中国钢铁进出口贸易出现较大波动，但 2021 年又重新恢复增长态势。近年来，中国政府通过出台一系列政策，包括《关于促进钢铁工业高质量发展的指导意见》《钢铁行业稳增长工作方案》等，进一步优化钢铁产品结构，也限制部分低附加值钢铁产品出口量的增长，以保护国内钢铁市场，同时大力推进钢铁行业低碳发展。在此背景下，中国钢铁出口增速放缓，但与此同时，共建"一带一路"国家对中国的进口需求弹性较大，东南亚、南亚和西亚等地区的国家是中国主要出口目的国。此外，中国的进口量也在不断增加。我国钢铁出口在 2021 年快速增长，说明中国钢铁在全球市场上仍具有较强竞争力。

总的来说，中国的钢铁贸易供需平衡，出口仍高于进口，但总体波动幅度不大。随着全球钢铁市场的竞争加剧和中国环保要求的不断提高，中国钢铁企业进一步加快技术创新和转型升级，以提高产品质量和市场竞争力。

2010~2021 年中国钢铁产品 RCA 指数如表 7 所示。中国具备明显出口竞争比较优势的产品是 HS7227（不规则盘卷的其他合金钢热轧条、杆）、HS7228（其他合金钢条、杆，其他合金钢角材、型材及异型材，合金钢或非合金钢制的空心钻钢）、HS7303（铸铁管及空心异型材）、HS7304［无缝钢铁管及空心异型材（铸铁的除外）］、HS7316（钢铁锚、多爪锚及其零件）、HS7317［钢铁制的钉、平头钉、图钉、波纹钉、U 形钉（税目 8305 的货品除外）及类似品，不论是否用其他材料制成，但不包括铜头钉］、HS7323（餐桌、厨房或其他家用钢铁器具及其零件；钢铁丝绒；钢铁制擦锅器、洗刷擦光用的块垫、手套及类似品）、HS7324（钢铁制卫生器具及其零件）。中国是世界上最大的钢铁生产国之一，拥有庞大的钢铁产能和生产设备，可以满足全球市场对各种类型、规格和质量等级的钢铁产品需求。随着技术和质量管理水平的不断提升，中国许多钢铁厂家生产的高品质、高附加值的特种钢材得到了市场认可。家用钢铁器具是人们日常生活中不可或缺的物品，由于人口众多，中国在这个领域也有巨大的市场潜力。

表7　2010~2021年中国钢铁产品RCA指数

HS代码	2010年	2015年	2020年	2021年	HS代码	2010年	2015年	2020年	2021年
HS7201	0.60	0.07	0.00	0.04	HS7229	1.94	0.98	0.90	0.89
HS7202	0.75	0.23	0.20	0.36	HS7301	0.58	0.70	1.29	1.32
HS7203	0.43	0.05	0.00	0.02	HS7302	0.91	1.03	0.63	0.64
HS7204	0.03	0.00	0.00	0.00	HS7303	3.59	1.94	1.90	1.27
HS7205	0.28	0.31	0.48	0.37	HS7304	1.57	1.15	1.27	1.36
HS7206	0.00	0.00	0.05	0.01	HS7305	0.59	0.60	0.50	0.89
HS7207	0.02	0.00	0.00	0.00	HS7306	0.75	0.80	0.94	0.91
HS7208	1.01	0.04	0.03	0.25	HS7307	1.65	1.28	1.42	1.41
HS7209	0.77	0.85	0.61	1.08	HS7308	1.93	1.37	1.53	1.42
HS7210	1.30	1.40	1.55	1.60	HS7309	0.39	0.54	0.72	0.88
HS7211	0.62	0.19	0.47	0.36	HS7310	0.77	0.99	1.02	1.01
HS7212	0.56	0.33	0.91	1.59	HS7311	1.21	0.93	1.19	1.41
HS7213	0.04	0.02	0.11	0.13	HS7312	1.63	1.28	1.61	1.60
HS7214	0.12	0.05	0.16	0.18	HS7313	1.93	1.93	2.88	2.79
HS7215	0.04	0.02	0.13	0.17	HS7314	1.72	1.34	1.80	1.69
HS7216	0.66	0.32	0.39	0.42	HS7315	2.31	1.58	1.86	1.93
HS7217	1.37	1.34	1.80	1.91	HS7316	3.19	1.62	1.83	1.95
HS7218	0.00	0.01	0.00	0.00	HS7317	4.01	2.77	3.00	2.59
HS7219	0.74	0.93	0.80	0.97	HS7318	1.15	0.79	1.08	1.10
HS7220	0.51	0.39	0.70	1.32	HS7319	2.31	1.97	2.16	2.32
HS7221	0.59	0.58	0.72	1.03	HS7320	0.40	0.43	0.56	0.59
HS7222	0.27	0.19	0.21	0.32	HS7321	2.66	2.24	2.55	2.57
HS7223	0.85	0.64	0.71	0.65	HS7322	0.42	0.32	0.31	0.37
HS7224	0.02	0.01	0.00	0.00	HS7323	4.20	3.18	3.76	3.66
HS7225	0.72	1.67	1.32	1.32	HS7324	2.91	2.49	3.13	3.24
HS7226	0.22	0.30	0.54	0.60	HS7325	0.95	0.63	0.70	0.75
HS7227	3.27	3.56	2.04	1.72	HS7326	1.17	0.94	1.17	1.28
HS7228	1.77	3.35	1.65	1.45					

数据来源：联合国商品贸易统计数据库，https://comtradeplus.un.org/。

2. 日本

20世纪50年代至70年代，日本钢铁工业经历了较快增长，到70年代初已成为世界领先的生产国之一。然而，自 1973 年生产达到峰值以后，日本钢铁工业面临一系列艰难挑战，包括石油危机、日元升值、资产泡沫破裂、亚洲金融危机等，这些因素导致产能过剩、市场需求下降、竞争加剧，许多钢铁企业陷入困境。为了应对这些挑战，日本采取了一系列措施，包括重组、关闭工厂、提高效率和降低成本等。同时，政府也加大了对钢铁工业的支持和引导，促进产业结构调整和技术创新，提高国际竞争力。这些努力逐渐取得了成效，日本钢铁工业在 21 世纪初实现了复苏和崛起，日本再次成为全球领先的钢铁生产国之一。

2010~2021 年，日本钢铁进出口贸易总体呈下降趋势，2016 年降至最低点。2020 年，疫情对于出口导向型的日本钢铁行业来说是一个不小的挑战。疫情使得全球供应链受到影响，包括钢铁原材料的供应、物流和运输等方面，这些对日本钢铁贸易均造成不利影响。

2010~2021 年日本钢铁产品 RCA 指数如表 8 所示。日本具备明显出口竞争比较优势的产品是 HS7208（宽度≥600 毫米的铁或非合金钢平板轧材，经热轧，但未经包覆、镀层或涂层）、HS7225（其他合金钢平板轧材，宽度≥600 毫米）。由此可以看出，日本具备出口竞争力的钢铁产品主要是大尺寸平板轧材，这是由于日本的合金钢平板轧材具有优异的耐腐蚀性、高温强度和抗疲劳性能等，被广泛应用于船舶、汽车、建筑等领域。同时，日本钢铁生产技术和工艺也非常先进，可以保证产品质量的稳定性。

表 8 2010~2021 年日本钢铁产品 RCA 指数

HS 代码	2010 年	2015 年	2020 年	2021 年	HS 代码	2010 年	2015 年	2020 年	2021 年
HS7201	0.04	0.07	0.71	0.07	HS7207	1.06	1.39	1.28	1.10
HS7202	0.32	0.37	0.26	0.23	HS7208	1.96	2.94	3.07	2.98
HS7203	0.03	0.06	0.03	0.01	HS7209	2.02	1.84	1.72	1.62
HS7204	0.92	1.41	1.61	1.37	HS7210	1.38	1.01	0.88	0.77
HS7205	1.17	1.76	2.17	2.14	HS7211	0.30	0.34	0.33	0.29
HS7206	0.17	0.09	0.08	0.07	HS7212	0.76	0.88	0.69	0.59

HS 代码	2010 年	2015 年	2020 年	2021 年	HS 代码	2010 年	2015 年	2020 年	2021 年
HS7213	0.93	1.50	0.77	0.80	HS7306	0.36	0.35	0.39	0.33
HS7214	0.52	0.66	0.47	0.64	HS7307	0.37	0.35	0.41	0.46
HS7215	0.34	0.39	0.41	0.37	HS7308	0.12	0.10	0.07	0.07
HS7216	0.57	0.76	0.59	0.49	HS7309	0.21	0.19	0.18	0.17
HS7217	0.72	0.48	0.37	0.34	HS7310	0.11	0.11	0.12	0.13
HS7218	0.01	0.02	0.05	0.02	HS7311	0.10	0.05	0.08	0.09
HS7219	0.87	0.78	0.63	0.51	HS7312	0.51	0.33	0.35	0.38
HS7220	1.48	1.52	1.67	1.38	HS7313	0.03	0.00	0.00	0.00
HS7221	1.73	2.21	2.50	2.24	HS7314	0.19	0.26	0.29	0.26
HS7222	0.67	0.73	0.84	0.89	HS7315	1.33	1.39	1.58	1.77
HS7223	1.13	1.19	1.35	1.20	HS7316	0.04	0.10	0.02	0.02
HS7224	0.93	0.69	1.17	1.39	HS7317	0.07	0.05	0.04	0.04
HS7225	3.10	2.48	2.67	2.96	HS7318	1.30	1.17	1.21	1.27
HS7226	1.78	1.65	1.69	1.70	HS7319	1.70	1.59	1.51	1.66
HS7227	1.88	1.52	2.51	2.37	HS7320	1.09	1.00	1.11	1.11
HS7228	1.00	0.61	1.21	1.43	HS7321	0.25	0.14	0.16	0.14
HS7229	1.78	2.24	1.85	1.69	HS7322	0.05	0.10	0.09	0.14
HS7301	1.21	0.71	1.01	0.79	HS7323	0.05	0.07	0.06	0.06
HS7302	1.78	2.04	1.68	1.60	HS7324	0.04	0.02	0.04	0.07
HS7303	0.48	1.49	0.12	0.06	HS7325	0.22	0.19	0.13	0.11
HS7304	1.48	1.92	2.56	1.96	HS7326	0.30	0.31	0.40	0.38
HS7305	1.30	1.29	1.28	1.03					

数据来源：联合国商品贸易统计数据库，https：//comtradeplus.un.org/。

3. 韩国

韩国钢铁贸易特点与日本类似，也是出口导向型，这是由于韩国钢铁行业产能过剩、市场需求不足，出口占据了其钢铁贸易的较大比重。在韩国钢铁出口中，高附加值的精密钢材、不锈钢、汽车板和电子材料等产品的出口增长较快，这些产品的出口价格相对较高。鉴于韩国拥有发达的港口和物流体系，其钢铁出口的物流主要依赖海运，有较强的海运物流优势。随着韩国钢铁产业生产技术的不断提高和产业结构的逐步完善，韩国钢铁行业的出口量逐年增加。2011 年，韩国钢铁出口高于进口，此后一直保持这种态势，反映了韩国钢铁行业的国际竞争力逐渐提高。

2010~2021 年韩国钢铁产品 RCA 指数如表 9 所示。韩国具备出口竞争比较优势的产品是 HS7209（宽度≥600 毫米的铁或非合金钢平板轧材，经冷轧，但未经包覆、镀层或涂层）、HS7210（宽度≥600 毫米的铁或非合金钢平板轧材，经包覆、镀层或涂层）。与日本相似，韩国具备出口竞争力的钢铁产品是大尺寸非合金钢平板轧材，韩国的钢铁企业在制造技术方面处于领先地位，拥有先进的设备和技术人才。这种制造技术使其生产的大尺寸非合金钢平板轧材在精度、形状控制以及表面光洁度等方面都非常优秀，在国际市场上享有很高声誉。

表 9　2010~2021 年韩国钢铁产品 RCA 指数

HS 代码	2010 年	2015 年	2020 年	2021 年	HS 代码	2010 年	2015 年	2020 年	2021 年
HS7201	0.02	0.00	0.09	0.09	HS7219	1.74	1.50	1.60	1.22
HS7202	0.42	0.52	0.57	0.76	HS7220	1.01	1.01	1.28	1.17
HS7203	0.00	0.04	0.00	0.00	HS7221	1.53	0.67	1.55	1.36
HS7204	0.31	0.20	0.11	0.16	HS7222	0.26	0.15	0.44	0.45
HS7205	0.29	0.33	0.59	0.67	HS7223	2.29	1.83	2.11	2.11
HS7206	0.26	0.08	0.15	0.19	HS7224	0.03	0.02	0.14	0.18
HS7207	0.48	0.18	0.31	0.18	HS7225	0.68	1.15	1.54	1.62
HS7208	1.82	2.42	2.53	2.03	HS7226	0.63	0.59	0.72	0.56
HS7209	3.22	3.04	3.91	3.35	HS7227	0.23	0.25	1.10	1.06
HS7210	2.29	2.19	2.50	2.35	HS7228	0.48	0.23	0.73	0.75
HS7211	0.65	0.85	0.89	0.78	HS7229	2.12	1.95	2.49	2.34
HS7212	1.36	1.06	1.13	1.10	HS7301	1.29	0.66	0.68	0.17
HS7213	0.64	0.97	0.78	0.64	HS7302	0.19	0.06	0.16	0.09
HS7214	0.63	0.22	0.23	0.22	HS7303	0.03	0.09	0.09	0.08
HS7215	0.52	0.41	0.36	0.36	HS7304	0.25	0.42	0.37	0.46
HS7216	1.43	1.20	1.03	0.92	HS7305	0.94	1.21	2.15	1.94
HS7217	1.59	1.33	0.97	0.89	HS7306	1.58	1.16	0.95	1.22
HS7218	0.02	0.17	0.02	0.12	HS7307	1.18	1.10	1.05	1.01

续表

HS 代码	2010 年	2015 年	2020 年	2021 年	HS 代码	2010 年	2015 年	2020 年	2021 年
HS7308	0.64	1.37	0.54	0.65	HS7318	0.25	0.43	0.46	0.46
HS7309	2.31	1.96	1.49	1.14	HS7319	1.01	0.78	1.04	0.94
HS7310	0.33	0.41	0.66	0.71	HS7320	0.20	0.26	0.31	0.31
HS7311	1.87	1.50	1.56	1.41	HS7321	0.19	0.17	0.25	0.30
HS7312	2.07	1.75	1.48	1.41	HS7322	0.20	0.20	0.12	0.15
HS7313	0.06	0.02	0.01	0.01	HS7323	0.12	0.12	0.07	0.08
HS7314	0.08	0.09	0.08	0.08	HS7324	0.11	0.12	0.08	0.07
HS7315	0.21	0.25	0.19	0.14	HS7325	0.94	0.42	0.47	0.48
HS7316	0.36	2.18	0.11	0.12	HS7326	0.62	0.66	0.67	0.73
HS7317	0.51	0.43	0.42	0.46					

数据来源：联合国商品贸易统计数据库，https：//comtradeplus.un.org/。

4. 印度

印度是全球钢铁市场中重要的参与者之一，2016 年至今，印度的钢铁贸易一直保持顺差状态。印度钢铁工业的主要特点是规模庞大，但生产效率和技术水平相对较低。近年来，印度政府一直鼓励国内钢铁工业发展，并制定了一系列政策法规。2018 年，印度成为第二大粗钢生产国。2019 年，印度成为第二大成品钢消费国。2021 年，印度的钢铁出口额位居世界第八。总的来说，印度因其优越的地理位置和经济规模，钢铁工业具有巨大的发展潜力。

2010～2021 年印度钢铁产品 RCA 指数如表 10 所示。印度具备出口竞争比较优势的产品是 HS7202（铁合金）、HS7222（不锈钢其他条、杆，不锈钢角材、型材及异型材）、HS7223（不锈钢丝）、HS7303（铸铁管及空心异型材）、HS7325（其他钢铁铸造制品）。印度拥有丰富的铁矿石和其他金属矿产资源，为其生产高质量的铁合金和不锈钢保障了稳定的原材料供应。

表 10　2010~2021 年印度钢铁产品 RCA 指数

HS 代码	2010 年	2015 年	2020 年	2021 年	HS 代码	2010 年	2015 年	2020 年	2021 年
HS7201	2.96	1.83	1.06	2.09	HS7229	0.12	0.15	0.14	0.22
HS7202	3.62	2.98	2.23	2.63	HS7301	0.23	0.17	0.16	0.20
HS7203	0.77	1.60	3.21	2.38	HS7302	0.69	0.35	0.66	0.39
HS7204	0.01	0.01	0.01	0.01	HS7303	3.15	3.65	4.02	2.93
HS7205	0.37	0.40	2.62	3.19	HS7304	0.71	0.59	0.47	0.53
HS7206	0.56	0.60	0.06	4.09	HS7305	9.70	3.09	3.66	2.03
HS7207	0.41	0.79	4.02	2.52	HS7306	0.59	0.85	0.74	0.74
HS7208	0.70	0.92	2.67	2.20	HS7307	0.91	1.35	1.02	1.14
HS7209	1.10	1.14	0.76	1.45	HS7308	0.58	0.97	0.71	0.62
HS7210	1.46	1.42	0.58	1.04	HS7309	1.21	0.32	0.28	0.28
HS7211	0.48	0.49	0.45	0.78	HS7310	0.29	0.38	0.36	0.36
HS7212	0.48	0.65	0.23	0.26	HS7311	1.18	1.61	0.64	0.75
HS7213	0.42	0.32	0.62	1.09	HS7312	0.47	0.54	0.58	0.55
HS7214	0.09	0.15	0.47	0.84	HS7313	0.09	0.24	0.08	0.05
HS7215	0.40	0.82	1.18	0.93	HS7314	0.11	0.18	0.15	0.13
HS7216	0.11	0.17	0.24	0.25	HS7315	0.28	0.35	0.33	0.32
HS7217	0.19	0.21	0.20	0.26	HS7316	0.36	0.59	2.46	3.23
HS7218	0.21	0.21	0.19	0.17	HS7317	0.09	0.44	0.40	0.48
HS7219	0.23	0.75	0.56	0.50	HS7318	0.54	0.77	0.45	0.47
HS7220	0.83	1.56	0.75	0.70	HS7319	0.88	1.31	1.10	1.22
HS7221	2.71	2.19	2.05	1.78	HS7320	0.36	0.37	0.34	0.35
HS7222	4.14	5.75	4.30	4.20	HS7321	0.04	0.06	0.07	0.06
HS7223	5.17	5.82	4.83	4.91	HS7322	0.05	0.03	0.01	0.01
HS7224	0.36	0.15	0.56	0.13	HS7323	3.02	2.39	1.16	1.05
HS7225	0.06	0.21	0.10	0.08	HS7324	0.24	0.16	0.09	0.08
HS7226	0.47	0.74	0.15	0.20	HS7325	4.61	7.41	5.79	4.63
HS7227	0.05	0.02	0.27	1.42	HS7326	0.58	0.98	0.63	0.61
HS7228	0.25	0.15	0.20	0.36					

数据来源：联合国商品贸易统计数据库，https：//comtradeplus. un. org/。

（二）美洲代表国家

美洲选取了北美洲的三个国家，即美国、加拿大和墨西哥，以及南美洲的巴西。其进出口额趋势如图 7 所示。2010~2021 年美国的钢铁进口额和出口额波动幅度均较大，其中 2011~2020 年出口额总体呈下降趋势，2021 年小幅回升。加拿大、墨西哥的钢铁进口额和出口额变动情况类似。巴西的钢铁进口额总体呈现下降趋势，出口额变动较小。2021 年以上这些国家的进出口额均有增长。

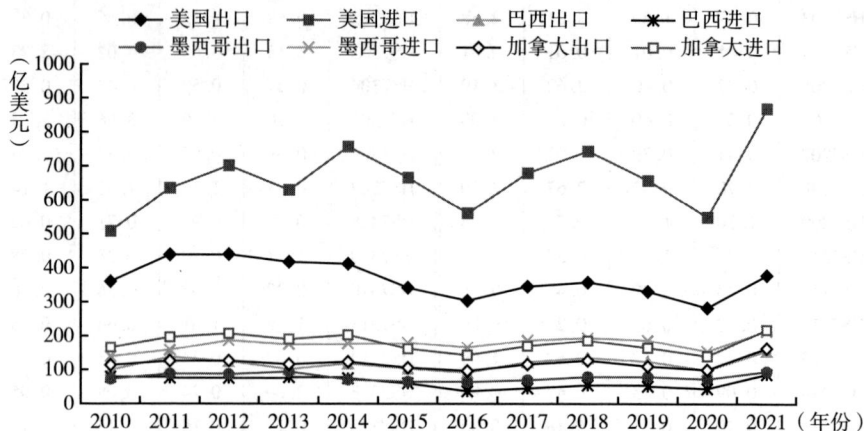

图7　2010~2021 年美洲代表国家钢铁进出口贸易额

数据来源：联合国商品贸易统计数据库，https：//comtradeplus.un.org/。

1. 美国

美国钢铁产能相对较少，进口量远大于出口量，进口依赖度较高。近年来，美国钢铁贸易政策的变化是影响该国钢铁进出口的主要因素之一，这些政策变化得到了美国国内钢铁企业的支持，企业认为这些政策有助于减少不公平进口，从而促进了国内钢铁工业的发展。2020 年，疫情对美国钢铁市场造成冲击，国内钢材需求量下降。同时在贸易政策的相互影响下，进口量进一步下降，美国国内钢铁企业因此重启部分闲置的产能，一些公司开始投资新建产能。

虽然美国钢铁工业在一定程度上受益于贸易保护主义政策，并且美国在推动这些政策继续实施，但有些专家认为通过关税过度保护产业的做法并不明智，美国钢铁工业需要重组和创新，利用现有技术提高产业竞争力，同时要考虑下游企业的相关利益，因为事实上是这些企业在承担高关税的成本。

2010~2021 年美国钢铁产品 RCA 指数如表 11 所示。美国具备显著出口竞争比较优势的产品是 HS7204（有色金属废碎料、废钢或铁锭重熔）、

HS7205（生铁、镜铁及钢铁的颗粒和粉末）、HS7206［铁和非合金钢锭中的其他主要形式（除 HS7203）］、HS7311（装压缩气体或液化气体用的钢铁容器）、HS7316（钢铁锚、多爪锚及其零件）、HS7318［钢铁制的螺钉、螺栓、螺母、方头螺钉、钩头螺钉、铆钉、销、开尾销、垫圈（包括弹簧垫圈）及类似品］、HS7322［非电热的钢铁制集中供暖用散热器及其零件；非电热的钢铁制空气加热器、暖气分布器（包括可分布新鲜空气或调节空气的）及其零件，装有电动风扇或鼓风机］。美国属于钢铁贸易大国，废旧金属回收体系成熟。同时，美国的钢铁容器生产技术和设备相对成熟，出口的钢铁容器多用于气体的包装和运输，如医疗用氧气、液化气体等，此类容器具有较高的耐腐蚀性能和密封性能。美国钢铁企业在钢铁生产和加工方面技术领先，能够确保散热器具有良好的耐久性，这些材料经过精确的成分控制和热处理，能够满足不同环境和应用的散热处理需求。

表 11　2010～2021 年美国钢铁产品 RCA 指数

HS 代码	2010 年	2015 年	2020 年	2021 年	HS 代码	2010 年	2015 年	2020 年	2021 年
HS7201	0.06	0.12	0.01	0.05	HS7219	0.68	0.93	0.47	0.42
HS7202	0.17	0.17	0.13	0.16	HS7220	1.09	1.41	1.57	1.30
HS7203	0.04	0.03	3.65	1.82	HS7221	0.38	0.21	0.16	0.13
HS7204	3.30	2.61	3.24	3.36	HS7222	0.82	1.11	1.16	1.06
HS7205	2.09	2.27	2.04	2.12	HS7223	0.80	1.10	1.29	1.23
HS7206	3.67	2.04	2.53	1.54	HS7224	0.63	0.81	0.78	0.55
HS7207	0.19	0.04	0.04	0.05	HS7225	0.86	0.81	0.88	0.91
HS7208	0.55	0.61	0.55	0.56	HS7226	1.05	1.76	1.47	1.43
HS7209	0.43	0.67	0.54	0.58	HS7227	0.20	0.13	0.14	0.17
HS7210	0.58	0.51	0.48	0.46	HS7228	1.10	0.48	0.83	0.92
HS7211	1.55	1.97	1.56	1.91	HS7229	0.75	0.81	0.50	0.47
HS7212	1.16	1.44	1.33	1.08	HS7301	1.32	1.14	0.71	0.66
HS7213	0.27	0.21	0.16	0.13	HS7302	0.99	1.37	1.52	1.83
HS7214	0.59	0.53	0.36	0.46	HS7303	1.58	0.71	0.52	0.71
HS7215	0.76	0.83	0.94	0.96	HS7304	1.16	1.11	0.73	0.69
HS7216	0.94	0.78	0.69	0.70	HS7305	0.66	0.44	0.47	0.73
HS7217	0.54	0.48	0.36	0.30	HS7306	1.22	1.35	0.95	1.01
HS7218	0.92	1.89	0.53	0.39	HS7307	1.85	1.75	1.79	1.93

续表

HS 代码	2010 年	2015 年	2020 年	2021 年	HS 代码	2010 年	2015 年	2020 年	2021 年
HS7308	0.63	0.54	0.41	0.46	HS7318	1.62	2.00	2.07	2.10
HS7309	1.35	1.73	1.43	1.52	HS7319	1.85	0.86	1.39	1.62
HS7310	1.34	1.63	1.96	2.25	HS7320	1.55	1.96	2.02	2.18
HS7311	1.31	1.99	2.14	2.04	HS7321	0.86	0.82	0.80	0.95
HS7312	0.77	0.89	0.86	0.83	HS7322	1.68	2.15	2.43	2.73
HS7313	1.16	0.43	0.28	0.23	HS7323	0.46	0.41	0.36	0.37
HS7314	0.70	0.63	0.49	0.50	HS7324	0.85	0.55	0.58	0.50
HS7315	1.13	1.28	1.43	1.38	HS7325	0.92	0.95	0.70	0.70
HS7316	1.32	1.43	2.71	3.63	HS7326	1.45	1.68	1.73	1.86
HS7317	0.44	0.37	0.41	0.35					

数据来源：联合国商品贸易统计数据库，https：//comtradeplus.un.org/。

2. 加拿大

加拿大的钢铁工业历史可以追溯到 19 世纪末期，主要集中在魁北克省和安大略省。20 世纪初，加拿大钢铁工业发展迅速，成为全球领先的钢铁生产国之一。二战期间，加拿大的钢铁工业主要为美国等国家生产战争物资。战后，加拿大的钢铁工业继续发展壮大，并成为加拿大的重要经济支柱之一。2010~2021 年，加拿大的钢铁贸易一直处于逆差状态。由于全球钢铁市场产能过剩和环保要求，加拿大钢铁工业受到了严重冲击，政府采取了一系列措施推动本国钢铁工业的可持续发展。

2010~2021 年加拿大钢铁产品 RCA 指数如表 12 所示。加拿大具备出口竞争比较优势的产品是 HS7204（有色金属废碎料、废钢或铁锭重熔）、HS7205（生铁、镜铁及钢铁的颗粒和粉末）、HS7215（铁及非合金钢的其他条、杆）、HS7227（不规则盘卷的其他合金钢热轧条、杆）、HS7306［其他钢铁管及空心异型材（例如，辊缝、焊、铆及类似方法接合的）］、HS7309［盛装物料用的钢铁囤、柜、罐、桶及类似容器（装压缩气体或液化气体的除外），容积超过 300 升，不论是否衬里或隔热，但无机械或热力装置］、HS7322［非电热的钢铁制集中供暖用散热器及其零件；非电热的钢铁制空气加热器、暖气分布器（包括可分布新鲜空气或调节空气的）及其零件，装有电动风扇或鼓风机］。加拿大和美国在具备出口竞争比较优势的钢铁产品方面有很多共同点。加拿大地广人稀，为了满足国内能源需求，其石油和天然气资源需要通过管道从境内输送，因此，加拿大生产和出口大量管道钢材，这些钢材可以在长距离高压条件下使用，并得到国际市场认可。此外，加拿大还生产和出口特殊钢材，如合金钢、电工钢，在高端市场中具有一定的竞争优势。

表 12　2010~2021 年加拿大钢铁产品 RCA 指数

HS 代码	2010 年	2015 年	2020 年	2021 年	HS 代码	2010 年	2015 年	2020 年	2021 年
HS7201	0.75	0.11	0.40	0.39	HS7229	0.24	0.26	0.95	0.82
HS7202	0.54	0.92	0.81	0.59	HS7301	0.14	0.34	0.13	0.11
HS7203	0.00	0.03	0.01	0.24	HS7302	1.23	1.12	0.40	0.29
HS7204	1.89	2.03	2.79	2.41	HS7303	0.04	0.11	0.08	0.08
HS7205	2.44	3.13	2.66	2.70	HS7304	0.82	0.43	0.18	0.23
HS7206	0.15	0.09	0.35	0.08	HS7305	0.79	2.44	0.51	0.40
HS7207	1.69	0.28	0.19	0.38	HS7306	2.42	2.32	2.10	2.32
HS7208	0.98	1.13	1.14	1.78	HS7307	0.60	0.57	0.45	0.38
HS7209	0.53	0.91	1.48	1.51	HS7308	1.14	1.16	1.55	1.32
HS7210	0.91	1.20	1.24	0.95	HS7309	2.13	2.12	2.14	1.74
HS7211	0.51	1.80	1.17	2.10	HS7310	0.86	0.65	0.51	0.44
HS7212	0.37	0.59	0.56	0.52	HS7311	0.69	0.45	0.37	0.29
HS7213	1.47	1.69	0.98	0.89	HS7312	0.99	1.10	0.78	0.46
HS7214	0.51	0.61	0.40	0.42	HS7313	0.03	0.11	0.07	0.06
HS7215	2.51	2.77	1.65	1.39	HS7314	0.39	0.54	0.88	0.80
HS7216	0.38	0.76	0.57	0.64	HS7315	0.45	0.86	0.46	0.37
HS7217	1.56	1.81	1.31	1.20	HS7316	0.83	0.92	0.78	0.82
HS7218	0.02	0.77	0.58	0.52	HS7317	0.86	0.93	1.12	1.06
HS7219	0.04	0.03	0.03	0.03	HS7318	0.71	0.75	0.69	0.61
HS7220	0.04	0.11	0.12	0.11	HS7319	0.31	0.21	0.18	0.14
HS7221	0.04	0.04	0.03	0.02	HS7320	1.61	1.60	1.37	1.22
HS7222	0.11	0.11	0.08	0.07	HS7321	1.29	0.99	1.06	0.99
HS7223	0.83	0.76	0.42	0.33	HS7322	1.56	2.28	1.78	2.04
HS7224	2.29	0.95	1.17	1.45	HS7323	0.21	0.14	0.12	0.10
HS7225	0.95	0.95	1.12	1.12	HS7324	0.39	0.39	0.45	0.26
HS7226	1.18	1.07	0.91	1.07	HS7325	0.44	0.51	0.55	0.38
HS7227	1.98	1.03	2.33	2.22	HS7326	1.05	0.95	0.93	0.82
HS7228	1.80	1.10	1.19	1.36					

数据来源：联合国商品贸易统计数据库，https://comtradeplus.un.org/。

3. 墨西哥

墨西哥的钢铁贸易以进口为主，进口依存度较高。墨西哥的进口来源比较多样化，主要的进口伙伴国包括中国、美国和巴西。该国钢材出口地主要分布在美洲地区。2020 年，墨西哥钢材出口量达到 530 万吨，长材出口量达 170 万吨，其中对美国的长材出口量占该国总长材出口量的 59%①。此外，墨西哥与多个国家和地区签署了自由贸易协定，如美国-墨西哥-加拿大协定（The United States-Mexico-Canada Agreement，UNMCA）代替了之前的北美自由贸易协定（North American Free Trade Agreement，NAFTA），这为该国的钢铁贸易提供了一定的便利和机会。

4. 巴西

巴西是世界第七大经济体，也是拉丁美洲最大的经济体。由于其丰富的矿产资源，尤其是铁矿石供应充足，该国的钢铁工业布局主要集中在内陆资源丰富的地区。2021 年巴西钢铁进口量为 603 万吨，出口量为 1552 万吨。

（三）欧洲代表国家

欧洲国家选取了德国、英国、俄罗斯、法国、土耳其、意大利，各国的进出口贸易额变动如图 8 所示。

1. 德国

德国是欧洲最大的钢铁生产国之一，钢铁工业历史悠久，自 19 世纪末期以来一直蓬勃发展。目前，德国钢铁工业主要分布在西部地区，其中柏林和汉堡是德国最重要的钢铁生产基地。德国钢铁工业特点如下：一是生产区域集中，经过长期整合，德国钢铁工业区域化生产具有原料、物流及市场优势，其中的代表性企业德国蒂森克虏伯集团是全球最大的钢铁企业之一；二是环保型生产，德国钢铁工业注重环保，采用了先进的生产工艺和设备，通过技术创新和环保投入，实现了生产过程中的节能减排；三是以高品质和高精度著称，特别是在汽车、机械和建筑业等领域，德国钢铁产品的质量和性

① 《【国际动态】墨西哥长材市场稳定运行 需求结构变化不大》，"搜狐网"，2022 年 1 月 26 日，https://www.sohu.com/a/519225520_313737。

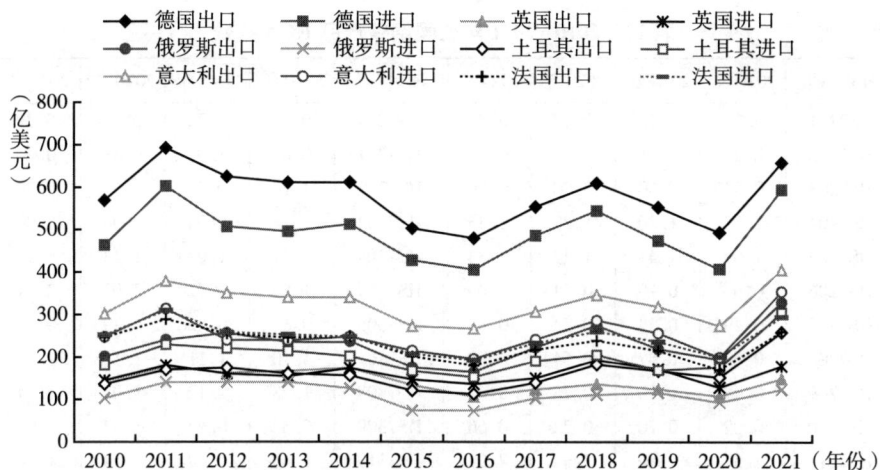

图8　2010~2021 年欧洲代表国家钢铁进出口贸易额

数据来源：联合国商品贸易统计数据库，https：//comtradeplus.un.org/。

能得到了全球认可。

　　德国作为世界钢铁出口大国，2010~2021 年出口始终大于进口，2021 年德国钢铁进口量和出口量均位居世界第四。

　　2010~2021 年德国钢铁产品 RCA 指数如表 13 所示。德国具备出口竞争比较优势的产品是 HS7211（宽度<600 毫米的铁或非合金钢平板轧材，但未经包覆、镀层或涂层）、HS7212（宽度<600 毫米的铁或非合金钢平板轧材，经包覆、镀层或涂层）、HS7226（其他合金钢平板轧材，宽度<600 毫米）、HS7320（钢铁制弹簧及弹簧片）。德国具有出口竞争力的钢铁产品是小尺寸平板轧材，日韩两国则是大尺寸平板轧材。德国在冶金、制造和加工技术上处于世界领先水平，在小尺寸平板轧材的生产过程中采用了精细化的制造工艺流程，生产出来的产品精度高、表面光洁，并能够满足复杂加工要求。先进的工业技术以及强大的创新能力使德国生产的钢铁产品性能和耐久性得到国际市场的认可，该国生产的钢铁制弹簧可广泛应用于航空航天和机械制造等行业。

表 13　2010~2021 年德国钢铁产品 RCA 指数

HS 代码	2010 年	2015 年	2020 年	2021 年	HS 代码	2010 年	2015 年	2020 年	2021 年
HS7201	0.21	0.18	0.27	0.25	HS7229	0.59	0.76	0.83	0.79
HS7202	0.25	0.18	0.10	0.13	HS7301	0.61	1.07	0.43	0.44
HS7203	0.04	0.00	0.00	0.00	HS7302	1.20	0.56	0.78	0.79
HS7204	1.25	1.40	1.28	1.35	HS7303	1.28	0.94	0.98	1.00
HS7205	1.09	1.41	1.22	1.34	HS7304	1.17	1.07	1.13	1.29
HS7206	0.06	0.10	0.54	0.49	HS7305	1.50	1.72	2.02	2.71
HS7207	0.49	0.53	0.34	0.38	HS7306	0.81	0.82	0.79	0.77
HS7208	0.50	0.67	0.64	0.60	HS7307	1.10	1.11	1.15	1.30
HS7209	0.47	0.50	0.75	0.62	HS7308	1.28	1.12	1.03	1.14
HS7210	0.87	0.70	0.72	0.66	HS7309	0.82	0.97	1.02	1.09
HS7211	2.57	2.86	2.92	2.97	HS7310	1.45	1.18	1.14	1.24
HS7212	2.27	2.19	1.94	1.62	HS7311	1.05	0.63	0.61	0.66
HS7213	1.33	1.64	1.06	1.19	HS7312	0.84	0.77	0.88	0.84
HS7214	0.54	0.55	0.50	0.56	HS7313	0.08	0.08	0.03	0.03
HS7215	1.02	1.15	1.26	1.28	HS7314	1.70	1.33	1.11	1.19
HS7216	1.09	1.23	1.35	1.46	HS7315	1.68	1.82	2.09	2.09
HS7217	0.98	0.88	0.67	0.67	HS7316	0.14	0.07	0.13	0.18
HS7218	0.35	0.47	0.23	0.13	HS7317	0.58	0.45	0.45	0.47
HS7219	0.71	0.44	0.43	0.44	HS7318	1.79	1.87	2.00	2.14
HS7220	1.55	1.83	1.64	1.61	HS7319	0.56	0.57	0.59	0.50
HS7221	0.12	0.13	0.10	0.10	HS7320	2.72	2.58	2.70	2.93
HS7222	1.46	1.54	1.66	1.62	HS7321	0.39	0.37	0.35	0.37
HS7223	0.79	0.81	0.92	0.92	HS7322	1.28	1.07	0.97	1.11
HS7224	0.74	0.86	1.25	0.85	HS7323	0.72	0.58	0.56	0.59
HS7225	1.17	1.04	1.19	1.14	HS7324	1.63	1.32	1.15	1.09
HS7226	2.62	3.23	2.85	3.04	HS7325	1.11	1.22	1.05	1.11
HS7227	0.98	0.67	1.06	1.34	HS7326	1.27	1.19	1.16	1.22
HS7228	1.28	0.69	1.50	1.54					

数据来源：联合国商品贸易统计数据库，https：//comtradeplus.un.org/。

2. 英国

英国曾经是欧洲最重要的钢铁生产国之一，但自 20 世纪 80 年代以来，随着全球化的不断发展和技术的不断进步，以及中国和印度等亚洲国家钢铁工业的迅速发展，英国钢铁工业逐渐走向衰落。目前，英国钢铁工业已经成为一个小型而集中的产业，主要分布在英格兰南部和苏格兰地区。英国长期以来是全球主要的钢铁出口国之一，但近年来受限于国内市场需求和环保要求的提高，英国钢铁贸易逆差增大，国内钢铁产业竞争力下降，不再具有先前的技术领先优势。

2010~2021年英国钢铁产品RCA指数如表14所示。英国具备出口竞争比较优势的产品是HS7204（有色金属废碎料、废钢或铁锭重熔）、HS7218（不锈钢，锭状或其他初级形状的不锈钢半成品）、HS7316（钢铁锚、多爪锚及其零件）。英国的钢铁企业拥有领先的技术研发能力，并独立自主开发出适合各种不同环境的不锈钢产品，如高温、低温、海水环境等。英国从业人员技能水平高，尤其是在工艺流程优化方面。这就使得英国生产的不锈钢在化学成分、物理性能和机械性能方面具有优越性，在国际市场上具有出口竞争力。

表14　2010~2021年英国钢铁产品RCA指数

HS代码	2010年	2015年	2020年	2021年	HS代码	2010年	2015年	2020年	2021年
HS7201	0.06	0.04	0.03	0.01	HS7222	1.53	1.57	1.45	1.21
HS7202	0.63	0.48	0.36	0.52	HS7223	0.42	0.34	0.52	0.46
HS7203	0.02	0.06	0.21	0.09	HS7224	0.66	0.69	1.04	0.95
HS7204	2.98	3.63	3.75	4.52	HS7225	0.35	0.15	0.54	0.94
HS7205	1.67	1.90	2.10	1.89	HS7226	1.22	1.22	0.69	0.84
HS7206	1.17	3.72	1.82	1.49	HS7227	0.25	0.28	0.62	0.68
HS7207	0.73	2.68	0.76	0.45	HS7228	1.25	0.54	0.82	0.70
HS7208	0.55	0.57	0.49	0.35	HS7229	0.91	0.30	0.50	0.66
HS7209	0.57	0.71	0.22	0.25	HS7301	0.60	1.15	1.24	0.98
HS7210	0.60	0.59	0.57	0.30	HS7302	1.04	1.83	1.32	1.21
HS7211	0.61	0.47	0.42	0.18	HS7303	0.88	1.03	0.39	0.49
HS7212	1.28	0.93	1.04	0.86	HS7304	0.92	1.07	0.80	0.91
HS7213	2.21	2.11	1.61	1.17	HS7305	0.63	1.01	2.51	2.38
HS7214	0.81	0.69	0.45	0.30	HS7306	0.87	0.76	0.84	0.82
HS7215	1.90	1.92	2.22	1.17	HS7307	1.58	1.84	1.44	1.43
HS7216	0.94	0.93	1.21	0.82	HS7308	0.96	0.64	0.94	1.04
HS7217	0.77	0.74	0.32	0.36	HS7309	1.07	1.45	1.57	1.76
HS7218	15.75	14.15	6.53	7.03	HS7310	1.66	1.45	2.19	2.03
HS7219	0.12	0.11	0.07	0.06	HS7311	1.37	0.96	1.16	1.05
HS7220	0.21	0.25	0.32	0.24	HS7312	1.33	1.33	1.08	1.48
HS7221	1.56	1.38	1.23	1.44	HS7313	2.03	1.88	0.58	0.23

HS 代码	2010 年	2015 年	2020 年	2021 年	HS 代码	2010 年	2015 年	2020 年	2021 年
HS7314	1.08	0.97	0.94	0.71	HS7321	0.49	0.67	0.47	0.42
HS7315	1.06	0.85	0.83	0.70	HS7322	0.98	1.17	1.16	0.95
HS7316	2.43	2.40	1.67	1.78	HS7323	0.29	0.27	0.47	0.25
HS7317	0.36	0.24	0.21	0.22	HS7324	0.61	0.66	0.58	0.45
HS7318	0.89	1.07	1.14	1.14	HS7325	1.23	0.99	0.81	1.23
HS7319	0.93	1.45	1.96	0.86	HS7326	1.01	1.06	1.22	1.34
HS7320	0.90	1.16	1.10	0.99					

数据来源：联合国商品贸易统计数据库，https：//comtradeplus.un.org/。

3. 俄罗斯

俄罗斯钢铁工业是该国国民经济的重要支柱之一，其钢铁产量和出口量都占据全球重要地位。俄罗斯钢铁工业起源于 20 世纪初，经过多年的发展，目前已经形成以莫斯科地区为中心，沿伏尔加河流域分布的钢铁工业带。俄罗斯钢铁工业的主要特点是规模庞大，但生产效率和技术水平相对较低。尽管如此，俄罗斯钢铁工业仍然是俄罗斯经济发展的重要支撑，为国内基础设施建设、汽车制造、船舶制造等领域提供了重要的原材料支持。俄罗斯钢铁企业拥有丰富的原料资源和先进的生产工艺，如烧结、球团、炼铁、炼钢、轧钢等生产线。

作为世界上主要的钢铁出口国，俄罗斯的出口量约占其年总产量的一半，目前俄罗斯正在积极推进钢铁产业升级和技术创新，以满足全球高端钢材的进口需求，进而提高其在国际市场上的竞争力和市场份额。

2010~2021 年俄罗斯钢铁产品 RCA 指数如表 15 所示。俄罗斯具备出口竞争比较优势的产品是 HS7201（生铁及镜铁，锭、块或其他初级形状）、HS7203（通过直接还原铁矿石和其他海绵状亚铁产品获得的铁制品，具有最小纯度为 99.94% 的铁块，以块状、颗粒或类似形状）、HS7207（铁及非合金钢的半制成品）。俄罗斯作为世界上最大的铁矿石生产国之一，拥有丰富的资源，其直接还原法生产的铁制品具有可靠的货源保障。俄罗斯生产的一些钢铁产品具有较高的纯度和强度，在建筑、机械等行业中得到广泛应用。铁和非合金钢半制成品在生产过程中消耗的能源和使用的设备等成本相对较低，俄罗斯在该产品的出口方面也具有竞争力。

表15　2010~2021年俄罗斯钢铁产品RCA指数

HS代码	2010年	2015年	2020年	2021年	HS代码	2010年	2015年	2020年	2021年
HS7201	9.48	12.91	8.99	7.94	HS7229	0.05	0.07	0.95	1.14
HS7202	1.70	2.12	1.13	1.10	HS7301	0.04	0.27	0.10	0.13
HS7203	9.44	11.70	15.79	12.61	HS7302	0.94	1.17	1.86	1.18
HS7204	0.76	1.57	1.26	0.91	HS7303	0.42	0.14	0.20	0.14
HS7205	0.21	0.32	0.37	0.30	HS7304	0.42	0.62	1.22	0.99
HS7206	0.38	0.06	0.06	0.02	HS7305	0.57	0.71	3.25	2.17
HS7207	7.30	9.30	7.15	6.71	HS7306	0.21	0.56	0.77	0.73
HS7208	1.79	1.91	1.95	1.99	HS7307	0.06	0.13	0.14	0.10
HS7209	1.42	1.65	1.08	0.87	HS7308	0.11	0.41	0.34	0.32
HS7210	0.19	0.29	0.44	0.44	HS7309	0.07	0.29	0.58	0.36
HS7211	0.99	0.91	0.53	0.52	HS7310	0.10	0.13	0.14	0.14
HS7212	0.13	0.21	0.23	0.20	HS7311	0.20	0.18	0.27	0.14
HS7213	1.00	0.92	1.31	1.71	HS7312	0.13	0.29	0.33	0.35
HS7214	0.75	1.37	1.96	1.28	HS7313	0.14	0.38	0.15	0.15
HS7215	2.15	1.68	0.76	1.27	HS7314	0.04	0.09	0.14	0.12
HS7216	0.30	0.96	0.98	0.75	HS7315	0.05	0.06	0.09	0.09
HS7217	0.37	0.67	0.66	0.62	HS7316	0.02	0.01	0.06	0.00
HS7218	0.03	0.06	0.01	0.00	HS7317	0.16	0.32	0.17	0.16
HS7219	0.01	0.04	0.05	0.03	HS7318	0.06	0.07	0.08	0.07
HS7220	0.05	0.02	0.02	0.03	HS7319	0.00	0.02	0.04	0.03
HS7221	0.00	0.00	0.00	0.00	HS7320	0.20	0.10	0.14	0.14
HS7222	0.10	0.05	0.11	0.06	HS7321	0.01	0.04	0.06	0.06
HS7223	0.02	0.02	0.05	0.05	HS7322	0.04	0.16	0.36	0.38
HS7224	2.13	3.22	2.48	4.17	HS7323	0.05	0.11	0.11	0.11
HS7225	0.92	0.81	0.57	0.51	HS7324	0.03	0.11	0.10	0.09
HS7226	1.52	1.14	0.64	0.48	HS7325	0.07	0.10	0.11	0.11
HS7227	0.06	0.09	0.19	0.42	HS7326	0.13	0.16	0.15	0.15
HS7228	1.21	0.74	1.27	1.18					

数据来源：联合国商品贸易统计数据库，https://comtradeplus.un.org/。

4. 法国

法国钢铁工业主要分布在法国东部和南部地区，该国的钢铁工艺和技术都处于欧洲领先地位，特别是在高品质钢铁产品生产方面。从贸易额来看，法国钢铁贸易长期处于逆差状态，但整体贸易额和贸易量都较大。2022年2月4日，法国环境与能源管理局公布了《钢铁计划》，计划使用56亿欧元实现工业脱碳。为实现这个目标，法国政府采取了一系列措施。首先，政府鼓励企业加大对清洁能源技术的投资，并给予税收优惠等政策支持。其次，政府推动煤炭、石油等传统能源的替代品的开发和使用，如发展可再生能源、推广电动汽车等。此外，政府还加强与欧盟的合作，共同推动全球范围内的清洁能源技术的发展。

2010~2021年法国钢铁产品RCA指数如表16所示。法国具备出口竞争比较优势的产品是HS7221（不规则盘卷的不锈钢热轧条、杆）、HS7224（其他合金钢锭或其他初级形状，其他合金钢制的半制成品）、HS7225（其他合金钢平板轧材，宽度≥600毫米）。不规则盘卷的不锈钢热轧条、杆是一种广泛应用于建筑、船舶、汽车等领域的重要材料，法国在冶金和钢铁制造领域具有悠久历史，生产和制造不锈钢、合金钢等材料的技术成熟，同时法国企业注重技术创新，具备出口大量的高品质、高性能的钢材的能力。

表16　2010~2021年法国钢铁产品RCA指数

HS代码	2010年	2015年	2020年	2021年	HS代码	2010年	2015年	2020年	2021年
HS7201	0.18	0.33	0.54	0.52	HS7210	1.10	1.25	1.26	1.20
HS7202	0.31	0.41	0.31	0.39	HS7211	1.04	0.92	0.76	0.57
HS7203	0.13	0.19	0.11	0.14	HS7212	0.93	1.15	1.18	0.77
HS7204	1.58	1.77	2.00	2.14	HS7213	0.93	1.08	0.67	0.98
HS7205	0.23	0.30	0.32	0.29	HS7214	0.62	0.86	0.77	0.86
HS7206	0.41	0.56	1.17	1.64	HS7215	1.05	1.28	1.99	1.88
HS7207	0.71	0.45	0.60	0.52	HS7216	0.30	0.37	0.49	0.50
HS7208	0.58	1.57	1.34	1.27	HS7217	1.19	1.35	0.87	0.82
HS7209	0.43	0.48	0.42	0.43	HS7218	0.89	1.22	0.64	0.42

HS 代码	2010 年	2015 年	2020 年	2021 年	HS 代码	2010 年	2015 年	2020 年	2021 年
HS7219	0.90	1.12	1.14	1.02	HS7309	0.68	0.71	0.70	0.75
HS7220	1.70	1.98	1.89	1.74	HS7310	1.10	0.87	1.20	0.97
HS7221	2.84	3.60	3.70	3.54	HS7311	1.00	0.70	0.70	0.48
HS7222	1.55	1.82	2.05	2.09	HS7312	1.01	0.81	0.63	0.65
HS7223	1.11	1.45	1.38	1.38	HS7313	1.10	0.22	0.15	0.07
HS7224	4.40	2.81	3.13	2.21	HS7314	0.65	0.49	0.42	0.42
HS7225	3.80	1.84	2.13	2.00	HS7315	1.18	0.99	0.94	0.88
HS7226	2.04	2.11	2.98	2.55	HS7316	0.46	0.35	0.49	0.55
HS7227	0.74	0.30	0.50	0.56	HS7317	0.35	0.23	0.32	0.26
HS7228	1.49	0.57	0.89	0.93	HS7318	1.15	1.12	1.24	1.05
HS7229	0.26	0.37	0.32	0.37	HS7319	0.21	0.22	0.50	0.31
HS7301	0.19	0.17	0.19	0.15	HS7320	1.14	0.92	0.89	0.86
HS7302	0.35	0.45	0.79	1.88	HS7321	0.54	0.37	0.35	0.31
HS7303	0.00	0.00	0.00	5.18	HS7322	0.34	0.20	0.29	0.37
HS7304	1.21	1.44	1.41	0.99	HS7323	0.88	0.80	0.73	0.72
HS7305	0.90	2.43	0.14	1.01	HS7324	0.22	0.13	0.17	0.18
HS7306	0.54	0.38	0.34	0.30	HS7325	0.73	0.55	0.81	2.32
HS7307	0.60	0.55	0.73	0.68	HS7326	1.19	1.07	1.21	1.07
HS7308	0.60	0.41	0.37	0.38					

数据来源：联合国商品贸易统计数据库，https：//comtradeplus.un.org/。

5. 土耳其

近年来，土耳其钢铁产量不断增长，钢铁工业产品结构具有多元化特征，生产设备先进。土耳其钢铁进口主要来自中国、印度、巴西等国家，出口主要目的地包括欧盟、美国、中国等国家和地区，贸易结构多样，包括成品钢材、钢铁原料、钢铁制品等各种类型。其中成品钢材是土耳其钢铁贸易的主要类型，约占出口总额80%。

由于土耳其里拉自2021年底开始持续贬值，作为世界上最大的废钢进口国，土耳其每年进口约2500万吨的废钢，交易大多以美元结算，因此里拉的贬值致使土耳其废钢进口成本进一步增加。

6. 意大利

意大利钢铁工业属于欧洲规模较大的工业体系,成立于 19 世纪初。作为钢铁贸易大国,2021 年意大利钢铁产品的进口额和出口额均位列世界第四。但近年来,由于欧洲钢铁行业的竞争加剧和经营困难,意大利钢铁工业面临了一些挑战,包括生产成本高、市场需求下降、贸易保护主义等。不过,意大利政府一直在支持本国钢铁工业的发展,采取了一系列措施,包括减少税收、提供财政支持等,以鼓励钢铁行业的复苏和技术创新。

(四)非洲代表国家

鉴于非洲钢铁产量和贸易量在世界范围内较小,仅选取南非作为代表国家。2010~2021 年南非的钢铁进出口贸易额变动如图 9 所示,2010~2020 年该国钢铁出口额整体上波动下降,进口额变动幅度较小,2021 年进出口额均有明显增长。

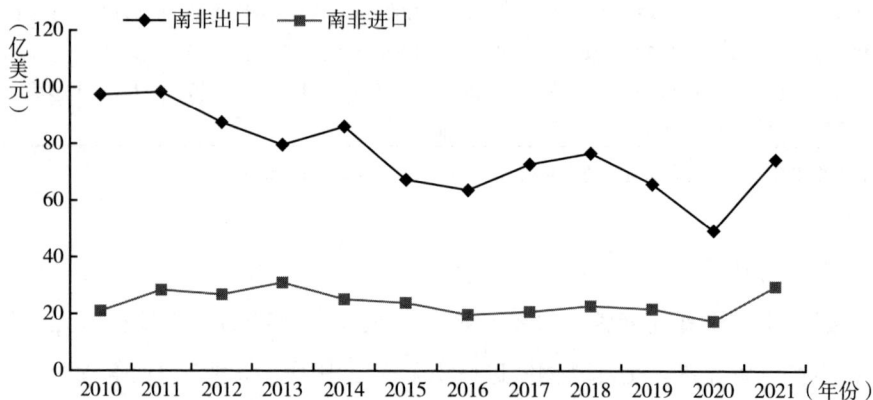

图 9　2010~2021 年南非钢铁进出口贸易额

数据来源:联合国商品贸易统计数据库,https://comtradeplus.un.org/。

作为非洲最大的钢铁生产国之一,南非钢铁产量在非洲地区处于领先地位。南非是一个矿产资源十分丰富的国家,拥有世界上可探明的几乎所有矿物,并且许多矿产资源的储量位居世界前列。该国是非洲最大的煤炭生产国，其煤炭产量约占非洲总产量的70%。南非的钢铁贸易出口额大于进口额，但总体贸易呈现下降趋势。

2010~2021年南非钢铁产品RCA指数如表17所示。南非具备出口竞争比较优势的产品是HS7201（生铁及镜铁，锭、块或其他初级形状）、HS7202（铁合金）、HS7313［带刺钢铁丝；围篱用的钢铁绞带或单股扁丝（不论是否带刺）及松绞的双股丝］。南非是一个铁矿资源十分丰富的国家，也是全球最大的铬、锰和钛矿生产国之一，该国的冶炼工业相对发达，这使得出口的钢铁产品价格相对较低。

表17　2010~2021年南非钢铁产品RCA指数

HS代码	2010年	2015年	2020年	2021年	HS代码	2010年	2015年	2020年	2021年
HS7201	3.80	3.86	3.43	3.92	HS7223	0.10	0.10	0.11	0.05
HS7202	11.06	15.31	13.54	13.59	HS7224	0.06	0.01	0.02	0.01
HS7203	0.01	0.49	0.20	0.01	HS7225	0.02	0.02	0.02	0.02
HS7204	0.66	1.04	0.27	0.20	HS7226	0.04	0.02	0.02	0.04
HS7205	1.16	0.86	0.58	0.35	HS7227	0.01	0.01	0.02	0.03
HS7206	0.38	0.20	0.41	0.31	HS7228	0.39	0.10	0.12	0.15
HS7207	0.23	0.24	0.46	0.36	HS7229	0.07	0.15	0.07	0.06
HS7208	0.70	0.74	0.23	0.21	HS7301	0.44	0.58	0.41	0.36
HS7209	0.48	0.14	0.31	0.29	HS7302	0.27	0.28	0.34	0.44
HS7210	0.43	0.44	0.47	0.66	HS7303	0.37	0.41	0.13	0.15
HS7211	0.09	0.10	0.09	0.09	HS7304	0.29	0.34	0.37	0.45
HS7212	0.31	0.12	0.15	0.10	HS7305	0.10	0.04	0.03	0.04
HS7213	0.92	0.45	0.60	0.50	HS7306	0.33	0.32	0.26	0.26
HS7214	0.39	0.51	0.65	0.64	HS7307	0.34	0.35	0.45	0.46
HS7215	0.85	0.78	0.57	0.44	HS7308	0.97	0.63	0.73	0.55
HS7216	0.92	0.64	0.77	0.68	HS7309	0.61	0.81	0.73	0.68
HS7217	0.71	0.62	0.90	1.04	HS7310	2.14	0.99	0.35	0.35
HS7218	0.56	0.08	0.03	0.02	HS7311	0.17	0.34	0.22	0.19
HS7219	1.68	1.72	1.91	1.75	HS7312	0.64	0.70	0.64	0.63
HS7220	0.18	0.37	0.56	0.45	HS7313	5.36	3.81	4.32	3.25
HS7221	0.04	0.04	0.01	0.01	HS7314	0.83	1.20	1.36	1.27
HS7222	0.11	0.12	0.12	0.12	HS7315	0.40	0.41	0.46	0.48

HS 代码	2010 年	2015 年	2020 年	2021 年	HS 代码	2010 年	2015 年	2020 年	2021 年
HS7316	0.66	1.08	0.50	0.56	HS7322	0.05	0.03	0.02	0.09
HS7317	0.23	0.19	0.21	0.24	HS7323	0.24	0.17	0.13	0.14
HS7318	0.18	0.19	0.25	0.23	HS7324	0.42	0.28	0.32	0.28
HS7319	0.26	0.31	0.27	0.26	HS7325	0.35	0.36	0.38	0.37
HS7320	0.14	0.10	0.17	0.14	HS7326	0.31	0.43	0.43	0.50
HS7321	0.10	0.15	0.12	0.17					

数据来源：联合国商品贸易统计数据库，https：//comtradeplus.un.org/。

三 世界钢铁贸易与低碳发展分析

全球钢铁行业正在积极推动低碳发展，主要的方向和措施有以下几类。一是提升能源效率。通过现代化设备、先进的工艺和节能技术，钢铁企业可以降低能源消耗。二是使用可再生能源。如使用太阳能和风能等，替代传统的化石燃料，减少生产过程中温室气体的排放。三是发展和应用碳捕捉与储存技术（Carbon Capture and Storage，CCS）。将钢铁生产过程中产生的二氧化碳捕捉并储存起来，减少其在大气中的释放。四是材料循环利用。通过回收废旧钢铁制品并再利用其原材料，降低对新资源的需求。

2023 年 4 月 25 日，欧盟理事会投票通过了碳边境调节机制（Carbon Border Adjustment Mechanism，CBAM）。在此之前，4 月 18 日欧洲议会通过了此项提案。欧盟理事会的投票通过就意味着碳边境调节机制走完了整个立法程序，正式通过。[①] 碳边境调节机制也可称为"碳关税"，该税收措施旨在为进口到欧盟的产品设置额外的碳排放成本，防止碳泄漏。由于某些国家或地区的环境立法较为宽松，其生产的商品碳排放成本较低，从而可能对欧盟内部的行业竞争造成不公平。碳边境调节机制被视为解决这种不公平竞争

---

① 《刚刚，欧盟理事会通过碳边境调节机制，对中国产业影响几何》，"第一财经"百家号，2023 年 4 月 25 日，https：//baijiahao.baidu.com/s? id=1764152879616870664&wfr=spider&for=pc。

问题的方式。2023 年 4 月，国际能源署（IEA）发布了《净零钢铁行业的排放测量和数据收集》报告，报告为七国集团（G7）提出了具体的政策建议，包括集中精力优先调整现有国际协议、承诺积极参与排放测量方法的修订等。[①]

（一）电炉炼钢量

钢铁行业一直是全球碳排放量较高的行业之一，随着公众环保意识的提升，各国在积极采取措施进行节能减碳。其生产过程中的碳排放主要来自烧结、炼铁、炼钢和轧钢等各个环节，因此采用先进的生产技术，即现代化的高炉和熔炼设备，是实现钢铁行业节能减碳的重要手段之一。现代化的高炉和熔炼设备具有生产效率高、能耗低、碳排放少等特点。例如，采用先进的热风炉技术可以提高燃烧效率，降低燃料消耗；采用自动化控制技术可以提高生产效率和减少工人劳动强度；采用新型熔炼材料可以有效降低熔炼过程中的碳排放等。电炉钢锭产量可以反映出各国钢铁行业低碳发展情况。

电炉炼钢是一种通过电力把废钢铁加热融化，再添加其他元素调整成分的方法制造钢材的工艺。相较于传统的高炉炼钢，电炉炼钢具有以下优点：一是能够用废钢铁进行生产，降低了原料成本和环境污染；二是生产过程中无须使用焦炭等大量燃料，减少了二氧化碳排放；三是生产周期短，灵活性高，能够根据市场需求灵活生产。

近年来，全球电炉炼钢比例呈现不断增长的趋势。2021 年全球电炉钢产量为 5.63 亿吨，同比增长 14.43%，预计 2025 年全球电炉炼钢比例将达到 20%。[②] 就地区分布而言，亚洲电炉炼钢占比最高，约占全球的 60%，欧洲地区占比也较高，约为 30%。北美洲地区电炉炼钢占比相对较低，但在不断增长。中国是全球最大的电炉炼钢国家，印度、美国、俄罗斯、土

[①] 《国际能源署发布〈净零钢铁行业的排放测量和数据收集〉》，碳交易网，2023 年 6 月 1 日，http://www.tanjiaoyi.com/article-49163-1.html。

[②] 数据来源：世界钢铁协会。

耳其、伊朗、日本等国家也是主要生产国。图 10 展示了 2011～2021 年电炉炼钢主要生产国产量变动情况。中国电炉炼钢产量波动幅度较大，自2016 年起产量迅速增长，稳居世界第一。印度、美国、俄罗斯和土耳其的产量增长相对稳定并且交替上升。2020 年，受疫情影响，各国电炉炼钢产量下降，但 2021 年又恢复了总体上升趋势。

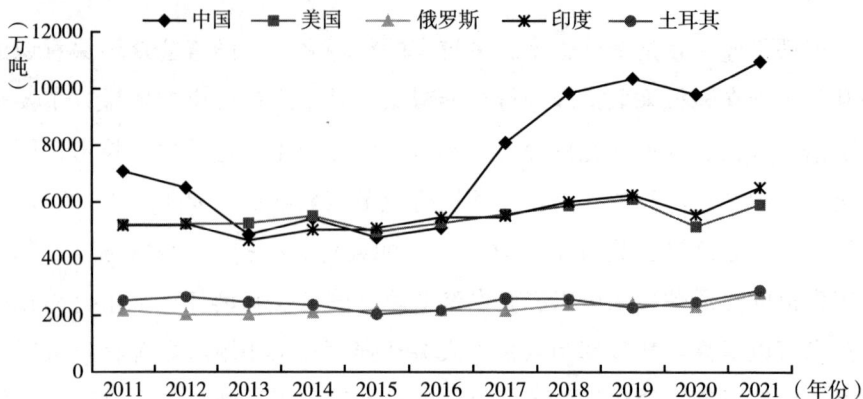

图 10 2011～2021 年电炉炼钢主要生产国产量

数据来源：世界钢铁协会。

图 11 展示了 2011～2021 年电炉炼钢主要生产国产量占比变动情况，即各国电炉炼钢产量占粗钢产量的比重。可以看出，中国电炉炼钢产量虽居世界前列，但占比较低。美国、土耳其、印度电炉炼钢产量占比均较高，印度整体呈现下降趋势，美国则整体上升。土耳其在 2011～2015 年占比呈现下降趋势，但自 2016 年起呈现波动上升趋势。俄罗斯电炉炼钢产量占比波动幅度不大。

随着全球钢铁行业的转型升级和可持续发展的推进，电炉炼钢技术越来越受到重视。未来，全球电炉炼钢比例将继续增长，尤其是在亚洲地区。同时，新能源和环保技术的应用将推动全球电炉炼钢技术水平提高。综上，电炉炼钢未来将有更广阔的发展空间。

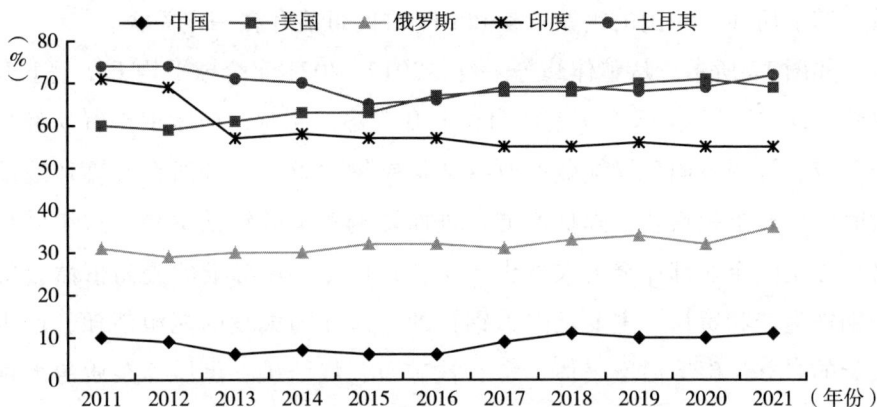

图11 2011～2021年电炉炼钢主要生产国产量占比

数据来源：世界钢铁协会、钢联数据。

（二）环境绩效

环境绩效指数（EPI）的评估通常包括能源消耗、废弃物处理、环境监测等方面。一个国家采取一系列严格的环保措施来改善环境，该国的 *EPI* 会提高。这些改善环境绩效的措施可能会增加企业的成本，特别是那些排放高污染物的行业。对于钢铁企业来说，遵守新的环保法规可能需要采取更多的环境保护措施或技术改造，即采用更先进的技术和设备来减少污染物的排放。但是这些新技术和设备的成本通常较高，会增加生产成本进而影响其出口价格竞争力，从而导致出口额下降。在环保政策的影响下，一些工厂可能被迫关闭，这也会影响钢铁行业的生产和出口。此外，国际贸易中可能出现贸易限制等各种因素，进一步影响钢铁出口量的变化。上述因素都可能导致一国的钢铁产品国际竞争力下降，出口业务受到影响。由于钢铁生产是一项能源密集型和排放密集型的产业，钢铁贸易必然会对全球生态环境产生影响，如大量出口钢铁产品的国家可能需要消耗更多的能源和资源来生产和处理这些产品，从而增加了对环境的破坏和污染。当前国际社会普遍倡导绿色钢铁生产，促进钢铁行业的可持续发展，这就使得钢铁产品的生产和环境绩效之间产生矛盾。综上所述,一国的钢铁贸易和 *EPI* 之间可能存在一定关联。

如图 12 所示,从整体趋势来看,2012~2021 年全球平均 *EPI* 呈上升趋势。2016 年,全球 *EPI* 呈现明显上升趋势,此时,全球钢铁贸易额降至低点,说明各国环境绩效的改善会抑制钢铁贸易。各国在改善环境绩效时,会要求钢铁企业降低产能,进而影响各国的钢铁贸易,这说明尽管全球钢铁企业都在努力改善生产工艺,但是环境标准的提高依然会影响钢铁生产和贸易。主要是因为钢铁的生产伴随大量的能源消耗,产生大量的二氧化碳等温室气体,含有铁矿石、烧结矿、焦煤等杂质的大量废水,以及二氧化硫、氮氧化物、粉尘等废气和固体废弃物。2018~2021 年,各国 *EPI* 整体呈小幅上升趋势,虽然在此期间全球钢铁贸易额仍有较大波动,但可以看出世界各国在环保方面做出的努力。

欧洲、北美洲、大洋洲等发达地区在环境绩效方面表现相对较好。在欧盟、美国、日本等国家和地区,*EPI* 认证已成为钢铁产品进入这些国家的强制性要求。部分亚洲和非洲国家的 *EPI* 则较低。

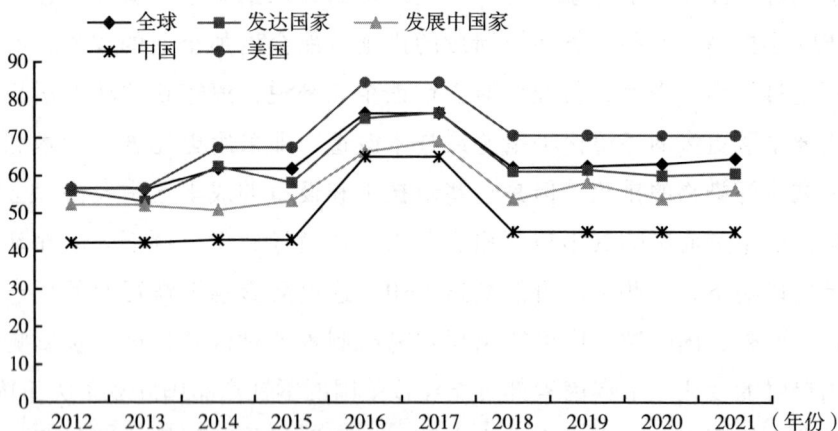

图 12　2012~2021 年全球平均 *EPI*

数据来源:国际地球科学信息网络中心 CIESIN。

（三）世界钢铁贸易与低碳发展实证分析

1. 模型设定

$$\ln TV_{ijt}^{k} = \alpha_0 + \alpha_1 PCO_{2it} + \alpha_2 EPI_{it} + \alpha_3 \ln GDP_{it} + \alpha_4 \ln distcap_{ij} + $$
$$\alpha_5\, comlang_{ij} + \mu_i + \gamma_t + \delta_k + \varepsilon_{ijt} \tag{6.2}$$

$$\ln TV_{ijt}^{k} = \alpha_0 + \alpha_1 EAF_{it} + \alpha_2 EPI_{it} + \alpha_3 \ln GDP_{it} + \alpha_4 \ln distcap_{ij} + $$
$$\alpha_5\, comlang_{ij} + \mu_i + \gamma_t + \delta_k + \varepsilon_{ijt} \tag{6.3}$$

被解释变量 TV_{ijt}^{k} 为国家 i 在第 t 年对贸易伙伴 j 的钢铁产品 k 的出口额，以现价美元来衡量。μ_i、γ_t、δ_k 分别代表国家固定效应、时间固定效应、产品固定效应。ε_{ijt} 为随机扰动项。

2. 变量说明及数据来源

（1）核心解释变量

模型（6.2）的核心解释变量为单位粗钢碳排放强度（PCO_{2it}），由二氧化碳排放量除以粗钢产量计算得出，碳排放数据来源于国际能源署。模型（6.3）的核心解释变量为电炉炼钢产量占比（EAF_{it}），由电炉炼钢产量除以粗钢产量计算得出，电炉炼钢产量来源于世界钢铁协会，粗钢产量来源于钢联数据。

（2）其他解释变量

国家 i 在第 t 年的环境绩效指数（EPI_{it}），数据来源于国际地球科学信息网络中心（CIESIN）。由于各国经济环境会对贸易额产生影响，本报告将国家 i 在第 t 年的 GDP 纳入模型并进行取对数处理，即 $\ln GDP_{it}$。为与出口额保持一致，这里的 GDP 采用现价美元。

（3）控制变量

控制变量选取了两国首都之间的距离和两国是否存在共同语言。前者进行了取对数处理，即 $\ln distcap_{ij}$。后者为 0~1 变量，即 $comlang_{ij}$。数据均来源于法国国际展望与信息研究中心（CEPII）。

最终样本为 2012~2019 年 30 个国家在 HS-6 位产品层面的贸易数据，总样本量为 1136127，各变量的说明见表 18。

表 18　变量设置

变量类型	变量	变量说明	数据来源
因变量	$\ln TV_{ijt}^{k}$	72 和 73 章下的 HS-6 位商品出口额取对数	UN Comtrade
自变量	PCO_{2it}	国家 i 在第 t 年的二氧化碳排放量除以粗钢产量	IEA，钢联数据
	EAF_{it}	国家 i 在第 t 年的电炉炼钢产量除以粗钢产量	世界钢铁协会，钢联数据
	EPI_{it}	国家 i 在第 t 年的环境绩效指数	CIESIN
	$\ln GDP_{it}$	国家 i 在第 t 年的现价 GDP 取对数	WB
	$\ln distcap_{ij}$	两国首都距离取对数	CEPII
	$comlang_{ij}$	1 代表两国存在共同语言	CEPII

3. 基准回归结果

基准回归结果如表 19 所示。从回归结果可以看出，核心解释变量 PCO_2 和 EAF 的估计系数均通过了 1% 的显著性水平检验。模型（6.2）的回归结果如列 A~C 所示。从列 A 的结果可以看出，一国的单位粗钢碳排放强度越高，越不利于钢铁出口额的增长。可能的原因在于随着全球对环境保护的重视程度增加，各国对钢铁产业的碳排放要求越来越严格。为了降低碳排放，钢铁企业不断改进生产工艺、提高能源利用效率，推广清洁能源等措施。一个国家为提升 EPI，会采取严格的环境政策，这可能影响该国的钢铁的生产和出口；同时，改善环境绩效需投入大量资金，这些额外成本的上升会推动钢铁产品价格上涨，从而导致出口竞争力下降。列 B~C 的结果表明，单位碳排放强度对钢铁出口的影响在发达国家和发展中国家存在一定差异。发达国家通常制定了严格的环境法规和碳排放限制，因此，如果某个国家的钢铁行业碳排放较高，可能会受到环境法规的限制和国际社会的关注，造成负面影响，导致出口额减少。发展中国家的产业结构更加依赖资源密集型和高碳排放的行业，在一些情况下，发展中国家追求经济发展，对环境绩效等问题的关注还不够，相关政策的执行也不够严格，一些行业的环境绩效还有较大改善空间。从回归结果来看，发达国家子样本中，EPI 的系数显著为负，这是由于发达国家采取了更为严格的环保要求，出台诸多法规和政策来减少不可持续的工业活动对环境的影响，要求企业采取更高的环保措施和标准，这将大大增加企业成本。发展中国家子样本回归结果显示，*EPI* 的提高会促进这些国家的出口。由于发展中国家的 *EPI* 基数较低，*EPI* 的提升空间还比较大，这可能在短期内依然会促进钢铁相关产品的出口。同时，与发达国家相比，发展中国家的一些产品生产成本相对较低，具有较强的价格竞争力。因此发展中国家 *EPI* 的提高会促进这些国家的出口。

模型（6.3）的回归结果如列 D～F 所示。电炉炼钢产量占比越高，越有利于钢铁出口额的增长，这种情况在发达国家和发展中国家是一致的。一方面，相比传统的基础炼钢方法，电炉炼钢具有更高的生产效率和更好的钢材质量控制，能够生产出更符合市场需求的钢材产品。因此，采用电炉炼钢的钢铁企业在质量和性能方面可能具有更大的竞争优势，从而带动了钢铁出口的增长。另一方面，电炉炼钢通常具有较快的反应速度和较高的产能，能够更快地满足市场需求。一个国家的钢铁企业采用电炉炼钢占比较高，其产能和供应能力相对较强，可以更好地满足国内和国际市场的需求，提升了该国的钢铁出口额。就 *EPI* 而言，总体和发达国家的回归结果均显示出该指数的提高不利于钢铁出口规模的扩大，与模型（6.2）的回归结果相似，说明现阶段绿色发展会影响各国钢铁产品的贸易。但第 F 列发展中国家样本的回归系数不显著，说明该指数对发达国家的钢铁贸易影响更加显著。

表 19　基准回归结果

项目	A	B	C	D	E	F
	总体	发达国家	发展中国家	总体	发达国家	发展中国家
PCO_2	-0.042 ***	-0.709 ***	0.047 ***			
	(0.010)	(0.071)	(0.010)			
EAF				0.050 ***	0.067 ***	0.073 ***
				(0.005)	(0.018)	(0.006)

续表

项目	A 总体	B 发达国家	C 发展中国家	D 总体	E 发达国家	F 发展中国家
EPI	−0.007 ***	−0.010 ***	0.004 ***	−0.007 ***	−0.008 ***	−0.002
	(0.001)	(0.001)	(0.001)	(0.001)	(0.001)	(0.001)
ln*GDP*	0.353 ***	1.155 ***	0.197 ***	0.366 ***	1.114 ***	0.273 ***
	(0.037)	(0.117)	(0.039)	(0.036)	(0.121)	(0.038)
ln*distcap*	−0.690 ***	−0.810 ***	−0.262 ***	−0.690 ***	−0.810 ***	−0.262 ***
	(0.003)	(0.004)	(0.007)	(0.003)	(0.004)	(0.007)
comlang	0.002	0.223 ***	−0.341 ***	0.002	0.223 ***	−0.340 ***
	(0.010)	(0.013)	(0.017)	(0.010)	(0.013)	(0.017)
_cons	6.835 ***	−13.880 ***	6.866 ***	6.287 ***	−13.499 ***	4.860 ***
	(1.017)	(3.261)	(1.075)	(1.009)	(3.411)	(1.063)
国家固定效应	是	是	是	是	是	是
产品固定效应	是	是	是	是	是	是
年份固定效应	是	是	是	是	是	是
样本量	1136127	716258	419869	1136127	716258	419869
拟合优度	0.173	0.193	0.165	0.173	0.193	0.165

注：*** 代表在1%水平上显著，** 代表在5%水平上显著，* 代表在10%水平上显著；括号内为稳健标准误。

四 研究结论与展望

（一）主要研究结论

2010~2021年，全球钢铁进出口额总体波动较大，主要是受到国际贸易紧张局势、保护主义政策和疫情带来的全球经济波动的影响。通过分析各国钢铁对外依存度，发现欧洲部分国家对外依存度较高，这可能是由于国内需求不足，亚洲国家的钢铁对外依存度普遍较低。中国、美国、韩国、日本和欧盟等国家和地区仍是主要的钢铁生产地和贸易地。

在分析各国钢铁贸易发展规律时，发现一些国家依靠其强大的资源优势，在钢铁的生产上具备竞争力，如印度、南非、巴西。欧洲的部分国家以及美国、加拿大等，由于经济发展程度高、科技先进，生产技术和制造工艺完备，可以出口大量高品质、高性能的钢材，具备一定的出口竞争力。中国是世界上最大的钢铁生产国之一，工业体系完善，在多种钢铁产品的生产上具有比较优势，同时中国政府也在加大对环保的资金投入，中国钢铁企业进一步加强技术创新和加快转型升级，这一系列措施提高了中国出口产品质量和市场竞争力。

随着全球对环境保护重视程度的不断提高，这些环保要求对全球钢铁贸易产生了一定影响。本报告的实证结果表明，一个国家或地区的钢铁企业降低单位粗钢的碳排放强度，将有助于提高其出口竞争力。在全球范围内，越来越多的国家开始采取措施来减少钢铁生产的碳排放。相比于传统的高炉炼钢，电炉炼钢具有更低的碳排放强度优势。本报告的结果显示，电炉炼钢产量占比的提升有利于钢铁出口额的增长。近年来，各国钢铁企业加大对电炉炼钢技术的投资，以提高其生产能力和竞争力。EPI 上升不利于钢铁出口额的增加，主要原因在于当前钢铁生产仍是污染排放较高的行业，环境绩效的提高往往需要采取严格的环保措施和技术革新，这可能使钢铁厂的生产能力受到限制，进而抑制该国钢铁产品出口。

（二）政策建议与展望

气候变化已成为全球性的挑战，低碳发展是应对气候变化的重要方式。钢铁作为基础材料在社会生活的各个领域都有广泛的应用，钢铁行业作为碳排放量较高的行业之一，更需要积极采取措施降低碳排放、减缓气候变化，以满足社会对可持续发展的需求。与此同时，低碳发展可以提高钢铁行业的竞争力。随着全球环保意识的提升，消费者对环保产品的需求不断增加，钢铁行业只有实现低碳发展，才能满足市场需求，提高市场竞争力。因此，各国政府应在钢铁行业绿色转型中发挥作用，提供财政支持、推动技术创新、加强监管执法，尤其是碳排放交易制度的规范和完善，同时积极开展国际技术合作。研究发现，清洁生产技术在钢铁行业的应用有利于国际贸易的发展，各国应在国际层面上倡导公平贸易、技术创新，国际组织也应在监管、协调、创新等方面采取措施，共同维护全球生态健康安全。

由于数据限制，本报告仅选取了 EPI 作为环境指标进行分析。EPI 是全球性的环境综合指标，包含空气质量、水资源、生物多样性及其他环境相关因素，能够比较全面地反映各国家的环境状况。此外，部分中低收入国家的环境指标数据是缺失的，这可能与该国的数据收集和管理能力有关。为保证样本的可靠性，本报告并未纳入这部分国家样本。后续课题组将进一步完善研究工作，建立更全面的环境评估体系，进一步提升世界钢铁贸易低碳发展分析的准确性。

参考文献

向永辉：《"一带一路"钢铁出口竞争与贸易潜力估计——基于中美贸易冲突背景的弹性分析方法》，《国际贸易问题》2019 年第 12 期。

王方舟：《贸易与创新：日本钢铁行业发展之道》，《财会研究》2021 年第 11 期。

王婷婷：《印度钢铁产业近期情况分析及启示》，《中国钢铁业》2020 年第 4 期。

Bellora, C., Fontagné, L., "EU in Search of a Carbon Border Adjustment Mechanism," *Energy Economics* 123 (2023).

Chen, J. et al., "Application of Iron and Steel Slags in Mitigating Greenhouse Gas Emissions: A Review," *Science of the Total Environment* 844 (2022).

Liu, Y. et al., "Environmental and Economic-related Impact Assessment of Iron and Steel Production. A Call for Shared Responsibility in Global Trade," *Journal of Cleaner Production* 269 (2020).

Mallett, A., Pal, P., "Green Transformation in the Iron and Steel Industry in India: Rethinking Patterns of Innovation," *Energy Strategy Reviews* 44 (2022).

Mele, M., Magazzino, C., "A Machine Learning Analysis of the Relationship among Iron and Steel Industries, Air Pollution, and Economic Growth in China," *Journal of Cleaner Production* 277 (2020).

Shittu, W. et al., "An Investigation of the Nexus between Natural Resources, Environmental Performance, Energy Security and Environmental Degradation: Evidence from Asia," *Resources Policy* 73 (2021).

Thomakos, D. D. , Alexopoulos, T. A. , "Carbon Intensity as a Proxy for Environmental Performance and the Informational Content of the EPI," *Energy Policy* 94 (2016).

Wu, R. , Tan, Z. , Lin, B. , "Does Carbon Emission Trading Scheme Really Improve the CO_2 Emission Efficiency? Evidence from China's Iron and Steel Industry," *Energy* 277 (2023).

B.7
中国钢铁产业低碳发展报告

邵燕敏　李俊龙*

摘　要： 本报告基于中国钢铁产业的发展历史和现状，分析了中国钢铁产业的低碳发展特点、政策措施以及未来的发展趋势。中国钢铁产业进入高质量发展阶段以来，能源利用效率逐步提高，技术创新不断结出硕果，数字化转型步伐加快。中国政府对钢铁产业低碳发展做出明确指示，确立了2030年前实现碳达峰的目标。此外，随着需求结构发生变化，下游产业对低碳钢铁产品的需求不断增加。同时，实施差别化电力价格政策促使钢铁企业不断提升能源利用效率。废钢利用潜力有所提升，但也面临供应稳定性和质量方面的挑战，需要继续建立和完善废钢供应和管理体系。另外，我国经济的高质量发展要求提高钢铁生产工艺水平和产品质量，以打破国外技术垄断，为下游提供更多高性能产品。由于目前中国90%左右的粗钢由长流程工艺生产，因此优化高炉工艺迫在眉睫。与此同时，中国煤气基础量大，提高煤气再利用率是实现低碳发展的必要选择。未来，中国钢铁产业必将朝着绿色、低碳方向转型。

关键词： 钢铁产业　低碳发展　能源利用　技术创新

---

* 邵燕敏，博士，北京科技大学经济管理学院副教授，研究方向为绿色技术创新、效率评价方法与应用；李俊龙，北京科技大学经济管理学院博士研究生，研究方向为绿色经济与低碳发展。

随着全球对气候变化和环境污染的关注度不断提高，低碳和绿色发展成为世界各国政府和企业的共同目标。中国作为全球最大的钢铁生产国，其钢铁产业的低碳发展不仅是实现全球气候目标的关键，也是实现中国经济高质量发展的必然要求。本报告从中国钢铁产业的发展历程出发，详细分析了中国钢铁产业的低碳发展现状、相关政策以及未来的发展趋势，旨在为中国钢铁产业在大转型、大变革、大创新时代实现低碳发展提供新的启示和思考。

一 中国钢铁产业发展历程

钢铁产业是国民经济的支柱产业，是国之基石。长期以来，钢铁产业为国家建设提供了重要的原材料保障，支撑了关联产业发展，推动了我国工业化、现代化进程，促进了民生改善和社会发展。但与此同时，钢铁产业也是能源消耗和碳排放的大户，是我国继电力行业之后的第二大排放行业。2020年中国能源消费总量为 49.83 亿吨标准煤，其中，黑色金属冶炼及压延加工业能源消费量为 6.69 亿吨标准煤，占比达 13.43%。[①] 钢铁产业实现节能低碳发展对我国双碳工作和能源双控工作影响巨大。因此，中国钢铁产业的低碳发展正经历质量变革、效率变革、动力变革的过程。质量变革意味着要推进产业技术升级和优化升级，推动钢铁产业朝高品质、高附加值的方向发展，提高企业核心竞争力。效率变革代表着要提高钢铁产业资源利用效率和生产效率，实现节能降耗、减少污染排放、提高能源利用效率，推动企业朝绿色低碳方向发展。动力变革体现为要通过科技创新、机制创新、管理创新等方式，激发企业内生动力，推动钢铁产业由传统制造业向智能制造、数字化制造转型。

本节主要通过分析中国钢铁产业 70 余年的发展历程，总结中国钢铁产业低碳发展过程。

---

① 《中国统计年鉴（2022）》。

（一）起步阶段（1949~1978年）

新中国成立初期，我国的钢铁产业基础薄弱，生产能力有限。政府采取了一系列措施，包括引进苏联援助和组建国营钢铁企业，以加快钢铁产业的发展。然而，由于技术和资金的不足，产量增长缓慢。如图1所示，1949年，全国粗钢产量仅为15.8万吨。[1] 在1950~1952年的国民经济恢复时期，全国共恢复和扩建了34座高炉和26座平炉，以满足新中国经济建设的迫切需求。第一个五年计划（1953~1957年）的实施带来了第一次钢铁建设浪潮，全国粗钢产量于1957年首次突破500万吨。

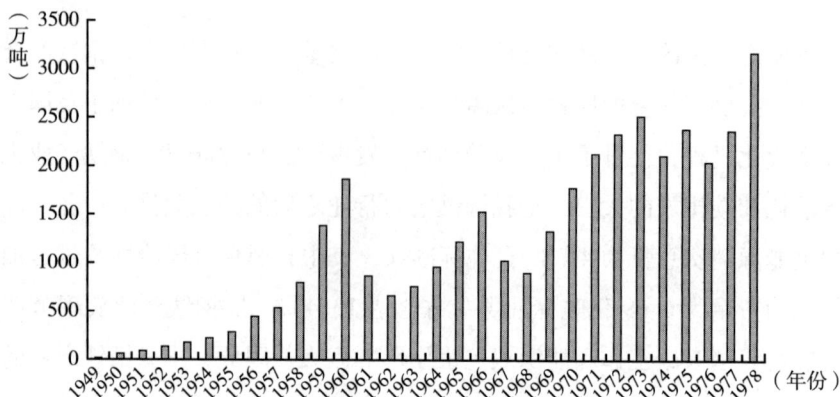

图1　1949~1978年中国粗钢产量

数据来源：世界钢铁协会。

1956年5月，毛主席发表了《论十大关系》一文，在认真总结学习苏联模式的基础上，为我国钢铁工业的转型提供了指导。立足基本国情，我国钢铁工业提出了走"大、中、小"相结合的发展之路。这一发展战略包括3个超过100万吨的钢铁基地建设工程（鞍钢、武钢和包钢），5个年产30万~100万吨的中型钢铁厂（太钢、重钢、马钢、石景山钢铁厂、湘潭钢铁厂），以及

---

① 本报告中的粗钢产量数据均来源于世界钢铁协会。

18 个年产 10 万~30 万吨的小型钢铁厂。这一时期，全国迎来了第二次钢铁建设浪潮。随后的第三次钢铁建设浪潮始于 1964 年的"三线工程"。中国钢铁工业开始了以西南攀钢、西北酒钢为主的"大三线"建设，以及以中西部地区军工配套为主的"小三线"建设。1964 年底，邓小平同志亲自审定了攀钢建设方案，1967 年，攀钢 1000 立方米高炉建成并投产。在三线钢铁基地建设中，我国新建了长城钢厂、峨眉铁合金厂、水城钢铁厂、遵义金属制品厂等，同时恢复和扩建了酒钢、兰钢、略钢、成都无缝钢管厂、重钢、重特、昆钢、贵钢、遵义铁合金厂等。其间，鞍钢还援建了宁夏石嘴山钢绳厂，本钢分迁建设了西宁特钢，大连钢厂援建了陕西钢厂等。1949~1978 年，中国钢铁工业的粗钢产量波动较大。尽管面临起步阶段的各种困难，中国钢铁产业仍取得了一些成就。到 1978 年，全国粗钢产量达到了 3178 万吨，与 1949 年相比增长了约 200 倍。截至改革开放前夕，我国已经拥有 982 座炼铁高炉、98 座炼钢平炉、276 座炼钢转炉和 1678 座炼钢电炉。通过自力更生和艰苦奋斗，中国钢铁企业的生产水平逐步提高，并在国内钢铁市场上占据了一定的地位。这为后来的快速发展奠定了坚实的基础。[①]

（二）快速发展阶段（1978~2017年）

自 1978 年改革开放以来，中国政府采取了一系列举措，推动钢铁产业实现了快速发展。首先，政府积极鼓励外资投资，并引进了一批先进的钢铁生产技术和设备，为中国钢铁产业带来了新的发展机遇和动力。同时，政府推行市场化改革，逐步解放了生产力。国有钢铁企业进行了体制改革，引入了市场竞争机制，鼓励企业自主经营和创新。这一举措激发了企业的活力和创造力，促进了钢铁产业的快速增长。

在这一阶段，中国高度重视重型工业的发展，注重基础设施建设和战略性产业的推进，从而大幅增加了对钢铁的需求。政府制定了一系列扶持政策，包括财政支持、优惠税收和信贷政策，以提高企业的资金运作能力和市

---

① 李新创：《中国钢铁未来发展之路》，冶金工业出版社，2018。

场竞争力。此外，为满足国内的钢铁需求，中国大幅扩大了钢铁产能。许多新的钢铁企业相继建立，钢铁生产能力得到了显著提升。特别是在一些沿海地区和经济发达地区，一批大型钢铁企业陆续兴建，使中国逐渐成为全球最大的钢铁生产国。如图2所示，经过改革开放后近20年的发展，中国的粗钢产量首次突破1亿吨，并在之后的10年里保持增长趋势。到2017年，中国的粗钢产量达到了8.71亿吨。这些数据反映了中国钢铁产业在改革开放背景下取得的巨大成就。伴随着钢铁产量迅速增长，中国钢铁生产的技术水平和产品质量也逐步提高。

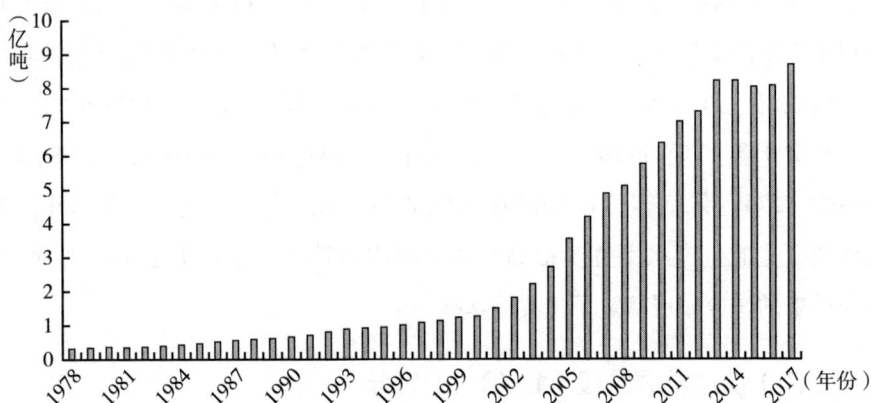

图2　1978~2017年中国粗钢产量

数据来源：世界钢铁协会。

中国的钢铁产品在这一时期逐步提升在国内外市场中的竞争力，出口量大幅增长，中国成为全球钢铁贸易的重要参与者。然而，随着时间的推移，一些问题也逐渐浮现，如过剩产能、环境污染和资源浪费等。这些问题促使政府进一步调整钢铁产业发展的方向，推动产业升级和转型升级，使钢铁产业进入了高质量发展阶段。

（三）高质量发展阶段（2017年至今）

2017年，中国共产党第十九次全国代表大会首次提出高质量发展的新表述。在此背景下，中国钢铁产业发展的重点由追求数量朝注重质量、效益和绿色环保方向转变。在国家政策的支持下，钢铁产业不断加强技术创新，推进工业转型升级，提高产品质量和附加值，逐步实现由"大"到"强"的转变。如图3所示，2020年，中国粗钢产量首次突破10亿吨，达到历史峰值10.65亿吨。受国家发改委、工业和信息化部、生态环境部、国家统计局持续开展全国粗钢产量压减工作指导，中国钢铁企业摒弃以量取胜的粗放发展方式，不断调整和优化钢铁产品结构，2021年和2022年，中国粗钢产量分别为10.35亿吨和10.18亿吨，同比分别下降了2.8%和1.6%。但与此同时，2022年，重点钢铁企业的新产品产值为3770亿元，较2019年的2580亿元增长46.1%。① 2022年，工业和信息化部、国家发改委、生态环境部联合发布《关于促进钢铁工业高质量发展的指导意见》，明确了钢铁工业实现高质量发展的目标和路径，提出力争到2025年，钢铁工业基本形成布局结构合理、资源供应稳定、技术装备先进、质量品牌突出、智能化水平高、全球竞争力强、绿色低碳可持续的高质量发展格局。

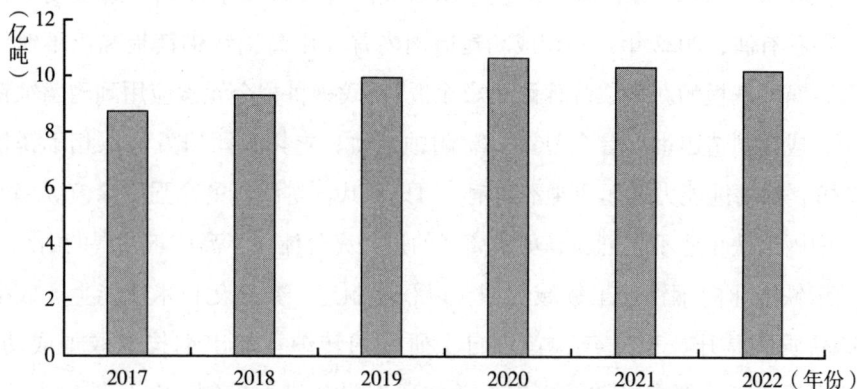

图3　2017～2022年中国粗钢产量

数据来源：世界钢铁协会。

---

① 中国钢铁工业协会。

　　高质量发展要求提高技术水平和产品质量。过去，中国钢铁产业在技术创新和产品质量方面相对落后，以中低端产品为主。为了实现高质量发展，政府鼓励企业加大科技创新投入，推动技术进步和提高产品质量。通过引进先进技术、培育自主创新能力和加强知识产权保护等措施，中国钢铁产业技术水平逐渐提升，钢铁产品质量持续提高。中国钢铁产业开始向高端领域迈进。以具有高强度、高韧性和高耐磨性的特种钢为代表，开始向高品质、高附加值产品转型。钢铁企业不断加强科技创新，研发新材料、新工艺，提高产品质量和竞争力。近年来，"手撕钢"（厚度仅为 0.02 毫米的不锈钢箔材）这种具有耐腐蚀、抗氧化和耐热性等优点的钢材在高精尖端设备制造行业广泛应用。但是，这种制造技术长期以来被少数国家垄断，国外仅允许我国进口 0.03 毫米的"手撕钢"，且价格昂贵。2018 年，宝武集团成功制造出厚度只有 0.02 毫米、宽度达 600 毫米的宽幅软态"手撕钢"，不仅突破了国外的技术垄断，还打破了国外 450 毫米的最宽纪录。2020 年，山西太钢生产的宽 600 毫米、厚 0.015 毫米的"手撕钢"登上世界巅峰，打破了这一领域生产技术的"天花板"。2022 年，太钢的创新团队又向升级版"手撕钢"继续发起挑战。无独有偶，2022 年，马钢成功建造国内首卷用高铝锌铝镁板和以不锈钢为高耐腐蚀基板的新型"环保耐久彩涂板"；武钢将合金元素应用到耐腐蚀钢轨中，成功制造出世界首个 U68CuCr 耐蚀钢轨；青拓集团研发的双相不锈钢 S32001，耐腐蚀能力远超 304 不锈钢，可以替代同等级别的高强度涂镀碳钢产品。中国钢铁企业不断创新、勇攀高峰的过程充分体现了高质量发展的内涵。

　　钢铁产业向钢铁加工领域转型，以智能制造、数字化技术赋能生产效率和产品质量提升。2022 年，首钢自主研发的转炉智能出钢技术取得成功，该技术根据工艺要求对转炉出钢有关的所有设备进行控制，包括转炉本体、钢水车、合金溜槽、滑板挡渣机构等，从而实现出钢过程的全自动运行。2023 年，工业和信息化部组织有关单位编制完成了《钢铁行业智能制造标准体系建设指南（2023 版）》（征求意见稿），要求到 2025 年，建立较为完善的钢铁行业智能制造标准体系，累计研制 45 项以上钢铁行业智能制造领域标准，基本覆盖基础共性和装备层、车间层、工厂层、企业层、产业链协同层等各层级标准，优先制定基础共性标准以及绿色低碳、产品质量、生产安全等关键应用场景标准，突出标准在先进制造技术与新一代信息技术相互融合和迭代提升过程中的引导作用，积极参与国际标准研制，为世界钢铁工业可持续发展做出中国贡献。

中国钢铁产业开始更加注重绿色环保。钢铁产业是传统的高能耗、高排放行业，为了应对环保压力，中国的钢铁企业开始加强环保建设，推进绿色制造。通过节能减排、污染治理等措施，钢铁企业有效降低了环境污染，提高了资源利用效率，实现了经济效益和环境效益的良性互动。迁钢公司成为全球首家实现全流程超低排放的钢铁企业。首钢股份公司、京唐公司、冷轧公司、贵钢公司和京西重工等五家单位被授予国家级"绿色工厂"称号。此外，首钢矿业公司的水厂铁矿成为第一批获得国家级绿色矿山认证的矿山之一。重庆钢铁在环境治理方面也采取了全面的措施，包括废水零排放、废气超低排放和固废治理。这些举措使得重庆钢铁在 2022 年被评为市级绿色工厂。首钢朗泽利用合成生物技术将含碳工业尾气直接转化为生物乙醇及微生物蛋白，突破了 CO_2 常温常压高效转化的难题，技术达到国际领先水平，实现了工业流程再造和工业体系重塑。与此同时，其"含碳工业尾气生物发酵法制乙醇技术"入选原材料工业 2023 二十大先进适用低碳技术。首钢通钢多项成果获 2023 年全国机械冶金建材行业职工技术创新成果奖。"内燃机车寒冷季节柴油加热系统"获一等奖，"FTSC 薄板坯浸入式水口损坏机理及对策研究"等 2 项成果获二等奖，"变频调速电力机车高低速转换装置"等 4 项成果获三等奖。同年，在对硅钢材料尤其是高端产品的需求持续增长的背景下，宝钢三款无取向硅钢产品全球首发，赋能绿色发展新未来。

中国钢铁产业在市场化改革、行业整合等方面取得了重大进展。通过市场化改革，以市场为导向，企业经营效益不断提高。同时，钢铁行业也进行了重大的整合和重组，通过并购重组等方式提升了行业竞争力和市场地位。2018 年，建龙集团接手西林钢铁集团，成功收购马来西亚的"东钢"项目。2019 年，中国宝武重组马钢集团。2020 年，中国宝武控股重庆钢铁，建龙集团重整哈尔滨轴承集团。2021 年，鞍钢重组本钢。2022 年，敬业集团正式收购粤北钢铁，中国宝武钢铁集团与中国中钢集团实施重组。随着兼并重组的稳步推进，我国钢铁企业的规模效应逐步显现，这将为推进钢铁工业的高质量发展奠定坚实的基础。

二　中国钢铁产业低碳政策分析

中国政府高度重视钢铁产业的可持续发展，相关政策的出台和执行在一定程度上塑造着钢铁企业的发展方向和环保意识，鼓励着钢铁企业关注环境和社会问题，增强企业社会责任意识，扩大企业绿色投资，[①] 并对整个钢铁产业的转型产生重要影响。首先，政策可以通过强制执行环境保护标准、设立环保罚款制度等方式，促使钢铁企业加强环保治理，从而降低其对环境的负面影响，达到低碳发展的目标。其次，政策可以通过提供技术创新和产业转型的激励或支持，鼓励钢铁企业采用更加绿色的生产技术和设备，实现低碳发展。最后，政策可以通过建立资源配置机制、制定节能减排目标等方式，引导钢铁企业合理利用资源、降低能源消耗和排放，实现低碳发展。

（一）国家层面的政策

中华民族自古以来就有深厚的环境保护观念。《逸周书·大聚解》记载，在夏朝大禹执政时期便有："禹之禁，春三月，山林不登斧，以成草木之长；夏三月，川泽不入网罟，以成鱼鳖之长。"战国时期，《荀子·王制》中提到："草木荣华滋硕之时，则斧斤不入山林，不夭其生，不绝其长也。"这些传统环保观念是中国环境保护政策制定的深厚文化基础，在现代中国的环境保护政策中仍然有所体现。1984 年，中国把环境保护确定为一项基本国策，环保立法工作取得重大进展。《中华人民共和国环境保护法》《中华人民共和国大气污染防治法》《中华人民共和国清洁生产促进法》等几十部

---

① Yingde Hu, Wensong Bai, Muhammad Farrukh, Chun Kwong Koo, "How does Environmental Policy Uncertainty Influence Corporate Green Investments?" *Technological Forecasting and Social Change* 189（2023）：122330.

环保法律法规陆续颁布，形成了以《中华人民共和国环境保护法》为核心，多项自然资源保护法相协调的比较健全的法律框架。这个法律框架为环境保护工作提供了重要的法律保障和支持，也为钢铁企业在低碳发展中遵守相关法律法规提供了明确的指引。

1979 年 9 月 13 日，中国第一部环境法律——《中华人民共和国环境保护法（试行）》正式颁布实施，这标志着中国环境保护工作开始逐步步入依法管理的轨道。该法律的颁布实施，为中国环境保护立法和环境保护工作的开展奠定了基础，也为中国未来的环境保护法律法规建设和完善提供了经验和借鉴。1983 年 12 月 31 日，第二次全国环境保护会议在北京召开，会议明确提出环境保护是中国的一项基本国策。这一会议的召开，标志着中国对环境保护的重视程度进一步提高，并将其作为国家长远发展的战略方针之一。自此之后，中国加强了环保工作的立法和实践，并逐渐形成了一套完整的环保管理体系，把环保意识升华至国策意识。1989 年 12 月 26 日，第七届全国人大常委会第十一次会议通过《中华人民共和国环境保护法》（以下简称《环境保护法》）。这部法律的颁布实施，标志着中国环境保护工作进入了一个新阶段，成为中国环境保护立法历史上的一个里程碑。《环境保护法》是中国环保法律体系中的重要法律之一，其中包括环境保护的基本原则、环境保护的责任和义务、环境保护的监督与管理等内容，为中国环保工作提供了重要的法律支撑。同时，该法律的实施推动了中国环保法律法规体系的建设和完善。2014 年 4 月 24 日，第十二届全国人民代表大会常务委员会第八次会议通过了对《环境保护法》的修订。这次修订主要针对环保领域的新情况、新问题进行了完善和补充，对环境治理、环境风险防范、信息公开等方面的规定进行了加强。此次修订进一步完善了中国环境保护的法律制度，为加强环保工作提供了更为坚实的法律基础，也进一步推动了中国环保立法的发展和进步。

《环境保护法》对钢铁企业低碳发展的影响主要体现在以下几点。第一，根据《环境保护法》规定，排放污染物的企业事业单位和其他生产经营者，应当采取措施，防治在生产建设或者其他活动中产生的废气、废水、废渣、医疗废物、粉尘、恶臭气体、放射性物质以及噪声、振动、光辐射、电磁辐射等对环境的污染和危害。钢铁企业作为重点排污单位，承担环境损害的法律责任，并且要采取必要的措施预防和控制污染物的排放。这一规定使得钢铁企业在生产经营活动中更加注重环境保护，增强环保意识和社会环境责任感。第二，《环境保护法》强调地方各级人民政府应当根据环境保护目标和治理任务，采取有效措施，改善环境质量，建立环境监测、监察、审批、行政处罚等制度。这些制度的建立和完善，使得对钢铁企业的环境监管更加严格，对环境问题进行了更加全面和细致的监督和管理。第三，《环境保护法》鼓励和支持环境保护技术和产品的研究、开发和应用，鼓励环境保护产业发展，促进环境保护信息化建设，提高环境保护科学技术水平，降低污染物的排放和环境影响。这一规定促使钢铁企业不断开展技术创新，研发环保技术和产品，提高资源利用效率，减少污染物排放。国家鼓励和支持节约资源及保护环境的生产方式、生活方式、消费方式，推广清洁生产和循环经济。这一举措推动了钢铁企业从传统的高耗能、高污染的生产方式朝绿色、低碳、循环经济的方向转型，促进了钢铁产业的可持续发展。第四，《环境保护法》明确规定重点排污单位应当如实向社会公开其主要污染物的名称、排放方式、排放浓度和总量、超标排放情况，以及防治污染设施的建设和运行情况，接受社会监督。这一规定强调了社会公众参与监督在环境保护中的重要性。在钢铁企业绿色发展方面，公众参与监督可以帮助企业了解公众对其环保行为的看法和反馈，对企业改进环保行为起到督促作用。同时，公众参与监督可以提高企业的透明度，提高企业的信誉度和公信力，有利于企业建立良好的品牌形象和商业口碑，进而获得更多市场机会。

中国已然形成了以《环境保护法》为核心，多项自然资源保护法相辅助的法律框架。《中华人民共和国清洁生产促进法》（以下简称《清洁生产促进法》）由2002年6月29日第九届全国人民代表大会常务委员会第二十八次会议通过，并根据2012年2月29日第十一届全国人民代表大会常务委员会第二十五次会议进行修正。《清洁生产促进法》进一步完善和加强了以《环境保护法》为核心的环保法律体系。《清洁生产促进法》明确指出鼓励企业采用清洁生产技术的要求，并对采用清洁生产技术的企业给予支持和奖励。

这促使钢铁企业逐渐转向采用清洁生产技术，减少环境污染。《清洁生产促进法》要求企业公开环境信息，接受公众监督。这使得钢铁企业的环境污染问题更容易被公众发现和曝光，进而促进企业自觉地加强环保管理。

《中华人民共和国大气污染防治法》（以下简称《大气污染防治法》）由 1987 年 9 月 5 日第六届全国人民代表大会常务委员会第二十二次会议通过，截至 2018 年历经两次修订和两次修正。《大气污染防治法》规定了国家对大气污染排放实施总量控制，企业事业单位排放大气污染物应当依照法律法规和国务院生态环境主管部门的规定。为了控制大气污染物排放总量，钢铁企业需要实施减排措施，采用清洁生产工艺，建设除尘、脱硫、脱硝等装置，加强精细化管理等，以减少大气污染物的排放。这些减排措施促进了钢铁企业低碳发展，使之符合国家的环境保护要求，同时提升了企业的环保形象和社会形象。《大气污染防治法》规定钢铁、建材等企业生产过程中排放粉尘、硫化物和氮氧化物的，应当采用清洁生产工艺，配套建设除尘、脱硫、脱硝等装置，或者采取技术改造等其他控制大气污染物排放的措施，而钢铁、建材、矿产开采等企业，应当加强精细化管理，采取集中收集处理等措施，严格控制粉尘和气态污染物的排放。其中，清洁生产工艺和装置可以减少钢铁生产过程中的能源消耗和排放的二氧化碳等温室气体，降低企业的碳排放强度，有利于实现低碳发展目标。同时，加强精细化管理、集中收集处理等措施可以降低企业在生产过程中的资源消耗和能源消耗，进一步推动企业朝更加环保、节能、低碳的方向发展。因此，遵守《大气污染防治法》的规定，采取相应的措施，可以促进钢铁企业低碳发展，并且有助于企业提升环保形象，获得更高的社会认可度和更强的市场竞争力。

除此之外，《中华人民共和国水污染防治法》（以下简称《水污染防治法》）、《中华人民共和国环境噪声污染防治法》（以下简称《噪声污染防治法》）等多项法律共同完善了以《环境保护法》为核心的法律体系，推动了钢铁企业低碳发展。《水污染防治法》明确规定国家对重点水污染物排放实施总量控制制度，禁止新建不符合国家产业政策的钢铁生产项目，并且不符合规定的钢铁生产项目将由所在地的市、县人民政府责令关闭。这要求钢铁企业必须采用高效的水处理技术，按照国家和地方的排放标准排放废水，并严格控制重点水污染物的排放量，减少废水排放和水资源的浪费。根据《噪声污染防治法》，钢铁企业需要采取措施控制噪声污染，如降噪处理和加强设备维护等。这不仅可以减少环境噪声的负面影响，也可以促进钢铁企业能源利用效率和资源利用率的提高。

（二）产业层面的政策

钢铁产业是国民经济的重要基础产业，也是实现工业化的支柱产业之一。作为一个技术、资金、资源和能源密集型的产业，钢铁产业的发展需要平衡考虑各种外部条件。尽管中国是一个发展中的大国，在相当长的一段时间内钢铁需求较大，产量多年位居世界第一，但是钢铁产业的技术水平和污染防治仍与国际先进水平存在差距。因此，今后的发展重点是进行技术升级和结构调整。为了提高钢铁工业的整体技术水平、推进结构调整、改善产业布局、发展循环经济、降低物耗和能耗、加强环境保护、提高企业综合竞争力、实现产业升级，需要依据有关法律法规和面临的国内外形势制定钢铁产业发展政策，以指导钢铁产业的健康发展，解决产能过剩、无序竞争、自主创新不足等问题，让钢铁产业在数量、质量和品种上基本满足国民经济和社会发展需求，成为具有国际竞争力的产业。由此，《钢铁产业发展政策》（以下简称《钢铁政策》）经国务院常务会议讨论通过，经国务院同意于 2005 年 7 月 8 日发布。"十五"计划期间，《钢铁政策》明确规定政策目标，通过钢铁产业组织结构调整，实施兼并、重组，扩大具有比较优势的骨干企业集团规模，提高产业集中度。到 2010 年，钢铁冶炼企业数量大幅度减少，国内排前 10 位的钢铁企业集团钢产量占全国产量的比例达到 50% 以上，2020 年达到 70% 以上。另外，《钢铁政策》规定，到 2010 年，布局不合理的局面要得到改善；到 2020 年，形成与资源和能源供应、交通运输配置、市场供需、环境容量相适应的比较合理的产业布局。《钢铁政策》规定最大限度地提高废气、废水、废物的综合利用水平，力争实现"零排放"，建立循环型钢铁工厂。钢铁企业必须发展余热、余能回收发电，500万吨以上规模的钢铁联合企业，要努力做到电力自供有余，实现外供。2005年，全行业吨钢综合能耗降到0.76吨标准煤，吨钢可比能耗降到0.70吨标准煤，吨钢耗新水降到12吨以下；2010年分别降到0.73吨标准煤、0.685吨标准煤、8吨以下；2020年分别降到0.7吨标准煤、0.64吨标准煤、6吨以下。

《钢铁政策》提出为了促使产业布局优化调整，要综合考虑矿产资源、能源、水资源、交通运输、环境容量、市场分布和利用国外资源等条件，要求避免单独建设新的钢铁联合企业、独立炼铁厂、炼钢厂和独立轧钢厂。应依托有条件的现有企业，结合兼并、搬迁，在水资源、原料、运输、市场消费等方面具有比较优势的地区进行改造和扩建，新增生产能力要和淘汰落后生产能力相结合。在重要环境保护区、严重缺水地区和大城市市区，不再扩建钢铁冶炼生产能力，现有企业应实施压产、搬迁，满足环境保护和资源节约的要求。《钢铁政策》根据不同地区的条件和需要，规定了各地的钢铁产业布局方向。例如，沿海地区建立大型钢铁企业，内陆地区要结合本地市场和矿石资源状况，以矿定产，不追求生产规模的扩大，以可持续生产为主要考虑因素。针对不同地区的具体情况，《钢铁政策》提出了相应的调整措施，比如华北地区应重点搞好结构调整、兼并重组，严格控制生产厂点继续增多和生产能力扩张；西南地区应提高装备水平，调整品种结构，发展高附加值产品，以矿石可持续供应能力确定产量，不追求数量的增加。

《钢铁政策》的实施对钢铁企业低碳发展产生了深远的影响，并为其他钢铁产业政策的制定奠定了基础。第一，钢铁企业必须达到国家和地方污染物排放标准，建设项目主要污染物排放总量控制指标要严格执行经批准的环境影响评价报告书（表）的规定，对超过核定的污染物排放指标和总量的，不准生产运行。这就要求钢铁企业必须投入更多的资金和精力用于环境保护。第二，不符合本产业发展政策和未经审批或违规审批的项目将受到限制，包括国土资源部门不予办理土地使用手续，工商管理部门不予登记，商务管理部门不批准合同和章程，金融机构不提供贷款和其他形式的授信支持，海关不予办理免税进口设备手续，质检部门不予颁发生产许可证，环保部门不予审批项目环境影响评价文件和不予发放排污许可证。这将给不合规的钢铁项目带来更多的限制和阻碍。第三，鼓励钢铁生产和设备制造企业采用工贸或技贸结合的方式出口国内有优势的技术和冶金成套设备，并在出口信贷等方面给予支持。这将为钢铁企业提供更多的机会和支持，推动低碳技术的出口和应用。

2015 年 1 月 23 日，工业和信息化部发布《钢铁工业转型升级计划（2015—2025）》，意味着中国政府将钢铁行业转型升级作为一个重要的战略任务，以推动钢铁行业朝更加环保、高端、智能化的方向发展。其中，淘汰落后产能是计划的重要一环，旨在通过关闭落后的钢铁生产线和钢铁厂来提高行业的整体水平和效率。此外，高端材料设备的升级和电子信息化的推广，将帮助钢铁企业提高产品的质量和竞争力，同时降低能源消耗和排放量。

自 2017 年 1 月 1 日起，中国对钢铁行业实行更加严格的差别电价政策和基于工序能耗的阶梯电价政策。这些差异化的价格举措可以鼓励钢铁企业加强节能降耗，推动低碳发展。差别电价政策将对不同行业、不同企业、不同生产工序的电价进行差别化，而阶梯电价政策则将对工序能耗较高的企业实施更高的电价，可以促使企业加强节能降耗，减少能源浪费和二氧化碳排放。这意味着钢铁企业必须采用更加清洁和节能的技术进行生产，提高资源利用效率，推动企业向低碳发展转型。国家发改委有关负责人表示，用差别电价、阶梯电价等价格手段促进钢铁行业供给侧结构性改革，将对进一步促进钢铁企业实施节能降耗技术改造，加快淘汰落后生产能力，提高钢铁企业整体技术装备水平和竞争能力，化解钢铁行业过剩产能发挥一定作用。

2020 年 12 月，工业和信息化部提出 2021 年粗钢产量压减任务。2022 年国家发改委、工业和信息化部、生态环境部、国家统计局将继续开展全国粗钢产量压减工作，引导钢铁产业高质量发展，摒弃以量取胜的传统生产思维。钢铁压减任务的推行能够切实减少过剩产能，有利于市场平衡和产业发展。压减落后产能和推进产业结构升级能够优化钢铁行业的结构，提升产业的竞争力和可持续发展能力，促进钢铁企业技术进步和管理创新，提高生产效率和经济效益，推动中国钢铁产业向高质量发展转型升级。2020年，中国粗钢产量达到历史峰值10.65亿吨。然而，随着中国经济转向高质量发展和粗钢产量压减任务的布置，2021年和2022年，中国粗钢产量分别为10.35亿吨和10.18亿吨，同比分别下降了2.8%和1.6%。

2022年1月20日，工业和信息化部、国家发改委和生态环境部发布《关于促进钢铁工业高质量发展的指导意见》。该意见支持钢铁企业瞄准下游产业升级和战略新兴产业发展方向，重点发展高品质特殊钢、高端装备特种合金钢、核心基础零部件用钢等小批量、多品种关键钢材，力争每年突破5种左右的关键钢铁新材料。另外，该意见明确了"吨钢能耗降低2%以上，水资源能耗降低10%以上，确保2030年实现碳达峰"的目标。

总体来说，"十五"（2001～2005年）至"十一五"（2006～2010年）期间，钢铁产业政策的重点在于着力解决产能过剩问题，加速淘汰落后工艺、装备和产品，提高钢铁产品档次和质量，推进钢铁产业发展循环经济，提高环境保护和资源利用总体水平。在"十二五"（2011～2015年）期间，我国明确了重点统计的钢铁企业，必须达到平均吨钢综合能耗、吨钢耗新水量、吨钢二氧化硫和二氧化碳排放等指标的具体量化要求，以促进钢铁工业从"大"向"强"转变。"十三五"（2016～2020年）期间，钢铁产业政策重点在于压减粗钢产能，提高行业集中度，建设国家级行业创新平台和国际领先的创新领军企业。国家明确了钢铁产业供给侧结构性改革的要求，要提高产能利用率，培养智能化制造工厂和矿山。"十四五"规划（2021～2025年）要求，钢铁产业要力争到2025年形成布局结构合理、资源供应稳定、技术装备先进、全球竞争力强、绿色低碳可持续的高质量发展格局（见表1）。具体量化要求提到，行业研发投入力争达到1.5%，电炉产钢占比达到15%，80%以上的钢铁产能完成超低排放改造，确保2030年实现碳达峰。

表1 五年规划期间钢铁政策的重点任务

五年规划	年份	重点任务
"十一五"规划	2006~2010	着力解决产能过剩问题
"十二五"规划	2011~2015	促进由"大"到"强"的转变
"十三五"规划	2016~2020	压减粗钢产能,提高行业集中度
"十四五"规划	2021~2025	促进形成高质量发展格局,确保2030年实现碳达峰

三 中国钢铁产业低碳发展现状和趋势分析

钢铁产业低碳发展成为应对全球气候变化和资源环境压力日益加大的背景下,推动钢铁产业朝清洁、低碳、可持续发展的方向转型升级的必然选择。具体而言,中国钢铁企业低碳发展现状包括以下四个方面。第一,提高能源利用效率,探索清洁能源利用模式,钢铁企业可以通过采用氢能、风能等清洁能源替代传统的一次能源,从而减少碳排放。第二,优化生产工艺,钢铁企业通过精细化管理、智能化制造等方式,提高生产效率,降低能耗,减少环境污染。第三,加快技术创新,开发新的环保、节能、低碳技术,推进钢铁企业绿色转型。第四,加强社会责任,钢铁企业应该承担社会责任,积极推动企业环境、社会和治理的可持续发展,促进低碳发展。

(一)资源利用

1. 能源结构和利用效率

中国钢铁企业在生产工艺上进行了升级和改进。通过引进先进的炼铁和炼钢技术,采用高效清洁能源替代传统能源,减少了温室气体排放。钢铁生产过程中的废气、废水和固体废弃物也得到了有效处理和利用,最大限度地减少了对环境的负面影响。2022年,重点统计会员钢铁企业吨钢耗新水降至2.44立方米,同比下降0.7%;吨钢二氧化硫排放量为0.24千克,同比下降19.8%;吨钢颗粒物排放量为0.28千克,同比下降18.3%;吨钢氮氧化物排放量为 0.46 千克，同比下降 12.4%。[①] 另外，2023 年第一季度重点钢铁企业吨钢综合能耗为 533.48 千克标准煤，同比下降 3.07%，比 2013 年的 629.06 千克标准煤下降了 15.19%。[②] 10 年来中国钢铁企业在提高能源利用效率、降低碳排放强度方面取得了较大的成果。中国钢铁工业能效水平逐步提升，但仍值得注意的是，中国钢铁工业仍然存在能源和碳排放总量大、生产工艺结构不合理、能源结构中绿色能源占比低、节能低碳发展水平不平衡、节能降碳技术创新难等问题，节能降碳仍然有较大空间。因此发展新能源以改善能源结构是重要的战略选择。

发展高炉富氢冶炼技术，提高"氢冶金+电炉"短流程炼钢占比，构建"以氢代碳"的钢铁生产用能新体系，是中国钢铁行业现阶段实现双碳目标的重要方向，对引领中国钢铁行业实现绿色、低碳、高质量发展具有重要意义。[③] 2022 年，鞍钢集团在鲅鱼圈钢铁基地举行了氢冶金项目的开工仪式。该项目是全球首个绿氢零碳流化床高效炼铁新技术示范项目，具备完全自主知识产权。该项目的实施将实现低碳冶金新技术路线的重大突破。同年末，全球首例 120 万吨氢冶金示范工程在河钢投产氢能，氢能被视为 21 世纪最具发展潜力的清洁能源之一。与传统碳冶金相比，该工艺可减少 70% 的二氧化碳排放，吨钢碳排放可降至约 0.5 吨。虽然已有钢铁企业积极探索氢冶金技术，但较高的技术要求和成本仍制约着其发展。目前，氢冶金技术的应用还处于起步阶段，存在一些技术难题需要克服。例如，富氢冶炼存在低温炉料易烧结、喷吹风口热量损失严重、水蒸气对设备腐蚀严重等问题；纯氢还原存在温度波动较大、炉底氢气利用率低以及炉顶热量损失大等关键问题。[④] 同时，氢冶金技术在大规模生产中的稳定性和可靠性也需要进一步验证和改进。引进氢冶金技术需要进行设备改造和投资，包括氢气制备设备、氢气输

[①] 中国钢铁工业协会。

[②] 中国钢铁工业协会。

[③] 王新东等：《基于富氢焦炉煤气零重整的氢冶金工程技术》，《钢铁》2023 年第 5 期。

[④] 佟帅等：《中国氢冶金的发展及关键技术研究进展》，《钢铁研究学报》，https://doi.org/10.13228/j. boyuan. issn1001-0963. 20230092。

送管道和反应器等，这些设备的成本较高，对企业造成的财务压力较大。此外，由于氢气的高能耗和生产成本较高，氢冶金技术的商业化应用面临经济可行性的挑战。

2. 提高煤气利用率

高炉煤气、转炉煤气和焦炉煤气高效利用影响着中国钢铁企业的低碳发展。高炉煤气是高炉冶炼过程中的副产品，主要包括一氧化碳、二氧化碳等成分。高炉煤气的产生量和利用率直接关系到钢铁企业的能源消耗和碳排放。较高的高炉煤气产生量意味着冶炼过程中能源利用效率较低，未能充分利用高炉煤气会导致能源的浪费和碳排放的增加。因此，通过优化高炉冶炼工艺、提高炉料利用率以及改善煤气利用方式适当降低高炉煤气产生量，可以减少碳排放和能源消耗，促进钢铁企业的低碳发展。另外，高炉煤气主要作为燃料用于热风炉、炼焦炉、烧结、球团、石灰窑、轧钢加热炉、炉渣微粉、锅炉加热等工艺中，提高高炉煤气再利用率可以进一步减少额外的能源消耗。同样，转炉煤气可作为锅炉燃料，或与高炉煤气混合用于燃气发电等，焦炉煤气可用于燃烧发电或作为还原剂直接还原铁等。其重点在于利用率的提升，实现这部分煤气的再利用不仅减少了对传统能源的需求，也促进了资源的循环利用，实现了资源的可持续利用和节约。

如表 2 和表 3 所示，2022 年，中国高炉煤气产生量为 9716.00 亿立方米，同比下降 0.71%，其利用率为 98.40%，比上年同期提高 0.05 个百分点。转炉煤气产生量为 781.00 亿立方米，同比上升 3.54%，其利用率为 98.50%，与上年基本持平。焦炉煤气产生量为 528.00 亿立方米，同比上升 6.53%，其利用率为 98.40%，比上年同期下降 0.06 个百分点。[①] 中国钢铁企业高炉煤气利用率有所提高，但距离 100% 回收利用还存在进步空间。由于中国高炉煤气基础量大，2% 的高炉煤气未回收利用也是较大的资源浪费。因此，中国钢铁企业要进一步注重煤气回收利用率。河钢集团唐钢公司动力

---

① 中国钢铁工业协会。

部生产室副主任陈晓伟称："通过煤气调度的集中调控优化，回收高炉煤气 106.53 亿万 m³、利用率 100%，回收转炉煤气 7.87 亿万 m³、利用率 100%；回收焦炉煤气 2.63 亿万 m³、利用率 100%，2022 年煤气资源利用能力实现历史最好水平。"[1] 同样，山钢集团积极落实双碳目标，成功实现了高炉煤气和焦炉煤气的"零排放"，实现了煤气的 100% 回收。同时，山钢集团利用煤气取得了较高的发电自给率，达到了 52%。

表 2　2020~2022 年三种煤气产生量及同比增减

单位：亿立方米，%

类别	2020 年	2021 年	同比增减	2022 年	同比增减
高炉煤气	10062.43	9785.82	−2.75	9716.00	−0.71
转炉煤气	745.56	754.32	1.17	781.00	3.54
焦炉煤气	471.86	495.63	5.04	528.00	6.53

数据来源：中国钢铁工业协会，同比增减为笔者计算得到。

表 3　2020~2022 年三种煤气利用率及增量

单位：%，个百分点

类别	2020 年	2021 年	增量	2022 年	增量
高炉煤气	98.03	98.35	0.32	98.40	0.05
转炉煤气	98.33	98.50	0.17	98.50	0.00
焦炉煤气	98.53	98.46	−0.07	98.40	−0.06

数据来源：中国钢铁工业协会，增量为笔者计算得到。

3. 差别化电价

在钢铁企业的生产过程中，特别是在使用电弧炉进行钢铁生产时，电力是一项重要能源。如果电力价格较高，钢铁企业在进行工艺流程转型时将面临较大的成本压力，可能对其利润率和竞争力造成不利影响。如果电力价格下降，钢铁企业可以降低对传统高碳能源的依赖程度，采用清洁能源和绿色

---

[1] 《河钢集团唐钢公司开展专项攻关推动能源提效》，"长城网"搜狐号，2023 年 1 月 13 日，https：//www.sohu.com/a/628942203_ 120333600。

能源，减少碳排放。

为进一步推动电力价格市场化改革，国家发改委在 2021 年 10 月发布了《关于进一步深化燃煤发电上网电价市场化改革的通知》。随后，在 2021 年 12 月，大部分省份积极响应国家发改委的要求，推进电力价格机制改革。电价上涨给钢铁企业的生产运营和成本管理带来了压力，同时对钢铁行业的低碳转型和高质量发展提出了更高的要求。钢铁企业需要应对不同省份实行的差别电价政策，其运营和发展受到了重要影响。2022 年，江苏、内蒙古、山东、广西等多个省份开始实施钢铁行业差别化的电价政策，这意味着钢铁企业将面临不同的电力成本和价格压力。钢铁企业需要根据各地的电价政策进行调整和应对，以保持竞争力和可持续发展。这也要求钢铁企业更加注重能源的高效利用和节能减排，加速推进低碳转型，以适应电价上涨的挑战和市场环境的变化。截至 2023 年 5 月 17 日，全国 87 家独立电弧炉钢厂，平均开工率为 65.32%，周环比下降 1.35 个百分点，月环比下降 8.59 个百分点；产能利用率为 48.22%，周环比增加 0.74 个百分点，月环比下降 11.15 个百分点。如图 4 所示，2021 年建筑用钢平均利润均大于 0，最高达到 968 元/吨。[①] 而 2022 年 1 月至 2023 年 6 月的建筑用钢电炉平均利润远低于 2021 年的平均利润，且部分时间出现负利润。

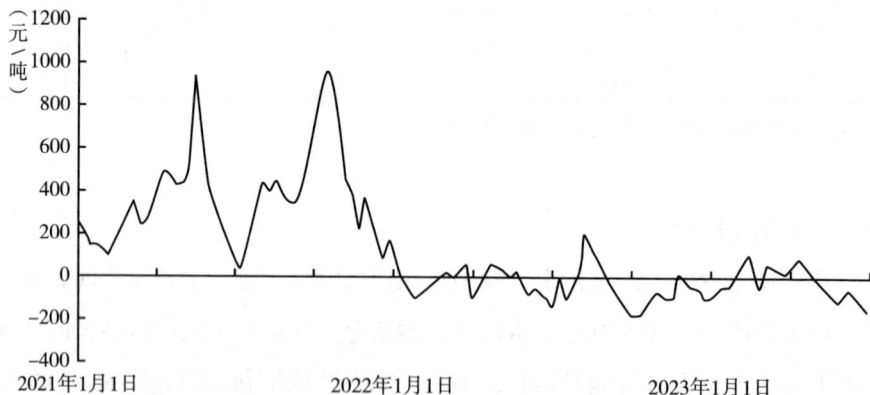

图 4　2021 年 1 月至 2023 年 6 月建筑用钢电炉平均利润

数据来源：钢联数据。

———————————

①　钢联数据。

总的来说，电力价格市场化改革对于钢铁企业产生了双重影响。一方面，电价上涨增加了企业的成本压力；另一方面，促使钢铁企业加快低碳转型和高质量发展的步伐。钢铁企业需要积极应对这一变化，通过提高能源利用效率、优化生产工艺以及加强创新和技术升级，寻求更加可持续的发展路径。

4. 废钢回收利用

原材料供应方面，废钢是使用电弧炉产钢过程中的重要原料，回收和再利用废钢是低碳发展的关键策略之一。废钢的回收和再利用不仅有助于减少对原生铁矿石的需求，还能减少能源消耗和碳排放，促进资源的循环利用，从而实现低碳发展目标。

如图 5 所示，自 2016 年后中国废钢消耗量迅速上涨，2020 年达到顶峰，约为 2.33 亿吨。[①] 由于国家粗钢压减政策实施，2021 年和 2022 年的废钢消耗量有所下降。废钢的回收和再利用可以显著减少对原生铁矿石的需求。传统的钢铁生产通常需要大量的铁矿石作为原料，其开采和加工过程会对环境造成一定的影响。而废钢作为一种可再生资源，可以通过回收和再加工，转化为高质量的钢铁产品。废钢的累计利用降低了对铁矿石的依赖程度，减轻了对自然资源的开采压力，有助于实现钢铁行业的可持续发展。废钢再利用还可以减少废弃物的产生，降低对垃圾填埋场的需求。这对于钢铁企业实现可持续发展目标、提升企业形象和满足社会环保要求具有重要意义。

然而，废钢累计利用对钢铁行业低碳发展也提出了一些挑战。首先，废钢的回收和再利用需要建立完善的废钢回收体系和处理设施。这涉及废钢的分类、收集、运输和处理等环节，需要投入大量的资金和资源。因此，相关政府部门应支持企业废钢回收、拆解、加工、分类、配送一体化发展，以确保废钢能够得到有效回收和再利用。其次，如何保持废钢的质量和供应的稳定性也是重要问题。废钢的品质和成分多种多样，不同的废钢品种对于生产不同种类的钢铁产品有不同的适用性。因此，相关企业需要加强对废钢的质

---

① 中国废钢铁应用协会。

225

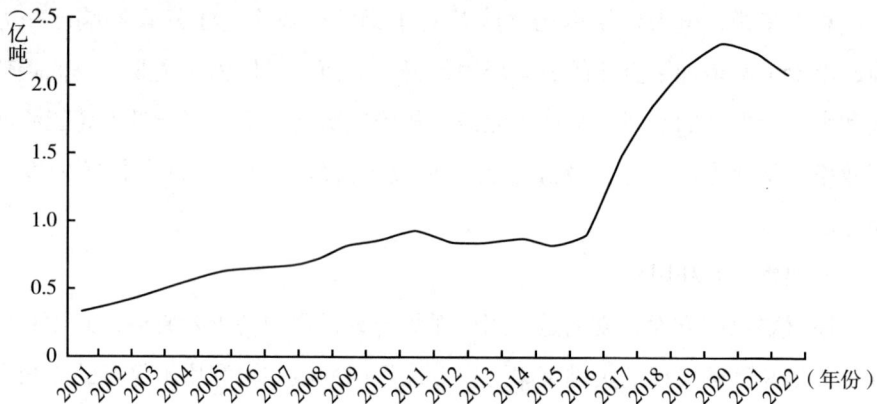

图5　2001~2022年中国废钢消耗量

数据来源：中国废钢铁应用协会。

量检测和分类，确保回收的废钢符合生产要求。同时，废钢供应的稳定性也需要得到保障，以满足钢铁企业的生产需求。

5. 碳排放交易体系

中国正在逐步建立碳排放权交易市场，将碳排放纳入经济和企业管理的范畴。碳排放权交易市场是指由政府设立、允许企业之间进行碳排放权买卖和交易的平台。在这个市场上，政府将对企业进行碳排放的核定和配额，并允许企业之间进行碳排放权的交易，以实现碳排放减少的目标。通过这种市场机制，企业可以更加灵活地调整和管理自身的碳排放，实现低碳发展。对于钢铁企业而言，碳排放交易制度的建立将推动它们更加关注碳排放的减少和低碳发展。钢铁企业将面临碳排放减少目标和限额，需要通过采取低碳技术和措施来降低自身的碳排放。碳排放交易促进企业绿色技术创新。[①] 同时，钢铁企业还可以通过参与碳排放权交易来管理和调整自身的碳排放权。通过购买更多的碳排放权，企业可以增加碳排放的额度，而出售多余的碳排放权则可以获得经济回报。碳排放权交易市场的建立将激励钢铁企业加大低

[①]　刘斐然、胡立君、范小群：《产学研合作对企业创新质量的影响研究》，《经济管理》2020年第10期。

碳技术创新和投资力度。因此，企业将面临经济和市场的双重激励，通过减少碳排放，企业不仅能够达到政府规定的标准和要求，还能够获得碳排放权交易市场的经济回报。这将推动钢铁企业加大研发投入力度，推进低碳技术的创新与应用，提高能源利用效率，降低碳排放水平。

（二）技术创新

中国钢铁企业的技术创新对于行业的发展和竞争力至关重要。在全球钢铁市场变化和技术进步的推动下，中国钢铁企业面临提高产品质量、降低生产成本、减少环境影响等多重挑战。通过技术创新，钢铁企业能够实现生产方式的转型升级，提高产品附加值，并在国际市场上获得竞争优势。2022年，重点统计会员钢铁企业的改进工艺、提高产品质量、增加新产品类投资为397.35亿元，同比增长14.0%，占固定投资额比重为31.2%。[①]

1. 新产品产值

新产品往往具有低碳和高经济效益的特性，积极推进新产品的研发体现了企业的技术创新水平，能够促进企业低碳发展。2022年，重点钢铁企业的新产品产值为3770亿元，较2019年的2580亿元增长46.12%。首先，新产品往往具有低碳特性，积极创新新产品可以优化产品结构、推动技术创新和工艺改进，实现更加环保和可持续的生产方式，为行业的低碳转型和可持续发展做出积极贡献。这不仅有助于满足市场需求，提高企业竞争力，还有助于构建清洁、绿色的钢铁新生产方式。新产品往往采用先进的技术和材料，具有更高的效能和更低的环境影响。例如，高强度钢材能够实现更轻量化的设计，减少用钢量，进而降低能源消耗和碳排放。复合材料的运用可以减少材料使用量，提高产品强度，减轻运输负荷，降低碳足迹。此外，新型低碳材料和智能制造技术的引入也有助于改善生产过程的能效和环保性能。通过推动新产品的研发和生产，钢铁企业可以实现生产过程的低碳化，从而降低碳排放和资源消耗。通过增加新产品产量，钢铁企业可以实现产品结构

---

① 中国钢铁工业协会。

的优化,朝更加环保和低碳的方向发展。这不仅满足了市场对环保产品的需求,还有助于提升企业的竞争力和品牌形象。随着全球对碳减排的要求越来越严格,新产品的开发和生产成为钢铁企业实现可持续发展的关键路径之一。同时,增加新产品产量还可以推动钢铁企业进行技术创新和工艺改进。新产品的开发往往需要探索新的生产工艺和材料,这驱动着企业不断深化技术创新。通过优化生产工艺和提升技术水平,钢铁企业可以提高生产效率和资源利用率,减少能源消耗和废物排放。这些技术创新和工艺改进也为钢铁企业低碳生产奠定了坚实的基础。

其次,新产品产量的增加对钢铁企业的低碳发展具有重要的经济效益。随着全球环保要求的提升和市场对低碳产品的需求增加,钢铁企业可以通过增加新产品产量获得更多的商业机会和竞争优势。新产品往往具有较高的附加值和市场溢价,可以为企业带来更高的利润。通过增加新产品产量,钢铁企业可以进一步巩固自身的市场地位甚至扩大市场份额。在全球范围内,越来越多的国家和地区开始采取严格的碳排放标准和环保要求,对传统高碳产品的需求逐渐下降。而钢铁企业通过开发和生产新型低碳产品,能够满足市场对环保产品的需求,提供符合标准的产品,并获得更多的订单和合作机会。这有助于降低企业对传统高碳产品的依赖,减少碳排放,同时拓展新的市场空间。2023 年,韶钢特轧厂成功轧制高碳钢品种系列 SWRH82B 热轧盘条,标志着钢铁企业在新产品产量方面取得了又一项重要突破。SWRH82B 热轧盘条的成功开发不仅为钢铁企业拓展了新的市场空间,而且提升了线材产品在市场上的竞争力。其满足了重载铁路、高速路枕等领域对高强度材料的需求,同时其低松弛性能的特点也为桥梁等工程结构的稳定性提供了可靠保障。这一成功开发的新产品为企业带来了良好的经济效益,增强了企业在行业中的地位和竞争力。通过开发具备高强度和低松弛性能的 SWRH82B 热轧盘条,韶钢特轧厂能够满足客户对高质量产品的需求,并与竞争对手形成差异化竞争优势。同时,由于 SWRH82B 热轧盘条的附加值较高,该产品的销售也有助于提升企业的赢利能力。

2. 优化工艺流程

目前，中国大部分产钢依然是通过高炉进行的。中国在 2020 年的电弧炉粗钢产量仅为 0.98 亿吨，而在 2021 年则增加至 1.09 亿吨，[①] 同比增长了 11.2%，占全年粗钢产量的比例为 10.6%。虽然产量有所增加，但与 2025 年达到 15% 的目标相比仍存在一定的差距。因此，进行高炉技术升级，提高高炉人员劳动生产率即高炉人均产钢量，对中国钢铁企业的低碳发展有重要意义。通过提高高炉人员劳动生产率，钢铁企业可以在提高生产效率的同时实现低碳发展目标。这有助于提高能源和资源利用效率，从而降低碳排放，并推动钢铁行业朝绿色、可持续的方向发展。同时，提高劳动生产率可以提升企业的竞争力和赢利能力，为企业创造更好的经济效益，从而为低碳发展提供更坚实的基础。首先，高炉人员劳动生产率的提高通常与生产过程的优化和效率提升相伴。随着每位工人生产的钢铁数量的增加，单位产钢所需的能源消耗会相对减少。这意味着在相同产量下，能源消耗量会减少，从而降低碳排放。通过技术改进、工艺优化和自动化控制等手段改进高炉技术，提高高炉人员劳动生产率，可以在减少能源消耗的同时实现低碳生产。其次，改进高炉技术可以促进原材料的有效利用。优化高炉操作和提高工人技能水平可以确保更高的冶炼效率和钢铁产量，减少废料和次品的产生，进而降低资源消耗和环境影响。最后，提高高炉人员劳动生产率也将促使钢铁企业更积极地采用低碳技术。随着工人人均产钢量的增加，企业更有动力投资于低碳冶炼技术的研发和应用，例如高炉炼铁技术、废气净化技术和能源回收利用技术等。这些低碳技术的应用可以减少能源消耗和碳排放，推动钢铁企业向更加环保和可持续的生产方式转变。

3. 产学研深度合作

钢铁企业与高校、科研院所等机构开展合作，共同进行技术研发。2022 年，包钢、本钢、济钢、六钢等多家钢铁企业敏锐地抓住机遇，在与多所高校签署战略合作协议的同时，积极寻求校企合作，共同谋划未来的合作发

---

① 世界钢铁工业协会。

展。这一举措旨在充分发挥高校的科研和人才优势，与钢铁企业的实践经验相结合，推动钢铁行业的技术创新和转型升级。通过与高校的战略合作，钢铁企业能够获得先进的科研成果和技术支持，促进产品质量的提升和生产效率的提高。同时，高校能够借助与钢铁企业的合作，深入了解行业需求，开展有针对性的研究和人才培养，为钢铁行业的创新和发展提供人才支持和智力支持。这种校企合作的模式为双方带来了共赢的机会。钢铁企业能够在技术研发、人才培养和市场拓展等方面得到支持，提升自身的竞争力和创新能力。而高校则能够与实际应用场景相结合，将科研成果转化为实际生产力，促进科技成果的产业化落地。通过积极推动校企合作，钢铁企业在技术创新和转型升级方面取得了显著的成效。[①] 这种紧密的合作关系为钢铁行业注入了新的发展动力，推动了科技进步和产业升级，为实现高质量发展奠定了坚实的基础。

（三）数字化转型

为了提高生产效率、提升产品质量、降低成本、优化供应链管理和物流，以及应对市场竞争和可持续发展等方面的挑战，中国钢铁企业正积极进行数字化转型。

1. 生产流程数字化

首先，数字化转型可以通过优化生产流程、提高设备利用率和资源利用率以及实现智能制造和自动化控制提高生产效率。通过利用数字化技术，钢铁企业能够实时监控和管理生产过程中的各项指标，及时调整和优化生产计划，减少生产中的停机时间和能源浪费，提高生产效率和产能利用率。宝钢以"热轧 1580 智能车间"项目为依托，致力于构建自动化、无人化和智慧化平台，以实现对相关产品的高效生产管理。在制造端，宝钢引入了机器人作业，使操作岗位实现自动化；在工厂节点，宝钢采用无人机和传感器等技

---

① 刘斐然、胡立君、范小群：《产学研合作对企业创新质量的影响研究》，《经济管理》2020 年第 10 期。

术追踪工人生命体征、设备运行状况和产品质量等数据信息，降低了人工监测成本，减少了工序能耗。通过这些举措，宝钢能够提升生产效率、降低生产成本，并确保产品质量的稳定性。其次，数字化转型可以降低劳动成本并提高产品质量。通过应用智能制造和自动化技术，钢铁企业能够减少人工操作和能源浪费，提高设备利用率，从而降低生产成本。

2. 监测和控制数字化

数字化转型带来了钢铁生产过程监测和控制的革新。通过数据采集和分析，钢铁企业可以实时监测和控制生产过程中的各项参数，及时发现并纠正问题，从而提高产品的一致性和质量稳定性。同时，数字化技术还可以为质量追溯和产品溯源提供支持，提高产品质量管理的可追溯性和可信度。沙钢集团利用星环科技提供的工业互联网平台，成功实现了批量计算、实时流计算和机器学习等先进技术的综合性应用。这一举措带来了多项显著效果。首先，通过对海量业务数据进行分析和展示，沙钢集团能够深入了解业务情况，做出准确的决策和规划。其次，通过实时监控和告警，现场工艺执行情况得以及时掌握，确保生产过程有序进行。此外，机器学习模型的运用使得预测和决策过程更加智能化，大幅降低了劳动成本。这一技术的应用还简化了转炉炼钢流程，省去了多次添加辅料和调节氧枪高度的步骤，从而减少了生产过程对专业化操作人员的需求，降低了人员投入的工时。标准化的炼钢生产提高了生产效率，并提高了出钢终点温度和碳含量的命中率，保证了钢水质量的稳定性，且超过了靠人工经验生产的水平。通过数字化转型，沙钢集团实现了更高效、智能和质量稳定的生产过程，为企业的可持续发展提供了有力支持。

3. 供应链和物流管理数字化

数字化转型可以优化供应链管理和物流运作。通过建立数字化的供应链平台和物流管理系统，钢铁企业能够实现供应链的实时监控和协调，提高物料和信息的流动效率，降低库存成本和物流成本，同时提高供应链的可靠性和灵活性。山钢集团借助中交兴路数字化厂区业务协同平台，实现了对车辆运输情况的实时管理。该平台能够监控车辆的路线偏移和异常停车等行为，并及时进行干预和预警，这极大地减少了运输环节货物损坏和丢失等情况的发生。此外，通过该平台，山钢集团还能够自动检查车辆的环保等级。车辆环保级别的查询由人工模式转变为自动模式，大大提高了信息处理的效率。这一数字化措施使得山钢集团能够更加高效地管理和监控车辆运输，有效减少了货物损失，并提升了车辆环保管理的效率。

（四）低碳市场需求结构改变

1. 下游产业需求结构

随着全球环境问题的凸显，各行业都面临节能降碳的压力，钢铁企业对产品生产过程中的环境影响和可持续性表现越来越关注。在钢铁产业链中，一些主要的钢材需求者，如汽车制造商和建筑业企业，对低碳钢铁产品的需求越来越大。他们更倾向于选择环保友好的产品，以满足消费者需求并符合环保标准。社会对碳排放和气候变化的关注度不断提高。汽车制造商和建筑业企业等意识到他们在减少碳足迹方面的责任，并开始积极寻求低碳的解决方案。低碳钢铁产品因较低的碳排放和更高的环境友好度而成为他们的首选。2021年，梅赛德斯–奔驰与瑞典钢铁生产商SSAB合作，计划将无化石钢引入汽车生产，以构建出可达终端客户的完全无化石燃料的价值链。2022年，宝马集团与河钢集团签署《打造绿色低碳钢铁供应链合作备忘录》，自2026年起，宝马沈阳生产基地开始在整车量产过程中使用河钢生产的绿色汽车用钢。事实上，汽车企业与钢铁企业携手推进绿色低碳汽车用钢生产和使用的项目越来越多，下游消费对产品碳足迹的关注使得低碳产品的竞争更加激烈，材料减碳已成为脱碳战略的前沿阵地。世界钢铁协会行业分析部部长巴里斯·奇夫特奇表示，建筑行业未来材料需求变化将主要围绕"低碳""可回收""二手"这些关键词，而低碳材料将成为缓解建筑行业应对可持续发展压力的关键因素之一。钢铁企业与汽车制造商和建筑业企业进行合作，共同研发和推广低碳材料的解决方案，以满足不断提高的环保要求。这种合作不仅为企业带来了商机，还促进了技术创新和知识共享。

这种客户需求的变化为钢铁企业的低碳发展提供了市场机会。钢铁企业意识到这种客户需求的变化，开始加大对低碳技术和可持续发展的研究和投资力度，并加强了废物处理和资源回收的措施，以实现更可持续的钢铁生产过程。2023年，中国宝武马钢炼铁总厂修订下发了相关专项管理办法，对固体废物的回收环节进行了明确规定，旨在提高全体员工对固体废物进行规范化处置和资源化利用的积极性，实现由被动利用向主动利用转变，保障固体废物规范回收利用和安全处置。

由此可见，随着技术的不断进步，钢铁企业未来的发展方向逐渐演化为各种低碳钢铁产品的开发。这些产品不仅具有较低的碳排放特性，还具备优异的性能和质量。这些创新的低碳钢铁产品不仅能够满足下游企业对环保产品的需求，同时驱动着企业遵守日益严格的环保标准，为下游产业实现低碳发展提供了保障。

2. 国际市场需求结构

随着全球化进程的不断推进，国际市场对低碳产品的需求不断增加。一些国家和地区已经采取了行动，要求进口的钢铁产品符合一定的环保标准。这一趋势对钢铁企业提出了更高的要求，要求他们提高产品的环境性能，以满足国际市场的需求。2023年4月，欧盟理事会通过了碳边境调节机制（CBAM），标志着CBAM正式通过并完成了整个立法程序。CBAM的范围包括钢铁、水泥、铝、化肥、电力、氢气等六大行业，以及特定条件下的间接排放。根据该机制，进口这些产品的商家必须支付其生产国支付的碳价格与欧盟碳排放交易体系中碳配额价格之间的差价。这意味着非欧盟生产商在欧盟销售商品时必须为其二氧化碳排放量付费。CBAM将于2023年10月开始试运行，并在2026~2034年分阶段实施。这一举措表明欧盟将成为全球第一个征收碳关税的经济体。具体而言，CBAM将于2023年10月1日开始生效，但在2025年底之前将有一个过渡期。在过渡期内，中国企业向欧盟出口产品时需要报告产品的碳排放信息，但不需要缴纳相关费用。但是，从2026年1月1日起，这些企业将需要支付碳关税，并且其价格将与欧盟碳排放交易体系挂钩。冶金工业规划研究院院长范铁军称，基于已出台的CBAM规则，据中国每年出口到欧盟的钢材产品量（如2022年出口到欧盟的钢材量是 389 万吨）、出口到欧盟的钢材产品总金额（如 2022 年是 64.4 亿美元）、欧盟碳市场的碳价等进行初步估算，中国钢铁行业出口成本将增加 4%~6%，大概每年需要向欧盟支付碳关税 2 亿~4 亿美元。[①]

在欧盟即将实施的碳关税的影响下，钢铁企业需要进一步加大研发和投资力度，推动创新技术的应用和发展，积极探索和采用更加环保和可持续的生产工艺，以减少碳排放和环境影响。主要措施包括使用高效的炼钢技术、优化能源利用、采用可再生能源和改善废物处理等。通过提高生产过程的环境绩效，钢铁企业能够满足国际市场对低碳产品的需求。随着国际市场对产品的质量和可追溯性要求越来越高，钢铁相关下游厂商更加注重产品的性能和来源。因此，为了适应国际市场需求的变化，钢铁企业还需要关注产品质量和可追溯性。同时，钢铁企业可以通过建立质量管理体系和供应链管理体系，确保产品质量和供应链可追溯性，提升其在国际市场中的竞争力。

四 总结

中国政府高度重视环境保护和低碳发展，颁布了一系列环保政策和法规，旨在引导企业朝低碳、绿色方向转型升级。首先，中国政府出台了严格的环境保护法规，要求钢铁企业加强环境保护，减少污染物排放。这些法规对钢铁企业的生产过程和废水、废气、固体废物等处理提出了具体要求，促使企业采取相应的减排措施，推动低碳发展。其次，政府支持对于钢铁企业低碳发展具有重要意义，为企业提供了政策保障和引导，激励企业加大对低碳技术和装备的投资力度，特别是节能目标政策和新能源补贴政策推动了产业结构的优化升级。[②] 政府支持还有助于增强企业的环境意识和责任感，推

---

① 《【铁军说钢铁】专栏 | 第三期：CBAM 即将实施，钢铁行业如何应对》，冶金工业规划研究院，2023 年 6 月 12 日，http：//www. mpi1972. com/xwzx/tpxw_ 449/202306/t20230612_ 100343. html。

② Kai Li, Shouzhou Qi, Xunpeng Shi, "Environmental Policies and Low-carbon Industrial Upgrading：Heterogenous Effects among Policies, Sectors, and Technologies in China", *Technological Forecasting and Social Change* 191（2023）：122468.

动企业积极主动地参与低碳发展，实现经济效益与环境效益的双重提升。

在资源利用方面，通过发展新能源、提高煤气利用率，钢铁企业能够降低对传统能源的依赖，减少环境污染，并有助于构建一个更加环保和可持续的钢铁产业体系，推动中国经济的可持续发展。另外，理论上，钢铁循环利用率可达到100%。中国作为全球最大的废钢产出国和消费国，废钢回收利用在低碳发展中具有重要意义。一些钢铁企业正积极推进废钢回收利用技术和设备的升级，以提高废钢的回收率和再利用率。首先，企业加大了废钢收集和分类力度，确保废钢能够有效回收。通过建立废钢收购站点和废钢回收网络，企业可以方便地从市场上收集大量的废钢资源。其次，钢铁企业投资引进先进的废钢处理技术和设备。通过采用先进的废钢破碎、分选和冶炼技术，废钢可以被高效地分解和加工成可再利用的原料，减少对钢铁企业原生铁矿石的需求。最后，我国还需加强废钢质量管理和废钢市场体系建设。通过健全的废钢质量检测和认证体系，企业能够确保回收的废钢符合生产要求，保证再生钢材的质量和安全性。同时，企业需要积极参与废钢市场交易，促进废钢资源的合理配置和有效利用，实现资源循环利用和低碳发展的双重效益。

在技术创新方面，中国钢铁企业正积极推进技术创新和转型升级，大力推进先进高效的钢铁生产工艺和设备以降低能耗和碳排放，实现低碳发展的目标。一些钢铁企业正在探索利用氢能技术，并且在废气、废水和固体废物处理方面进行技术创新。通过采用先进的治理设备和工艺，企业能够高效减少和处理废气中的有害物质，实现废气的清洁排放。对于废水处理，企业引入先进的水处理技术，将废水净化再利用，减少对水资源的消耗。同时，通过有效的固体废物分类和回收利用，企业可以减少对原材料的需求，实现资源的循环利用。技术创新对于钢铁企业低碳发展具有重要意义。技术创新不仅能够帮助企业降低能耗、减少碳排放，还能提高生产效率、降低生产成本，并帮助企业在市场竞争中取得优势，提升产品质量和附加值，拓展市场份额。同时，技术创新还为企业打造绿色、环保的形象，提升企业的社会声誉，增强可持续发展的能力。因此，钢铁企业在技术创新方面应继续加大投入，积极与科研机构、高校和专业院所进行合作，共同开展技术创新和研发项目。这种合作模式可以促进知识共享、资源共享和技术交流，加快创新成果的转化和应用。同时，钢铁企业还应积极参与国际合作和交流，借鉴先进国家和地区的低碳技术和经验，以推动低碳技术的研发和应用。

B.8

中国钢铁工业碳配额分配方案的
评价与优化策略研究

何威俊　李婉玉*

摘　要： 中国钢铁工业是社会经济发展的"晴雨表"，产业结构持续优化
的同时，其绿色低碳发展水平有待提升。作为稀缺资源的碳配额
的公平合理分配关系碳市场平稳有序运行和经济利益，因此，研
究中国钢铁工业碳配额分配对中国经济高质量发展具有重要意
义。在此背景下，本报告针对中国钢铁工业碳配额分配的合理性
构建评价指标，从而提出调整与优化方向，以期为钢铁工业健康
发展提供切实参考。本报告首先扩展了传统的基尼系数，以测度
钢铁工业碳配额错配指数，系统分析当前碳配额分配存在的问题
及原因；其次基于零和博弈理论和数据包络分析模型，以中国
28 个省份钢铁工业为对象实证研究了碳配额分配方案优化策略。
研究发现，中国省际钢铁工业的粗钢产量和碳排放量差异较大，
中国钢铁工业的碳配额错配程度处于合理水平、整体呈现下降趋
势，产生错配的主要原因是碳配额边际产出不同；中国钢铁工业
初始碳配额利用效率的个体差异性较大，优化方案在不同年份及
省份间也存在较大差异。只有结合各省份自身特点，合理利用碳
配额分配自上而下宏观调整，提高分配方案的公正性、科学性，
才能在保障经济发展的同时，达到节能减排的目标。

---

* 何威俊，博士，北京科技大学经济管理学院副教授，研究方向为能源经济、低碳管理等；李
婉玉，北京科技大学技术经济与管理专业硕士研究生，研究方向为能源与环境政策建模。

关键词: 钢铁工业　碳配额分配　资源错配

一　资源错配的视角下中国钢铁工业碳配额分配的评价

中国是全球最大的钢铁工业生产国,钢铁工业的粗钢产量持续增加。据世界钢铁协会的统计数据,2022 年,中国钢铁工业的粗钢产量约为 10.2 亿吨,占全球粗钢总产量的 53.9%。[①] 与此同时,中国钢铁工业粗钢的生产以"高炉-转炉"的长流程炼钢工艺为主,短流程炼钢工艺的应用还未大范围普及,这导致中国钢铁工业在生产大量钢铁的同时,消耗了大量的能源,并排放了大量的二氧化碳。[②] 据统计,中国钢铁工业的碳排放约占全国碳排放总量的 16%,这为中国实现碳达峰碳中和目标,实现经济的高质量发展带来了巨大挑战。中国钢铁工业实现高效碳减排不仅是实现双碳目标的重要抓手,也是中国实现经济高质量发展和建设社会主义生态文明的内在要求。

在双碳目标的约束下,中国钢铁工业未来的碳排放配额是有限的,在现有技术水平下,碳配额将变为一种稀缺的资源,如何高效利用有限的碳配额,在实现钢铁工业减排的同时,将减碳引起的经济损失降到尽可能低是相关决策者关注的重点话题。事实上,要提高碳配额的利用效率,需有效地解决碳配额错配的问题。所谓碳配额的错配是指钢铁工业的碳配额与其经济产出之间不匹配的现象,一些地区的钢铁工业利用的碳配额较多,但是获得的经济产出却相对较少,相反,有些地区的钢铁工业利用的碳配额较少,而获得的经济产出却相对较多。碳配额的错配将严重降低碳配额的利用效率。系统测度中国钢铁工业的碳配额错配现状,揭示碳配额错配产生的主要原因,将为钢铁工业碳配额的优化提供重要依据。

[①] 世界钢铁工业协会 (https://worldsteel.org/)。

[②] X. Zhang et al., "A Review on Low Carbon Emissions Projects of Steel Industry in the World," *Journal of Cleaner Production* 306 (2021): 127259.

（一）研究方法

本节将首先给出碳配额错配的严格定义，在此基础上，通过对传统的基尼系数进行扩展，建立理论模型测度中国钢铁工业碳配额错配的指数，以期为后文的实证分析奠定理论基础。

1. 碳配额错配的定义

近年来，应对全球气候变化，大力降低一个地区、行业和企业的碳配额已在全球大多数国家中达成共识。在全球能源供给类型未发生根本性变革之前，碳配额已被看作一种重要的资源，与一个地区、行业和企业的发展息息相关。碳配额作为一种重要的资源，被充分利用后，产业的碳配额与其经济产出间应存在相适应的关系，当碳配额较高时，该产业的经济产出随之较高，也就是说，每个细分产业部门的边际产出相等。但在现实国民经济体系中，经济体中各个行业或者各个地区间的碳配额和其经济产出并不是一致的，这就导致了碳配额的错配。

事实上，根据相关资源错配理论，在完全竞争市场中，各个排放主体的碳配额的分配应该实现帕累托最优，各个排放主体之间的碳配额边际产出（在当前基础上额外增加一个单位的碳配额所产生的经济产出）应该是相等的，即对于任意两个排放主体 i，j 来说，其碳配额的边际产出应该相等，$MP_i = MP_j$。然而，在实际生产中，碳配额的分配与利用要实现帕累托最优是很困难的，由于技术水平、资源禀赋、管理理念的差异，各个排放主体的碳配额的边际产出是不完全相等的，即部分碳排放主体利用了较多的碳配额，而获得的经济产出相对较少，相反，部分排放主体利用较少的碳配额获得了较多的经济产出，这种现象在本报告中被定义为碳配额的错配。显然，碳配额的错配在一定程度上会影响整个系统碳配额的利用效率，间接地加剧了碳减排对经济系统的影响。根据 He 等的研究，在完全竞争的市场中，各个排放主体的碳配额边际产出是完全相等的，即，$MP_1 = MP_2 = \cdots = MP_N = \dfrac{\sum\limits_{i=1}^{n} \Delta F_i}{\sum\limits_{i=1}^{n} \Delta C_i}$，其中，$\Delta F_i$ 和 ΔC_i 分别表示碳排放主体 i 的经济产出和碳配额的增量。前面提到，在现实情况中，市场并不是完全竞争的，由于各个排放主体之间的差异性，其碳配额边际产出并非完全相等，这将导致碳配额的错配。对于排放主体 i 来说，其碳配额边际产出，MP_i 与整个系统的碳配额边际产出（$\dfrac{\sum\limits_{i=1}^{n} \Delta F_i}{\sum\limits_{i=1}^{n} \Delta C_i}$）

不相等，存在两种情况。[1] 一种情形是排放主体 i 的碳配额边际产出大于整个系统的碳配额边际产出。这意味着在此情景下，排放主体 i 的碳配额利用效率高于整个系统的平均水平。另一种情形则是排放主体 i 的碳配额边际产出小于整个系统的碳配额边际产出。这表明，该主体的碳配额利用效率低于整个系统的平均水平，因此该主体需要采取策略提高碳配额的利用效率，降低碳配额的错配程度。

在给出碳配额错配的定义后，接下来需要通过理论方法来测度中国钢铁工业的碳配额错配程度。对于中国钢铁工业来说，通过构建碳配额错配指数来衡量碳配额资源配置的错配程度，测度一个时期内区域的碳配额分配情况，既能从静态的角度反映碳配额分配与经济产出之间的均衡状态，也能从动态的角度分析碳配额错配系数的变化趋势，从而进行宏观调控，优化中国钢铁工业的碳配额分配。

2. 钢铁工业碳配额错配指数的构建

为了进一步量化中国钢铁工业碳配额的错配程度，根据经济学理论，本报告基于基尼系数计算原理构建了中国钢铁工业碳配额错配指数。基尼系数最早是由意大利经济学家基尼提出的，用以考察居民收入分配差异的一个指标。[2] 基尼系数由洛伦兹曲线推导而来，这里洛伦兹曲线反映了累计人口的

[1] W. He, D. Liu, C. Wang, "Are Chinese Provincial Carbon Emissions Allowances Misallocated over 2000-2017? Evidence from an Extended Gini-coefficient Approach," *Sustainable Production and Consumption* 29 (2022): 564-573.

[2] B. Milanovic, "A Simple Way to Calculate the Gini Coefficient, and Some Implications," *Economics Letters* 1 (1997): 45-49.

百分比与累计收入的百分比的变化关系。显然，一个地区所有人收入是均等的，那么洛伦兹曲线与收入分配的绝对平均线重合，此时，收入分配不存在不公平的现象。如果收入分配是不公平的，即部分人的收入较高，而部分人的收入较低，那么洛伦兹曲线将会偏离绝对平均线，偏离的程度越高则表明收入分配的公平性越差。一般基尼系数的数值介于0和1之间，是一个标准化的指标，分配的公平性越差，基尼系数越大，反之，收入分配的公平性越好，基尼系数越小。与此同时，随着经济研究的不断深入，由洛伦兹曲线所定义的衡量收入分配公平性的基尼系数也广泛被用于测度碳配额分配的公平性、碳配额的错配[①]等关键问题。

为了定义碳配额的错配指数，首先要对洛伦兹曲线的内涵进行拓展。如图1所示，本报告对洛伦兹曲线进行了延拓，图中坐标轴的横轴不再表示累计人口的百分比，而表示地区间钢铁工业碳排额的累计百分比，而纵轴为地区间钢铁工业经济产出的累计百分比。

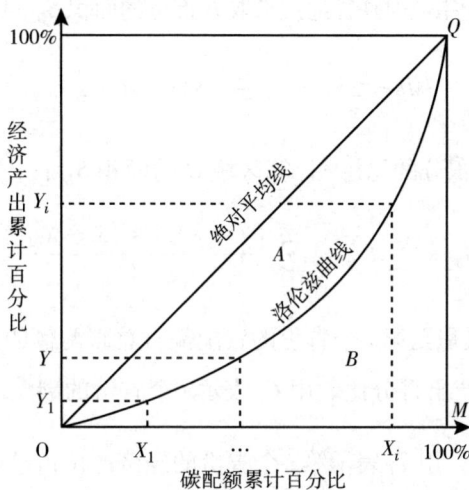

图1 测度碳配额错配程度的洛伦兹曲线

---

① Y. Cheng et al.，"Allocation of Provincial Carbon Emission Allowances under China's 2030 Carbon Peak Target: A Dynamic Multi-criteria Decision Analysis Method，" *Science of the Total Environment* 837（2022）：155798.

在构建碳配错配指数时，为了保证洛伦兹曲线的凸性，本报告将各省份钢铁工业碳配额的边际产出由低到高进行排序。基于洛伦兹的曲线，本报告将钢铁工业碳配额错配指数定义为图1中区域 A 的面积与三角形 OMQ 的面积的比值，[①] 即

$$IMI = \frac{S_A}{S_A + S_B}$$

显然，该碳配额错配指数 IMI 反映了洛伦兹曲线偏离绝对平均线 OQ 的程度，若碳配额的错配程度较低，则洛伦兹曲线偏离绝对平均线 OQ 的程度较低，因而碳配额错配指数 IMI 较小，反之，若碳配额的错配程度较高，则洛伦兹曲线偏离绝对平均线 OQ 的程度较高，故碳配额错配指数 IMI 较大。

由图1可知 $S_A + S_B = \frac{1}{2}$ ，因此在计算碳配额错配指数时首先是计算区域 A 的面积 S_A ，由洛伦兹曲线与对角线 OQ 所围成的 A 部分的面积计算较为复杂，因而计算碳配额错配指数时往往通过求取 B 部分的面积 S_B 间接计算 S_A ，即

$$IMI = 2S_A = 2\left(\frac{1}{2} - S_B\right) = 1 - 2S_B$$

本报告采用微积分的思想[②]计算区域 B 的面积 S_B ：

$$S_B \approx \sum_{i=1}^{n} S_{i梯} = \sum_{i=1}^{n} \frac{(Y_{i-1} + Y_i) \times (X_i - X_{i-1})}{2}$$

其中 X_i 表示累积至第 i 个省份的碳配额占总碳配额的比重，Y_i 表示累计至第 i 省份的经济产出百分比。用 C_i 表示 i 个省份的碳配额占总碳配额的比重，则 $X_i = \sum_{i=1}^{n} C_i$ ，用 T_i 表示第 i 个省份的经济产出占总产出比重，则 $Y_i =$

---

① M. O. Lorenz，"Methods of Measuring the Concentration of Wealth," *Publications of the American Statistical Association* 70（1905）：209-219.

② C. Dai et al.，"Dealing with Equality and Benefit for Water Allocation in a Lake Watershed：A Gini-coefficient Based Stochastic Optimization Approach," *Journal of Hydrology* 561（2018）：322-334.

$\sum\limits_{i=1}^{n} T_i$ ，进而可以得出：

$$IMI = 1 - \sum_{i=1}^{n} (Y_{i-1} + Y_i) \times (X_i - X_{i-1}) = 1 - \sum_{i=1}^{n} C_i \times 2 \sum_{j=1}^{i} T_j - T_i$$

碳配额错配指数能反映碳配额的分配与经济产出之间的错配程度，数值越靠近0代表碳配额分配的错配程度越低，反之，碳配额错配指数越靠近1，则代表碳配额的错配程度越高。当洛伦兹曲线与对角线 OQ 重合时，碳配额错配为0，表示理想状态下的绝对平等，即钢铁工业的碳配额边际产出均相等。基尼系数位于0.3~0.4时，通常被认为收入分配比较合理，但是，碳配额错配指数并不能进行简单的数值迁移，因为二者测度的对象在经济理论中存在较大差异。

3. 数据与变量

在已构建的钢铁工业碳配额错配指数的基础上，本报告将对中国钢铁工业 2013~2019 年的碳配额错配指数开展系统的实证研究，其中各个地区钢铁工业的实际碳排放定义为该地区的碳配额，粗钢产量定义为该地区钢铁工业的经济产出。因此，本报告涉及的变量包括各个省份钢铁工业的碳排放量、钢材产量。考虑到北京市、海南省和西藏自治区的钢铁产量显著低于其他省份，本报告选择的研究样本不包括这3个省份。在数据来源方面，各个省份的碳排放量数据摘自中国碳核算数据库（Carbon Emissions Accounts and Datasets，CEADs），钢材产量数据摘自《中国钢铁工业年鉴》。

（二）中国钢铁工业碳配额错配实证分析

本节将采用前文建立的碳配额错配指数，对中国钢铁工业碳配额错配程度开展系统的研究并在时间和地区层面上分析了碳配额错配形成的原因，以期为中国钢铁工业碳配额错配情况的缓解以及碳配额的高效利用提供实证依据。

1. 中国钢铁工业碳配额错配结果分析

在分析中国钢铁工业碳配额的错配程度之前，本节首先分析了2019年中国28个省份钢铁工业的粗钢产量与碳排放量，结果如图2所示。研究结果表明，在粗钢产量上，中国28个省份的钢铁工业的粗钢产量差异较大。

其中，粗钢产量最高的省份是河北省，达到了 2.42 亿吨，远远高于其他省份。京津冀经济圈内的重点产钢地位于河北境内，而河北的粗钢产量主要集中在唐山，这也是河北钢铁工业规模位于前列的主要原因。粗钢产量排在第 2 位的是江苏省，其粗钢产量约为 1.2 亿吨，约为河北省钢铁工业粗钢产量的一半。此外，江苏省也是粗钢产量前 5 位中唯一的南方省份，该地区的产品结构相对齐全，高水平经济发展对于钢铁的需求也是钢铁产量较大的因素之一。此外，我国建设了以鞍钢为中心的东北钢铁基地，使得辽宁的钢铁工业产量排名靠前，排在第 3 位，其粗钢产量约为 0.74 亿吨。结果表明，京津冀、长三角等是钢铁产能集聚区，产能规模较大。然而，除了河北省、江苏省、辽宁省、江西省和山西省的钢铁工业以外，其余省份钢铁工业的粗钢产量均低于 0.5 亿吨。中国西部地区粗钢产量与碳排放量均处于较低水平，主要原因有三个，一是作为中低收入地区，西北地区人口密度较低，钢材消费需求强度较低；二是受经济环境与历史原因影响，西部地区的钢铁企业发展较晚，不同企业间的联系较为松散，与现代化工业相比仍有差距，存在更为严重的劳动生产率低、产能落后等问题；三是缺少完善的产业链体系，钢材市场与上下游及其自身的信息交流整合程度较低，钢铁物流产业链与钢铁产业发展不协调。

针对 28 个省份钢铁工业的碳排放，从图 2 中可以发现，河北省钢铁工业的碳排放量同样排在第 1 位，其碳排放量约为 4.14 亿吨；江苏省钢铁工业的碳排放量排在第 2 位，其碳排放量约为 1.9 亿吨；而其他大部分省份钢铁工业碳排放量相对较小。除此之外，粗钢产量和碳排放量两个轴之间的线段近乎是水平的，这意味着各个地区钢铁工业的碳排放量与粗钢产量几乎呈线性关系，这表明，碳排放量越高的地区，其钢铁工业的粗钢产量往往越高，这也间接说明中国省际钢铁工业碳配额的错配程度较低。事实上，中国钢铁工业的碳排放量在制造业中居于首位，存在地域不平衡的特点。吨钢碳排放量代表在钢铁行业中，单位粗钢产量产出的二氧化碳量。如果单位粗钢产量的二氧化碳排放量下降，说明生产单位粗钢所消耗的能源减少，也就是钢铁产业能源的利用效率提高。

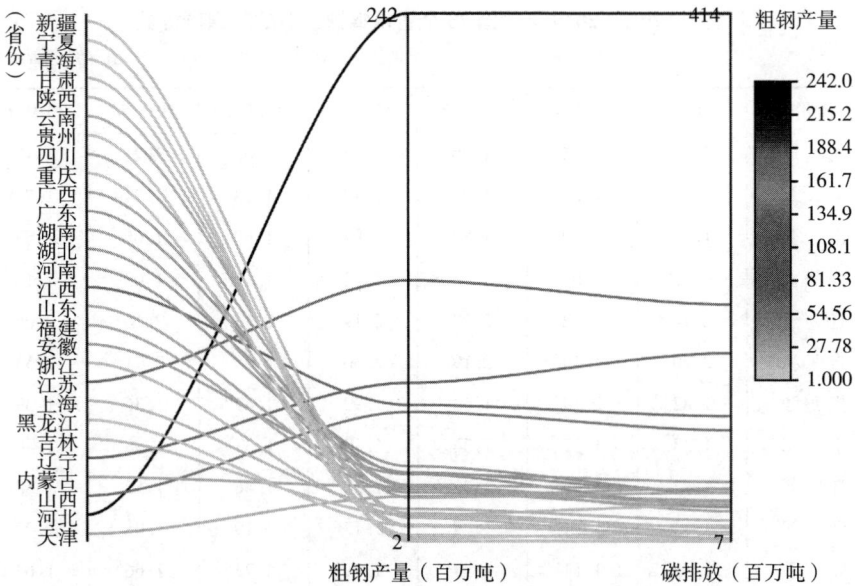

图 2　2019 年中国 28 个省份钢铁工业的粗钢产量与碳排放量

在分析中国钢铁工业 2019 年的粗钢产量与碳排放量的基础上，本报告接下来将分析钢铁工业的碳配额利用效率，即单位粗钢产量的碳排放量，即吨钢碳排放。一般吨钢碳排放越低，表明该钢铁工业的碳配额利用效率越高，反之，碳配额的利用效率越低。表 1 展示了 2013~2019 年中国 28 个省份钢铁工业单位粗钢的碳排放量。从地区维度看，宁夏地区钢铁工业的吨钢碳排放最高，其 2013 年的吨钢碳排放高达 8.91 吨，是同年河北省钢铁工业吨钢碳排放的 4.92 倍。尽管如此，该地区的吨钢碳排放总体呈现下降趋势，至 2019 年宁夏钢铁工业吨钢碳排放下降至 4.29 吨，在 2013 年的基础上显著下降，下降的幅度达到了 51.9%。与此同时，青海钢铁工业的吨钢碳排放明显较高，其 2013 年的吨钢碳排放为 4.61 吨。与宁夏不同的是，2013~2019 年，青海吨钢碳排放呈现"倒 U 字形"变化趋势，其吨钢碳排放在 2016 年前呈现显著上升的趋势，此后便逐年下降，其 2019 年的吨钢碳排放在 2013 年的基础上下降 14.3%，为 3.95 吨。

表1　2013~2019年中国28个省份钢铁工业的吨钢碳排放

单位：吨

省份	2013年	2014年	2015年	2016年	2017年	2018年	2019年
天　津	2.23	2.25	2.30	2.47	2.00	2.21	2.17
河　北	1.81	1.85	1.73	1.77	1.73	1.71	1.72
山　西	1.66	1.79	1.88	1.96	1.69	1.65	1.53
内蒙古	0.86	1.07	2.73	2.72	1.11	1.09	1.13
辽　宁	2.14	2.12	2.22	2.19	2.17	2.18	2.06
吉　林	2.20	2.19	2.19	2.30	2.35	2.21	2.55
黑龙江	1.82	2.14	1.63	1.90	1.47	1.36	1.39
上　海	1.33	1.37	1.34	1.30	1.33	1.38	1.40
江　苏	1.42	1.49	1.32	1.30	1.46	1.52	1.58
浙　江	1.15	1.21	1.24	1.12	1.29	1.08	1.02
安　徽	1.32	1.51	1.57	1.89	1.72	1.66	1.64
福　建	1.27	1.24	1.58	1.55	1.30	1.37	1.39
江　西	1.79	1.87	1.94	1.82	1.76	1.69	1.48
山　东	1.61	1.74	1.63	1.47	1.35	1.39	1.63
河　南	2.23	2.84	2.85	3.14	2.29	1.56	1.33
湖　北	1.42	1.54	1.48	1.44	1.59	1.49	1.23
湖　南	1.78	1.69	1.84	1.53	1.84	1.71	1.61
广　东	1.58	1.54	1.45	1.12	1.04	1.09	1.03
广　西	1.79	1.59	1.52	1.67	1.68	1.46	1.31
重　庆	1.62	2.77	2.81	3.00	3.21	1.82	1.50
四　川	3.17	3.33	3.77	3.36	3.31	1.83	1.71
贵　州	3.52	2.82	2.46	1.92	1.94	1.96	1.92
云　南	2.10	1.97	2.16	2.17	2.20	1.97	2.05
陕　西	2.18	2.18	1.98	1.92	1.45	1.49	1.21
甘　肃	2.30	2.38	2.71	2.97	3.35	2.27	2.15
青　海	4.61	4.86	5.49	5.48	5.16	4.83	3.95
宁　夏	8.91	6.09	5.33	5.33	4.80	4.61	4.29
新　疆	2.42	2.37	3.01	1.96	1.96	1.94	0.73

贵州、四川、天津以及河南钢铁工业的吨钢碳排放也相对较高，这表明这些地区的钢铁工业的碳配额利用效率相对较低，工艺相对落后，利用相同数量的碳配额获得的粗钢产量相对较低。与此相反，2013~2018 年，山东、福建、浙江等地区的钢铁工业的吨钢碳排放相对较低，尤其是河北省和江苏省的钢铁工业，其粗钢产量在各个地区中分别位居第 1 位和第 2 位，钢铁生产规模较大，但是其生产工艺较先进、能源利用效率较高，单位粗钢的碳排放量也相对较小。2013 年，河北省钢铁工业的吨钢碳排放仅为 1.81 吨，低于当前全国的平均水平 2.22 吨。2019 年，其单位吨钢的碳排放量进一步下降至 1.72 吨，在 2013 年的基础上下降了 4.97%。江苏省钢铁工业的吨钢碳排放更低，2013 年，其吨钢碳排放仅为 1.42 吨。与河北省钢铁工业不同的是，2013~2019 年，江苏钢铁工业的吨钢碳排放总体呈缓慢上升趋势，至 2019 年，其吨钢碳排放上升至 1.58 吨，增长幅度约为 11.27%。总体来看，东部、中部地区的钢铁工业碳配额利用效率更高，单位粗钢产量的碳排放量相对较低，潜在的原因在于东、中部地区的经济水平相对较高，有更强的减排能力，同时，这些地区对外开放程度较高，更容易吸收新的理念并引用新的技术，进而促进钢铁工业的发展。

从吨钢碳排放的变化趋势来看，整体上，中国钢铁工业的吨钢碳排放呈显著下降趋势。2013 年，本报告 28 个样本的吨钢碳排放的平均值约为 2.22 吨，而在 2019 年，下降至 1.74 吨，下降幅度约为 21.62%，这表明中国钢铁工业的碳减排工作已经取得了较为显著的成效，能源利用效率、碳配额利用效率显著提高。此外，可以看出，中国各个省份钢铁工业间的吨钢碳排放差距有减小的趋势。2013 年中国各地区钢铁工业的吨钢碳排放的极差为 8.05 吨，而到 2019 年为 3.56 吨，说明钢铁工业在 2013 年的碳配额利用效率呈现较大的区域差异性，此后得到有效缓解。这一现象的主要原因在于中国在党的十八大后推进西部开发、东北振兴、中部崛起等重大区域战略，优势互补、协同发展的战略使得区域发展差距缩小，进而钢铁产业碳配额错配等不平衡的问题得以改善，有利于推进中国经济平稳运行。

前面已经详细地分析了中国省际钢铁工业的粗钢产量、碳排放量以及吨钢碳排放，结果表明尽管各个地区的钢铁工业的粗钢产量和碳排放量存在较大差异，但是吨钢碳排放的差异正在缩小，碳配额错配的程度将得到缓解。接下来，本报告将详细展示中国钢铁工业碳配额错配的程度。从图3中可以看出，2013~2019 年中国钢铁工业的碳配额错配指数整体呈现下降态势。从2013 年的 0.132 波动上升至 2016 年的 0.153，此后总体呈现下降趋势，2018 年碳配额错配指数最低，仅为 0.097，2019 年碳配额错配指数有所上升，为 0.107。中国钢铁工业的碳配额错配程度在 2013~2019 中处于一个较低的水平，碳配额的分配相对较为合理。作为比较，根据 He 等的研究，中国各个省份的碳配额错配程度显著高于中国钢铁工业，其碳配额错配指数由2000 年的 0.229 上升到了 2017 年的 0.279，呈逐年上升的趋势。而美国各个州的碳配额错配指数约为 0.15，与中国钢铁工业的碳配额错配程度相当。[①]

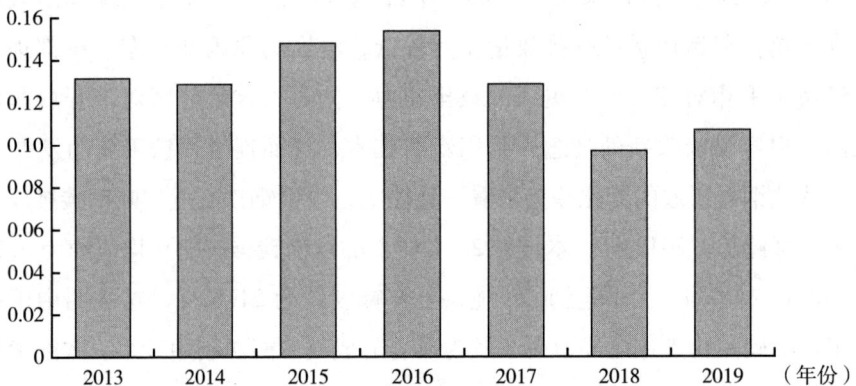

图3 2013~2019 年中国钢铁工业的碳配额错配指数

同时，2013~2015 年钢材价格持续下跌，2016 年后价格上涨。钢铁工业一直存在产能过剩的问题，2016 年颁布了《钢铁工业调整升级规划

---

① W. He, D. Liu, C. Wang, "Are Chinese Provincial Carbon Emissions Allowances Misallocated over 2000-2017? Evidence from an Extended Gini-coefficient Approach," *Sustainable Production and Consumption* 29 (2022): 564-573.

（2016—2020 年）》，钢铁工业以化解过剩产能为方向，与深化改革相结合，推动供给侧改革，这可能是我国钢铁工业在 2016 年后碳配额的分配更加有效的重要原因之一。

2. 中国钢铁工业碳配额错配原因分析

根据前面对碳配额错配的定义，我们知道，碳配额错配的根本原因在于在非完全竞争的市场中，各个地区钢铁工业的碳配额的边际产出不一致。为了详细分析中国钢铁工业碳配额产生错配的原因，表 2 列出了 2013～2019 年中国 28 个省份钢铁工业的碳配额边际产出偏离全国水平的程度。如为负值，则表明该地区钢铁工业的碳配额边际产出低于全国的整体水平，其碳配额的利用效率相对较低，反之，若为正值，则表明该地区钢铁工业的碳配额边际产出高于全国的整体水平，其碳配额的利用效率相对较高。根据对钢铁工业边际产出偏离全国水平的程度分析，可以进一步探讨各省份钢铁工业碳配额的配置合理性。

从表 2 中可以发现，钢铁工业边际产出在 2013～2019 年均高于全国水平的有上海、江苏、浙江、福建、湖北、广东等省份，大多分布在中国东南部地区。其中，浙江钢铁工业的碳配额边际产出高出全国整体水平的幅度较大。2013 年，浙江省钢铁工业的碳配额边际产出高出全国的整体水平的幅度为 55.06%，尽管该百分比在 2013～2019 年呈现波动的现象，但是其 2019 年仍达 58.96%。2013 年上海碳配额的边际产出高出全国整体水平 34.05%，并且在 2017 年之前呈现上升趋势，此后便逐渐下降，至 2019 年，约为 15.40%。粗钢产量排全国第 2 位的江苏省，2013 年，其碳配额的边际产出高出全国平均水平 26.23%，但此后该百分比整体上呈现下降的趋势，2019 年仅为 2.44%。江苏省钢铁工业的粗钢产量和碳排放量均排在各省份的第 2 位，即使如此，其碳配额的边际产出在研究的样本期内仍高于全国的平均水平，这得益于江苏省显著高于全国的经济水平，一般经济水平越高，其管理理念和技术越先进，相应的，其减排的能力也越强，从而呈现较高的碳配额利用效率和碳配额边际产出。

表 2 2013~2019 年中国 28 个省份钢铁工业碳配额边际产出偏离全国水平的程度

单位：%

省份	2013 年	2014 年	2015 年	2016 年	2017 年	2018 年	2019 年
天 津	-19.84	-16.96	-19.05	-25.79	-13.01	-24.92	-25.46
河 北	-1.32	1.11	7.56	3.43	0.68	-2.83	-5.75
山 西	7.42	4.05	-1.14	-6.63	2.71	0.55	5.50
内蒙古	107.12	74.36	-31.73	-32.61	57.12	51.87	42.73
辽 宁	-16.61	-12.00	-16.20	-16.55	-19.98	-23.80	-21.67
吉 林	-18.77	-14.93	-14.77	-20.22	-26.08	-25.03	-36.51
黑龙江	-1.69	-12.71	14.53	-3.52	18.05	21.90	16.33
上 海	34.05	35.93	39.02	40.70	31.19	20.41	15.40
江 苏	26.23	25.30	41.63	40.69	18.85	9.44	2.44
浙 江	55.06	54.16	49.99	64.12	34.62	53.62	58.96
安 徽	35.59	23.76	18.72	-3.27	1.23	-0.16	-1.46
福 建	40.54	50.76	17.81	18.05	33.91	21.37	16.45
江 西	0.11	-0.25	-3.93	0.59	-1.23	-1.92	9.50
山 东	10.76	7.19	14.58	24.89	28.75	19.62	-0.59
河 南	-19.74	-34.27	-34.70	-41.69	-23.94	6.19	21.39
湖 北	26.06	21.37	25.84	26.87	9.44	11.44	31.23
湖 南	0.53	10.47	1.31	20.02	-5.28	-2.88	0.67
广 东	13.53	21.28	28.77	63.32	67.98	52.47	56.63
广 西	-0.17	17.15	22.37	9.63	3.58	13.43	23.33
重 庆	10.60	-32.62	-33.82	-39.07	-45.81	-9.00	7.50
四 川	-43.67	-43.87	-50.55	-45.45	-47.44	-9.16	-5.61
贵 州	-49.22	-33.85	-24.26	-4.47	-10.41	-15.33	-15.95
云 南	-14.96	-5.27	-13.77	-15.48	-20.80	-15.76	-21.22
陕 西	-18.04	-14.19	-5.94	-4.72	20.33	11.64	33.13
甘 肃	-22.25	-21.54	-31.36	-38.27	-48.05	-26.97	-24.88
青 海	-61.20	-61.57	-66.07	-66.61	-66.29	-65.65	-59.09
宁 夏	-79.93	-69.36	-65.06	-65.66	-63.77	-64.07	-62.32
新 疆	-26.22	-21.23	-38.07	-6.57	-11.16	-14.73	120.76

与以上省份相反，辽宁、吉林、四川、贵州、云南、甘肃、青海、宁夏等位于中国西部及东北部地区的省份钢铁工业的碳配额边际产出在2013~2019年均低于全国水平。其中，碳配额边际产出低于全国平均水平的幅度最大的是宁夏地区，其2013年钢铁工业的碳配额边际产出低于全国平均水平的79.93%，这意味着宁夏钢铁工业的碳配额利用效率显著低于全国其他省份，与此同时，这一水平相对稳定，2019年仍维持在62.32%，尽管已经相对于2013年有所改善，但改善的幅度相对较小。其次是青海，2013年其钢铁工业的碳配额边际产出低于全国平均水平61.20%，同时维持在一个较为稳定的水平。基于以上结果，宁夏和青海的钢铁工业应该更加注重节能减排，在未来需要淘汰落后产能、引进先进的节能低碳技术和管理理念，努力降低钢铁工业的碳排放，在实现钢铁工业碳配额较优配置的同时，为钢铁工业实现高质量发展贡献力量。

针对东南沿海地区，湛江、防城港等沿海钢铁精品基地的建设，不断推进节能减排降碳，有助于该区域钢铁工业边际产出的提高，从而使碳配额边际产出相对其他省份较高。同时，可以看出内蒙古、新疆等地的偏离程度起伏较大。新疆2015年的钢铁工业碳配额边际产出偏离全国水平-38.07%，而2019年其钢铁工业碳配额边际产出偏离全国水平120.76%。2013年，内蒙古钢铁工业碳配额边际产出高出全国水平107.12%，但是2016年却低于全国水平32.61%。具体来看，新疆钢铁产业碳配额利用效率整体呈现上升趋势，因为"一带一路""西气东输"等带动了新疆基础设施建设、技术创新，推进了钢铁产业发展。但是，同样处于西部地区的内蒙古在2013~2019年钢铁工业碳配额边际产出总体呈现下降趋势，原因是该地区仍处于传统产业工业化发展的阶段，依赖高能耗带动经济增长，短期内化解钢铁产能过剩问题和调整产业结构较为困难。

3. 研究小结

中国钢铁工业实现高效的碳减排是钢铁工业实现高质量发展的内在要求，在现有技术条件下，碳配额已成为一种稀缺的资源。努力提高碳配额的利用效率是中国钢铁工业实现高效减排、降低减排经济成本的重要措施。为此，本报告对中国省际钢铁工业的碳配额错配程度开展了系统的研究，以期为中国钢铁工业碳配额分配的优化提供理论工具和实证依据。为了系统研究中国省际钢铁工业的碳配额错配程度，本报告开展了具体如下三个方面的工作。一是基于资源错配理论，给出了碳配额错配的严格定义，并分析了导致碳配额错配的原因；二是通过扩展传统的基尼系数，构建了中国钢铁工业碳配额错配指数，用以量化中国省际钢铁工业的碳配额错配程度；三是基于构建的碳配额错配指数，对2013~2019年中国省际钢铁工业的碳配额错配程度开展了系统的研究，并分析了导致钢铁工业碳配额错配产生的原因。得到了如下三个方面的研究结果。

第一，中国省际钢铁工业的粗钢产量、碳排放量存在巨大差异，其中，河北省钢铁工业的粗钢产量和碳排放量均位居所有省份的首位，其2019年的粗钢产量和碳排放量分别达到了2.42亿吨和4.14亿吨。其次是江苏省钢铁工业，2019年其粗钢产量和碳排放量分别约为1.2亿吨和1.9亿吨。其他省份钢铁工业的粗钢产量和碳排放量显著低于河北省和江苏省。在碳配额利用效率方面，利用效率最低的是宁夏，2013年，其吨钢碳排放高达8.91吨，是同年河北省钢铁工业吨钢碳排放的4.92倍。得益于先进的生产技术和管理理念，2013~2018年，山东、福建、浙江等东部沿海地区钢铁工业的吨钢碳排放相对较小。与此同时，尽管河北省和江苏省钢铁工业的生产规模在我国位居前两位，但是其碳配额的利用效率高于大多数地区，2019年，河北省和江苏省钢铁工业的吨钢碳排放仅分别为1.72吨和1.58吨，均低于全国的平均水平。更进一步地，本研究发现，吨钢碳排放的区域差异正随着时间的推移在逐渐缩小。

第二，中国钢铁工业的碳配额错配程度在2013~2019中处于一个较低的水平，碳配额的分配较为合理，并且碳配额错配指数整体呈现下降趋势。2013年的碳配额错配指数为0.132，而2019年的碳配额错配指数仅为0.107。与此同时，中国钢铁工业碳配额错配程度显著低于全国的碳配额错配程度。

第三，中国钢铁工业碳配额产生错配的主要原因在于各个地区钢铁工业碳配额的边际产出不一样。其中，上海、江苏、浙江、福建、湖北、广东等东南部地区的钢铁工业的碳配额边际产出高于全国的整体水平，这意味着这些地区的钢铁工业的碳配额利用效率高于全国水平。相反，辽宁、吉林、四川、贵州、云南、甘肃、青海、宁夏等位于中国西部及东北部地区的省份钢铁工业的碳配额边际产出在 2013～2019 年均低于全国水平，尤其是宁夏，2019 年其钢铁工业的碳配额边际产出低于全国水平 62.32%，意味着其边际产出仅为全国整体水平的 37.68%。这些地区的钢铁工业应该更加注重节能减排，在未来需要淘汰落后产能、引进先进的节能低碳技术和管理理念，努力降低钢铁工业的碳排放，在实现钢铁工业碳配额较优配置的同时，为钢铁工业实现高质量发展贡献力量。

二 效率视角下中国钢铁工业碳配额的优化策略研究

前文通过构建碳配额错配指数研究了中国钢铁工业的碳配额错配程度，并详细分析了引起碳配额错配的主要原因，即各个地区钢铁工业的碳配额的边际产出存在较大差异。但是没有具体提出各个地区钢铁工业碳配额的调整和优化方案。基于此，本报告将从效率的视角研究中国钢铁工业省际碳配额的优化方案。众所周知，由于各个省份钢铁工业的生产工艺、技术水平、能源利用效率以及管理理念的差异，各个地区钢铁工业的碳配额在当前技术水平下以及不降低钢铁产量的前提下均存在优化的空间，最优碳配额与实际碳配额的比例，在这里被定义为碳配额利用效率，存在显著的差异。因此，如何计算各个地区钢铁工业在现有技术水平和产量下的最优碳配额是相关决策者关注的问题。事实上，关于这一现实问题的研究已经得到学术界的广泛关注，并形成了较为成熟完善的理论方法体系，即生产前沿分析。具体的，要计算一个地区钢铁工业的最优碳配额，首先需要找出生产前沿面，即投入产出比达到最优、在效率视角下各个投入和产出指标均没有改进空间的生产单元，并按照一定的方向将待评估的生产单元投影到生产前沿面上，通过计算实际的生产单元与生产前沿面投影形成的生产单元之间的距离来测度待评估生产单元的最优碳配额。

但是该方法仍存在两个方面的问题。一方面，由于碳配额的优化引起了生产前沿的移动，优化后的碳配额，在计算碳配额利用效率时也不一定是1；另一方面，在中国积极应对全球气候变化、实现碳达峰和碳中和的大背景下，碳配额已成为钢铁工业重要的资源之一，以上方法仅研究了一个地区钢铁工业的碳配额应该减少多少，但是并未对减少的碳配额进行充分的利用和分配，这无疑将增加钢铁工业减排的经济成本。为克服以上局限，基于零和博弈的数据包络分析已被广泛应用于地区、行业、企业层面的能源、碳配额、环境的分配研究。[①] 该方法有两个方面的优点。一是将中国各个地区的钢铁工业看作一个整体，一个地区减少的碳配额将通过某种方式分配给其他地区的钢铁工业，这将保证钢铁工业碳配额的充分利用，有利于降低钢铁工业碳减排的经济成本，确保钢铁工业在实施碳减排的同时，将经济损失降到最低。二是这种碳配额的调整及不断迭代，能够保证所有地区钢铁工业碳配额的利用效率均达到1，实现一个整体的均衡。下面将详细介绍该研究方法。

（一）研究方法

本节将详细介绍基于零和博弈和数据包络分析的碳配额优化方法。数据包络分析最早由 Charnes 等提出用以解决具有多个投入和多个产出的决策单元（如国家、地区、企业或省际钢铁工业等）的效率评价问题，[②] 该理论方法被广泛应用于教育、医疗、银行等行业的效率评价。近年来，随着能源与环境问题的日益突出，该方法也被广泛应用于能源与环境领域的效率评价。数据包络分析本质上是一种投入产出模型，在用该方法进行碳配额的研究之前需要首先明确一个决策单元的投入、产出指标。鉴于钢铁工业的实际生产过程，本报告选择的主要投入指标包括劳动力（记作 *labor*）、能源投入（记

---

① 张艺、吴卿婧、胡伟：《基于量子区块链的碳配额交易模型》，《系统管理学报》2023 年第 2 期；K. Fang et al., "How Can China Achieve Its Intended Nationally Determined Contributions by 2030? A Multi-criteria Allocation of China's Carbon Emission Allowance," *Applied Energy* 241 (2019).

② A. Charnes, W. W. Cooper, E. Rhodes, "Measuring the Efficiency of Decision Making Units," *European Journal of Operational Research* 2 (1978): 429-444.

作 *ene*）固定资产（记作 *fcap*）。除此之外，考虑到碳配额的稀缺性，碳配额（记作 *cquota*）也被看作另一个投入指标。选择的产出指标包括生铁产量、粗钢产量和钢材产量，分别记作 *iron*，*csteel* 以及 *spro*。基于已有的研究，[①] 其他投入水平和产出水平不发生改变的条件下，省际钢铁工业 h 的碳配额利用效率可表示为

$$\varphi_h = \min\omega$$

$$\text{s. t.} \sum_{k=1}^{n} \lambda_k cquota_k \leqslant \omega \cdot cquota_h ;$$

$$\sum_{k=1}^{n} \lambda_k labor_k \leqslant labor_h ; \sum_{k=1}^{n} \lambda_k ene_k \leqslant ene_h ;$$

$$\sum_{k=1}^{n} \lambda_k fcap_k \leqslant fcap_h ;$$

$$\sum_{k=1}^{n} \lambda_k iron_k \geqslant iron_h ; \sum_{k=1}^{n} \lambda_k csteel_k \geqslant csteel_h ;$$

$$\sum_{k=1}^{n} \lambda_k spro_k \geqslant spro_h ;$$

$$\sum_{k=1}^{n} \lambda_k = 1 ; \lambda_k \geqslant 0 , k = 1 , 2 , \cdots , n . \tag{1}$$

模型中，n 代表省际钢铁工业的个数，ω 表示省际钢铁工业 h 的碳配额利用效率，而 λ_k 表示第 k 个钢铁工业的强度变量。$\sum_{k=1}^{n} \lambda_k = 1$ 表示模型（1）定义的生产技术是规模报酬可变的。很显然，模型（1）测度了省际钢铁工业 h 在其他投入要素变量和产出要素以及技术水平保持不变的前提下，碳配额能够减小的最大程度。φ_h 表示省际钢铁工业 h 的碳配额利用效率。如果 $\varphi_h = 1$，则该省际钢铁工业是有效的，否则是无效的，意味着其当前的碳配额可以减少 $(1 - \varphi_h) cquota_h$。

在碳配额较为稀缺的前提下，为了提高碳配额的利用效率，基于零和博

① A. Charnes, W. W. Cooper, E. Rhodes, "Measuring the Efficiency of Decision Making Units," *European Journal of Operational Research* 2 (1978): 429-444.; F. Meng et al., "Measuring China's Regional Energy and Carbon Emission Efficiency with DEA Models: A Survey," *Applied Energy* 183 (2016): 1-21.

弈理论，一个钢铁工业减少的碳配额应该以某种方式分配给别的钢铁工业。在此思想下，依据已有的研究，将钢铁工业 h 减少的碳配额 $(1-\varphi_h)cquota_h$ 根据其他钢铁工业的碳配额水平进行等比例的分配。[1] 任意一个钢铁工业 j 应该从钢铁工业 h 处获得的碳配额与其当前的碳配额成正比，即钢铁工业 j 可以从钢铁工业 h 处获得的碳配额可以表示为 $\dfrac{cquota_j}{\sum\limits_{k \neq h} cquota_k}(1-\varphi_h)cquota_h$，因而该钢铁工业的碳配额水平由初始的 $cquota_j$ 增长为 $[1+\dfrac{(1-\varphi_h)cquota_h}{\sum\limits_{k \neq h} cquota_k}]cquota_j$，类似的，除了钢铁工业 h 本身外，每个钢铁工业均可以从钢铁工业 h 处获得一定的碳配额。基于各个钢铁工业新的碳配额数据，钢铁工业 h 的最优碳减排比例可以用模型（2）决定[2]

$$\varphi_{Z_h} = \min\omega$$
$$s.t. \sum_{k=1}^{n} \lambda_k cquota_k \left(1 + \frac{(1-\omega)cquota_h}{\sum\limits_{k \neq h} cquota_k}\right) \leq \omega \cdot cquota_h;$$
$$\sum_{k=1}^{n} \lambda_k labor_k \leq labor_h; \sum_{k=1}^{n} \lambda_k ene_k \leq ene_h;$$
$$\sum_{k=1}^{n} \lambda_k fcap_k \leq fcap_h; \tag{2}$$
$$\sum_{k=1}^{n} \lambda_k iron_k \geq iron_h; \sum_{k=1}^{n} \lambda_k csteel_k \geq csteel_h;$$
$$\sum_{k=1}^{n} \lambda_k spro_k \geq spro_h;$$
$$\sum_{k=1}^{n} \lambda_k = 1; \lambda_k \geq 0, k = 1,2,\cdots,n.$$

---

[1] E. G. Gomes, M. P. E. Lins, "Modelling Undesirable Outputs with Zeros Sum Gains Data Envelopment Analysis Models," *Journal of the Operational Research Society* 5（2008）：616-623.

[2] 冯晨鹏、王慧玲、毕功兵：《存在多种非期望产出的非径向零和收益 DEA 模型我国区域环境效率实证研究》，《中国管理科学》2017 年第 10 期；E. G. Gomes, M. P. E. Lins, "Modelling Undesirable Outputs with Zeros Sum Gains Data Envelopment Analysis Models," *Journal of the Operational Research Society* 5（2008）：616-623；齐绍洲等：《中国碳市场产能过剩行业的碳排放配额如何分配是有效的?》，《中国人口·资源与环境》2021 年第 9 期。

相比较于模型（1）得到的效率值，模型（2）确定的碳配额利用效率值 φ_{Z_h} 是在钢铁工业 h 的碳配额动态调整下得到的，纳入了零和博弈的思想，确定了钢铁工业 h 将减少的碳配额分配给其他钢铁工业的最优比例。若 $\varphi_{Z_h} = 1$，则表示钢铁工业 h 应该分配的碳配额比例为 0，若 $\varphi_{Z_h} < 1$，则表示钢铁工业 h 应该分配的碳配额比例为 $1 - \varphi_{Z_h}$。显然，模型（2）是一个非线性规划模型，不方便直接求解，为便于计算效率值 φ_{Z_h}，Lins 等证明了对于任意决策单元 j，φ_{Z_j} 与传统效率值 $\varphi_j x$ 之间的关系，[①] 即

$$\varphi_{Z_j} = \left(1 + \frac{(1 - \varphi_{Z_h}) cquota_h}{\sum_{j \neq o} cquota_j}\right) \times \varphi_j \tag{3}$$

这个关系表明，可以通过求解一个钢铁工业的传统碳配额利用效率值来求解其效率值 φ_{Z_h}，这为 φ_{Z_h} 效率值的求解提供了重要的方法，极大地简化了计算过程。

显然，以上的讨论只研究了一种简单的情况。事实上，在以上理论模型中，理论上，每一个钢铁工业均可能会减少自己的碳配额，同时会从其他钢铁工业处获得额外的碳配额，通过这两种渠道实现省际钢铁工业的碳配额的重新分配。基于以上讨论，一般对于钢铁工业 h 来说，其应该减少的碳配额可以表示为 $(1 - \varphi_{Z_h}) cquota_h$，同时它可以从其他 $n-1$ 个钢铁工业处获得额外的碳配额，获得的碳配额可以表示为 $\sum_{i \neq h} \frac{cquota_h}{\sum_{j \neq i} cquota_j} (1 - \varphi_{Z_i}) cquota_i$。因此，基于 Yang 等的研究，[②] 钢铁工业 h 需要调整的碳配额数量可以表示为

---

① M. P. E. Lins et al., "Olympic Ranking Based on a Zero Sum Gains DEA Model," *European Journal of Operational Research* 148（2003）：312-322.

② M. Yang et al., "Assessment and Optimization of Provincial CO₂ Emission Reduction Scheme in China：An Improved ZSG-DEA Approach," *Energy Economics* 91（2020）：104931.

$$\Delta cquota_h = \sum_{i \neq h} \frac{cquota_h}{\sum_{j \neq i} cquota_j}(1 - \varphi_{Z_i})cquota_i - (1 - \varphi_{Z_h})cquota_h \qquad (4)$$

如果 $\Delta cquota_h > 0$，这表明钢铁工业 h 应该获得额外的碳配额，也表示其从别的钢铁工业处获得的碳配额大于自身减少的碳配额。反之，如果 $\Delta cquota_h < 0$，这表明钢铁工业 h 应该减少碳配额，即该钢铁工业从别处获得的碳配额小于自身需要减少的碳配额。如果 $\Delta cquota_h = 0$，这表明钢铁工业 h 的碳配额不需要发生改变。值得一提的是，公式（4）并不能一次性实现碳配额的最优配置，需要经过多次迭代，才能确保所有钢铁工业的碳配额利用效率达到 1，在效率视角下实现碳配额的最优配置。

与此同时，很容易发现，公式（4）中仍然包含效率值 φ_{Z_h}，这给计算带来了不便，为了计算的方便，Yang 等对迭代公式（4）进行了优化，[①] 直接用传统的碳配额利用效率值 φ_h 替代效率值 φ_{Z_h}，改进后的碳配额优化迭代公式可以表示为

$$\Delta cquota_h = \sum_{i \neq h} \frac{cquota_h}{\sum_{j \neq i} cquota_j}(1 - \varphi_i)cquota_i - (1 - \varphi_h)cquota_h \qquad (5)$$

利用迭代公式（5）可以在实现碳配额最优分配的前提下，大大地简化计算的复杂度。

（二）指标选择数据来源

考虑到数据的可获得性以及钢铁工业的生产规模，本报告在讨论中国省际钢铁工业的碳配额优化时，排除了北京、海南以及西藏 3 个地区，仅考虑了大陆地区 28 个省份（2016~2017 年）。与此同时，根据前面的讨论，在利用数据包络分析进行钢铁工业碳配额的调整与优化时，选择

[①] M. Yang et al., "Assessment and Optimization of Provincial CO_2 Emission Reduction Scheme in China: An Improved ZSG-DEA Approach," *Energy Economics* 91 (2020): 104931.

的投入指标包括各个省份钢铁工业的能源消耗量、从业人数、碳配额以及固定资本总计。这里将碳配额定义为其实际碳排放量。而选择的产出指标包括各个省份钢铁工业的生铁产量、粗钢产量和钢材产量。在数据获取方面，能源消耗量和碳排放量的数据来源于中国碳排放核算数据库，而从业人数、固定资本、生铁产量、粗钢产量以及钢材产量的数据来自历年《中国工业统计年鉴》。

（三）中国钢铁工业碳配额优化结果分析

基于上节构建的基于零和博弈和数据包络分析的碳配额优化方法，本节将对 2016~2017 年中国 28 个省份钢铁工业的碳配额优化开展系统的实证分析。在此基础上，分析各个省份钢铁工业优化后的碳配额。图 4 为 2016~2017 年中国 28 个省份的钢铁工业的初始碳配额利用效率值以及通过本报告构建的碳配额优化方法调整优化之后的碳配额利用效率值。

从图 4 中可以发现，在进行碳配额的调整优化之前，许多省份钢铁工业的碳配额利用效率值是小于 1 的，这意味着这些省份钢铁工业的碳配额存在调整的空间。具体的，2016 年，上海、江苏、浙江、江西、山东以及河北等省份钢铁工业的碳配额利用效率值是 1，这意味着这些省份钢铁工业的碳配额得到了充分的利用，在保持其他投入要素、产出水平以及技术水平不变的前提下，其碳配额可以减少的空间比较小。相反，陕西、内蒙古、山西等省份钢铁工业的碳配额利用效率值较低。2017 年，28 个省份钢铁工业的碳配额利用效率值也存在相似的趋势，总体上，上海、江苏、浙江等东部沿海地区的碳配额利用效率值较高，而甘肃、新疆、吉林等省份碳配额利用效率值较低。值得一提的是，河北省钢铁工业的粗钢产量和碳排放量均位居各省份第一，但是其 2016 年、2017 年的碳配额利用效率均为 1，这意味着，在现有技术水平下，在维持当前的投入水平和产出水平不变的前提下，其碳配额没有降低的潜力，即河北省钢铁工业的碳配额得到了充分的利用。

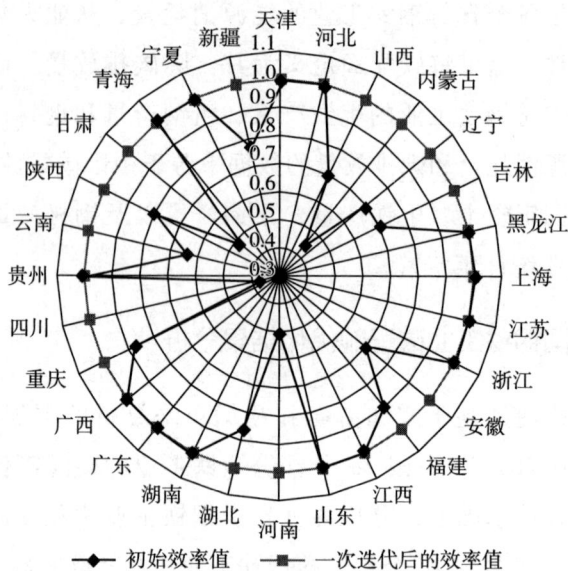

（a）2016年

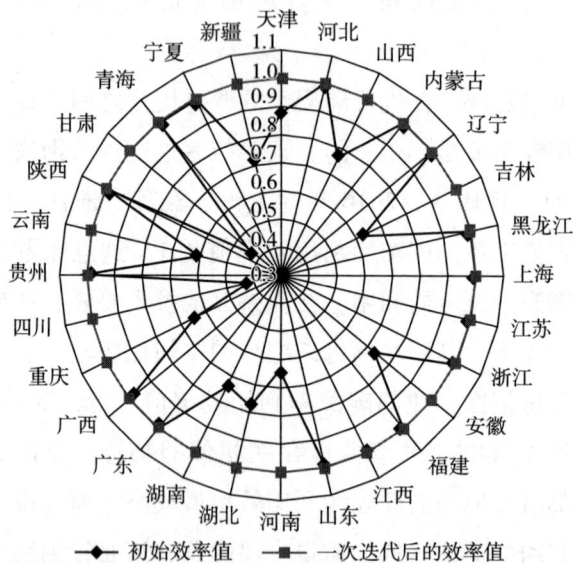

（b）2017年

图4　2016~2017年中国28个省份钢铁工业的碳配额利用效率值
及迭代优化后的碳配额利用效率值

尽管 2016 年、2017 年中国 28 个省份钢铁工业的碳配额利用效率值存在较大差异，部分省份的效率值为 1，而部分省份的效率值较小，但是经过本报告构建的碳配额优化方法调整优化后，其碳配额利用效率值均达到了 1，实现了碳配额利用整体均衡。特别是，2016 年，28 个省份钢铁工业的碳配额在原有的基础上，经过一次迭代，便可以实现所有省份钢铁工业的碳配额利用效率值达到 1 的目标，2017 年也类似。当然，尽管图 4 中展示了碳配额经过调整后，各个省份钢铁工业的碳配额利用效率值，但是图中并未详细展示各个省份碳配额具体的调整量。为此，表 3 详细展示了 2016～2017年中国 28 个省份钢铁工业的碳配额调整优化方案。

从表 3 中很容易发现，同一年份不同省份钢铁工业的碳配额的调整优化方案存在较大差异，同时，不同年份同一省份钢铁工业的碳配额调整优化方案也存在较大差异。具体的，2016 年，中国 28 个省份钢铁工业总的碳配额约为 14.78 亿吨，根据图 4 展示的效率值可知，该年许多省份钢铁工业

表 3　2016～2017 年中国 28 个省份钢铁工业的碳配额调整优化方案

单位：百万吨

省份	2016 年				2017 年			
	初始配额	调整量	优化后的配额	优化后的效率	初始配额	调整量	优化后的配额	优化后的效率
天　津	44.38	18.51	62.89	1.0000	36.25	2.40	38.65	1.0000
河　北	340.95	55.86	396.81	1.0000	330.37	38.72	369.09	1.0000
山　西	77.19	-13.57	63.62	1.0000	75.02	-10.72	64.30	1.0000
内蒙古	49.27	-23.65	25.62	1.0000	21.96	3.16	25.12	1.0000
辽　宁	132.28	-28.49	103.79	1.0000	139.62	10.08	149.71	1.0000
吉　林	19.10	-4.01	15.09	1.0000	21.43	-6.17	15.26	1.0000
黑龙江	7.07	0.71	7.78	1.0000	7.41	0.65	8.06	1.0000
上　海	22.24	4.44	26.69	1.0000	21.31	3.24	24.55	1.0000
江　苏	144.21	28.77	172.98	1.0000	152.63	19.39	172.02	1.0000
浙　江	14.50	8.03	22.53	1.0000	14.09	4.98	19.08	1.0000
安　徽	51.70	-9.35	42.35	0.9997	48.70	-8.74	39.96	1.0000
福　建	23.53	4.19	27.71	1.0000	24.46	4.30	28.76	1.0000
江　西	40.80	5.40	46.20	1.0000	42.49	3.90	46.39	1.0000

续表

省份	2016 年				2017 年			
	初始配额	调整量	优化后的配额	优化后的效率	初始配额	调整量	优化后的配额	优化后的效率
山东	105.07	20.91	125.98	1.0000	96.68	14.51	111.20	1.0000
河南	87.75	-36.95	50.80	1.0000	65.66	-18.90	46.76	1.0000
湖北	42.25	1.00	43.25	1.0000	45.70	-5.30	40.40	1.0000
湖南	27.89	4.27	32.15	1.0000	37.49	-7.11	30.38	1.0000
广东	25.60	8.79	34.38	1.0000	29.94	6.65	36.58	1.0000
广西	35.23	7.79	43.02	1.0000	38.04	5.16	43.20	1.0000
重庆	11.01	1.29	12.30	1.0000	13.21	-3.31	9.90	1.0000
四川	67.39	-37.24	30.16	1.0000	67.06	-36.76	30.31	1.0000
贵州	9.89	1.12	11.01	1.0000	8.54	0.78	9.32	1.0000
云南	30.71	-7.59	23.12	1.0000	33.33	-10.21	23.12	1.0000
陕西	17.77	-1.20	16.57	1.0000	17.12	2.17	19.29	1.0000
甘肃	18.64	-8.12	10.52	1.0000	18.77	-9.62	9.15	1.0000
青海	6.30	0.27	6.57	1.0000	6.17	0.20	6.37	1.0000
宁夏	8.49	0.35	8.84	1.0000	11.02	0.35	11.37	1.0000
新疆	17.02	-1.54	15.48	1.0000	21.74	-3.84	17.90	1.0000
总计	1478.22	0.00	1478.22	—	1446.21	0.00	1466.21	—

的碳配额利用效率值小于 1。为了实现所有省份钢铁工业的碳配额效率值达到 1，河北省钢铁工业额外获得了约 5586 万吨的碳配额，为所有省份中，获得碳配额最多的省份。获得碳配额第二多的是江苏省，其 2016 年额外获得的碳配额约为 2877 万吨，山东省排在第 3 位，获得的碳配额约为 2091 万吨。与河北省、江苏省、山东省相反，四川省、河南省、辽宁省钢铁工业的碳配额大幅减少。其中，四川省钢铁工业的碳配额减少的数量最多，约为 3724 万吨，超过了该年其总碳配额的 50%。其次是河南省钢铁工业，其碳配额减少了 3695 万吨，减少幅度约为 42.1%。同时，辽宁省钢铁工业的碳配额减少了 2849 万吨，占其该年总配额的 21.5%。与此同时，一些省份钢铁工业的碳配额变化幅度相对较小，如黑龙江省钢铁工业，其碳配额仅增加了 71 万吨，湖北省钢铁工业碳配额增加了 100 万吨，增幅为 2.4%。类似的还有宁夏、新疆、贵州的钢铁工业，其碳配额的变化相对较小。

导致这一现象的原因是不难理解的。根据本报告构建的碳配额调整优化方法可知，一个省份钢铁工业的碳配额调整量由两个方面组成。一是从其他省份钢铁工业额外获得的碳配额。从碳配额的优化方案中可以得知，一个省份的钢铁工业从别的省份钢铁工业处获得的碳配额与其自身的配额成正比，即当年碳排放量比较多的钢铁工业会额外获得更多的碳配额。二是自身需要减少的碳配额。这与其初始的碳配额利用效率有关，初始效率值越高，则需要减少的碳配额越少。根据以上原理，河北省、江苏省、山东省钢铁工业的当年实际碳排放量已经比较高，尤其是河北省、江苏省钢铁工业的碳排放量居前两位，因而这些省份钢铁工业从别的省份获得的碳配额相对较多。与此同时，由图4可知，这些省份钢铁工业的初始碳配额利用效率值也较高，有些已经为1，这就意味着这些省份钢铁工业需要减少的碳配额也相对较小。综上，河北省、江苏省、山东省等省份钢铁工业由于自身的碳排放量较大，从别的省份获得的碳配额相对较多，同时，由于其初始碳配额利用效率值较高，自身减少的碳配额相对较少，在碳配额的调整优化过程中，会额外获得较多的碳配额。而对四川省、辽宁省等省份钢铁工业来说，其初始碳配额的利用效率较低，因此其自身的碳配额需要减少的空间比较大，同时，由于其当年实际的碳排放量相对较少，因此获得的碳配额也较少，故在碳配额的调整优化过程中，这些省份钢铁工业整体表现为碳配额减少，同时，减少的幅度相对较大。

2017年也存在类似的现象，河北省、江苏省、山东省钢铁工业的碳配额增加的量较为明显。河北省钢铁工业的碳配额额外增加了3872万吨，居各省份首位；其次是江苏省钢铁工业，增加的数量为1939万吨；山东省钢铁工业碳配额增加的数量为1451万吨。同时，四川省钢铁工业的碳配额减少数量依然最多，达到了3676万吨；碳配额减少量第二多的是河南省钢铁工业，其碳配额减少了1890万吨。与2016年相比，辽宁省钢铁工业的碳配额变化幅度最为明显，在碳配额调整优化的过程中，其2016年的碳配额在原来的基础上减少了2849万吨，而在2017年其碳配额增加了1008万吨。其中最主要原因之一是其初始碳配额效率值的变化，2016年，辽宁省钢铁工业的初始碳配额利用效率值仅为 0.7 左右，而 2017 年达到了 1，相比 2016 年，2017 年辽宁省钢铁工业自身需要减少的碳配额明显降低，这在一定程度上导致其 2017 年碳配额的调整量为 1008 万吨。各个省份钢铁工业的碳配额的调整大小、方向不一样的原因与 2016 年是一致的，与各个省份钢铁工业 2017 年的碳排放量及初始碳配额利用效率值相关。当年碳排放量较大、初始碳配额利用效率值较高的省份钢铁工业将额外获得较多的碳配额，反之，则碳配额将减少。

（四）研究小结

为了回答在效率最大化视角下，钢铁工业应该如何调整优化碳配额，本报告构建了基于零和博弈理论和数据包络分析的钢铁工业碳配额调整优化方法，并对 2016~2017 年中国 28 个省份钢铁工业的碳配额调整优化开展了实证研究。该碳配额调整优化方法，能够使所有省份钢铁工业的碳配额的利用效率值达到 1，实现碳配额分配的全局均衡。研究的主要结果如下。

28 个省份钢铁工业的初始碳配额利用效率存在较大的个体差异性。上海、江苏、浙江、江西、山东以及河北等地区的钢铁工业的碳配额得到了充分利用，初始效率值达到了 1；相反，陕西、内蒙古、山西等省份的钢铁工业的碳配额利用效率值较低，在当前技术水平、投入水平和产出水平下，其碳配额存在较大的下降空间。尽管各个省份钢铁工业的碳配额利用效率差异较大，但是基于本研究构建的碳配额调整优化方法，经过一次迭代后，其碳配额的利用效率值均达到了 1，实现了碳配额分配的全局均衡。

同一年份不同省份、不同年份同一省份钢铁工业的碳配额调整优化方案存在较大差异。河北省、江苏省、山东省钢铁工业额外获得了较多的碳配额，尤其是河北省钢铁工业，其 2016 年额外获得的碳配额约为 5586 万吨，2017 年获得了 3872 万吨，明显高于其他省份钢铁工业；而四川省、河南省等省份钢铁工业的碳配额下降幅度较大，四川省 2016 年、2017 年分别损失了 3724 万吨、3676 万吨的碳配额。这一现象与钢铁工业的初始碳配额利用效率值以及该年实际的碳排放量有关。

三　研究总结与展望

为了进一步推进中国钢铁工业升级，使产业效率更有竞争力，在资源调配方面，要平衡好钢铁产业链利润分配，进而促进钢铁工业高质量发展。本报告以中国 28 个省份的钢铁工业为研究对象，数据来源于中国碳排放核算数据库、《中国钢铁工业年鉴》和《中国工业年鉴》，首先基于扩展的传统基尼系数，构建了 2013~2019 年钢铁工业碳配额错配指数，进而从效率的视角，利用零和博弈和数据包络分析，探讨了中国各省份碳配额的调整优化方案。本报告系统分析了中国钢铁工业碳配额错配的现状及原因，为碳配额方案的优化提供了实证依据。现阶段中国钢铁工业的二氧化碳减排以压减粗钢产量为主要手段，一方面，需要在提高技术水平、生产效率等方面管理碳排放量，另一方面，要在更大的范围内进行碳配额的分配，合理布局产业结构以实现高效地利用现有资源。

此外，在当前研究的基础上，未来可从以下方面进行完善，一是碳配额错配指数构建方面，可以扩大研究样本，丰富数据来源，测度更多国家钢铁工业的碳配额错配指数，提升研究的全面性和科学性；二是碳配额的调整优化研究中，可以对比不同的碳配额核算方法，对比选择最优的调整优化方案，更好地推进中国钢铁工业绿色转型。

数字发展篇

Digital Development

B.9
钢铁产业与数字经济的融合发展

马建峰　俞峰　陈潇杰　龚祖鑫*

摘　要： 数字经济已成为全球经济增长和传统产业转型发展的新动能。作为传统产业之一，钢铁产业当前面临低端产能过剩、高端产能不足的结构性供需失衡问题，钢铁生产的数据利用程度低，生产环节的不确定性较高，生产工艺、生产流程的协调有待优化，产业亟须转型。钢铁产业能够通过与数字经济融合突破发展困境，紧抓时代机遇，从构建顶层设计与组织支撑出发，加强"数实"融合基础设施建设，一方面顺势推进生产制造、供应链管理等重点环节的数字化转型，提高产业的经济效能，实现核心技术突破，另一方面积极发展出扎根于钢铁产业的数字产业，并使数字产业向其他流程制造业渗透，构建钢铁产业发

* 马建峰，博士，北京科技大学经济管理学院副教授，研究方向为资源配置效率评价理论与方法；俞峰，博士，北京科技大学经济管理学院讲师，研究方向为国际贸易与企业创新；陈潇杰，北京科技大学经济管理学院硕士研究生，研究方向为产业经济；龚祖鑫，北京科技大学经济管理学院硕士研究生，研究方向为国际贸易学。

展新优势。钢铁产业与数字经济的融合使钢铁产业呈现新特征，但二者的深度融合仍面临许多阻碍，为实现深度融合的目标，打造更具有竞争力的钢铁产业，政府、产业以及企业均需付出努力。

关键词： 钢铁产业　数字经济　实体经济　数实融合

一　钢铁产业与数字经济融合的背景

在数字经济时代下，数字经济与实体经济交融程度日益加深，对重塑实体经济的发展结构、推动行业转型升级起到关键作用。钢铁产业作为中国国民经济的基础性行业，对中国经济发展、建设社会主义现代化强国具有重大意义。在数字经济浪潮的席卷下，钢铁产业正进一步拥抱数字技术，加强行业数字化转型。本部分将以钢铁产业与数字经济融合背景开篇，介绍实体经济与数字经济的融合现状和当前钢铁产业发展面临的机遇与挑战，分析数实融合是如何助力钢铁产业突破发展困境的。

（一）实体经济与数字经济的融合现状

数字经济以其数字化的知识和信息、信息通信技术等要素对国家社会生活和实体经济产生重要影响。实体经济是国家经济发展的立身之本，是财富创造的根本源泉和国家强盛的重要支柱。数字经济和实体经济的深度融合带动传统行业转型升级，使传统行业在产业、业态和模式上焕发新生。当前数实融合已成为推动国家经济增长的主要引擎之一。党的二十大报告提出："加快发展数字经济，促进数字经济和实体经济深度融合，打造具有国际竞争力的数字产业集群。"

近年来，中国数字经济发展势头良好，数字经济的发展战略体系日渐完备，信息通信技术、制造业、服务业、农业等行业的数字化水平不断提升。

中国的数字经济发展规模呈现逐年增长的趋势，2016 年中国数字经济规模为 22.6 万亿元，而 2021 年中国数字经济规模已达 45.5 万亿元，数字经济规模增长了 1 倍以上（见图 1）。

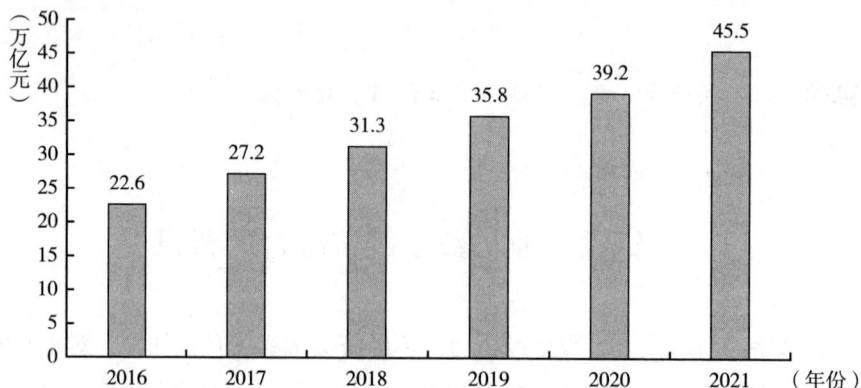

图 1　2016~2021 年中国数字经济发展规模

数据来源：中国信息通信研究院。

　　当前中国数字经济与实体经济融合发展已取得了许多的成就。中国重视数字基础设施的建设，助推数字经济稳步前行，为数实融合发展打下坚实的基础。国家正大力推动信息科技等方面的基础设施建设，与地区实际结合、科学规划布局，全面落实数字基础设施建设。在中国的网络基础设施方面，中国的移动网络和光纤网络的规模稳居世界第一，北斗卫星覆盖全球，窄带物联网世界最大，移动物联网连接数超过 11.36 亿户。在中国的算力基础设施方面，2022 年数据中心算力已达每秒 1350 亿次浮点运算以上。① 在技术基础设施方面，云计算、AI 平台、区块链等技术渗透到行业各个领域。

　　数实融合深度不断提高，企业当前也在往数字化转型方向发展。埃森哲发布的《2022 中国企业数字化转型指数》报告显示，中国企业的数字化投资意愿在持续增强，2022 年约 60% 的中国企业在未来 1~2 年内愿意加大数

---

　　① 中国信息通信研究院：《中国数字经济发展报告（2022 年）》，2022 年 7 月。

字化投资力度，同时，意愿投资额增加 15%（含）以上的中国企业占比为 33%，意愿投资额增加 15% 以内的中国企业占比为 26%，二者之和大于 50%（见图 2），[①] 越来越多的企业走上数字化转型升级的道路。

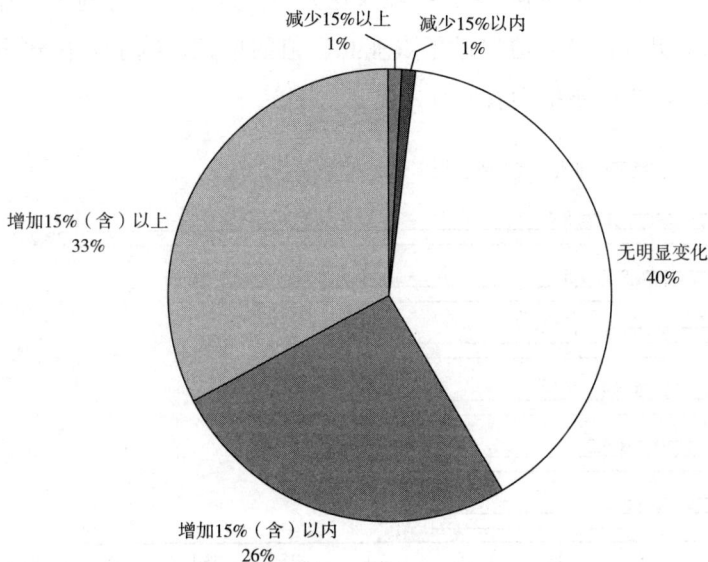

图 2　2022 年中国企业未来 1~2 年数字化意愿投资额分布

数据来源：埃森哲商业研究院。

　　与此同时，数实融合的广度也在日益拓展，各个行业的数字化发展不断迈向新阶段。2021 年中国数字产业化规模为 8.4 万亿元，产业数字化规模为 37.2 万亿元，产业数字化规模逐年增长（见图 3），数字产业化的发展质量不断提高。

　　服务业数字化的发展应用日益优化，新一代信息技术，如 5G、人工智能等的发展为行业变革增添助力，线上线下的相互贯通，行业标准化程度的不断提升，生产性服务业的数字化带来服务水平的提升和运营状况的优化，生活性服务业数字化带来了消费者便利程度和企业管理水平的提高。如在线

---

　　① 埃森哲：《数字化转型：可持续的进化历程》，2022 年 10 月。

医疗、直播电商等带来行业巨大的变革和人民生活水平的提升。数实融合为制造业转型升级增添动力。中国制造业数字化有利于制造业产业进步和效能提升，当前智能制造装备产业的规模近 3 万亿元，市场满足率过半数，工业互联网平台产业集群蓬勃发展。[①] 在农业方面，数实融合有利于农业的生产信息化水平提升，极大地促进了农业总产值的增长，数字乡村建设不断推进，农村电商进一步推动农民收入提高。

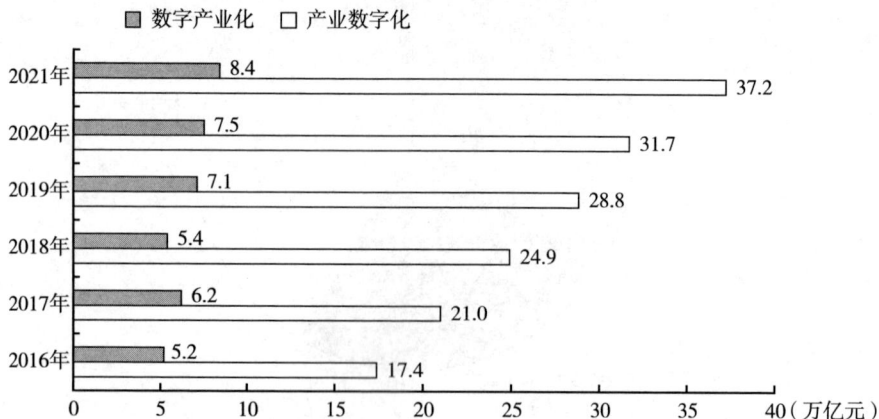

图3　2016～2021年中国数字产业化与产业数字化规模

数据来源：中国信息通信研究院。

（二）钢铁产业发展面临的机遇与挑战

传统钢铁产业亟须新一轮转型升级。中国虽然是钢铁大国，但与钢铁强国还存在一定的距离。钢铁产业发展受到产业结构、生产工艺等方面因素的制约，面临许多的挑战，但中国钢铁产业发展基础坚实，存在较大的发展空间，这为未来产业的转型升级提供了机遇。

1. 钢铁产能结构性供需失衡

钢铁产业长期以来都面临产能结构性供需失衡问题。中国是世界上最大

---

① 新华网、中国电子信息产业发展研究院：《数字经济和实体经济融合发展报告 2022 年》，2022 年 11 月。

的钢铁生产国和消费国。2013~2015年，中国钢铁产业一直在强调去产能。在2008年的"四万亿投资计划"刺激退潮后，中国经济进入新常态阶段，钢铁产业需求消退，造成了供过于求、产能过剩的局面。基于此，国家发布了去产能政策，对钢铁产业进行相应的调控，中国在这一时期淘汰了0.57亿吨的落后产能，但这一时期国家并未对钢铁产业的新增产能进行调控。2016年后中国实施供给侧结构性改革，对国家经济结构进行调整。2016~2020年，钢铁产业加强对新增产能的控制，提出了"产能置换"政策，在这一时期，2016~2018年粗钢产能保持稳定，但受到后期的政策调整及电炉产能集中投放等因素的影响，2019~2020年产能出现大幅回升。2021年后，国家对钢铁的产能和产量进行严格控制，2021年钢铁产业已实现了产能的小幅下降，产能利用率也在逐渐提高。2022年钢铁产量持续下降，且供给和需求都相对较弱，产能过剩和供需失衡问题仍是钢铁产业在未来较长时间内需解决的难题。

2. 生产过程产生的非结构化数据庞大

钢铁产业中的各类设备及不同场景下的应用众多，不同的流程环境下产生了大量的数据，且数据类型和格式往往存在诸多差异，数据的标准化程度低。这要求企业必须配备完善的数据采集、存储及处理能力。生产过程中的大量数据也蕴含着十分重要的信息资源，能对钢材生产流程发挥监控和分析作用，也能在相应质量追溯等自动化控制过程中加以应用。

但企业目前对数据进行采集和测量的能力有限，仍无法准确在线测量部分关键参数，现有系统在数据流动方面不够畅通。同时，当前钢铁企业受限于技术水平，对大量数据的挖掘和应用程度较低。数据之间的非标准化程度较高，非结构化数据庞大，企业间数据的兼容性较差，对钢铁产品之间的信息化联动造成了一定的制约。这对钢铁企业的数字化转型提出了相应的要求，为其带来了新的机遇。

3. 生产环节的不确定性影响决策精准性

钢铁的生产流程较为复杂，工序众多且庞大，一个工序内包含多个系统，系统之间协同运行情况复杂。同时钢铁的供应链链条长、层次多、体系复杂。钢铁为大型流程工业，且其生产流程中的各个工序处于"黑箱"之中，在生产的大部分环节中无法直接观察内部运行状态，同时无法在线实时测量内部参数，难以获取即时信息。此外，在现场制造过程运行的数学模型为机制模型，会受到环境、操作条件及设备运行状态波动的影响，而各类控制系统和状态变量等情况复杂，这类模型难以处理黑箱状态下的复杂动态过程，难以实现一体化智能精准决策。

4. 生产过程的核心技术缺乏

当前中国钢铁产业的数实融合发展进程较为缓慢，数字化转型基础不牢固，行业内的技术创新能力较弱。钢铁生产的关键软件、系统等技术领域专利仍然被国外垄断，国内信息系统及物理系统等的开发和集成能力弱，缺乏成熟的行业解决方案。[①] 中国生产钢铁产品的核心技术水平较弱，产品附加值较低，行业创新的主动性不足。

5. 生产流程的协调优化能力有待提升

钢铁产业的生产流程运行过程十分复杂，流程内部变化众多，且受外界的随机干扰因素影响较大，物质转化过程庞杂。在工业流程的单元控制上较为独立，存在信息孤岛问题，层次间流程的协调优化能力弱，单元间的界面衔接较差，在一定程度上影响了工序间的设备平衡和流程的稳定运作。生产中的各个工序涉及了大量的参数，过程变量复杂，存在数量多、滞后性、非线性、多重共线性等特点。[②]

（三）数实融合助力钢铁产业突破发展困境

1. 数字贸易平台协调钢铁供需平衡

数实融合能让企业通过数字技术更好地了解钢铁市场供需状况，提升钢铁企业对市场的敏感度和感知力，减少市场的不确定性，更好地适应和应对

① 施灿涛、吴秀婷：《智能制造引领转型升级　钢铁强国之路任重道远》，《中国钢铁业》2018 年第 2 期。
② 王国栋等：《材料科学技术转型发展与钢铁创新基础设施的建设》，《钢铁研究学报》2021年第 10 期。

外界环境所带来的变化，帮助钢铁企业提高自身的竞争力。

钢铁贸易应突破传统的买卖模式，寻找产业中新的贸易增长点。数字贸易平台在企业加深与产业链融合的过程中发挥着重要的载体作用。钢铁企业应大力发展数字贸易平台，进行数字技术的创新研发，提升自身的贸易竞争力。钢铁企业可沿着产业链进一步拓展，向全产业链方向延伸，提高贸易的深度和广度。数字贸易平台能让企业更好地掌握产业链上中下游的贸易供求关系，为客户提供更加精准的服务。在产业链上游，钢铁企业通过数实融合手段能把握钢铁的产量、库存信息；在产业链中游，钢铁企业采用现代化物流方式，迅速响应客户的需求，降低成本，加强物流与供应链各环节的集成，进一步密切和终端客户之间的贸易关系；在产业链下游，钢铁企业可以为客户提供详尽的技术支持和服务，提高客户的信赖度和满意度，同时促进市场信息的相互流通，能让市场更加公正公开，密切供需双方之间的往来，进一步促进钢铁产业供需平衡发展。

当前数实融合正处于高速发展阶段，互联网、大数据应用与实体经济的结合愈加紧密，平台化发展往多层次多主体方向拓展，为传统的行业注入了新的生机和活力。钢铁产业数字贸易平台的建立能实现多方协同参与，促进钢铁贸易的协调与繁荣。[1] 同时，数字贸易平台能够使数据信息进一步发挥功效，更好地配置和协调生产的资源和数据，让资源的使用更有效率和有序，减少钢铁供需不匹配的问题。

2. **数据采集系统实现非结构化数据要素化**

加强钢铁产业数字基础设施建设能进一步推动钢铁产业实现数实融合。钢铁产业数字基础设施建设可以从物理空间和数字化平台两方面入手。在物理实体设备上可通过数据采集系统实现数据的获取与收集，同时将其传送到边缘云平台和云平台中，实现数据的预先处理与数字孪生体模型的建模。

钢铁企业实现数实融合需提升自身的数字化技术水平，这要求企业增强数据采集的能力。而传统的钢铁产业受制于原有的技术水平，且不同应用不

---

① 丁延太：《"数字经济"时代 钢铁贸易模式当如何重塑?》，《中国商界》2022 年第 3 期。

同场景下的数据参数类型不相同，在底层数据采集中存在一定的短板，存在大量的非结构化数据，采集的难度较大，数据的标准程度低。钢铁企业需采用新的检测方法实现数据信息的测度，提高信息采集能力。例如机器视觉技术能实现信息的多维测量，能对非结构化数据进行相应的转换和计算，从而获得钢材数据的定量分析。此外，钢铁企业需要提升生产线中的数字化水平，让生产线中的每一个基本单元具备精准、完善的数据采集系统，能够完整地采集生产过程中的各类数据。同时，各流程中的系统需保证实时响应，实现自动化控制，能让生产控制层与工作人员之间建立密切的联系，使工作人员实时掌握设备机器间的运作状况。通过数据采集系统，能更好地收集和利用钢铁企业中难以采集与标准化程度低的大量数据。

3. 数字孪生技术提高生产流程的精度与效率

信息物理系统（Cybe-Physical System，CPS）能结合分析工具与计算工具，更好地对数据进行分析处理，提高企业决策的准确性，从而推动钢铁企业的数实融合发展。而虚拟空间数字孪生系统是 CPS 的核心部分。其能根据操作量、材料的成分设计和控制目标之间的关系，在虚拟空间中实现相应的实时映射，建立一套仿真过程，能对相应物理空间中实体的全生命周期过程进行模拟，实现控制目标的高保真虚拟映像。在一定的精度条件下，数字孪生系统能提高材料制备和加工过程控制的精准度。

数字孪生系统的实现需保证数字孪生的保真度，提高虚实映射关系的精准度。这对人工智能技术、大数据应用和机器学习提出了一定的要求，能使数字孪生系统随着物理空间的变化进行相应的调整。数字孪生系统对数字孪生的实时性要求较高，需保证数字孪生系统中较高的运算速率，提高网络连接的反应性能，在轧制等快速生产流程中能在极短的时间内实现动态设定。数字孪生系统需对整个生产过程实现全局把控，减少不同生产环节单元中各个模块的相互干扰，提升生产流程的总体性能和全局调控力。

数字孪生系统可通过实时仿真实现对钢铁生产流程的可视化，更好地提高流程控制功能。数字孪生系统通过对实体生产线的仿真映射能在虚拟三维数字空间建立虚拟生产线，这一虚拟生产线可模拟实体生产线中的实时状态和外部环境状况，对虚拟生产线设计进行模拟改动，通过数字孪生体模型计算得出优化方案和结果，再将改进策略用于物理空间中的实体生产线上。此外，虚拟生产线可对生产计划进行相应的分析评价，从而对生产线中暗藏着的问题进行挖掘，实现相应的迭代处理，更新优化生产计划。人们可通过三维数字空间实现生产线设备的优化调整、工艺参数的改进和工序协调能力的提升，提升生产流程中的效率，降低钢铁企业成本。

数字孪生系统可基于数据采集系统获取的数据，通过算法推算出难以直接测量的指标，对这些指标数据的分析和预测，能让钢铁企业对过去的生产状况有更加全面的了解，为未来生产计划提供相应的支撑，有助于钢铁企业进行决策分析。数字孪生系统还能应用于材料的开发和优化中，通过对虚拟孪生体进行实验，不断调试修改钢材的工艺和成分设计，能提升产品设计性能，降低设计成本。随着大数据、机器学习的发展，数字孪生系统不断进步，推动钢铁产业数实融合加深。

4. 边缘云平台应用加快突破技术难点

边缘云平台也称为边缘数字化核心平台，它是系统的本地决策层，紧邻物理设备，能实现高响应、低延迟、降低云端压力和基础自动化功能。①

钢铁产业的生产流程往往十分复杂且庞大，生产工序也处于黑箱之中，传统钢铁产业使用的技术和模型大多比较落后，往往是人们根据长期积累的经验得出的模型结果和基于物理—化学理论的机理模型，有的技术和手段保真度及控制精度低，存在很多的痛点与难点。通过大数据和机器学习进行数据分析，能对钢铁生产流程中的黑箱问题进行解密，找到相应的规律方法，加快技术难点的突破。边缘云平台能提高钢铁企业的全网调度能力和算力分发能力，实现钢铁生产流程中的过程智能监控和加强对流程的控制能力。在改造的边缘部分设置边缘数据中心，能对产品生产过程中产生的数据进行基

---

① 王国栋：《创建钢铁企业数字化创新基础设施加速钢铁行业数字化转型》，《轧钢》2022 年第 6 期。

本处理，构建基础数据模型和数据解析平台，通过技术手段解析建立数字孪生过程模型，能将数字孪生过程模型送至过程控制系统，与云中心进行数据交互，实现传统机理和经验模型的替代。

5. 云平台数据分析优化流程协作

云平台也称作云端智能层，钢铁企业能通过云平台跨越不同的工序流程实现信息互通、开放协同、多目标控制等功能，并且能实现资源优化配置的支撑功能。

在云端智能层的资源配置与管理系统中，云平台能实现机器学习，对数据进行处理和转化，能对钢铁企业中各个流程的数据信息进行相应的处理和分析，对各流程环节的运作管理进行相应的优化。云平台能将钢铁生产中复杂庞大的流程环节整合统一，实现一体化贯通管控，简化钢铁生产流程，提高运行效率。同时，云平台能对数字孪生系统提供相应的决策分析支持，实现数据搜寻和分析处理，提高决策的可信度。

二 中国钢铁产业与数字经济融合发展

中国是世界上主要的钢铁生产国，也是数字经济发展最为迅速的国家之一。国家及地方有关部门陆续出台了多项政策，推动制造业与数字经济融合，以谋求制造业的高质量发展，钢铁产业就是政策的关注重点之一。随着数字经济在一些制造业领域不断渗透并驱动产业发展取得成果，钢铁产业也积极寻求与数字经济的融合，在生产技术、产业创新、组织创新等方面取得进展，生产效率、供应链协同取得显著提升。本部分将从钢铁产业与数字经济融合的含义出发，总结中国钢铁产业数实融合的现状，并进一步分析数实融合背景下钢铁产业呈现的新特征。

（一）钢铁产业与数字经济融合的含义

钢铁产业与数字经济的融合主要包括三方面的含义，其一为钢铁产业的技术创新与大数据、云计算、人工智能、数字孪生等数字技术相融合，数字技术在钢铁产业的应用及创新成为钢铁技术创新的重要组成部分，其主要表现为钢铁产业的数字化改造；其二为钢铁产业的业态创新与数字产业相融合，在钢铁产业与数字产业的边缘产生交织从而形成了新的融合业态，其主要表现为与钢铁产业相关的数字产业化；其三为钢铁企业的组织创新与数字技术、数字平台相融合，数字技术引发了企业组织架构、管理模式的变动，其可以概括为钢铁企业组织形式的数字化转型。

（二）钢铁产业与数字经济融合现状

1. 钢铁产业的数字化

钢铁产业链的上游涉及矿石开采、煤炭采选、钢坯冶炼，中游涉及轧钢、压延，下游涉及加工、销售，从生产的横向过程来看工序繁杂，从生产的纵向来看供应链涉及的协作主体众多，生产制造与供应链是钢铁产业进行数字化改造的领域。

（1）钢铁生产的数字化

传统的钢铁生产过程对人力依赖程度较高，生产制造、新产品研发等均需依靠人工经验进行分析、判断和决策，各个生产环节存在"黑箱"问题；生产系统之间相互割裂，存在数据孤岛问题。在钢铁生产过程中利用大数据、云计算、数字孪生、工业互联网等数字技术，将钢铁生产的全过程与数字技术融合，实现钢铁生产制造的数字化，有助于充分挖掘和统筹利用钢铁生产的数据要素，提升生产的效率与安全性。

在钢铁生产中引进数字技术主要在以下方面发挥作用：一是数据的采集与传输，物联网与5G技术的发展为数据采集和传输提供了新的解决方案，万物互联使得设备的传感器能够对生产的实时数据进行采集与解析，5G的低延时、高速率特性提升了数据传输的效率；二是生产的实时监测与故障预判，通过对采集到的设备运行实时数据进行监测，基于数据分析和预测设备异常情况，对生产故障避免与工艺的优化进行指导；三是优化生产决策，对从生产的实体空间中采集到的数据在虚拟环境下进行重建、分析，对钢铁生产过程的各个环节进行指导与预判，优化钢铁生产的资源配置。

从具体的生产环节来看，数字技术在钢铁生产中的具体应用场景包括以下类型：一是提升原料使用效率，通过在虚拟空间对生产使用原料的相关布置参数进行建模分析，指导现实的原料作业；二是跟踪生产的物流过程，利用工业互联网对从原料到产成品的全过程物流进行实时跟踪，基于采集的实时和历史数据在信息空间进行建模分析、风险预测与物流路线设计，提升生产物流的运行效率；三是数据的集成展示，通过数字孪生平台从不同的业务系统中抽取数据，直观反映在三维立体场景中，提升数据的获取效率；四是远程运维，钢铁生产过程中存在较多高温、高风险等恶劣工况，专家可基于传感器、工业相机等设备采集的非结构化数据对作业情况进行判断，利用网络通信、实时画面共享等技术，远程进行生产线的相关运维工作，实现"无人化"。

（2）钢铁供应链的数字化

钢铁产品是大宗商品，钢铁生产企业的上游包括煤炭等能源企业、机械制造企业、铁矿石等原料企业，下游包括石化、建筑、汽车、集装箱、家电、铁路、机械、造船等行业企业，供应商与需求方之间存在的销售层级众多，供应链存在供需信息不透明、效率低下以及成本高等问题。将物联网、区块链、机器学习、人工智能等数字技术融入钢铁供应链，打造数字供应链，将为钢铁产业带来许多积极变化。在供需匹配方面，大数据、机器学习等数字技术将使供应商对下游客户的需求进行更为精准的刻画与预测，打通供需两端，一方面使供应商能够更加精准、快速地响应客户的个性化需求，提升供应链的可靠性与敏捷性，另一方面促进供应商根据需求与外部环境的变化在产量、产品设计以及库存水平等方面进行及时调整，适应下游客户的高频次、小批量订货，降低自身的库存压力，提升供应链的柔性。

区块链技术作为一种共享的分布式数据库，其在供应链领域的运用能够促进原料供应商、钢铁企业与下游客户等供应链参与主体的信息共享，一方面降低供应链信息不对称程度，减少传统供应链中的"牛鞭效应"，另一方面能够提升参与主体之间的信任程度，提升协作效率。

在物流运输方面，钢铁的物流运输链条较长，物流中转次数较多，存在车辆利用率低、运输拥堵、物流中转衔接不合理等问题。物联网、大数据分析等技术的应用使得运输工具不同、存储地点不同、加工状态及用途不同的物资实现有机连接,统一协调生产、包装、仓储、运输、配送,实现各环节的优化与环节间的无缝衔接。数字孪生、云计算等技术的应用使钢铁的物流运输过程实现监控可视化,提升物流运输过程的安全性。仓储及运输方案通过数字孪生进行仿真设计与优化,有助于提高供应链的可靠性,降低运输成本。基于不同的物流、资金流和信息流协同优化目标,钢铁企业可利用大数据与云计算等技术进行多方面的建模分析,实现不同系统间的资源配置最优。

在钢铁的现货贸易方面,数字技术的应用主要体现在钢铁电商平台上,该类型电商平台通常集货物查询、采购、交易、评价于一体,并为客户提供供应链金融服务。传统的钢铁贸易通常为现款结清,分级经销。一方面,多级经销使贸易存在诸多不规范现象,交易成本较高;另一方面,巨额的垫付资金使客户或经销商通常面临较大的资金周转问题。一体化钢铁电商平台不仅减少了中间商,使得钢铁企业的原材料采购与产成品销售都在一个平台完成,降低了交易成本,还能够利用大数据、人工智能、区块链等数字技术通过企业信用、税务、工商、社保等多种途径获得历史交易记录、履约记录、企业主个人信用记录等信息,对需要资金支持的企业主体的偿付能力与信用情况进行评估,向信用良好但资金短缺的客户提供帮助。

2. 扎根钢铁产业的数字产业化

根据国家统计局公布的《数字经济及其核心产业统计分类(2021)》,数字产业化主要包括数字产品制造、数字产品服务、数字技术应用与数字要素驱动四方面,钢铁相关的数字产业化主要体现为工业互联网等数字要素驱动业在钢铁产业领域初具雏形,并发展成为钢铁产业链的组成部分。

工业互联网是指互联网与新一代信息技术、工业系统融合所形成的产业和应用生态,是工业智能化发展的关键综合信息基础设施。[①] 从集成的技术来看,钢铁工业互联网平台通常涉及大数据、云计算、物联网、数字孪生、

---

① 刘文仲:《中国钢铁工业互联网发展现状及思考》,《中国冶金》2022 年第 11 期。

人工智能等，可实现生产的智能化、定制化，承载生产资源的数字化管理与产业链的网络化协同。

从实施架构来看，钢铁工业互联网平台大致包括车间层、企业层、产业层三个层级。其中，车间层重点通过先进网络、边缘计算、平台、数据分析等技术的综合应用实现实时的数据采集、协议转换、数据传输与预处理，并对生产过程进行生产监控与安全管理。企业层主要通过集成化平台、广覆盖网络等部署实施实现决策的智能化和产品质量追溯与管理。产业层通过网络连接与产业协同平台加强企业间的数据互联互通，实现产业链、供应链的资源优化配置。

目前，中国的钢铁工业互联网平台主要包括大型钢铁集团或其旗下子公司自行研发的平台以及专门服务于钢铁企业的第三方平台。得益于深厚的技术与行业经验积累，大型钢铁集团旗下的自研工业互联网平台不仅赋能其内部的企业转型，还逐渐发展成为独立的工业互联网品牌，赋能钢铁产业乃至其他流程制造业的数字化转型，逐步形成数字产业化的发展格局。五矿集团旗下的中冶赛迪、宝武集团控股的宝信软件就是钢铁工业互联网品牌化的典型案例。

中冶赛迪的前身为重庆钢铁设计研究总院，2018年，中冶赛迪面向宝武韶钢推出了钢铁产业首个全流程实战应用的工业互联网平台——"水土云"工业互联网平台。该平台通过对生产过程的智能监控、自动化操作、故障预警和决策优化，实现钢铁生产节能降耗和效率提升。继宝武韶钢之后，"水土云"工业互联网平台又先后在宝武武钢、南钢、马钢、中天、永锋等数十家钢铁企业落地生根。其中中冶赛迪基于工业互联网平台为五矿集团打造的数字化企业大脑以及为永锋打造的炼钢智能制造一体化管控平台，入选了工业和信息化部"2022年工业互联网平台创新领航应用案例"名单。

宝信软件的前身为成立于1978年的上海宝钢自动化部，公司主体于2014年正式成立，开始进入数据中心、云计算行业。背靠中国第一大钢铁企业，宝信软件在宝武集团多年的信息化、智能化改造过程中积累了丰富的实践经验。2020年，宝信软件发布了工业互联网平台xIn³Plat，该平台包含

ePlat 和 iPlat 两大平台,分别面向信息化和自动化两大应用场景。截至 2021 年底,xIn³Plat 平台已建设的节点数量达 28 个,连接设备超过了 400 万台,平台涉及 17 个行业,服务企业用户超过 29 万家①。

3. 钢铁企业组织的数字化

钢铁企业组织的数字化主要表现为数字技术、数字要素等相关部门的设立以及在企业管理的过程中积极使用数字技术。企业的数字化转型离不开相应的组织架构,设立数字技术研发部门、招聘数字技术研发及应用人才是许多企业开启数字化转型的第一步。随着企业数字化转型的深入,企业还需要设立相应的数据管理、分析部门,对生产的大规模数据进行日常的管理维护、深入分析使用。此外,企业对数字技术的应用不仅体现在业务部门,还包括财务、人力资源、行政等职能部门,如财务部门中 ERP 软件的使用,人力资源部门中员工培训与考核过程中对数字仿真技术的应用,行政部门中 OA 办公软件的使用等。

(三)钢铁产业与数字经济融合产生的产业特征

随着数字经济与钢铁产业在技术、产业、组织等方面产生融合,钢铁产业在要素组成、钢铁生产、价值创造等方面出现了新变化。

在要素组成方面,传统的钢铁生产要素主要为劳动、资本、技术等,随着物联网、大数据、云计算等数字技术在钢铁生产过程中的应用,原本处于"黑箱"中的诸多非结构化数据得到采集与转化。转化为生产要素的数据,一方面依附于传统的投入要素,通过提升劳动、设备以及技术的生产效率促进钢铁生产运营的效率提升,另一方面以资产的形式存放于企业的数据中心,钢铁企业可以出售或盘活数据资源,将其用于深度学习等模型的训练,成为工业软件、工业互联网平台等数字产品的核心竞争力的重要组成部分。

在钢铁生产方面,传统钢铁生产呈现链式的规模化生产,生产的协同通

---

① 宝信软件官网,https://product.baosight.com/。

常仅限于相邻的两个产业链、供应链环节之间，生产批量较大，一些小批量的个性化产品需求无法被钢铁企业捕捉。在数实融合的背景下，信息技术的发展使远离终端用户的上游企业不再处于孤岛状态，用户的需求信息能够实时传递到生产一线，并由智能制造系统进行分析、研判，再将数据传递到生产的各个环节，最终实现协同生产与个性化定制。钢铁生产呈现网络协同化、高频次小批量化。

在价值创造方面，传统钢铁产业链为单一链条形式，由于分销层次众多、产地与需求方距离较远，需求方无法参与钢材的生产制造过程，上游的大型钢铁企业生产的产品是价值的主要来源，钢铁产业的数实融合使价值创造的来源向需求侧转移，上游的制造企业通过电商平台获取买方的个性化、多样化需求，进行定制化钢材产品的生产，提升了产品的附加值。

（四）实现钢铁产业与数字经济融合的基本路径

1. 构建顶层设计与组织支撑

在钢铁产业与数字经济的融合过程中，政府的政策支持与引导发挥着关键性作用，其主要体现为，一是政府对钢铁产业、企业数字化转型提出路径指引，进入"十四五"时期以来，有关部门发布了《"十四五"智能制造发展规划》《"十四五"数字经济发展规划》《关于促进钢铁工业高质量发展的指导意见》等政策文件，均对包括钢铁在内的工业数字化转型提出了指导性意见；二是政府对钢铁企业采取的设备采购、研发投入增加等数字化转型措施给予补贴、税收优惠等财政性支持和专项资金支持；三是地方政府改善当地钢铁产业的融合环境、构建融合生态，通过招商引资等手段引进提供数字化转型服务的企业。

此外，作为融合主体的钢铁企业也需要对自身的发展战略、组织架构进行变革，通过提出数字化转型战略、招聘数字人才、设立数字化转型相关的研究开发部门等措施，为企业的数字化转型建设提供支撑。

2. 建设数实融合基础设施

推进钢铁产业与数字经济的融合需要企业、产业、政府三个主体共同建设基础设施。其中,企业一方面需要购置工业机器人、工业相机等数字化设备,改造企业实验室、中试基地、钢铁工业生产线等物理实体底层;另一方面需要搭建数据中心、工业互联网、数字孪生运营平台等支撑数据采集与应用、经营决策、智能制造管理的软件平台。产业联盟、行业协会等中观主体需由龙头企业主导建设行业的资源共享服务平台,提升资源在行业内的配置效率。政府则需在信息基础设施、算力基础设施、融合基础设施等新型基础设施方面加强投资与建设。

3. 实现生产制造与资源管理的数字化

以数字化技术为基础,钢铁企业需要围绕原材料采购、生产制造、产成品运输等一系列业务活动实现数据与业务的综合集成。在钢铁的生产制造方面,运用仿真模拟、监测管理工具、工业互联网平台等软件平台,开展生产流程规划,实时采集生产制造数据,监控、反馈设备的运行效率、能耗、环保、安全等情况,一方面预测和预防故障发生,另一方面有利于优化生产工艺与产量决策。通过推动市场营销、用户服务、供应链管理等业务上云,实现关键业务集成一体化运作,并基于云平台实现与合作活动的协同与共享。

三 中国钢铁产业与数字经济深度融合发展面临的阻碍

中国钢铁产业与数字经济融合正蓬勃发展,现已涌现出许多的成果。但随着融合程度的不断加深,受行业自身特征等因素的制约,钢铁产业的融合发展面临新的问题和阻碍。本部分将介绍钢铁产业在数实融合过程中遇到的三大主要障碍,指明加速钢铁产业未来数字化转型升级中存在的关键问题。

(一)数字化缺乏示范项目支撑,试点推广受阻

当前钢铁产业的数实融合程度较低,大部分的钢铁企业对数实融合的认知程度较低,缺乏可参考的相关经验和实例,在没有示范项目支撑的情况下,大部分企业,尤其是中小型钢铁企业,凭借已有的管理经验和认知水平

无法准确判断数实融合给企业带来的风险和收益水平，大部分的钢铁企业对于钢铁产业的数字化转型存在较大的顾虑，不敢轻易变革。而有部分企业在初期时成功地开展了数字化转型的试点工作，但在推广时却遇到了试点陷阱，无法全面推广，需进一步培养数字化生态圈合作伙伴。

（二）传统工艺落后且与数字技术融合不足

1. 钢铁产业传统工艺方法落后

传统钢铁企业现有基础理论不足，在进行产品开发和工艺升级的过程中遇到实际问题时往往采用实验验证的方法解决。钢铁企业会根据长期研发中积累的实际经验进行大量的实验，不断试错，但这类方法会造成高昂的成本，同时会花费较多的时间和精力，难以提高精度。或者，钢铁企业采用模拟择优的方法，即通过在虚拟世界里进行数据模拟分析，从而寻找问题的最优解，再运用到现实中来。但现实生产中的问题往往会受到较多各类复杂因素的影响和条件的限制，因而该方法存在一定的局限性。同时这一方法往往需要大量的研发投入，实验周期长且需多方面协作。当前钢铁企业很多的研究开发方法采用的是耗时较长的实验，目前亟须寻找新的工艺方法，将传统工艺与数字技术融合，降低生产成本和提高研发效率。

2. 钢铁产业关键工艺数据不明确

中国钢铁产业的数实融合发展相对缓慢，数字化基础设施相对薄弱。同时钢铁产业的流程工序繁多复杂，设备众多，关键工艺数据来源分散化程度高，加大了数据提取的难度。钢铁企业，尤其是一些中小型钢铁企业的设备往往不完善，钢铁产业中存在许多关键工艺数据来源不全面、不精准的问题。一些重要的中小型设备，如计量、监测仪表往往装备不齐全，导致关键数据缺失且准确性有待提高。

3. 钢铁产业核心工艺难以量化

行业中的一些核心工艺目前也缺乏量化模型。例如高炉工艺，由于其过程较为复杂，想要反映高炉过程中的特征较为困难。此外，由于钢材生产过程中原料质量的不稳定性大，国内外在钢铁生产时的工作环境不同，以及中国当前技术水平相对落后，引进国外专家系统时实施效果不理想。

（三）缺乏复合型人才

钢铁产业提升数实融合程度需要更多不同专业的复合型人才。钢铁工艺的流程复杂，工序众多，供应链长，这导致对人才素质的要求较高，而钢铁产业进一步转型、提升数实融合程度需要依靠大数据、机器学习、人工智能、冶金及材料等的协同。

此外，钢铁企业若想实现数字化变革，势必需要提升管理人员的管理水平。单凭经验或者直觉管理往往不利于钢铁企业开展数字化转型，钢铁企业的管理者需要提升复合型的专业知识和数字技术能力，拓宽视野，将积累的经验模型化，并体现在日常工作之中。

四 加快中国钢铁产业与数字经济深度融合的战略路径

展望未来，钢铁产业与数字经济在技术、产业形态与企业层面深度融合是大势所趋，立足当下，钢铁产业与数字经济的融合仍存在诸多阻碍，加快钢铁产业的数实融合进程，需要从克服企业数字化转型障碍、解除企业数字化转型顾虑着手。

（一）推动企业积极进行数字化改造，培育融合生态

通过向中小企业提供技术改造贷款优惠、补助等多种方式支持和鼓励其进行数字化改造，鼓励和支持优势企业加大研发投入力度，进行数字化改造、发展模式创新等试点示范，探索与数字化设备融合的钢铁生产工艺，由行业组织或有关部门牵头建设企业生态圈，鼓励数字转型较快的优势企业在基础设施、人才、技术、数据等要素方面对中小企业开放共享，通过共享、互助增强企业的数字化转型信心。

（二）增加钢铁产业数实融合的要素供给

信息通信基础设施、算力设施、融合设施等新型基础设施是钢铁产业与数字经济融合的基础支撑。对于信息通信基础设施和算力设施等公共属性较强的新基建，有关部门应当加强政策、资金供给，统筹推进5G网络等信息通信基础设施建设与数据中心等算力设施建设；对于工业互联网等融合设施，政府部门应继续加强政策引导，通过支持数字产业龙头企业的发展增加融合设施的供给，减轻产业内的中小企业的数字转型顾虑与负担。

复合型人才是实现钢铁产业数实深度融合的关键，有关部门应优化对人才培育的引导政策，支持高校、职业院校开设培育复合型人才的相关专业、课程，支持高校、职业院校与企业开设人才培训基地，使课程学习与实习实践相辅相成，培育产业技术与数字技术应用创新能力兼具的复合型人才。

（三）推动钢铁产业数据标准化建设

数据的标准化决定了数据传输的安全程度与可共享程度，是数字技术对钢铁产业赋能大小的决定性因素。要引导钢铁产业组织、企业开展行业、企业和数据治理等标准的研究与制定工作，构建钢铁制造、物流运输等供应链大数据标准体系，加强对标准体系的认证认可，并做好与检验检测体系的衔接，促进相关标准的应用。

五　世界主要钢铁产地代表性的钢铁产业数实融合案例

工业4.0时代的到来掀起了数字化浪潮，世界上具有代表性的钢铁企业紧抓时代发展新机遇，纷纷加入数字化转型发展，抓紧布局数字转型战略，提升企业数字技术水平，提高企业的竞争实力。本部分主要介绍了世界主要钢铁产地中具有代表性的5个钢铁产业数实融合案例，进一步了解全球钢铁产业的发展进程。

（一）中国：鞍钢集团

鞍钢集团是中国第一个建成的钢铁生产基地，同时是世界 500 强企业，在中国的钢铁事业发展中取得了许多的重要成就，被称为"新中国钢铁工业的摇篮"。鞍钢集团十分重视数实融合发展，坚持以"数字鞍钢"建设带动企业经济高质量发展，2021 年 2 月，鞍钢集团召开了数字鞍钢建设启动会，推动数字鞍钢的建设，开启企业数实融合的新征途。

2022 年上半年，鞍钢集团在"数字鞍钢"建设上总投资达 10.2 亿元，着力推动企业数字化转型。

2021 年底，鞍钢集团基本实现了"数字鞍钢"建设推进体系。鞍钢发布了中国钢铁产业第一套信息化技术标准体系，启动了"数字鞍钢"评价指数体系编制工作，初步建立了钢铁产业评价标准。

鞍钢集团大力发展数字基础设施建设，为数实融合打下坚实基础。鞍钢当前已经初步建成大数据中心体系，在鞍山钢铁和攀钢建立了 2 个核心数据中心，同时建立了许多的区域数据中心，为鞍钢的数实融合提供支持作用。

鞍钢联合许多高校、企业建立了四川工业大数据中心和区块链研究所，加大数实融合的研发投入力度，提高企业的信息技术水平和数字智能应用能力，当前已获得专利、软件著作权共 325 项。鞍钢推动精钢工业互联网平台与海星工业互联网平台的建设，加强对钢材生产流程的管控能力，同时开发智慧炼铁、智慧炼钢等 App，提高生产过程中的智能化与数字化水平。

在产品生产过程中，鞍钢大力推进工业生产的数字化转型。2022 年 4 月，鞍山钢铁主体产线操作室集控率超过 30%，3D 岗位机器换人率超过 50%，关键工序自动化率等重点指标超过 80%。鞍钢在运营上也加大数字化转型力度，打造工厂智能化示范样板，鞍钢建成了鞍山本部全流程智能制造示范区和营口鲅鱼圈全流程智能制造示范基地。①

---

① 鞍钢集团：《"数字蝶变"赋能新鞍钢转型升级——鞍钢集团推进"数字鞍钢"建设综述》，2022 年 8 月。

未来，鞍钢将进一步加强企业数实融合，提升自身发展质量。集团计划在 2025 年大幅提升产业数字化和数字产业化的深度融合水平，深入应用大数据、人工智能等新一代信息技术，数字产业实现创新突破，数字鞍钢初步建成。

（二）欧盟：安赛乐米塔尔公司

安赛乐米塔尔公司成立于 2002 年，是全球钢铁制造商中的杰出代表，其业务遍布全球 60 多个国家和地区，集团年产量为 1.3 亿吨，约占世界钢铁总产量的 10%。安赛乐米塔尔公司积极发展数字化转型，致力于提高企业的数实融合发展水平。

安赛乐米塔尔成立了数字委员会，委员会主要负责调控供应链的数字化进程。安赛乐米塔尔还建立了数字化实验室，它聚集了钢铁企业、数字企业及大学等众多的机构，进行钢铁产业的数字化创新研究。同时，数字实验室联合了其他的合作伙伴开展项目，积极促进企业数字化转型。

安赛乐米塔尔在数字化领域开展了一系列研发项目。安赛乐米塔尔在全球生产基地附近建立了自己的数字卓越中心。这一中心能帮助新技术加速从研发到落地成熟的过程。

安赛乐米塔尔实现了工业无人机的应用，已将工业无人机应用在设备的维护和能源使用状况的追踪上。这一应用能提高员工维护操作的安全稳定性，同时带来效率和精准性的提高。工业无人机也可用于追踪能源的利用情况。

安赛乐米塔尔的自动化堆料场项目生产线的调度和运输设备对接能在优化库存同时减少交付时间。同时，安赛乐米塔尔在加拿大 Dofasco 使用自主作业的起重机，在美国、加拿大及墨西哥的拼焊厂采用机器人进行生产，提高了生产的效率，进一步扩大了产量和提升了产品质量。

安赛乐米塔尔大力研发人工智能项目，热轧厂的图像识别项目和 AI 模型已应用在加拿大工厂中，可实时自动判定焊缝脱模。AI 图像识别项目应用于巴西工厂中，可实现冷卷宽度测量和环境排放自动分级。

安赛乐米塔尔发展数字孪生项目，通过传感器收集数据，从而构建虚拟孪生体来模拟物理实体和制造过程，当前已利用传感器构建计划交付钢卷的数字指纹等。安赛乐米塔尔还在一些工厂中采用 VR 技术进行安全培训。

（三）印度：塔塔钢铁集团

塔塔钢铁集团成立于 1868 年，是全球顶级钢铁公司，也是全球最大的跨国钢铁生产商之一。塔塔钢铁在数实融合上也进行了深入的探索实践，它联合先进研究机构、科研院校、第三方及客户进行数字化转型，提升数实融合水平。

塔塔钢铁数字化战略的三大支柱分别为更智能的技术、更智能的连接、更智能的服务。目前塔塔钢铁数字创新中心不断研发新技术，如孪生数据、AI 项目、区块链和无人机等。同时大力开发增值数字服务，为客户提供更好的服务体验。

塔塔钢铁在数实融合方面开展了多个项目。在客户服务上，企业采用了工业云，能对供应链间的数据流进行实时响应，提升企业服务能力。同时，塔塔钢铁采用了 AR 和 AI 技术为客户提供实时技术支持。在生产流程中，塔塔钢铁推进智能工厂建设，加强数据监控和动态数据实时控制，采用数字技术将材料视角引入预测性维修。塔塔钢铁还在加大模拟材料的孪生数字产品开发力度。在供应上，塔塔钢铁采用二维码、条形码和激光蚀刻对产品进行标记，同时采用了区块链技术，提升产品和材料的可追溯性。

塔塔钢铁认为数实融合能大幅降低企业成本，同时企业转型需要大量资金支撑，而企业在生产制造中的数字化能提升生产设备的效率和实现成本的控制。企业正面向汽车行业展开数字化制造发展项目如"汽车价值链的数字化项目"等，项目计划在 2025 年实现动态过程控制，在 2030 年实现"kitchen to kitchen"目标，2030 年后实现供应链完全集成。①

---

① 世界金属导报：《数字强企哪家强？安米、浦项、蒂森、宝武、沙钢等 20 家全球主要钢企数字化转型进程》，2022 年 5 月。

（四）韩国：浦项制铁公司

韩国浦项制铁公司（以下简称"浦项制铁"）成立于 1968 年，是全球最大的钢铁制造厂商之一，浦项制铁在数字化转型方面也走在世界前列，在多项生产设备设计、生产工艺优化、生产工序完成等方面积极探索数字化、智能化。2019 年 6 月，在达沃斯经济论坛上，浦项制铁入选"灯塔工厂"名单。

浦项制铁光阳厂早在 2015 年就开始了数字化探索，建设了智能工厂平台 Pos Frame，该平台在钢铁生产过程中引进了物联网、大数据和人工智能等数字技术，负责对钢铁生产过程中产生的海量数据进行管理与分析。Pos Frame 平台可实现生产效率的提升、产品质量的预测以及设备故障的预防与应对。Pos Frame 建成后首先于热轧分厂投入使用，在热轧板生产线上建成"热轧人工智能中心"，基于人工智能、物联网等智能技术对热轧厂的设备进行远程控制，人工智能技术和物联网（IoT）传感器的结合还能实时定位生产过程中出现的细微问题，并及时对工艺进行改进，提升生产效率与钢铁产成品的质量。光阳厂还采用了 Smart Wave 控制技术，利用实时监控影像在精轧工序中检测和控制钢材的形状。2018 年，Pos Frame 开始逐步向上下游工序推广，最终构建起 Pos Frame 体系，为建设智能工厂奠定基础。

在智能高炉建设方面，浦项制铁从 2016 年开始研究智能高炉，人工智能通过深度学习对高炉产生的非结构化数据进行运算和处理，并对决定炉况的多个变量进行预测与控制，基于运算结果，高炉能够对生产过程中的炉况与原燃料的成分进行判定。高炉上还安装了传感器、相机，能够对铁水温度、炉内状况进行实时监测、预测、评价，从而自动控制铁水、铁矿石和焦炭装料。智能高炉投入使用后，浦项制铁的铁水日产量增加了 240 吨，铁水年产量达 8.76 万吨，减少了单位铁水冶炼使用的燃料。

在智能炼钢方面，浦项制铁炼钢部开发出 PTX 智能系统。该系统可以根据铁水的实时温度、成分、辅料等条件，对各环节的目标结束时间、温度、成分进行预测和自动化控制，实现从转炉到连铸的无缝衔接，促进生产的准时化，最终降低生产成本。

在连铸方面，开发出连铸坯缺陷简易快速确定的智能化系统，该系统通过建立缺陷预测模型分析在炼钢和连铸中收集到的数据，制定出判定缺陷铸坯的准则，从而筛选出有缺陷的铸坯，同时指出其发生缺陷的原因。

除了在上述生产环节积极引入人工智能等数字技术外，浦项制铁还开发了涂镀智能控制技术、质量影响因子分析系统、设备故障预知系统等，不断实现生产效率的提升与生产工艺的优化。

（五）日本：JFE 钢铁公司

日本 JFE 钢铁公司（以下简称"JFE 钢铁"）是日本第二大钢铁集团，JFE 钢铁在 2017 年成立了数据科学项目部，将通信技术引进钢铁的生产制造过程。2019 年 4 月，JFE 钢铁成立了信息物理系统研究开发部，同年 11 月，JFE 钢铁宣布启动 J-dscom™ 系统，该系统基于数据科学技术，通过对比电流、压力、流量、温度、振动等运作状态指数与参考值的偏差程度检测设备的异常迹象，并能够对潜在的破坏性故障进行自动维修，保证设备的稳定运行。

在高炉的数字化建设方面，JFE 钢铁在 2019 年 11 月宣布将对其所有的 8 座高炉进行数字化改造，引进基于计算机算法管理的网络物理系统（CPS），改造后的高炉将利用人工智能分析从物理制造过程中收集的传感器数据，并在信息空间中进行制造过程的虚拟还原，使高炉的内部状态可视化，实现对制造过程的监控与异常预测，达到提升高炉的运行效率、稳定性与生产效率的效果。

2020 年 7 月，JFE 钢铁宣布建成了数字转换中心 JDXC™，将其作为应用数据科学及最新信息通信技术的数字转换推进的枢纽，旨在整合公司所有钢铁厂与制造业务的运营数据，进行数据的共同分析与建模，推进网络物理系统在生产制造过程中的共享与标准化，通过数据赋能生产效率的提升与成本的降低。

JFE 钢铁还在供应链管理方面积极利用数字技术，2021 年 8 月，JFE 钢

铁的福山工厂安装了算法驱动的原材料库存布局规划系统，该系统能够在 1
分钟内通过算法计算创建长期的库存规划，优化堆场的运行。通过算法设计
的规划不仅最大限度地减少了库存数量，还能适应铁矿石的装运时间，使钢
铁厂的原材料采购与整体管理得到优化。2019 年以来，JFE 钢铁便开始与
IHI 公司合作开发自动化运输技术，以应对日本卡车司机短缺的问题。2022
年 12 月，双方已完成在自动驾驶、转弯和停车等基本功能方面的技术开发，
JFE 钢铁宣布于 2023 年 2 月在东日本工厂（京滨地区）利用改装车辆进行
自动化运输系统的测试。

此外，为降低高温等生产环境给运营及员工培训带来的风险，JFE 钢铁
引进了基于高级混合现实（MR）技术的培训模拟器，成为日本钢铁产业首
个使用 MR 技术进行技能培训的公司。虚拟现实（VR）是基于计算机生成
的虚拟空间，增强现实（AR）则是将虚拟世界映射到现实环境中，以增强
人的感官体验。MR 将现实世界和虚拟世界合并，创造出物理和虚拟元素实
时共存的新环境。基于该技术创建的培训环境，新员工能够将真实的身体运
动与高度逼真的计算机生成的虚拟工厂车间相结合，开展日常操作练习与异
常情况处理的学习。在实际在职培训之前使用 MR 系统进行培训，不仅可以
降低传统培训的操作和安全风险，还可以帮助受训者学习如何更快、更有效
地评估和应对异常情况。

六　总结与展望

（一）主要结论

数字经济与实体经济融合是全球经济发展大势所趋。从产业来看，数字
技术在制造业、服务业、农业等各个产业都产生深远的影响，数字技术的广
泛应用、数据要素的形成，正在改变包括钢铁产业在内的传统产业的生产方
式、商业模式和管理方式，促进了传统产业的转型升级，拓展其发展空间。

数字经济与钢铁产业的融合是驱动钢铁产业转型升级的新动能。钢铁的

生产、供应链、贸易等环节过程中蕴含着大量的数据资源，利用人工智能、物联网、云计算和大数据等数字技术对各环节进行改造，有助于提高生产效率、降低成本、优化产品质量和提升客户体验，是化解钢铁产能供需结构失衡、生产环节的不确定性、生产工艺创新力较弱、生产流程协调程度较差等问题的有效途径。

中国的钢铁产量、数字经济发展活力在世界范围内举足轻重，在钢铁产业亟须转型、数字经济蓬勃发展的背景下，积极探索钢铁产业与数字经济的融合路径，基本实现了钢铁产业数字化、扎根钢铁产业的数字产业化、钢铁企业数字化，钢铁产业的发展呈现数据成为新的生产要素、生产呈现网络化个性化、需求侧对价值创造的贡献上升等新特征。

在中国，数字经济在与钢铁产业的深度融合过程中也面临较多挑战，比如转型试点及推广、数据标准的制定、复合型人才培养等。因此，数字经济与钢铁产业的融合需要政府、企业和社会各方的共同努力，加强技术创新和生产数字化改造，培育数实融合的产业发展生态，制定数据标准，培育复合型人才，为数字经济与钢铁产业融合健康发展提供有力的支持和保障。

数字经济与钢铁产业的融合同样发生于世界上的主要钢铁产量国家和地区，鞍钢、安赛乐米塔尔、塔塔钢铁、浦项制铁和JFE钢铁等来自不同国家和地区的世界主要钢铁企业均在数字化方面有所作为。

（二）研究展望

钢铁产业与数字经济的融合是钢铁产业转型发展的必经之路，本报告基于数实融合的发展背景，结合钢铁产业的发展挑战，对中国的钢铁产业数实融合现状、实现路径、产业特征进行了研判，并进一步分析了深度融合的挑战与战胜挑战的战略路径。由于数据获取困难，本报告以事实论述为主，缺乏数据支撑及定量研究，加之篇幅有限，本报告未能对每个问题均进行细致研讨，部分问题未纳入讨论范围。未来，钢铁产业与数字经济的融合研究可以从以下几个方面展开。

第一，钢铁产业与数字经济融合的阶段特征。在初步融合、基本融合和深度融合阶段，钢铁产业都会呈现不同的特征，在不同的经济发展背景下，产业融合需克服的困境也不同，分析钢铁产业与数字经济融合在不同融合阶段、不同经济背景下的特点，有助于为钢铁产业数实融合发展较为缓慢的国家提供参考。

第二，数字技术与钢铁企业转型升级。数字技术是钢铁企业转型升级的重要手段，未来的研究可以探索数字技术对不同规模、地区的钢铁企业转型升级的影响，为不同企业的数字化转型提供建议。

第三，数字技术与钢铁产业竞争力。未来的研究可以探索数字技术在提高效率、降低成本、优化质量和提升客户体验等方面对钢铁产业的影响，基于数据对其进行定量分析和实证研究，为推动数字经济与钢铁产业融合夯实理论支撑。

第四，数字技术与钢铁产业政策支持。政府在数字经济与钢铁产业融合方面的政策支持和引导作用非常重要，未来的研究可以对政府在数字经济与钢铁产业融合方面的政策措施和效果进行评估，为政府的产业政策制定提供理论指导。

总之，钢铁产业与数字经济的融合是一个复杂而又重要的研究领域，期待这一领域的研究能够进一步完善，为推动钢铁产业转型发展做出更大的贡献。

B.10
新形势下钢铁企业数字化转型

冯梅 马建峰 刘涛*

摘　要： 伴随着数字经济与实体经济加速融合，颠覆性创新为钢铁企业带来了无限的发展机会，数字化转型成为钢铁企业提升竞争力和适应市场变化的关键。对此，本报告从宏观、中观和微观视角分析了钢铁企业数字化转型的动因，这些因素要求钢铁企业调整自身战略，提升在技术、连接、生态上的竞争优势，充分发挥其引领创新、推动变革的潜力。钢铁企业数字化转型投资力度加大并取得了显著成效，智能工厂成为数字化转型的重点路径，更多前沿数字技术被应用到企业的核心业务场景。然而，作为一项综合性升级工程，钢铁企业在借助数字技术对产品、服务与商业模式进行重构的过程中仍面临诸多问题与障碍，导致转型进程受阻。本报告通过分析钢铁企业在战略、管理、业务、应用四个方面的数字化转型实现方式，明确驱动战略转型、管理高效、业务优化与应用协同等的转变，需要钢铁企业实现"转换、融合、重构"三大目标。基于数字化转型的实现方式和目标，本报告提出了推进钢铁企业数字化转型的思路和建议，钢铁企业要审视战略布局与价值创造机理的合理性，根据内外部变化做出相应调整。新形势下，由企业使命驱动，强调数字化变革和韧性重塑的钢铁企业，将成为真正面向

---

* 冯梅，博士，北京科技大学经济管理学院应用经济系主任、教授、博士生导师，研究方向为工业经济、产业政策评价、资源环境管理；马建峰，博士，北京科技大学经济管理学院副教授，研究方向为资源配置效率评价理论与方法；刘涛，北京科技大学经济管理学院硕士研究生，研究方向为国际贸易。

未来和可持续发展的领导者。

关键词： 钢铁企业　数字化转型　数字经济

一　新形势下钢铁企业数字化转型的动因

数字化将信息转变为可度量的数据集，又将数据变成新的生产要素，为传统产业带来新一轮的颠覆和机遇。数字技术正向传统产业的生产方式和商业模式加速渗透，在助力传统产业智能化升级、增强融合业态新兴体验等方面不断创造高价值应用。以数字技术的变革创新及其与经济社会各领域的融合创新为主要驱动力的第四次工业革命将席卷全球，实体经济将经历深刻变革。随着数字化生产力的不断提升，作为工业脊梁，钢铁企业主动优化结构，以数字化和智能化为核心引擎，加速推动数字化转型，这对于加速建设现代化产业体系和巩固实体经济根基具有重要意义。在"数字中国"战略部署下，落实好《关于促进钢铁工业高质量发展的指导意见》，对于实现钢铁产业数字化升级、钢铁企业数字化转型、建设智能制造强国具有重要意义。

（一）宏观因素

1.数字经济的蓬勃发展

得益于基数效应和政策支持，数字经济在全球范围内快速发展，并以前所未有的速度和渗透力改变全球经济结构和资源要素的组合方式，成为全球竞争格局中的关键力量。作为全球最大的数字经济市场之一，中国在这一领域的发展也备受瞩目。近年来中国数字经济增加值规模稳居全球领先地位，如图1所示，2021年中国数字经济总量达到70576亿美元，中国正在成为全球数字经济创新的重要策源地。

在"十四五"时期，中国数字经济将进入新的阶段，更加强调数字经

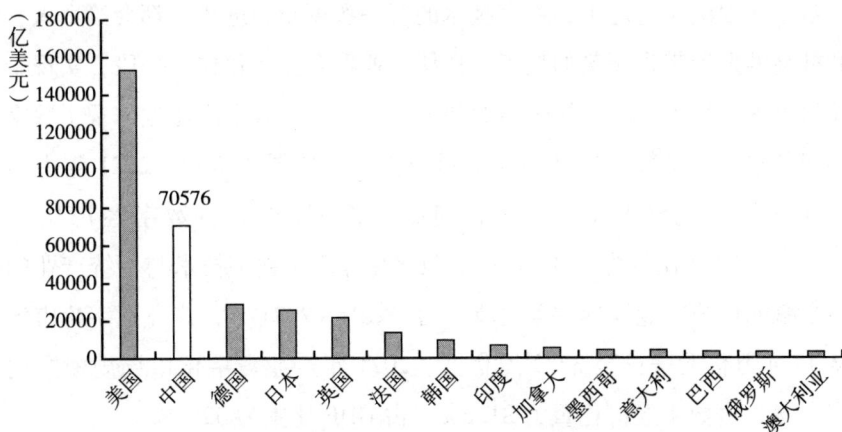

图1 2021 年全球部分国家数字经济增加值规模

数据来源：中国信息通信研究院。

济的实际应用和规范发展，同时注重数字经济的普惠共享。如图 2 所示，
2017~2021 年，中国数字经济规模增长迅速，年均增长 13.7%，整体规模
增长 67.3%，占 GDP 比重提升至 39.8%。数字经济作为提振经济的重要引
擎，能够催生新兴产业和创新业态，为经济发展注入新动力。

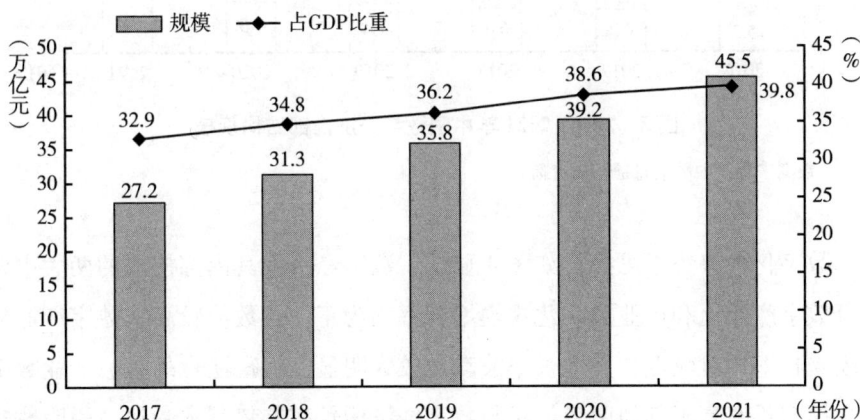

图2 2017~2021 年中国数字经济规模及占 GDP 比重

数据来源：中国信息通信研究院。

　　数字化浪潮席卷之下，数字技术的每一次革新和进步，都会给个人、组织和社会的发展带来深刻的变革。传统产业融合数字化技术手段，实现企业高质量发展和转型，是一场价值共建的双赢行动。数字产业化体现了数字技术的成熟水平，是数字经济增长的重要推手，如图3所示，2021年中国数字产业化规模达到8.4万亿元，同比增长12.0%，占数字经济比重为18.4%，占GDP比重为7.3%。产业数字化体现了数字技术与传统产业的融合，是赋能传统产业发展的重要驱动力。2016~2021年，产业数字化市场规模从17.4万亿元增长至37.2万亿元，2021年产业数字化市场规模同比增长17.4%，占数字经济比重为81.6%，占GDP比重为32.5%。

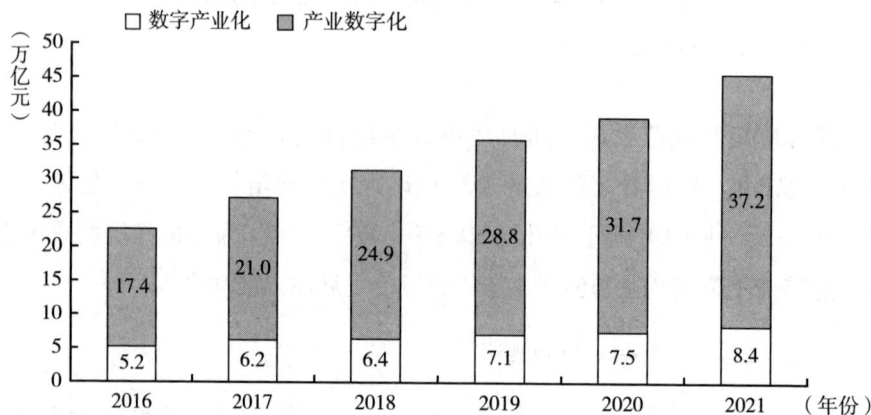

图3　2016~2021年中国数字经济内部结构规模

数据来源：中国信息通信研究院。

　　数字化趋势势不可挡，如图4显示，数字经济及其内部构成的两大主要部分数字产业化和产业数字化规模增长率均为正，且数值较高。数字产业化规模增长率相对较低，其增长率波动也较为明显。值得注意的是，产业数字化规模增长率高于其他两者，且与数字经济增长率趋势基本一致，说明数实融合渗透具有巨大的潜力。

　　产业数字化的蓬勃发展正在推动全球增加数字化转型投入，越来越多的企业和组织认识到数字化转型的重要性，开始加大对数字化技术和解决方案

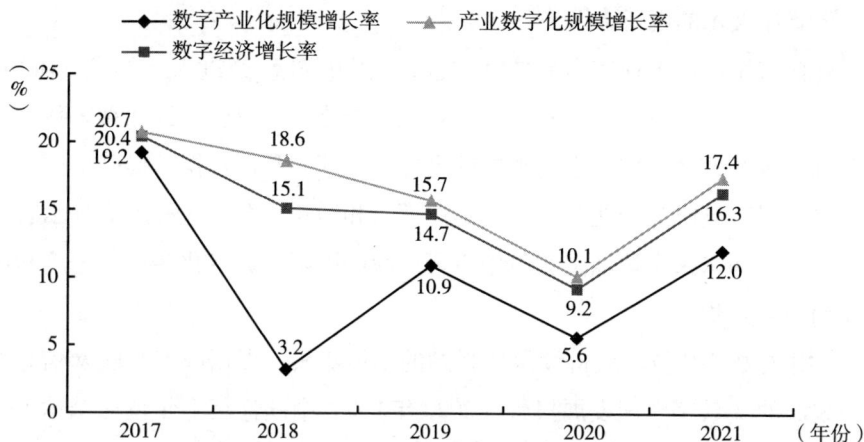

图4　2017~2021年数字产业化规模、产业数字化规模、数字经济增长率

数据来源：中国信息通信研究院。

的投入，为产业数字化积聚动力。据国际数据公司（IDC）《2022年第一版全球数字化支出指南》报告预测，未来几年数字化转型支出将持续保持两位数稳定增长，预估2022年全球数字化转型支出将达到1.8万亿美元，同比增长17.6%。2022~2026年，数字化转型支出的年复合增长率约为16.6%。美国是全球数字化转型支出最高的国家（地区），约占全球支出的35%，其次是西欧，而中国则位居第三。

国际数据公司发布的《中国数字化转型市场预测，2021~2026：通过应用场景践行数字化优先策略》显示，2021~2026年将是中国数字化发展的黄金时期，数字经济相关的总投资预计将在15万亿~20万亿元区间。调查显示，由于数字化转型的投资，85%的中国企业财务收入改善超过5%，而48%的企业财务收入改善超过10%。[①] 可以看出，随着科技的不断发展和数字化技术的不断成熟，数字化转型已成为全球经济发展中的重要趋势，越来越多的国家和企业开始意识到数字化转型的重要性，并积极推动数字化转型的进程。

[①] 《IDC：中国企业数字化转型从"竖井式"向"全方位"过渡》，凤凰网，2022年9月8日，http://hb.ifeng.com/c/8J7JZAH7fLx。

2. 数字技术的更新迭代

伴随着第四次工业革命的持续推进,数字科技已经进入新的发展阶段,对传统产业的改造也在加速推进。随着人工智能、区块链、云计算等新技术的不断涌现和普及,钢铁企业也能够更好地管理和利用数据,提高生产效率和产品质量,同时为企业带来新的商业模式和增长机会。这种趋势预示着数字科技将成为未来全球经济竞争中不可或缺的因素,数字化转型的速度和深度也将进一步提升。

中国在数字科技领域持续保持强劲的发展势头。根据国家互联网信息办公室发布的《数字中国发展报告(2020年)》,中国连续3年位居全球PCT国际专利申请总量榜首,其中信息领域的PCT国际专利申请数量更是超过3万件,占全球的1/3以上。新兴技术方面,人工智能、云计算、大数据、区块链、量子信息等已经成为全球第一梯队。在5G发展和高性能计算方面,中国已全面领先,全球超算500强中中国上榜数量排第一。此外,中国的芯片自主研发能力稳步提升,国产操作系统性能大幅提升,规模化推广应用也在加速。企业创新主体地位持续增强,上市互联网企业的研发投入增长了227%。在欧盟委员会发布的2021年全球研发2500强企业中①,中国上榜企业数量为678家,研发投入合计达1958.58亿欧元(约14946.42亿元)。

数字技术迭代创新的最终目的是为实际业务服务,能够以更加完善的形态融入核心系统,构建数字化新框架,实现现有系统和投资与开拓性创新的充分结合,使企业在发展的同时实现业务运营的无缝协作,推动全面的数字化转型。数字技术将从业务模式、组织结构、管理方式、人才培养等多个方面进行变革,将数字技术应用贯穿到企业的各个层面,提高业务效率、降低成本、增强竞争力。对于钢铁企业而言,数字技术的更新将推进传统的生产制造模式转变为数字化智能化的生产制造模式,实现生产过程的数字化、自动化和智能化。

3. 政策利好的持续释放

为激发经济增长活力,许多国家(地区)制定了制造业转型和发展的

---

① 欧盟委员会科学与知识服务机构联合研究中心:《全球企业研发2500强2022》,2022。

战略计划。例如，美国、德国和欧盟分别提出了"先进制造业领导力战略"、"国家工业战略 2030"和"工业 5.0"计划，旨在推动智能制造技术的开发和转化，提高制造业供应链水平，培育制造业劳动力，提高工业产值和保持竞争力，以抢占全球制造业新一轮竞争的制高点。此外，各国正致力于加强数字化转型方面的投资，以促进数字技术与实体经济的紧密结合。美国商务部计划在 2024 财年内拨款 19.3 亿美元，用于建设 45 家先进制造业创新中心，以建立先进制造技术商业转化的中心枢纽。西班牙的《数字西班牙 2025 议程》为中小企业和个体工商户数字化转型提供了 30 亿欧元的支持。深化制造业数字化转型尤其受到重视，新加坡发布了《制造业 2030 愿景》，通过投资基础设施和建立生态系统等措施，推动传统制造业向先进制造业转型。新西兰发布了《先进制造业产业转型计划草案》，将先进制造业列为产业转型计划的优先考虑行业，并确定了推动增长和转型的六大优先事项。

中国发布了一系列顶层设计文件，旨在推动数实融合，通过完善数字经济产业链和提升其在实体经济中的应用水平，促进经济高质量发展。从中国共产党第二十次全国代表大会到 2023 年全国两会，建设现代化产业体系和数字经济的顶层规划及产业指引被反复提及，不断明晰。两会召开前夕，中共中央、国务院还印发了《数字中国建设整体布局规划》，"数字中国"顶层规划加速，促进"数"与"实"深度融合，赋能实体经济数字化转型结构更优、动力更足。

中国拥有庞大的工业经济规模和广阔的数字实体融合发展前景，其中钢铁工业至关重要。为推进钢铁工业的质量、效率和动力变革，政府制定了多项相关政策，最具代表性的是 2022 年 1 月工业和信息化部等 3 部门发布的《关于促进钢铁工业高质量发展的指导意见》，该意见提出了加快钢铁企业数字化转型升级的目标和任务，包括推进智能制造、数字化供应链和数据驱动等方面的措施。同时，《"十四五"信息化和工业化深度融合发展规划》和《"十四五"原材料工业发展规划》等也是钢铁产业数字化发展的重要行动指南，对于推进智能制造的发展和应用具有重要的指导和推动作用（见表 1）。

表1 2021年以来中国发布的有关钢铁行业的重要政策文件

发布时间	政策文件	内容
2021年4月	《关于钢铁冶炼项目备案管理的意见》	建设钢铁冶炼项目须满足钢铁行业先进工艺装备水平和领先指标要求,实现绿色化、智能化发展
2021年10月	《2030年前碳达峰行动方案》	深化钢铁行业供给侧结构性改革,严格执行产能置换,严禁新增产能,推进存量优化,淘汰落后产能
2021年11月	《"十四五"信息化和工业化深度融合发展规划》	对于钢铁行业,要聚焦设备维护低效化、生产过程黑箱化、下游需求碎片化、环保压力加剧化等痛点,以工艺优化为切入点,加速朝设备运维智能化、生产工艺透明化、供应链协同全局化、环保管理清洁化等方向数字化转型
2021年12月	《"十四五"原材料工业发展规划》	粗钢等重点原材料大宗产品产能只减不增;钢铁行业吨钢综合能耗降低2%
2022年1月	《关于促进钢铁工业高质量发展的指导意见》	力争到2025年,钢铁工业基本形成布局结构合理、资源供应稳定、技术装备先进、质量品牌突出、智能化水平高、全球竞争力强、绿色低碳可持续的高质量发展格局。到2025年,钢铁行业研发投入强度力争达到1.5%,关键工序数控化率达到80%左右,生产设备数字化率达到55%,打造30家以上智能工厂
2022年1月	《关于加快推动工业资源综合利用的实施方案》	严控新增钢铁行业产能规模;科学有序推进废钢铁先进电炉短流程工艺
2022年6月	《工业能效提升行动计划》	到2025年钢铁行业重点产品能效达到国际先进水平,规模以上工业单位增加值能耗比2020年下降13.5%

数据来源:根据公开资料整理。

(二)中观因素

钢铁工业是现代工业的基石,也是国家经济和社会稳定的重要支柱。随着数字化经济的快速崛起和技术创新的不断涌现,钢铁行业面临新的机遇和挑战。在数字化转型的大趋势下,钢铁企业必须积极适应新技术、新模式和新形势,实现自身创新变革,加速发展可持续的未来制造。

1. 产业供需仍不平衡

中国是全球生铁和粗钢生产的大国，受到"控产能、减产量、回头看"政策的影响，如图 5 所示，2021 年，中国的生铁和粗钢产量出现下滑，分别为 8.69 亿吨和 10.35 亿吨，与上年相比，分别减少了 0.2 亿吨和 0.3 亿吨，钢材产量仅有微量的上涨。在 2022 年上半年，国家部委再次明确表示将继续压减粗钢产量，加上下游需求疲软的影响，生铁和粗钢的产量继续保持收缩态势，分别为 4.39 亿吨和 5.27 亿吨。2022 年，全国粗钢产量累计达到 10.17 亿吨，较上年同期下降 1.74%；生铁产量为 8.64 亿吨，较上年同期下降 0.58%；钢材产量为 13.40 亿吨，较上年同期下降 0.80%。

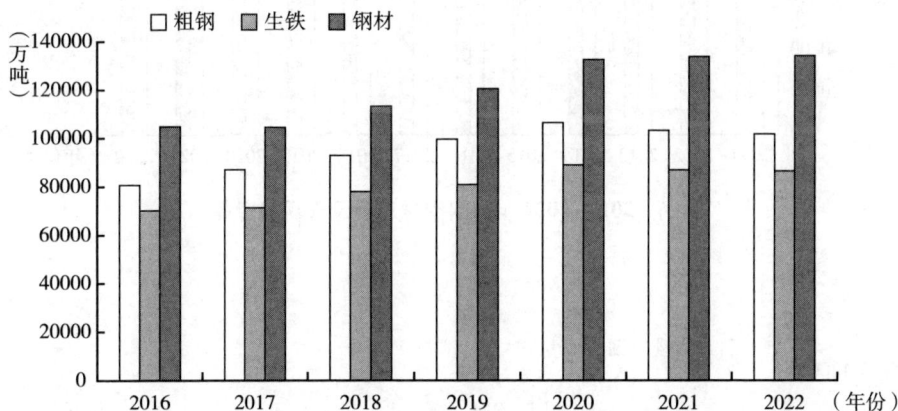

图 5　2016~2022 年中国主要钢铁产品产量走势

数据来源：国家统计局。

供给衰减的同时，上下游需求减弱。主要用钢行业钢材消费强度下降，国家统计局数据显示，房地产行业的各项指标连续下探，2022 年全国房地产开发投资额同比降幅为 10%。尽管下游的机械和汽车行业需求总体保持增长，但增长速度有所减缓。如图 6 所示，与 2021 年相比，2022 年钢材表观消费量下降了 5.5%，为 128358.5 万吨。如图 7 所示，2022 年钢材进口量为 1057 万吨，出口量为 6732 万吨。尽管国内钢材产量小幅增长，但全球其他国家供应链恢复受阻，通胀水平高，推动国内钢材出口量上升。一方面,随着中国经济从高速增长阶段转向高质量发展阶段,钢铁需求逐渐趋缓,导致进口量持续下降,已降至历年最低水平。此趋势在房地产行业各项指标连续下滑的背景下更加明显。另一方面,政府对钢铁行业进行了去产能、环保等政策调控,供给相对过剩。

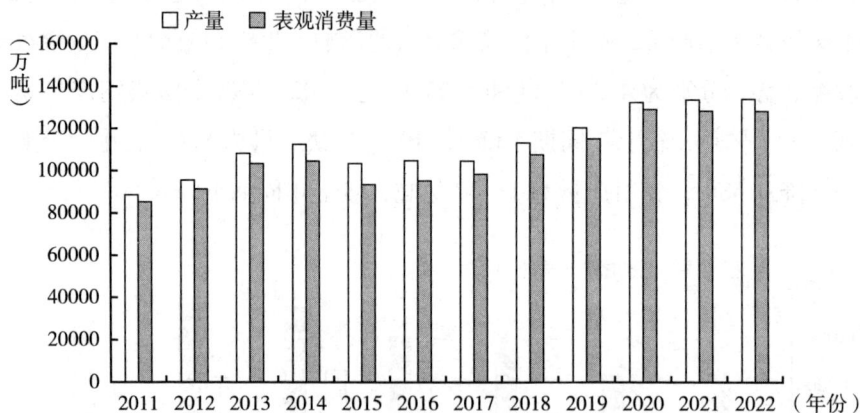

图6　2011~2022年中国钢材产量及表观消费量

数据来源:国家统计局。

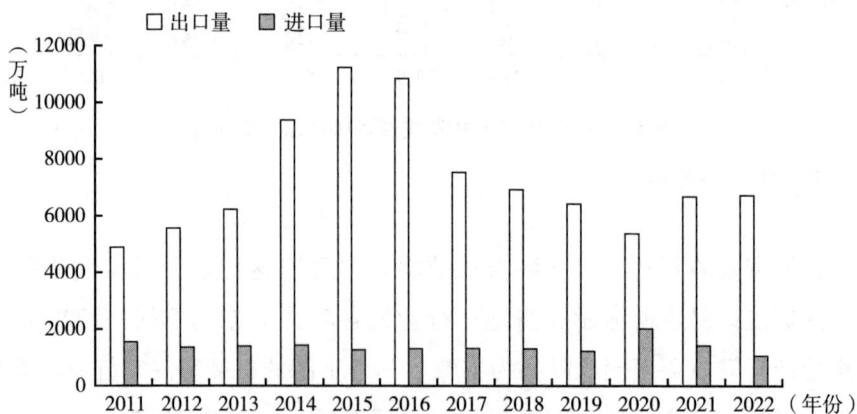

图7　2011~2022年中国钢材进出口量

数据来源:国家统计局。

钢铁行业在面临需求萎缩、供给过剩和预期疲软等三重压力的同时，还受到铁矿石价格波动、能源成本上涨和钢材价格下行等因素的影响，经营效益明显下滑。国家统计局公布的数据显示，2022年1月国内黑色金属冶炼和压延加工业实现营收8.72万亿元，同比下降9.8%，利润总额365.5亿元，同比下降91.3%。根据中国钢铁工业协会的统计数据，2022年会员钢铁企业的营收同比下降了6.35%，利润总额下降了72.27%。同时，前三季度，全国重点大中型钢铁企业亏损企业数量和亏损金额同比分别增加了7.8倍和53.8倍，实现利润总额同比下降了71.3%。

近年来，钢铁产业面临严峻的供需不平衡问题，产能过剩已成为一大问题，钢铁市场竞争激烈，价格波动大，利润空间不断缩小，传统的生产模式已经难以满足市场需求。为了应对当前严峻的市场形势，钢铁企业必须加速数字化转型，深度融合数字技术与实体经济，推进钢铁工业质量、效率和动力的变革。此外钢铁产业逐渐从数量扩张向质量提升转变，钢铁市场已由单一的国内市场扩展到全球市场，钢铁企业需要进一步提高自身核心竞争力，提高市场反应速度，降低市场风险。

2. 产业布局结构的优化

中国钢铁产业目前正处于兼并重组的重要窗口期和历史机遇期。从企业格局来看，未来将形成领航企业建立生态圈、专业企业稳定产业链、同质企业拼成本线的格局。根据2016年国务院发布的《关于推进钢铁产业兼并重组处置僵尸企业的指导意见》，到2025年，大约10家大型钢铁集团将掌握钢铁产业60%~70%的产能。同时，2022年2月发布的《关于促进钢铁工业高质量发展的指导意见》鼓励行业龙头企业实施兼并重组，以打造世界一流超大型钢铁企业集团。

在国家政策的引导下，中国钢铁产业的集中度显著提升。2016~2021年，国内前10家钢铁企业粗钢产量占全国比重提升了5.6个百分点，2021年占比达到41.5%。2022年，中国排前10位的钢铁企产量合计达4.34亿吨，占全国钢产量的42.8%，比2021年提升了1.3个百分点。而排前20位的企业合计产量达5.72亿吨，占全国钢产量的56.5%，比2021年提升了 1.6 个百分点。此外，如图 8 所示，新建的钢铁生产基地主要分布在东部和南部沿海地区，在一定程度上平衡了钢铁行业"北强南弱"的传统布局。

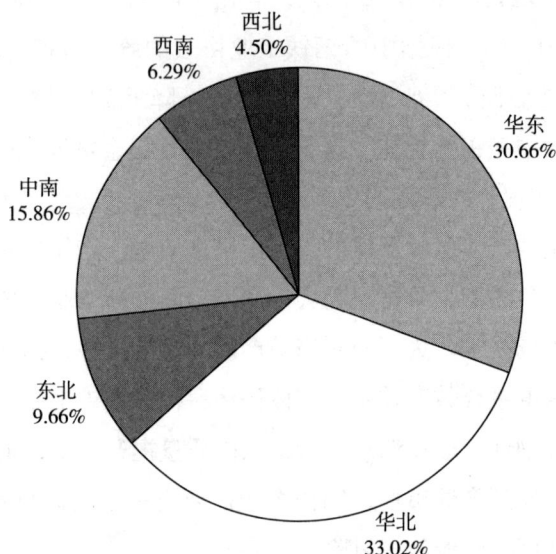

图 8 2021 年全国粗钢产量布局情况

数据来源：国家统计局。

近年来，龙头钢铁企业继续加快推进行业内兼并重组，在提升行业集中度的同时不断扩大企业影响力，未来特大型钢铁企业的议价能力和成本控制水平或将进一步提升。根据前瞻产业研究院的数据，如图 9 所示，截至2021 年末，中国钢铁行业市场份额排前 5 名的企业分别是宝钢股份、华菱钢铁、河钢股份、鞍钢股份和首钢股份。其中，宝钢股份的市场份额最大，占比达到 16.29%，华菱钢铁、河钢股份、鞍钢股份和首钢股份的市场份额分别为 7.65%、6.69%、6.11% 和 5.99%，前 5 家钢铁企业市场份额合计为42.73%。近年来，以中国宝武钢铁集团有限公司和鞍钢集团有限公司为代表的大型钢铁企业持续推进行业内的兼并重组，这些举措正在改变行业的集中度和竞争格局。

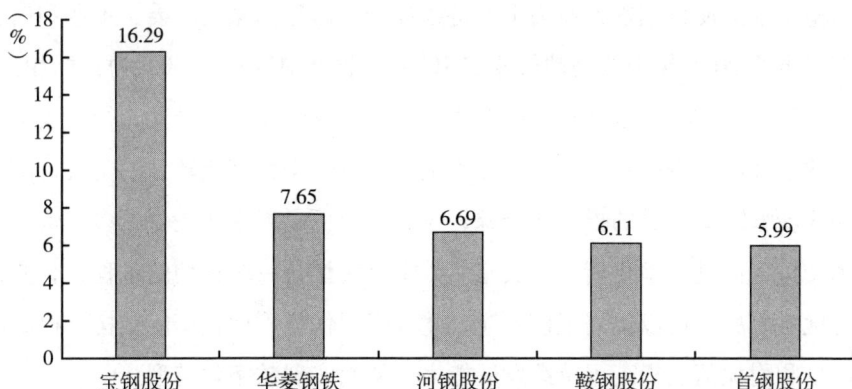

图 9   截至 2021 年末全国排前 5 名的钢铁企业市场份额

数据来源：前瞻产业研究院。

中国宝武通过持续推进联合重组整合钢铁行业产能，"高质量钢铁生态圈"日益扩大，规模优势不断巩固，影响力与市占率不断提升。① 中国宝武于 2021 年 2 月托管昆明钢铁控股有限公司，4 月与重庆钢铁（集团）有限责任公司签署专业化整合委托管理协议并进入实质性操作阶段，7 月正式宣布与山东省国资委筹划对山钢集团的战略重组事项。2022 年 4 月，中国宝武与江西省国有资本运营控股集团有限公司签署了一份协议，根据该协议，江西省国有资本运营控股集团有限公司将无偿划转其所持有的新余钢铁集团有限公司 51% 的股权给中国宝武。12 月中国宝武与中国中钢集团有限公司实施重组，将中钢集团有限公司整体划入宝武集团。

2021 年 10 月，鞍钢集团成功重组本钢集团，为响应国家号召并提升企业实力，鞍钢集团计划于 2022 年 6 月重组凌源钢铁集团有限责任公司。同时，国内最大的民营钢铁企业江苏沙钢集团有限公司，计划收购南京南钢钢铁联合有限公司 60% 的股权。若此次收购成功，沙钢集团的粗钢产量将实现飞跃式增长，产量排名将升至第 3 名，仅次于中国宝武和鞍钢集团。

整体来看，2021 年以来，以两大央企集团为核心的一系列兼并重组事

---

① 中诚信国际：《中国钢铁行业展望》，2023 年 2 月。

项的稳步推进使得钢铁行业集中度持续提升，但与国家发改委、工业和信息化部提出的 2025 年中国钢铁行业前 10 家企业集中度达到 60% 的目标相比，仍存在较大的差距。未来随着有关兼并重组政策的完善及推动，行业集中度提升的进程或将进一步加快。兼并重组为企业带来数字化转型的契机，由于数字化转型需要大量的投入和资源，兼并重组可以为企业提供更多的资金和技术支持，促进数字化转型的实施。数字化转型是一个长期的过程，企业在整合优势之后，可以提高规模效应、整合资源优势、优化产能结构、提高产品质量和附加值、提高可持续发展能力，从而实现数字化转型。

3. 产业发展动能的转换

随着科技的不断进步和发展，新一代信息技术如云计算、大数据、物联网、人工智能等正在逐步渗透到钢铁产业的各个环节，新一代信息技术是促进钢铁产业发展动能转换的关键因素之一，将为钢铁产业提升韧性和灵活性提供强有力的支撑。

工业和信息化部的统计数据显示，到 2021 年底，全国工业企业的关键工序数控化率和数字化研发设计工具普及率分别达到了 51.3% 和 74.7%。[1]这两项指标较 2012 年分别提高了 30.7 个百分点和 25.9 个百分点。为了进一步推动两化融合发展，工业和信息化部于 2021 年 11 月发布了《"十四五"信息化和工业化深度融合发展规划》。该规划明确提出，到 2025 年，制造业数字化转型步伐将明显加快，全国两化融合发展指数将达到 105。此外，该规划还要求企业经营管理数字化普及率达到 80%，企业形态加速向扁平化、平台化、生态化转变。数字化研发设计工具普及率也将达到 85%，平台化设计将得到规模化推广，关键工序数控化率也将提高至 68%。

近年来，中国钢铁企业以推进"两化融合"为切入点，持续推进数字化转型活动。根据中国社会科学网的数据，2018 年中国钢铁工业的两化融合指数为 51.2，其中超过 50% 的企业应用了电子商务，关键工序数控化率

---

① 沈新竹：《从"制造"到"智造"——中国制造业十年数智化之路》，《通信世界》2022 年第 16 期。

达到 68.7%。到 2020 年，该行业的两化融合指数提升至 54.3，关键工序数控化率达到 64.6%，生产设备数字化率达到 46.9%。截至 2021 年，中国钢铁工业的两化融合指数进一步提高至 59.9，关键工序数控化率达到 70.1%，生产设备数字化率也有所提升，达到 51.3%。与 2015 年相比，2021 年中国钢铁工业两化融合指数提高了 8.7，数字化技术的应用程度明显提升，已初步扭转了钢铁工业过去"傻大黑粗"的行业形象。[①]

中国钢铁行业是自动化程度相对较高的制造行业之一，广泛应用电子与信息技术优化各个流程。大中型钢铁企业几乎已具备"工业 3.0"水平，但总体上仍存在机械化、电气化、自动化、信息化并存的情况，未来向"工业 4.0"阶段迈进的核心是智能制造。当前，新一代信息技术向钢铁的生产、销售、售后等领域渗透，随着数字化技术的渗透，钢铁企业从基础自动化向市场感知敏捷化发展（见图 10），为了应对市场需求，钢铁企业不断开辟新的产业和领域，去产能、调整结构、促进转型，走低碳绿色发展的道路。

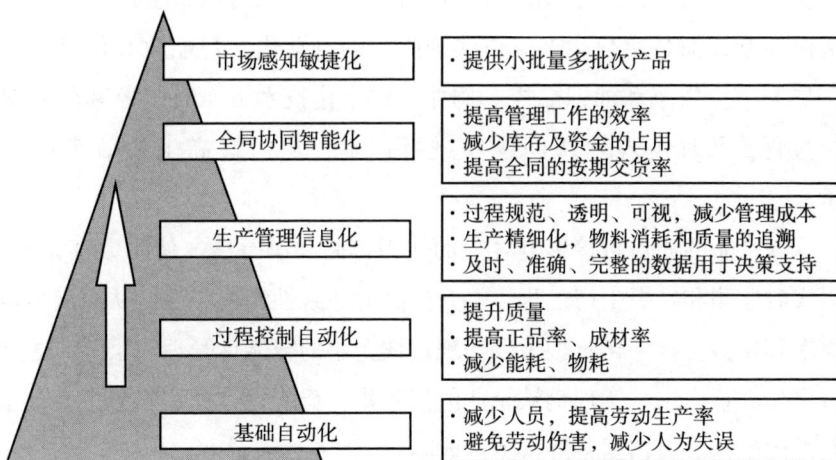

图 10　钢铁行业从制造向"智造"转型

---

① 周维富：《中国钢铁企业数字化转型——问题与对策》，中国社会科学网，2023 年 2 月 1 日，https://cssn.cn/jjx/jjx_jjxp/202302/t20230201_5585518.shtml。

总之，数字化技术创新为钢铁产业的数字化转型提供了强有力的支撑和推动力，可以帮助钢铁企业实现生产流程的数字化控制和监测，助力企业探索可持续发展之道。

（三）微观因素

颠覆性创新持续快速增长，钢铁企业在"十四五"时期将进行结构性改革，实现全新的商业模式、技术或服务，从根本上改变传统产业的运作方式和市场格局，把握时代机遇，加速变革转型。

1.实现新目标，抓住数字化机遇，塑造核心竞争力

钢铁工业是复杂的流程工业，全流程各工序具有多变量、强耦合、非线性和大滞后等特点，缺乏实时信息传递。通过数字化转型，企业可以打通设备和数据通路，汇集多方数据和信息，提高产线稳定性和运行效率。钢铁企业的生产过程包含多个环节，如原材料采购、生产调度、生产监测、质量检测等。数字化技术可以实现生产数据的实时监测和分析，为企业提供精准的生产决策依据，改善经营效益。传统的钢铁生产需要投入海量资源要素，而数字化生产可以实现生产的自动化、智能化和信息化，有助于提升运行效率和加强品控。例如，数字化技术可实时监控和分析钢铁生产过程，及时发现生产问题并进行调整，从而提高生产效率和产品质量。

钢铁产品的质量直接影响客户的使用体验和满意度。使用数字化技术，可以实时监测和掌握生产过程，提升产品的一致性和稳定性，从而满足客户的需求和期望。数字化转型可以实现钢铁企业的智能化管理和服务。通过落地数字化场景应用，实现钢铁企业的信息化、智能化管理和服务，为企业提供精准的生产决策依据，降低生产成本。

钢铁企业能够通过数字技术提升供应链的信息化和智能化水平，提高管理效率和准确性。例如，通过对供应链中的数据进行采集、存储、处理和分析，管理者可以更加深入地了解供应链的运行情况，实时掌握供应链中的各种信息，如物流运输、库存、销售等，从而及时发现供应

链中的瓶颈和问题，发现潜在的风险和机会，并制定更加精准的决策。

未来，随着技术的不断发展和创新，数字化转型将成为钢铁企业不断提升核心竞争力的关键路径之一，只有不断推进数字化转型，钢铁企业才能在激烈的市场竞争中保持竞争力和稳定发展。

2. 发现新机遇，适应消费新方向，实现高价值发展

随着市场需求的不断演变以及消费者对产品品质、性能、外观等方面的要求越发苛刻，传统的钢铁产品已经难以满足市场需求。随着科技的不断进步和创新，新型材料的研发和推广也越来越受到关注。因此，钢铁企业需要适应这些消费新方向，不断创新和提高，以满足消费者的需求，实现可持续发展，保持长期竞争优势。

随着全球气候变化的日益严峻、能源资源的紧缺，消费者对环境保护和可持续发展的意识不断增强，他们更倾向于购买那些具有环保认证和标志的产品，同时对钢铁企业的环保责任和社会责任有更高的要求。因此，钢铁企业需要不断提高生产技术，提高能源使用效率，实现能效创新。

消费者对高品质生活的需求也在不断增加，为满足消费者对美观、舒适、安全、耐久等方面的需求，钢铁企业需要生产更高品质的钢铁产品。汽车、家电、建筑等领域的钢铁产品需要具有高强度、耐腐蚀、防火、隔音、保温等性能，这些性能的提升需要钢铁企业不断创新和改进生产工艺和技术。数字化能够使钢铁企业实现对设备的自动化监测和控制，实时采集生产数据并进行分析，提高生产效率和质量；通过大数据技术，钢铁企业可以对原料和产品进行全面的数据分析和管理，在满足消费者高质量需求的同时，优化生产流程和降低生产成本。

随着互联网和智能科技的发展，消费者对个性化和定制化产品的需求越来越大。通过数字化转型，钢铁企业可以实现生产效率和质量的提高，创新产品和服务，提高客户体验。例如基于云计算和人工智能技术的钢铁定制服务，利用数据沉淀和分析能够帮助钢铁企业深入了解市场需求和消费者行为，满足消费者对个性化产品的需求。

消费者更乐于接受数字化服务和智能化产品。随着消费者对数字化服务和智能化产品的需求不断增加，制造业服务化成为一种新的发展模式。钢铁企业需要转变思维，从单纯提供产品向提供一揽子解决方案转变。这需要企业在产品设计和生产过程中，考虑到消费者的实际需求和使用场景，并提供相应的数字化服务和智能化产品。此外，钢铁企业还需要通过早期介入用户超前需求、后期跟踪改进等模式，不断优化产品和服务，提高客户满意度和忠诚度，从而增强企业的市场竞争力。

3. 连接生态企业，打造数字新生态

钢铁企业作为产业链中的重要环节，其发展状况与整个产业链的生态系统息息相关，连接生态企业、构建协同共享平台、打造新的数字生态已经成为钢铁企业实现可持续发展的必要手段和重要路径。数字化转型可以帮助钢铁企业构建数字生态系统，实现生态企业之间的协同共享，让相关方共同受益，实现共赢。

首先，连接生态企业可以促进产业链上下游协同发展，提高资源利用效率。钢铁企业位于产业链上游，其产品直接影响下游需求行业的生产和发展。通过连接生态企业，钢铁企业可以更好地了解下游行业的需求和发展趋势，为下游企业提供更加精准的服务和产品。同时，钢铁企业还可以通过与上游企业的合作，实现资源共享、技术互补、协同创新，提高产业链的整体效益和竞争力。

其次，构建协同共享平台可以提高企业的合作效率，降低合作成本。钢铁企业与生态企业之间的合作需要大量的沟通、协商和资源投入，但是由于信息不对称、合作模式不规范等因素，合作成本往往较高。通过构建协同共享平台，钢铁企业可以实现信息共享、流程协同、资源整合，提高合作效率，降低合作成本，从而为企业的可持续发展提供更加坚实的基础。

连接生态企业、构建协同共享平台、打造新的数字生态已经成为钢铁企业实现可持续发展的必要手段和重要路径。钢铁企业应该积极推进数字化转型，与生态企业实现紧密连接，共同构建数字化生态系统。

二　新形势下钢铁企业数字化转型的现状

随着钢铁企业数字化转型的加速，越来越多的企业将生产设备数字化水平提升至更高水平，并逐步实现"云端化"。"十四五"时期是中国钢铁工业实现高质量发展的关键期，但从目前来看，钢铁企业数字化转型仍存在战略不清晰、集成应用难实现、数据标准不统一等问题。随着信息技术和管理变革的融合，部分龙头钢铁企业数字化转型实现了有效变革，包括实现柔性生产、提高管理效率、促进绿色可持续发展等。

（一）钢铁企业数字化转型的投入与成效

1. 钢铁企业数字化转型投资力度加大，成效显著

钢铁产业是一个传统制造产业，其生产过程控制难度极高、工况非常复杂。数字化布局可帮助钢铁企业提高制造流程、维护控制和工程领域的核心竞争力，从而实现收入的突破和10%~15%的成本节省，进而建立更高的市场壁垒。① 近年来，政策导向不断地强调钢铁行业实现高质量发展的重要性，行业已经初步实现了减量提质的基本目标。随着科技水平的不断提升，数字化转型已成为钢铁行业实现生产工艺、质量和绿色化水平提升的刚性趋势。

面对日益复杂的挑战，中国企业对数字化转型的投资意愿持续上升。根据埃森哲发布的《2022中国企业数字化转型指数》，近60%的企业表示未来1~2年将加大数字化投资力度，其中计划大幅增加（15%以上）的企业占比为33%，较上年同期增加了11个百分点。近年来中国钢铁工业加大了信息化、数字化、网络化、智能化方面的资金、技术、人才投入力度，据中经产业信息研究网统计，2021年钢铁企业大力推进智能制造建设，有超百亿

---

① 观研报告网：《中国钢铁行业竞争现状调研与投资战略分析报告（2022—2029年）》，2022年7月。

元投资用于推进数字化转型，显著提高了生产的智能化水平。[1]

根据华为发布的《5G智慧钢铁白皮书》，自"十三五"以来，中国主要钢铁企业在数字化转型方面取得了显著进展，这些企业的装备已经达到了国际先进水平，智能制造在钢铁生产、企业管理、物流配送和产品销售等方面得到了广泛应用。当前，关键制造工艺流程的数控化率已经超过了65%，企业资源计划（ERP）装备率也已经超过了70%，数字化程度实现了跨越式提升。据中国钢铁工业协会的调查，目前国内约80%的钢铁企业正在推进钢铁生产流程由响应制造向预测制造转变、由事后处置向事前预防预判转变、由自动化向智能化转变。钢铁行业的两化融合基础已经基本建立，数字化转型初见成效，为下一步行业智能化质的飞跃孕育了新动能。

2. 智能工厂成为钢铁企业数字化转型重点路径

根据麦肯锡的调研结果，如图11所示，超过57%的企业将新建数字化或智能工厂作为数字化转型的重点路径，超过45%的企业已经投资超过1亿元用于智能工厂的建设。这表明，智能工厂已然成为中国制造业数字化转型的重点，为了打造标杆智慧工厂，越来越多的企业正在从单一技术应用向多种技术融合转变，扩大技术在组织内部的应用范围。普华永道也认为最成功的数字化转型企业正在实施一套数字工厂战略来提升企业应对风险的韧性。[2]

现今，传统的作业区和工厂已经被重新定义，领先型钢铁企业已经开始建立"黑灯工厂"，实现24小时无须多人值守的生产。此外，鞍钢、太钢、华菱、湘钢、南钢等多家钢铁企业在智能车间、无人工厂等领域也取得了显著的成果。华菱携手湖南移动、华为，利用5G技术，实现了天车无人驾驶、天车远程控制、机械臂远程控制等多种智能工厂场景的应用，大大提高了生产效率和质量。

"灯塔工厂"作为数字化转型的领跑者，代表当今全球制造业领域智能

① 中经产业信息研究网：《中国钢铁行业发展趋势及竞争策略研究报告》，2022。
② 普华永道：《2022年数字化转型工厂调研报告》，2022。

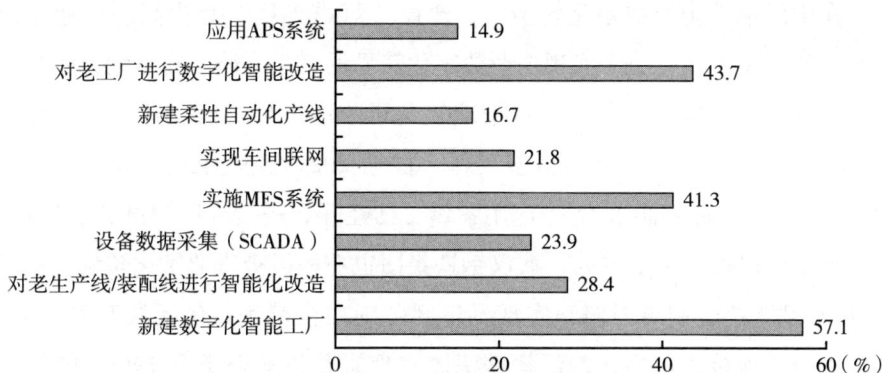

应用APS系统　14.9
对老工厂进行数字化智能改造　43.7
新建柔性自动化产线　16.7
实现车间联网　21.8
实施MES系统　41.3
设备数据采集（SCADA）　23.9
对老生产线/装配线进行智能化改造　28.4
新建数字化智能工厂　57.1

图11　2021年企业数字化/智能化转型建设重点

数据来源：《灯塔工厂引领制造业数字化转型白皮书》。

制造和数字化最高水平。① 在钢铁行业这个被称为"制造裁缝"的领域，产品和工序的复杂性极高，建造出一个"灯塔工厂"更是异常艰难。如图12所示，目前中国仅有宝钢股份宝山基地于2020年入选世界经济论坛评出的全球"灯塔工厂"，在国内钢铁行业拔得头筹。

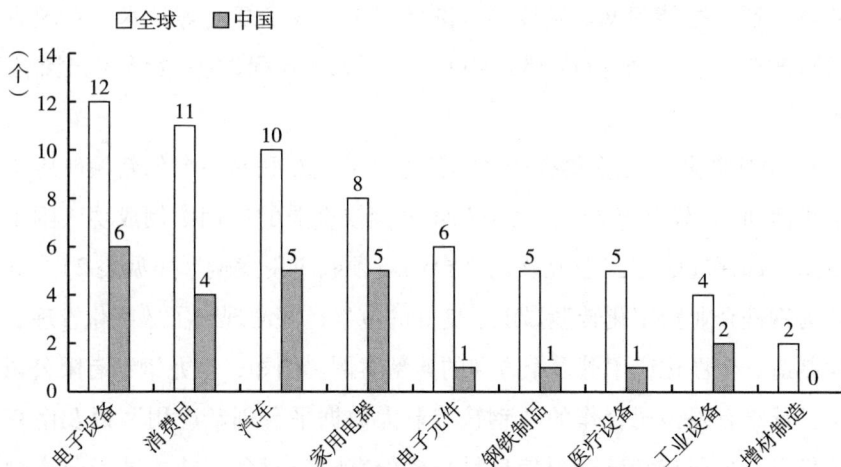

□全球　■中国

电子设备：12，6
消费品：11，4
汽车：10，5
家用电器：8，5
电子元件：6，1
钢铁制品：5，1
医疗设备：5，1
工业设备：4，2
增材制造：2，0

图12　2021年全球、中国"灯塔工厂"行业分布情况

数据来源：世界经济论坛、麦肯锡。

① 世界经济论坛、麦肯锡：《全球灯塔网络：重构运营模式，促进企业发展》，2021年3月。

在中国钢铁企业数字化转型中，建设"灯塔工厂"是提高制造业智能化水平的重要手段，也是实现企业数字化转型的必由之路。在首钢集团和股份公司的大力支持和指导下，首钢冷轧公司瞄准世界一流企业，积极开展"灯塔工厂"建设和数字化转型工作。截至2022年9月，首钢冷轧公司"灯塔工厂"一期共涵盖55个应用案例，已经开始进行程序测试和试运行，并取得了阶段性成果。同时，武汉钢铁集团也在积极推进数字化转型，利用5G技术赋能智能制造升级，实现了厂区范围内全覆盖式的无线互联互通。建成5G+全连接工厂后，武汉钢铁集团实现了整体效益提升19%，能耗降低10%，人力成本减少23%。武汉钢铁集团将根据2021~2027年的工业智慧制造整体规划，加快推进"灯塔工厂"建设，以实现更高效、智能、绿色的生产模式。

3. 钢铁企业数字化应用场景更加广阔

工业互联网为钢铁行业注入了新的能量，助力其实现平台化设计、智能化制造、个性化定制、服务化延伸、数字化管理以及网络化协同等六大应用模式，已经覆盖了29个典型应用场景。例如，钢铁企业开展计控中心建设，通过智能感知、物联网、图像识别、人工智能等技术，对现有产线进行改造，优化企业内部组织形式、管理流程、决策形式、岗位职责等。

自2021年起，工业和信息化部启动"工业互联网平台创新领航应用案例征集活动"。截至2022年，共有24家钢铁企业的应用案例成功入围工业和信息化部评选的"工业互联网平台创新领航应用案例"（见表2）。这些案例为钢铁企业数字化转型提供了良好的范本，并涌现出了数字化管理、智能化制造、个性化应用等多个方向的典型案例。例如，德龙钢铁有限公司与阿里云计算有限公司合作的"钢铁工业大数据平台创新应用"以及南京钢铁股份有限公司与江苏金恒信息科技股份有限公司合作的"基于云边融合与数字孪生的钢铁企业一体化智慧运营创新应用"等。这些案例为钢铁企业如何走向智能制造提供了有益的参考。

钢铁工业企业在数字化转型过程中面临的关键问题是如何实现产业升

级，并且在数字化管理和智能化制造方向上取得突破。然而，相比于数字化管理和智能化制造方向的案例，钢铁企业在个性化定制方向上的数字化案例较少。南京钢铁股份有限公司与江苏金恒信息科技股份有限公司合作的"钢铁基于 JIT+C2M 新模式的创新应用"项目是少数的个性化定制案例之一。此外，虽然钢铁企业与数字化服务商合作可以帮助钢铁企业快速实现数字化转型，但自主研发技术也是非常重要的。通过自主研发，钢铁企业可以深入了解自身业务流程和数据，从而更好地实现数字化转型，提高生产效率和质量。

表2　2021~2022 年钢铁企业工业互联网平台创新领航应用案例

年份	申报方向	案例名称	应用企业	服务商企业
2022	数字化管理	新天钢冷轧薄板智慧园区创新应用	天津市新天钢冷轧薄板有限公司	树根互联股份有限公司
		基于工业互联网的智慧物流平台创新领航应用	攀钢集团西昌钢钒有限公司	成都蓉通微链科技有限公司
		基于工业互联网的钢铁生产制造数字化管理创新应用	广西柳州钢铁集团有限公司	广西柳钢东信科技有限公司
		基于工业互联网的钢铁企业数字管控平台创新应用	凌源钢铁股份有限公司	恒创数字科技（江苏）有限公司
		基于大数据的钢铁行业销研产供财互联网平台创新应用	江苏永钢集团有限公司	北京京诚鼎宇管理系统有限公司
2021		基于工业互联网的环保管控治一体化平台创新应用	河钢股份有限公司邯郸分公司	河钢数字信达（邯郸）科技有限公司
		积微物联 CIII 工业互联网平台创新应用	攀钢集团有限公司	成都积微物联集团股份有限公司
		钢结构建筑 BIM 集成制造管理平台创新应用	山西潇河建筑产业有限公司	同济大学
		钢铁工业大数据平台创新应用	德龙钢铁有限公司	阿里云计算有限公司

续表

年份	申报方向	案例名称	应用企业	服务商企业
2022	智能化制造	基于5G+工业互联网技术的金属板材加工行业数字化转型创新应用	江苏方正钢铁集团有限公司	江苏亚威机床股份有限公司
		基于云边融合与数字孪生的钢铁企业一体化智慧运营创新应用	南京钢铁股份有限公司	江苏金恒信息科技股份有限公司
		基于工业互联网的智慧矿山露天开采智能生产平台创新应用	鞍钢集团矿业有限公司齐大山分公司	沈阳中科奥维科技股份有限公司
		基于浪潮云洲工业互联网平台的智能炼钢创新应用	山东九羊集团有限公司	浪潮工业互联网股份有限公司
		中冶赛迪炼钢智能制造一体化管控平台创新应用	山东钢铁集团永锋临港有限公司	中冶赛迪信息技术（重庆）有限公司
		基于5G+工业互联网的钢结构桥梁全流程智能工厂创新应用	甘肃博睿交通重型装备制造有限公司	华工科技产业股份有限公司
		基于工业互联网的智能铁水运输创新应用	宝山钢铁股份有限公司	上海宝信软件股份有限公司
		白云鄂博铁矿智能矿山创新应用	包头钢铁（集团）有限责任公司	中国移动通信集团内蒙古有限公司
2021		宝钢股份炼铁部智慧高炉运行平台创新应用	宝山钢铁股份有限公司	上海宝信软件股份有限公司
		石横特钢焦化智能配煤系统创新应用	石横特钢集团有限公司	山东征途信息科技股份有限公司
		基于工业互联网平台 xIn^3 Plat 的冷轧"ALL IN ONE"智控创新应用	马鞍山钢铁股份有限公司	上海宝信软件股份有限公司
		基于工业互联网的首钢京唐热轧智慧管控平台创新应用	首钢京唐钢铁联合有限责任公司	北京首钢自动化信息技术有限公司
		基于工业互联网的炼铁智能工厂创新应用	大冶特殊钢有限公司	北京智冶互联科技有限公司
		基于工业互联网的智慧工厂数据平台创新应用	山东鲁丽钢铁有限公司	山东有人物联网股份有限公司
2021	个性化定制	钢铁基于JIT+C2M新模式的创新应用	南京钢铁股份有限公司	江苏金恒信息科技股份有限公司

资料来源：工业和信息化部。

（二）钢铁企业数字化转型的问题与障碍

随着产业数字化的不断深入发展，传统钢铁企业的劣势愈加明显。这些企业普遍存在数字化建设战略不清晰、投资成本过高、集成应用难以实现、数据标准不统一、人才组织不完善等痛点问题，这将导致数字化转型的应用难以全面覆盖和优化。

1. 转型战略不清晰

数字化转型的战略不清晰，主要指企业在数字化转型过程中，缺乏明确的目标和规划，在产品数字化、流水线数字化生产、产品需求差异化应对、产业链一体化建设等方面认识程度不高，无法确定数字化转型的具体方向和策略，导致企业数字化转型效果欠佳，甚至失败。

钢铁企业长期以来都是以生产为主导的企业，传统观念的束缚使得企业难以接受数字化转型带来的变革，缺乏变革的动力和决心。一些钢铁企业在数字化转型过程中没有明确的目标和规划，缺乏深入的思考和分析，只是盲目地跟随市场趋势，进行数字化投资和建设，结果导致数字化转型效果不佳。数字化转型是一个不断调整和改进的持续过程，需要持续的资金投入。许多传统企业错误地认为，数字化转型只需要购买软件即可，但实际上，软件的正常运行需要硬件环境的支持，数据需要通过网络传输，系统需要团队进行维护。由于技术不断进步、需求不断更新，数字化投入也必须跟随变化不断调整。不可忽视的是，数字化转型还需要企业内部文化的转型，包括员工的思维方式、工作习惯等方面。这需要企业领导层的支持和文化建设，但这个过程需要长跑的耐心和长期投入的信心。

2. 投资成本超负荷

数字化转型对于传统的钢铁企业来说是一项巨大的挑战，需要投入大量的时间和资金成本用于数字化系统建设和设备升级。首先，数字化转型需要企业投入大量的时间和精力，这种时间成本取决于企业的规模和转型的深度，通常情况下，数字化转型需要花费数月至数年的时间。在此期间，企业需要重新设计和实施业务流程、招投标、采购和部署，以及高端人才的招聘、培训等。除此之外，企业还需要进行软件投资，数字化转型需要使用各种软件，包括管理软件、数据分析软件、人工智能软件等，这需要购买授权、更新等投入。软件的应用离不开硬件的支撑，包括计算机、服务器、存储设备等设备，并且需要考虑设备的维护、更新等成本。要实现数字化转型，企业还需要具备高速、稳定、安全的网络系统设备，如服务器、路由器和交换机，并且需要考虑数据备份和恢复等成本（见图13）。

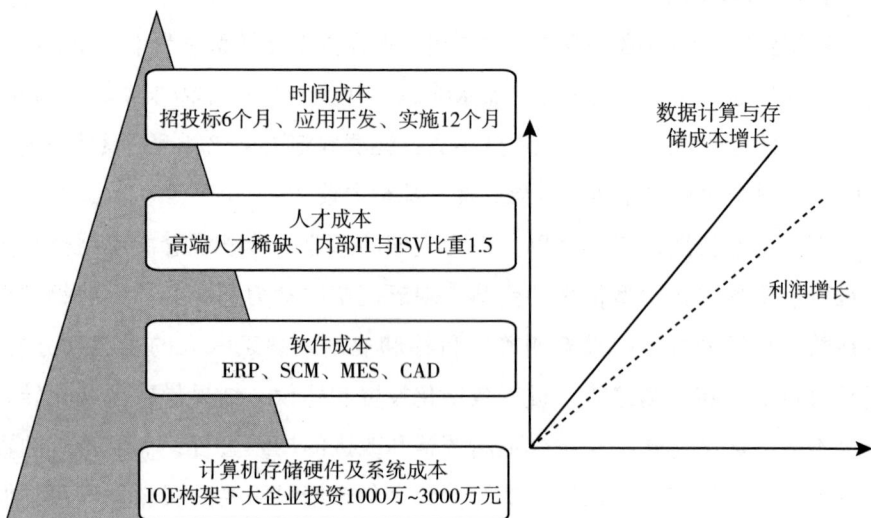

图 13　企业数字化投入成本的调整

资料来源：根据东方财富网公开资料整理绘制。

3. 集成应用难实现

钢铁行业是资产密集型的生产制造业，已经开展了大量的信息化投入和早期投资。因此，前期多年的信息化建设导致企业出现了"N 个体系、N 个标准"的问题，运营系统杂乱、业务系统组织臃肿、存在技术壁垒、数据孤岛化严重，大规模 IT 系统达到数十套甚至上百套，系统之间的数据无法互通，流程不协调，管理方式不统一。因此，在实现数字化转型之前，必须实现 IT（信息技术）与 OT（操作技术）之间的融合，将"从 N 到 1"作为数字化转型的根本前提。

钢铁企业的管理和控制系统存在分离状态是集成应用难实现的重要原因。这种分离状态导致操作流程缺乏数字化实现，数据记录和存储不足，也造成很多生产信息无法及时传递给管理者。例如，钢铁产品生产和业务之间的协调不足，生产计划和销售计划之间存在矛盾，从而导致生产过剩或者销售不足的情况。此外，钢铁企业还面临原材料供应、环保要求、市场需求等多方面的挑战，这些问题需要管理者和业务人员密切协作，共同解决，但是分离的管理和控制系统使得部门之间缺乏协调和合作，各个部门各自为政，企业很难形成整体合力。

4. 数据标准缺乏统一

在钢铁企业中，不同的生产设备可能会有不同的技术参数，不同的部门可能会作为不同的数据源，不同的供应商也可能会有不同的质量标准。因此，在钢铁企业的生产过程中，存在很多非结构化的数据孤岛，这导致数字化技术的应用难以实现全面的覆盖和优化，也难以将数字化技术融入企业的核心业务。

钢铁生产中涉及的技术和设备种类繁多，不同的技术标准和设备接口会导致数字化转型过程中的技术融合难度较大。各个部门的数据来源和处理方式不同，导致技术指标不一致的问题非常普遍。例如，在企业内部，生产部门可能更关注产能利用率、能耗指标和质量指标，而销售部门可能更关注销售额、市场占有率和客户满意度。由于各部门所关注的技术指标不同，企业在数字化转型中难以进行全面的数据分析和决策，这也给企业的数字化转型带来了挑战。

数据标准不一导致不同部门之间的数据共享不足，各个部门的数据无法互相补充和协同。比如生产部门的数据可能无法与销售部门的数据进行共享，导致企业无法全面了解市场需求和生产能力之间的匹配情况。钢铁企业的生产过程涉及大量的数据，但由于信息系统建设和管理水平的不同，不同环节的数据来源可能存在质量参差不齐的情况，数据的可靠性和准确性不高，尤其是在信息化程度较低的企业中，数据来源更加不确定。此外，在钢铁企业的生产过程中，数据采集和管理的疏漏，有可能导致数据缺失、重复和错误,这将对数字化转型的实施造成很大的障碍。

5.人才组织不完善

传统钢铁企业的组织架构和文化较为僵化,很难吸引和留住数字化人才。因此,一些钢铁企业面临组织架构和人才支持方面的缺陷,无法拥有足够的数字化人才支撑企业的变革和完善,也无法有效地组织和管理数字化实施过程。

钢铁企业的数字化转型需要技术和管理人才的支持。据人力资源和社会保障部的数据分析预测,到2025年,预计智能制造领域将需要900万人才,但预计人才缺口将达到450万人。[①] 然而,钢铁企业由于传统业务模式和管理模式,大多缺乏具备计算机、网络、数据分析等方面的专业知识的人才,多数员工甚至连数字化转型的基本概念都不清楚。因此,具备计算机、网络、数据分析等方面的专业知识,能够熟练运用各种数字化工具和技术的人才将变得非常宝贵。

数字化转型需要技术和管理人才的支持,传统钢铁企业的人才培养模式和人才选拔机制,导致企业内部缺乏这方面的人才。新型业务人才不仅需要具备钢铁行业相关知识,而且需要将数字化技术与实际业务结合起来,以实现业务流程的数字化、数据的收集和分析、生产过程的优化等目标。

数字化转型需要管理人才的支持,传统钢铁企业的管理模式与数字化模式下的管理模式大相径庭,传统钢铁企业通常采用集中管理模式,以控制和监督为主要目的,管理层通常靠经验和直觉来做出决策。而数字化转型后的钢铁企业则更加注重数据驱动的管理模式,以数据为决策依据,他们需要了解数字化转型的战略和目标,能够制定数字化转型的计划和方案,推动企业内部的数字化转型。

(三)重点钢铁企业数字化转型的探索

1.宝武智慧制造从"四个一律"迈向"三跨融合"

宝武集团是中国最大、最现代化的钢铁联合企业,2016年由宝钢集团

---

① 中国电子标准化研究院:《智能制造发展指数报告(2020)》,2021年1月。

和武钢集团重组而成，主要业务涵盖了钢铁生产、加工、销售等多个领域，同时在资源、贸易、工程建设等领域拥有广泛的业务布局。宝武集团一直在积极推进数字化转型，并取得了显著的成果。这些成果不仅为宝武集团自身的发展提供了有力的支撑，也为其他钢铁企业提供了先行者经验。

（1）宝武智慧制造1.0："四个一律"

2015年，宝武集团发布了智慧制造的发展规划，并启动了1580热轧产线项目，该项目被工业和信息化部评选为试点示范项目。2017年，宝武集团在冷轧领域开始了智能制造的试点。为了实现更高效、更安全的钢铁生产，宝武集团确立了"四个一律"的目标，即生产操作室一律集中，设备运维检测一律远程，危险、重复、简单的操作岗位一律用机器人取代人工，服务环节一律上线。宝武集团引入人工智能技术取代部分人工操作，实现了设备运维检测的远程化，危险、重复、简单操作岗位的机器人化以及服务环节的线上化。这一举措不仅使钢铁生产更高效、更安全，还促进了公司的流程再造和管理变革。

（2）宝武智慧制造2.0："三跨融合"

通过不断探索和实践，宝武集团智慧制造已经从1.0版升级为以"三跨融合"为主要特征的2.0版。2020年，宝武集团大数据中心正式启用，同时，宝武上海基地工厂下属的五个智慧制造项目被评为"灯塔工厂"最佳实践案例。这五个项目覆盖了智慧计划、智慧生产、智慧设备管理、智慧质量管理和智慧物流五大模块。这标志着宝武集团智慧制造正式进入2.0时代，并为公司的流程再造和管理变革注入了新的动力。

宝武集团将"大力推进智慧制造2.0，实现'三跨融合'"作为"十四五"期间的重点工作，进入全面提升阶段。所谓"三跨融合"，是指在集团公司数字化规划确定的架构和平台下，构建"跨产业"的互通融合，将宝武集团所有产业集成起来，发挥产业链的优势；推进"跨空间"互通融合系统，实现"一总部多基地"的专业化管理和区域化管理的协同，提高管理效率；通过整合"操检维调"，实现"跨界面"的互通融合，提高现场效率。这些措施将有助于推动宝武集团数字化转型，提升企业的竞争力和创新力。

2021 年宝武集团管理部牵头与宝信软件合作完成的《钢铁产品跨工序质量一贯管理技术研究与信息系统构建》项目，荣获 2021 年度中国质量协会质量技术奖一等奖，这是宝钢股份工序质量一贯管理和信息化建设获得的首个国家奖项。该项目成功建立信息化系统，将孤岛式的过程参数数据构建为统一的质量数据平台，实现质量管理制度流程化、信息系统化、过程管理 CP 化，贯通炼钢、热轧、冷轧产品全流程质量信息，以产品质量为重点，建立质量地图，实现信息全流程共享使用，并利用现代统计方法及相关算法，对制造全过程进行分析、监控、诊断和质量改进等方面的技术优化推荐。

2. 鞍钢遵循"12345"建设思路，构建财务共享服务体系

2010 年 5 月，鞍山钢铁集团公司和攀钢集团有限公司联合重组，共同组建了鞍钢集团。鞍钢集团是我国最早建成的钢铁生产企业之一，为我国的经济社会发展做出了卓越贡献，目前已经发展成为我国钢铁事业发展的重要引领者，正朝着世界一流钢铁企业不断迈进。

近年来，鞍钢集团致力于推进数字化转型，以"产业数字化、数字产业化、数据价值化"为主线，充分发挥海量数据和丰富应用场景的优势，打造数字生态，建设"数字鞍钢"。鞍钢集团正进入高质量发展时期，为优化财务运行效率、提升财务价值创造能力，企业以财务管理为抓手，以财务数智化为手段，构建一体化的财务体系，为企业实现跨越式发展提供坚实基础。

鞍钢遵循"12345"建设思路，即依托一个平台、组建两级中心、开发三大功能、完成四个统一、实现五个提升，建立可复制、集约化、一体化的财务共享服务体系。通过打造多业态、多地域经营的财务共享服务平台，为实现高质量发展提供有力支撑（见图 14）。

"1"个平台即鞍钢集团财务共享平台，该平台通过数字技术，实现了鞍钢集团内外部大量、完整、多类型、异构的数据加工与管理，并形成了财务数据资产。通过数据可视化展示，平台充分发挥了管理会计的决策功能，提高了财务数据使用价值。这个平台是鞍钢集团财务共享服务体系的核心，

"1" 个平台　　　　　　　　　　鞍钢集团财务共享平台

"2" 级中心　　鞍山区域财务共享中心　　＋　　攀枝花区域财务共享中心

"3" 大功能　　　　统一核算　　　　财务共享平台　　　　　中央财务仓

"4" 个统一　　　　　　　　统一规则　　　　　　统一标准

　　　　　　　　　　　　　统一数据　　　　　　统一归档

"5" 个提升　　　提升引领作用　提升决策能力　提升内控水平　提升管控力度　提升拓展能力

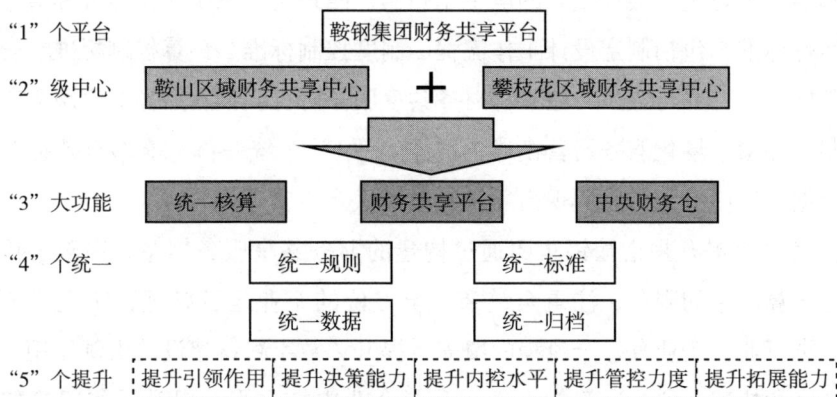

图 14　鞍钢集团财务共享平台

资料来源：根据东方财富网公开资料整理绘制。

为实现高质量发展提供有力支撑。

　　"2" 级中心指的是建立两级财务共享服务中心，以满足多地域经营的需求。这两级中心采用统一平台和统一管理，分级组织和分级服务。一级是集团层财务共享中心，负责集团层面的财务共享服务；二级则是区域层财务共享中心，包括攀枝花财务共享中心和鞍山区域财务共享中心。这种架构有助于提高财务数据的使用价值，为实现高质量发展提供有力支撑。

　　"3" 大功能分别是统一核算系统、财务共享平台和中央账务仓。这三大功能都基于同一个数据平台、应用服务器、主数据管理标准以及财务作业和审批流程，从而确保集团公司的战略、管理思想和管理制度能够得到有效贯彻和落实。这样的体系能够有效提升财务数据的使用价值，为实现高质量发展提供有力支撑。

　　"4" 个统一——是统一多异构核算系统集成规则，实现财务共享平台与多套异构核算系统、业务管理系统的深度集成；二是统一财务主数据，包括实现集团所属业务单元、部门、人员、供应商、客户、银行档案、账户档案等数据的实时共享，并形成集团级共享报账业务标准分类体系，实现统一数据标准；三是统一会计档案的电子化归档；四是统一系统建设标准和共享服务运行标准，包括制定设计工作流程、制度控制标准、预算控制标准、合同控制标准等，并与成员单位签订财务共享服务协议，创新财务共享服务工作机制，探索市场化服务运营模式。这样的"4"个统一体系能够有效提升财务数据的使用价值，为实现高质量发展提供有力支撑。

"5"个提升是指鞍钢集团通过构建的财务共享服务体系，突破了传统财务核算服务的限制，注重全链条、全方位的企业运营管理，实现了全组织、全行业、全业务、全流程的覆盖，提升了数字鞍钢建设的引领作用，提升了企业快速、科学决策能力，提升了企业内控水平，提升了集团管控力度，提升了财务共享平台服务边界的拓展能力，拓展了财务共享平台服务的边界，让财务管控发挥更大的效能。

三　新形势下钢铁企业数字化转型的路径

数字化转型是钢铁企业重新审视和调整自身的战略、业务模式和组织结构，以适应数字化时代的新需求和新挑战的过程。钢铁企业需要根据市场需求和技术趋势，重新定位自身的发展方向，通过战略、管理、业务模式、供应链等的数字化转型，为有效提升企业经营管理效率和效益提供强有力的保障。同时推动钢铁企业从信息化向数字化转换，促进数字化资产与实际业务的融合，最终实现传统业态的变革与重构，打造良性的数字化生态。

（一）钢铁企业数字化转型的目标

钢铁企业的数字化转型是集战略、管理、业务、应用于一体的综合性升级工程。从钢铁企业的发展趋势来看，数字化转型已经是目前钢铁企业转型发展的迫切需求，在存量时代中，数字化转型和升级可以帮助钢铁企业更好地应对市场变化，实现可持续发展。

1. 战略转型

钢铁企业完成战略转型是实现业务、管理和供应链数字化转型的前提。

战略转型需要对企业的目标、市场、竞争环境和资源进行全面分析和评估，确定数字化转型的方向和重点。只有完成战略转型，企业才能够有序操作，将数字技术和数据分析应用到业务、管理和供应链的各个环节中，实现智能化、高效化和可持续化的发展。因此，战略转型是数字化转型的核心，也是企业数字化转型成功的关键所在。

在数字化时代，企业的战略定位是数字化转型中不可或缺的一环。首先，要重新审视企业的战略定位。在数字化时代，企业的战略定位需要更加精准，钢铁企业需要重新审视自身的定位，了解市场需求和技术趋势，重新定义自身的核心竞争力和价值主张。为此，企业需要进行全面的市场分析和竞争环境评估，充分考虑客户需求、业务模式、产品特性、商业模式等多个方面的因素，基于这些因素，勾勒出企业数字化蓝图，包括应用数字化的主要场景以及可能实现的状态，并根据数字化蓝图深入实施。

其次，要重新调整企业的结构和流程。数字化时代的企业需要更加敏捷、灵活，以快速响应市场变化和客户需求。因此，企业需要重新设计自己的组织结构和流程，以适应数字化时代的新要求。例如在传统的组织模式下，企业通常以自我为中心，不同产品的营销和服务往往是独立的。但在数字经济时代，以客户为中心的理念被广泛采用。这意味着企业对于相同类型的客户，将使用相同渠道触达，基于统一平台进行管理和产品推介，建一体化的服务网络。这种组织结构的设计有助于快速响应前端用户需求，提高客户体验的一致性。因此，在数字化转型中，企业需要重新审视和调整组织结构，以更好地适应数字经济的发展趋势。

2. 管理转型

管理转型是指通过优化企业的管理模式和流程，使企业更加适应数字化时代的需求和特点。实现管理转型的方式包括建立数字化企业文化、建立数字化人力资源管理系统以及加强数据安全管理。

建立数字化企业文化。数字化时代的钢铁企业文化注重开放性、创新性、协作性、学习性和适应性，不断推动企业的数字化转型和发展。具体来说，应该鼓励员工不断学习和掌握数字技术，积极参与企业数字化转型，提高企业的数字化能力和创新能力。同时，应该鼓励员工之间的协作和团队合作，加强沟通和信息共享，提升其工作水平和效果。此外，应该建立学习型组织，不断提高员工的技能和知识水平，提升其竞争实力。应该注重企业文化的适应性，随时调整和优化企业文化，以适应市场和行业的变化，保持企业的竞争力和发展潜力。

建立数字化人力资源管理系统。数字化时代的到来为企业管理人力资源带来了新机遇。数字化人力资源管理系统可以帮助企业实现人力资源管理的标准化和规范化，企业可以更好地跟踪和评估员工的工作表现，及时发现和解决问题，提高员工的工作效率和绩效水平。此外，数字化人力资源管理系统还可以帮助企业开展员工培训和发展计划，提高员工的职业素养和竞争力，从而为企业的发展提供有力的人才支撑。

加强数据安全管理。随着钢铁企业数字化转型的不断推进，信息安全风险日益突出。因此，钢铁企业应该加强数据安全管理，建立健全数据安全管理体系，确保企业数据保密、完整和可用，避免数据泄露和损失。具体来说，应该采取有效措施加强网络安全防护，建立完善的数据备份和恢复机制，加强对员工的安全教育和培训，建立完善的安全审计和监控机制，及时发现和处理安全事件。同时，应该加强与供应商和客户的数据安全合作，确保整个供应链的数据安全。只有这样，才能有效保障钢铁企业的信息安全和业务稳定发展。

3. 业务模式转型

在数字化转型中，业务模式转型是非常重要的一部分。钢铁企业需要通过数字化技术的应用，重新审视自身的业务模式，发现其中存在的问题，创新和改进现有的业务模式，以适应市场的变化和发展趋势，探索新的市场机会。钢铁企业数字化转型中的业务模式转型主要包括以下方面。

数字化生产转型。钢铁企业数字化生产是指利用数字技术和信息化手段对钢铁生产过程进行全面、深度的智能化、自动化、数字化改造，实现生产流程、设备运行、质量控制等各个环节的数字化管理和控制。利用数据分析和模拟技术，对生产计划进行优化和调整，实现生产过程的智能化控制。利用数字化监测和控制系统，对生产过程中的设备运行、生产状态、质量等进行实时监控和控制。在钢铁生产中对产品质量进行全面、精准的监控和控制，实现质量的可追溯和可控。

服务型转型。服务型转型是指钢铁企业将自身的业务范围从传统的产品销售扩展到服务领域，在原有基础上着重增强服务功能。一是通过数字化技术的运用，钢铁企业可以提供更多、更细致的服务，如钢材加工、物流配送、库存管理等。二是发展融资租赁服务，联合金融服务机构为客户提供工程机械融资、租赁等服务；三是提供专业化的工程总承包服务，从提供设备向提供系统集成总承包服务转变，从提供产品向提供整体解决方案转变。

平台型转型。平台型转型是指钢铁企业在实现数据价值的基础上，以人工智能分析为引领，构建一个钢铁产业的生态系统，集成上下游企业和客户，形成一个开放、共享的平台。该平台汇总多方信息，以智能解析的方式为企业经营生产提供精确洞察，预测未来发展变化。通过整合更多的数据资源，提高数据的质量和可靠性，加强对数据的掌控和管理，企业能够实现更高效、精准、智能的数据分析和应用，为企业的发展提供更有力的支撑。

创新型转型是针对传统的钢铁企业的一种现代化转型方式。通过运用数字化技术，企业可以不断创新更多适应市场需求的产品和服务，从而提高企业的竞争力。此外，创新型转型还可以帮助企业更好地适应经济环境的变化，提高企业的可持续发展能力。因此，钢铁企业应该积极推进数字化转型，并不断创新，以适应市场需求。

4. 供应链转型

钢铁行业供应链涉及从原材料采购到产品销售的整个流程，包括供应商、生产商、批发商、零售商等各个环节。通过数字化技术和管理手段，优化供应链的各个环节，提高供应链的效率和质量，有助于实现企业的数字化转型。供应链转型主要包括以下几个方面。

供应链数字化是实现供应链转型的重要手段之一。它通过运用先进的数字化技术，使供应链各个环节的信息实现互联互通，实现信息共享和数据分析，从而提高供应链的效率和质量。具体来说，企业可以通过建立供应链管理系统，提高供应链的可控性和透明度，帮助企业更好地把握供应链中的各个环节，及时发现问题并进行处理，提高供应链的运作效率和降低成本。此外，数字化技术还能够助力企业构建供应链风险预警机制，及时预警和应对供应链风险，保障供应链的稳定性和安全性。

供应链智能化是通过应用人工智能、大数据等技术实现对供应链各个环节的智能化管理和优化，以提高供应链的效率和质量。其中，人工智能技术可以优化供应链的需求预测，加强库存管理，提升供应链的反应速度和精准度。大数据技术可以帮助企业实现对供应链数据的采集、处理和分析，从而提高供应链的可视化程度和决策能力。此外，供应链智能化还可以通过应用物联网、区块链等技术实现对供应链的实时监控和管理，提高供应链的安全性和可靠性，提高供应链的响应速度和精准度。

供应链可视化是指运用可视化技术，将供应链各个环节的信息以直观的方式呈现出来，从而实现对供应链的实时监控和管理，以提高供应链的效率和质量。这种技术可以应用于供应链的各个方面，包括采购、生产、物流、库存等环节。其中，建立供应链数据监控平台是一种常见的供应链可视化技术，通过实时监控供应链各个环节的数据，及时发现异常情况，并进行预警和处理，从而提高供应链的风险控制和管理水平。此外，还能够利用可视化技术实现对供应链的优化和改进，例如通过对供应链数据的分析和可视化展示，识别出供应链中的瓶颈和问题，从而有针对性地改进和优化供应链的各个环节，提高供应链的效率和质量，为企业带来更多的商业价值。

（二）钢铁企业数字化转型的实现方式

钢铁企业数字化转型的目标是实现信息化向数字化、智能化的转换和数字资产与业务的融合，以及传统业态的变革和重构。钢铁企业数字化转型是一个逐步升级的过程，从生产线的优化到产业链的拓展，再到生态圈的构建，以适应数字经济的发展趋势。

1.转换：信息化向数字化、智能化转换，实现资产数字化

传统的信息化建设聚焦于企业的业务和管理流程，实现信息的快速传递

和处理。数字化转型更加重视数据价值，通过多种技术手段实现业务和管理的智能化。信息化是数字化、智能化的基础，数字化升级了信息化，智能化则进一步发展了数字化。实现数字化和智能化可以带来更高效、更精细、更安全、更绿色的生产方式，同时能提高企业的核心竞争力。

在数字化的时代，许多钢铁企业仍处在"过去未去，未来已来"的发展阶段。它们既需要应对传统业务的挑战，又不得不面对新技术和新事物的冲击，因此，数字化转型已成为获取核心竞争力和可持续增长能力的重要途径。资产数字化是企业数字化转型的第一步，通过将企业的实体状态和物理形态转换为数字形式，实现全方位、全过程和全领域的数据实时共享，从而促进信息化向数字化的转换。

资产数字化并没有改变钢铁企业实体资产的存在形式，而是转变了生产力的存在形式。通过对实体资产进行标识和追踪，数字化资产与实体资产一一对应，使得数字化资产在虚拟世界中具备了流转和权属等属性，从而改善了生产线的管理方式，使各类资产和库存以可视化的形式展现。数字化资产的锚定关系为钢铁企业的数字化转型提供了有力支持。

数字资产的打通为钢铁企业带来了组织的社交化与网络化，使得企业内部和外部的人员能够更加高效地互相联系并分享资源、信息、技能和知识。通过社交化服务平台，钢铁企业可以与客户、产业链上下游的合作伙伴以及其他相关利益人基于数字化来建立互动关系，以第一时间获得用户使用感受，从而更好地进行产品的更新换代。这些数字化手段的运用，使钢铁企业的经营更加精细化，扩大了企业的竞争优势。

2. 融合：数字资产与业务融合，实现决策数智化

决策数智化是指全产业链企业依据自身所处位置实行数智化改造。其中资产的数字化是决策数智化的前提。在过去，钢铁企业的决策往往依赖经验和人工判断，或者使用低效的信息收集方式，例如人工统计和手工记录。然而，随着数字化技术的发展，钢铁企业可以基于大数据处理、机器学习和人工智能等技术，充分挖掘内部和外部数据，分析企业整体情况，预测市场需求，优化工艺流程，制定更加有效的战略和决策。企业通过智能决策支持数

字化营销、品牌建设、产品创新、智能制造、销售和分销以及渠道管理等业务建设，这是基于数据支持的高效决策方式，是实现钢铁企业可持续发展不可或缺的一环。

钢铁企业的决策数智化最重要的两个关键元素是"数"和"智"。在钢铁企业中，"数"就是数字化，涵盖了全生命周期的数据收集和整合，从原材料采购、生产制造、库存管理、物流配送、销售服务等方面实现数字化。同时，能够在应用上提高企业生产效率、降低成本、优化供应链等。而"智"则是智能化，是基于数字化的闭环，通过数据分析、机器学习等技术，快速响应市场需求，精准进行决策。在钢铁企业中，智能化的应用包括生产计划优化、库存管理、销售预测、供应链优化等方面。

3. 重构：传统业态的变革与重构，实现企业无边界

在数字化时代，随着产业链上下游数据壁垒被打通，企业边界逐渐模糊。通过决策数智化，钢铁企业可以构建知识图谱实现智能决策，提高非常规、不确定性决策的效率和准确性。在这种情况下，钢铁企业的组织形态向无界化转变，对其进行价值衡量的标准也就更加多元，其价值将实现指数级的放大。

随着市场竞争的加剧和技术的不断革新，钢铁企业需要打破传统的行业壁垒，积极拓展资源和市场，实现产业链的重构和价值提升。钢铁企业在推进数字化转型的过程中，需要消除内部各职能部门之间的障碍，加强沟通和合作，以推动企业内部协同发展。为了适应新的无边界化发展趋势，钢铁企业需要与供应商和客户建立更加紧密的合作关系，实现供应链的无缝对接和客户需求的及时响应。为此，可以通过大数据画像和综合系统，与潜在的合作伙伴共同组建数字钢铁服务联盟，聚焦业务升级，打破组织边界，实现解决方案共享、技术应用共研、新业务模式拓展，探索出一条可落地的数字生态之路，推动联盟成员企业的协同发展。

通过无边界化的组织形式，企业可以与外部各个共生伙伴进行更紧密的合作，从而实现产业链的重构与价值提升。在这种新的组织形式下，企业需要整合内外部的更多资源，更好地应对快速变化的前端业务，以更快的速度

响应市场需求，并更高效地与产业链上下游进行协同。因此，钢铁企业需要不断推进数字化转型，以适应这种新的无边界化发展趋势。

（三）钢铁企业数字化转型的建议

1. 制定完善的数字化转型战略

首先企业应该对自身数字化技术应用的现状进行评估，包括数字化技术应用的范围、应用程度、实施效果等。通过评估，企业可以了解自身的数字化转型需求和优化空间，并根据现状制定明确的数字化转型战略，主动打破"靠、等、买"的惯性思维。数字化转型战略应该与钢铁企业的业务和发展目标紧密结合，计划中应该包括数字化技术应用的范围、应用方案、实施时间表、投资预算等内容。

2. 推动数字技术的应用

数字技术与钢铁行业深度融合的过程中，基于数据科学技术，可以对海量生产数据进行深度挖掘，从而发现生产过程中的优化点、瓶颈和风险点，打造极致高效的智慧钢铁。在确定数字化技术的应用方案时，需要考虑钢铁企业的实际情况，包括生产过程、设备状况、人员素质等因素，提高数字化转型与企业的适配度，如技术的可行性、经济效益、实施难度等因素，并制定详细的实施计划，确保数字化技术能够真正发挥作用。

3. 建立数字化平台

钢铁企业应该建立数字化平台，包括数据中心、云计算平台、智能制造系统等，以实现数据共享、信息流通、生产流程优化等。平台应该具有高度的智能化水平和自适应性，以满足不同场景和需求的应用。数字化平台是由各种数字化技术和系统组成的集成化解决方案，可以帮助企业实现数据共享、信息流通、生产流程优化等。

4. 建立数字化转型团队

数字化转型团队应该由技术专家、业务专家、管理人员等组成，以确保数字化转型计划的顺利实施。团队成员应该具备开发和实施数字化解决方案的能力，同时应该了解企业的业务流程和目标，以便为数字化转型计划制定合适的方案。钢铁企业应该加强人才培养，包括技术人才、管理人才、业务人才等，以提高数字化技术应用的能力和推进数字化转型的能力。同时，企业应该建立完善的培训机制，以提高员工的数字化技术应用能力和意识。

5. 加强行业协同

在数字化转型过程中，企业之间需要开展紧密的合作，共同推进数字化技术的应用和发展，以提高整个行业的数字化水平和竞争力。钢铁行业应该加强协同合作，通过共享数字化技术等，提高行业整体竞争力。同时，政府和行业协会等应该提供政策和资金支持，以推动数字化转型的发展。行业内企业可以通过共享数字化技术和经验，提高数字化转型的效率和成果。例如，通过建立数字化平台和共享数据，企业可以更好地实现供应链管理、生产计划、质量控制等方面的优化。

四　结语

本报告聚焦于新形势下钢铁企业数字化转型，试图从多维度梳理总结钢铁企业数字化转型的背景动因、现状和问题以及路径和目标等，期待能为探索中的钢铁企业数字化转型提供些许有益的助力。随着信息技术的不断创新和迭代，数字经济已成为实现高度自动化社会的重要支撑。各国都深刻认识到产业数字化转型的迫切性，纷纷加强对传统制造业数字化发展的规划布局、规则设立和投资激励。数字化能够突破时空边界，以信息技术发展为契机，赋能钢铁产业强化核心竞争力。钢铁企业正紧跟时代潮流，许多龙头企业已经开始了数字化转型的探索，并取得了显著的成果。这表明，钢铁企业在产能过剩和资源能源紧缺的背景下，主动逆水行舟，迈向高质量发展才是谋求生存发展的必由之路。技术的迭代创新带来了深刻的社会变革，然而当前，许多关键核心的行业数字化技术尚待突破，钢铁企业应该抓住机遇，突出创新驱动引领，深入推动企业内各领域的数字化与实体融合，联合上下游企业打造生态圈，各施所长，高效实现数字化转型。

Abstract

Since the crude steel production exceeded 100 million tons in 1996, China has been the world's number one for 27 consecutive years, strongly supporting the development of the national economy. After entering the new development stage, China Steel industry has adhered to the high-quality development orientation, and has made significant progress in many aspects, becoming a strong support for the construction of a modern power. The *World Steel Industry Development Report* (*2023*) is the latest annual report on steel industry development compiled by University of Science and Technology Beijing, which is divided into five parts: general report, development index, technical efficiency, low carbon development and digital development.

The general report of this book summarizes the high-quality development of the world's steel industry, depicting the latest development trend of the steel industry. Research has found that innovation, green, and digitalization are the main directions for high-quality development of the steel industry. In the development index chapter, Through the construction of a comprehensive indicator system, it is found that the development foundation of China Steel's steel industry is stable, and the overall industrial development trend is good, driven by the significant improvement of development capacity. At the same time, under the strategic objectives of capacity reduction and "double carbon", as well as the complex domestic and international economic situation, the development environment of China Steel's steel industry is facing greater uncertainty and challenges. Each listed steel enterprise has its own advantages and disadvantages, and no enterprise has shown overwhelming advantages in all indicators. In the section on technical efficiency, a comprehensive analysis was first conducted on the current situation of technical efficiency and energy consumption in the steel industry. The study found that there are significant differences in the production of steel products in major countries or regions. Sudden events and the implementation of relevant policies can affect the changes in the production of the steel indus-try. The crude steel production of various provinces in China shows significant differences under the combined effect of multiple factors. After exploring the impact of energy consumption on technological efficiency in the steel industry using panel regression models, it was found that increasing energy consumption hinders the growth of technological efficiency, and the two have a non-linear relationship and heterogeneity. In the low-carbon development chapter, first, based on the analysis of the current situation and characteristics of steel import and export trade in the world and representative countries, it empirically proves that the low-carbon development of steel will have an impact on global steel trade, and then combs the characteristics, policy measures and future development trends of low-carbon development of China Steel's steel industry. Then, it establishes a reasonable evaluation index system for carbon quota allocation of China Steel's steel industry, and proposes that each province and city should have their own characteristics, Suggestions for making reasonable use of carbon quota allocation for macro adjustments from top to bottom to achieve energy conservation and emission reduction goals. In the digital development chapter, the integration and development of the steel industry and the digital economy were revealed. The motivations for the digital transformation of steel enterprises were analyzed from macro and micro perspectives, and the goals and ideas for the digital transformation of steel enterprises were proposed.

At present, China's development has entered a period of coexistence of strategic opportunities and risks, with an increase in uncertain and unpredictable factors. External suppression and containment may escalate at any time, and the risks and challenges that need to be addressed, as well as the contradictions that need to be prevented and resolved, are more severe and complex than be-fore. Building a modern industrial system is an important measure for China to respond to the complex situation at home and abroad and achieve its long-term strategic goals. Steel, as an important basic material, will play a crucial supporting role in the construction of a modern industrial system. Therefore, the steel industry should adhere to high-quality development in order to build a solid steel backbone to promote the realization of Chinese path to modernization. This book analyzes the latest development of the steel industry through a combination of qualitative and quantitative methods, using social science research methods, hoping to provide practical reference and reference for the development of the steel industry.

Keywords: Steel Industry; High-quality Development; Innovative Development; Green Development; Digital Development

Contents

I General Report

Abstract: The steel industry is a pillar industry that supports the development of the national economy. Faced with the new situation, the global steel industry needs to consider the future development of the steel industry, address the development propositions of intelligence, greenery, and high-end, achieve new leapfrog high-quality development through transformation, create a sustainable steel industry ecosystem, and further meet the requirements of modern social development. Innovation, green, and digitalization are the main directions for the high-quality development of the steel industry at the current stage. This report systematically combs and reviews the innovation, green and digital development of the steel industry in the world and China Steel. In general, major steel enterprises in the world are actively exploring the path of high-quality development, and many typical cases of innovation, green and digital development have emerged, which provides reference and reference for the high-quality development of other enterprises. Through the research on patents of listed steel enterprises in China, it can be found that China Steel's steel industry is also moving towards innovation, green and digital development. In short, both the world steel industry and China

Steel's steel industry are moving towards high-quality development, which will make positive contributions to the recovery of the world economy.

Keywords: Innovative Development; Green Development; Digital Development; Steel Industry

II   Development Index

B.2   Evaluation of China Steel's Steel Industry Development
Index from 2012 to 2021

Yan Xiangbin, Gu Wei, Jin Jiahua and Li Xin / 014

Abstract: The steel industry plays a vital role in a nation's industrialization and economic development. However, relying solely on crude steel production to measure industry growth is insufficient given technological changes, policy shifts, and environmental pressures. This study proposes a comprehensive indicator framework to evaluate the development level of a region or nation's steel industry. Grounded in industrial economics theories, the index comprises 3 primary, 9 secondary, and 22 tertiary metrics spanning foundations, environment, and capabilities. An integrated subjective-objective weighting approach assigns indicator weights. The index is applied to assess China's steel industry from 2012−2021. Results reveal steady foundations and an overall positive trend driven by capability improvements. Nevertheless, meeting de-capacity and decarbonization targets amid complex domestic and global economic conditions poses considerable uncertainties and challenges for China's steel industry development environ-ment. Further research could entail gathering stakeholder perspectives to refine indicator selection and weights. The proposed framework enables nuanced benchmarking of steel industry growth in the context of multifaceted modern challenges.

Keywords: Steel Industry; Low-carbon Manufacturing; Industrial Development Index

B.3　Evaluation and Analysis of the Competitiveness of Listed
Steel Enterprises in China in 2021

Jin Jiahua , Guo Xiya and Lu Zhan / 050

Abstract: This study examines the competitiveness of leading steel companies
in China. Using theories on corporate competitiveness, we develop a system of 26
indicators. We assign weights to these indicators using both subjective and objective
methods. We then collect data to assess the competitiveness of 17 steel
companies. The results show that Baosteel is the leader in production and
innovation, while Sansteel Minmetals and Taiyuan Iron & Steel (TISCO) lead in
operation and innovation respectively. In overall performance, the top five
companies are Baosteel, Sansteel Minmetals, TISCO, Angang Steel, and
Maanshan Iron & Steel. Each company has its own strengths and weaknesses, with
none dominating all areas. These results can guide these companies in their future
operations.

Keywords: Steel Enterprise; Evaluation Indicator; Steel Industry

Ⅲ　Technical Efficiency

B.4　Technical Efficiency and Energy Consumption Status of
the Steel Industry　　　　　　　*Yan Xiangbin , Yuan Xiali* / 091

Abstract: In recent years, with the increasingly serious global climate
change, reducing carbon emissions has become a common global responsibility. As
an energy-intensive industry, the steel industry has great potential in carbon
emission reduction. Because the steel production process requires a lot of energy,
and technical efficiency plays a key role in the carbon reduction of the steel
industry, it is of great significance to study the technical efficiency and energy
consumption of the steel industry. This chapter collects and compares the relevant
data such as the output of the main products of the steel industry in the world's

major countries or regions from 2001 to 2021, and displays the relevant technologies, comprehensively analyzes the current situation of technical efficiency and energy consumption of the steel industry, and draws some meaningful conclusions. The study found that the world's overall production of most steel products is on the rise; There are significant differences in the production of steel products in major regions or countries; Unexpected events and the implementation of related policies will affect the change of steel industry output; The crude steel production of different provinces in China is affected by geographical location, traffic conditions, resources and economic conditions, and shows significant differences. This not only reveals the status quo, but also reflects the current development trend and existing problems of the steel industry. The purpose of this chapter is to analyze the current situation of technical efficiency and energy consumption in the steel industry to give relevant parties some management implications in decision-making.

Keywords: Steel Industry; Technical Efficiency; Energy Consumption

B.5 Research on the Impact of Steel Industry Energy Consumption
on Technological Efficiency in 22 Provinces of China

Ge Zehui, Sun Xiaojie / 122

Abstract: The improvement of technical efficiency in the steel industry can not only maximize the utilization of resources, reduce environmental load, improve product quality and market competitiveness, but also help to promote technological innovation and industrial upgrading. As one of the important production factors of iron and steel, energy utilization efficiency is directly related to technical efficiency, and there is a close correlation between the two, so it is extremely necessary to study the influence of energy consumption on technical efficiency. Through regression analysis and robustness testing of panel data sets of 22 provinces in China from 2001 to 2020, this chapter first explores the overall impact of energy consumption on technical efficiency. Then, the control variable method is used to analyze the difference of energy consumption on technical efficiency under different development levels of a single variable (economic growth level, opening-up degree, environmental regulation, population size and energy efficiency). There are two main findings. First, energy consumption has a significant negative effect on technical efficiency, and this effect has nonlinear characteristics. Second, there are significant differences in the impact of energy consumption on technical efficiency in different levels of economic growth, opening to the outside world, environmental regulation, population size and energy efficiency in the steel industry. Based on theoretical analysis, for the sustainable development of the steel industry, it is recommended to continue to maintain the restriction of energy consumption in the steel industry. However, the implementation of the policy needs to be combined with the local reality, and formulate the total energy consumption restriction policy for the steel industry according to regional differences.

Keywords: Steel Industry; Energy Consumption; Technical Efficiency; Regional Development Difference

IV Low-Carbon Development

B.6 Global Trade of Iron and Steel and Low-Carbon Development

ShaoYanmin, Yang Yiwen / 153

Abstract: Iron and steel are an important engineering and construction material that hold a significant position in economic development and social progress. Over the past few decades, the global trade of this industry has experienced rapid growth, with some countries emerging as major producers and exporters, such as China, Japan, South Korea, and the European Union. However, in recent years, the trade landscape has been constantly adjusting due to trade disputes and protectionist policies among nations, posing challenges and pressures on the industry. Additionally, environmental protection and climate change issues have presented new tests for the trade, prompting the industry to evolve towards more environmentally friendly and low-carbon production and trade practices. This report begins by analyzing the current status of global iron and steel trade in import and export. Then we examine the development patterns and characteristics of the trade in representative countries. Finally, a comprehensive analysis of the low-carbon development trends is provided. It is found that the global trade value of iron and steel declined significantly in 2016 and 2020, which was mainly affected by trade protectionism in 2016 and COVID-19 in 2020. The trade structure of countries in different regions of the world is different. Some countries are competitive in the international market due to their resource advantages, while other countries rely on their strong scientific and technological capabilities to have advantages in the production of iron and steel products. Based on the data of 30 countries from 2012 to 2019, our empirical results reveal that the increase of carbon emission intensity per unit of crude steel will inhibit the development of steel export trade, while the increase of the proportion of electric furnace steelmaking will be conducive to the development of steel export trade.

Keywords: Iron and Steel Industry; Iron and Steel Imports; Iron and Steel Exports; Low-carbon Development

B.7 Research on Low-Carbon Development in the Chinese
Iron and Steel Industry *Shao Yanmin, Li Junlong / 204*

Abstract: This research is based on the historical development and current status of the Chinese iron and steel industry, summarizing the characteristics of low-carbon development in the industry, Chinese government policies and measures related to the steel industry, and future development trends. As the Chinese iron and steel industry enters a phase of high-quality development, its energy efficiency has gradually improved, technological innovations have achieved significant accomplishments, and the pace of digital transformation has accelerated. The Chinese government has provided clear directives for the low-carbon development of the iron and steel industry, establishing the goal of achieving carbon peak by 2030. Additionally, due to changes in demand structure, downstream industries are continuously increasing their demand for low-carbon products. The implementation of differentiated electricity pricing policies has prompted steel enterprises to continuously improve energy efficiency. Moreover, there is potential for increased utilization of scrap steel, but it also faces challenges of supply stability and quality, necessitating the establishment and improvement of a scrap steel supply and management system. The high-quality development of China's economy demands the improvement of steel production processes and product quality, to break foreign technological monopolies and provide downs-tream industries with more high-performance products. Currently, around 90% of China's crude steel is produced using long process routes, making it imperative to optimize blast furnace processes. Furthermore, due to the significant volume of blast furnace gas in China, increasing its reuse rate becomes a necessary choice for achieving low-carbon development. In the future, the Chinese steel industry will undoubtedly undergo a transformation towards greener and low-carbon practices.

Keywords: Iron and Steel Industry; Low-carbon Development; Energy Utilization; Technological Innovation

B.8 Evaluation and Optimization Strategy of Carbon Quota Allocation Scheme for China Steel Industry

He Weijun, Li Wanyu / 237

Abstract: China's steel industry is a "barometer" of socio-economic development, and while the industrial structure is continuously optimized, its green and low-carbon development level still needs to be improved. As a scarce resource, the fair and reasonable allocation of carbon emission allowance (CEA) is related to the smooth and orderly operation of the carbon market and economic interests. Therefore, the study of CEA in China's steel industry is of great significance to the high-quality development of China's economy. Against this background, this report constructs evaluation indicators for the reasonableness of CEA allocation in China's steel industry, so as to propose adjustment and optimization directions, with a view to providing practical references for the healthy development of the steel industry. The study first extends the traditional Gini coefficient to measure the CEA misallocation index of the steel industry, and systematically analyzes the problems and causes of the CEA allocation; then, based on the zero-sum game theory and data envelopment analysis (DEA) model, the optimization strategy of CEA allocation scheme is empirically studied with the steel industry in 28 provinces in China. It is found that the degree of CEA misallocation in China's steel industry is at a reasonable level with a decreasing trend, and the main reason for the misallocation is the different marginal output of CEA; second, the results of the empirical study on CEA indicate that there is a large individual variability in the initial CEA utilization efficiency of China's steel industry, and the optimization scheme also varies greatly among different years and provinces. In order to guarantee the economic development while achieving the goal of energy conservation and emission reduction, based on the characteristics of each province, it is necessary to reasonably use the top-down macro adjustment of CEA allocation to improve the fairness and rationality of the allocation scheme.

Keywords: Steel Industry; Carbon Emission Allowance Allocation; Resource Misallocation

V　Digital Development

B.9　The Integration and Development of the Steel Industry and the Digital Economy

Abstract: The digital economy has become a new driving force for global economic growth and the transformation of traditional industries. As one of the traditional industries, the steel industry is currently facing the structural supply and demand imbalance problem of low-end overcapacity and insufficient high-end capacity, The data utilization of steel production is low, the uncertainty of the production process is high, and the coordination of production process and production process needs to be optimized. the industry urgently needs to be transformed. The steel industry can break the development dilemma through the integration with the digital economy, seize the opportunities of the times, start from the construction of top-level design and organizational support, strengthen the construction of "digital-real" integrated infrastructure, on the one hand, promote the digital transformation of key links such as production and manufacturing, supply chain management, etc., improve the economic efficiency of the industry, and achieve core technological breakthroughs, on the other hand, actively develop a digital industry rooted in the steel industry, and penetrate the digital industry to other process manufacturing industries to build new advantages for the development of the steel industry. The integration of the steel industry and the digital economy has brought new characteristics to the steel industry, but the deep integration of the two still faces many obstacles, and the government, industry and enterprises need to make efforts to achieve the goal of deep integration and create a more competitive steel industry.

Keywords: Iron and Steel Industry; Digital Economy; Real Economy; Digital-real Fusion

B.10   Digital Transformation of Iron and Steel Enterprises Under

the New Situation   *Feng Mei, Ma Jianfeng and Liu Tao* / 295

Abstract: Along with the accelerated integration of the digital economy and the real economy, disruptive innovation has brought unlimited development opportunities for steel companies, and digital transformation has become the key for steel companies to enhance their competitiveness and adapt to market changes. In response, this report analyzes the drivers of digital transformation for steel companies from macro, meso and micro perspectives. These changes require steel companies to adjust their strategies, enhance their competitive advantages in technology, connectivity and ecology, and give full play to their potential to lead innovation and drive change. In the status study, it is found that steel companies are investing more in digital transformation and achieving significant results, with smart factories becoming the key path for digital transformation and more cutting-edge digital technologies being applied to the core business scenarios of the companies. However, as a comprehensive upgrading project, steel companies still face many problems and obstacles in the process of reconfiguring their products, services and business models with the help of digital technology, which leads to a hindrance in the transformation process. In this paper, we analyze four aspects of digital transformation in steel companies: strategy, management, business and application, and identify three major goals that need to be achieved by steel companies to drive strategic transformation, efficient management, business optimization and application collaboration. Based on the realization of digital transformation and its objectives, the study proposes ideas and recommendations to promote the digital transformation of steel enterprises. Under the new situation, steel enterprises should review the rationality of their strategic layout and value creation mechanism, and make corresponding adjustments according to internal and external changes, driven by the corporate mission, steel enterprises that emphasize digital transformation and resilience reinvention will become true leaders for future-oriented and sustainable development.

Keywords: Steel Companies; Digital Transformation; Digital Economy

社会科学文献出版社

皮 书

智库成果出版与传播平台

❖ 皮书定义 ❖

皮书是对中国与世界发展状况和热点问题进行年度监测，以专业的角度、专家的视野和实证研究方法，针对某一领域或区域现状与发展态势展开分析和预测，具备前沿性、原创性、实证性、连续性、时效性等特点的公开出版物，由一系列权威研究报告组成。

❖ 皮书作者 ❖

皮书系列报告作者以国内外一流研究机构、知名高校等重点智库的研究人员为主，多为相关领域一流专家学者，他们的观点代表了当下学界对中国与世界的现实和未来最高水平的解读与分析。截至 2022 年底，皮书研创机构逾千家，报告作者累计超过 10 万人。

❖ 皮书荣誉 ❖

皮书作为中国社会科学院基础理论研究与应用对策研究融合发展的代表性成果，不仅是哲学社会科学工作者服务中国特色社会主义现代化建设的重要成果，更是助力中国特色新型智库建设、构建中国特色哲学社会科学"三大体系"的重要平台。皮书系列先后被列入"十二五""十三五""十四五"时期国家重点出版物出版专项规划项目；2013~2023 年，重点皮书列入中国社会科学院国家哲学社会科学创新工程项目。

皮书网

（网址：www.pishu.cn）

发布皮书研创资讯，传播皮书精彩内容
引领皮书出版潮流，打造皮书服务平台

栏目设置

◆关于皮书

何谓皮书、皮书分类、皮书大事记、
皮书荣誉、皮书出版第一人、皮书编辑部

◆最新资讯

通知公告、新闻动态、媒体聚焦、
网站专题、视频直播、下载专区

◆皮书研创

皮书规范、皮书选题、皮书出版、
皮书研究、研创团队

◆皮书评奖评价

指标体系、皮书评价、皮书评奖

◆皮书研究院理事会

理事会章程、理事单位、个人理事、高级
研究员、理事会秘书处、入会指南

所获荣誉

◆2008 年、2011 年、2014 年，皮书网均
在全国新闻出版业网站荣誉评选中获得
"最具商业价值网站"称号；

◆2012 年，获得"出版业网站百强"称号。

网库合一

2014年，皮书网与皮书数据库端口合
一，实现资源共享，搭建智库成果融合创
新平台。

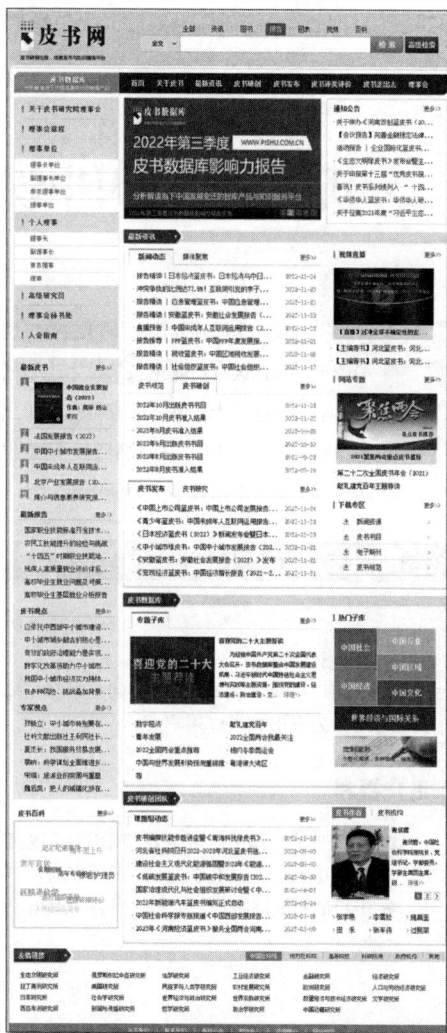

皮书网

"皮书说"
微信公众号

皮书微博

权威报告·连续出版·独家资源

皮书数据库
ANNUAL REPORT(YEARBOOK)
DATABASE

分析解读当下中国发展变迁的高端智库平台

所获荣誉

- 2020年，入选全国新闻出版深度融合发展创新案例
- 2019年，入选国家新闻出版署数字出版精品遴选推荐计划
- 2016年，入选"十三五"国家重点电子出版物出版规划骨干工程
- 2013年，荣获"中国出版政府奖·网络出版物奖"提名奖
- 连续多年荣获中国数字出版博览会"数字出版·优秀品牌"奖

皮书数据库　　"社科数托邦"
微信公众号

成为用户

登录网址www.pishu.com.cn访问皮书数据库网站或下载皮书数据库APP，通过手机号码验证或邮箱验证即可成为皮书数据库用户。

用户福利

- 已注册用户购书后可免费获赠100元皮书数据库充值卡。刮开充值卡涂层获取充值密码，登录并进入"会员中心"—"在线充值"—"充值卡充值"，充值成功即可购买和查看数据库内容。
- 用户福利最终解释权归社会科学文献出版社所有。

社会科学文献出版社 皮书系列
SOCIAL SCIENCES ACADEMIC PRESS (CHINA)
卡号：394292631116
密码：

数据库服务热线：400-008-6695
数据库服务QQ：2475522410
数据库服务邮箱：database@ssap.cn
图书销售热线：010-59367070/7028
图书服务QQ：1265056568
图书服务邮箱：duzhe@ssap.cn

S 基本子库
SUB DATABASE

中国社会发展数据库（下设 12 个专题子库）

紧扣人口、政治、外交、法律、教育、医疗卫生、资源环境等 12 个社会发展领域的前沿和热点，全面整合专业著作、智库报告、学术资讯、调研数据等类型资源，帮助用户追踪中国社会发展动态、研究社会发展战略与政策、了解社会热点问题、分析社会发展趋势。

中国经济发展数据库（下设 12 专题子库）

内容涵盖宏观经济、产业经济、工业经济、农业经济、财政金融、房地产经济、城市经济、商业贸易等 12 个重点经济领域，为把握经济运行态势、洞察经济发展规律、研判经济发展趋势、进行经济调控决策提供参考和依据。

中国行业发展数据库（下设 17 个专题子库）

以中国国民经济行业分类为依据，覆盖金融业、旅游业、交通运输业、能源矿产业、制造业等 100 多个行业，跟踪分析国民经济相关行业市场运行状况和政策导向，汇集行业发展前沿资讯，为投资、从业及各种经济决策提供理论支撑和实践指导。

中国区域发展数据库（下设 4 个专题子库）

对中国特定区域内的经济、社会、文化等领域现状与发展情况进行深度分析和预测，涉及省级行政区、城市群、城市、农村等不同维度，研究层级至县及县以下行政区，为学者研究地方经济社会宏观态势、经验模式、发展案例提供支撑，为地方政府决策提供参考。

中国文化传媒数据库（下设 18 个专题子库）

内容覆盖文化产业、新闻传播、电影娱乐、文学艺术、群众文化、图书情报等 18 个重点研究领域，聚焦文化传媒领域发展前沿、热点话题、行业实践，服务用户的教学科研、文化投资、企业规划等需要。

世界经济与国际关系数据库（下设 6 个专题子库）

整合世界经济、国际政治、世界文化与科技、全球性问题、国际组织与国际法、区域研究 6 大领域研究成果，对世界经济形势、国际形势进行连续性深度分析，对年度热点问题进行专题解读，为研判全球发展趋势提供事实和数据支持。

法律声明

"皮书系列"（含蓝皮书、绿皮书、黄皮书）之品牌由社会科学文献出版社最早使用并持续至今，现已被中国图书行业所熟知。"皮书系列"的相关商标已在国家商标管理部门商标局注册，包括但不限于LOGO（▨）、皮书、Pishu、经济蓝皮书、社会蓝皮书等。"皮书系列"图书的注册商标专用权及封面设计、版式设计的著作权均为社会科学文献出版社所有。未经社会科学文献出版社书面授权许可，任何使用与"皮书系列"图书注册商标、封面设计、版式设计相同或者近似的文字、图形或其组合的行为均系侵权行为。

经作者授权，本书的专有出版权及信息网络传播权等为社会科学文献出版社享有。未经社会科学文献出版社书面授权许可，任何就本书内容的复制、发行或以数字形式进行网络传播的行为均系侵权行为。

社会科学文献出版社将通过法律途径追究上述侵权行为的法律责任，维护自身合法权益。

欢迎社会各界人士对侵犯社会科学文献出版社上述权利的侵权行为进行举报。电话：010-59367121，电子邮箱：fawubu@ssap.cn。

社会科学文献出版社